全国高等职业教育规划教材·市场营销专业

商品学基础

(第2版)

张智清　主编

陆　影　刘井权　胡捍东　参编

张晓南　主审

電子工業出版社

Publishing House of Electronics Industry

北京·BEIJING

内 容 简 介

本版《商品学基础》在第 1 版的基础上进行修订，全面反映商品学所涉及的最新商品知识。第 1～8 章系统介绍商品学的基础理论知识，包括商品学概论、商品质量、标准、检验、分类、包装、养护，以及商品与环境和自然八部分内容；第 9～12 章是商品学分论的内容，主要包括工业品、服装、食品、家用电器等商品的应用性知识和技能。本版教材内容更加丰富，选用大量案例，贴近现实生活和商品经营实践，实用性强。

本教材适合高职高专院校市场营销专业、经济类专业及其他专业使用，也可作为工商企业从事商品经营管理、市场营销的在职人员，以及普通消费者的自学、培训教材或丰富商品知识的参考读物。

图书在版编目（CIP）数据

商品学基础/张智清主编. —2 版. —北京：电子工业出版社，2008.6
（全国高等职业教育规划教材・市场营销专业）
ISBN 978-7-121-06512-5

Ⅰ. 商… Ⅱ. 张… Ⅲ. 商品学－高等学校：技术学校－教材 Ⅳ. F76

中国版本图书馆 CIP 数据核字（2008）第 073286 号

责任编辑：宋兆武 武 薇
印　　刷：北京虎彩文化传播有限公司
装　　订：北京虎彩文化传播有限公司
出版发行：电子工业出版社
　　　　　北京市海淀区万寿路 173 信箱 邮编 100036
开　　本：787×1 092 1/16 印张：20.5 字数：525 千字
版　　次：2005 年 7 月第 1 版
　　　　　2008 年 6 月第 2 版
印　　次：2021 年 7 月第 26 次印刷
定　　价：34.00 元

凡所购买电子工业出版社图书有缺损问题，请向购买书店调换。若书店售缺，请与本社发行部联系，联系及邮购电话：（010）88254888，88258888。

质量投诉请发邮件至 zlts@phei.com.cn，盗版侵权举报请发邮件至 dbqq@phei.com.cn。

本书咨询联系方式：（010）88254573、zyy@phei.com.cn。

出 版 说 明

高等职业教育是我国高等教育和职业教育的重要组成部分，在我国现代化建设中具有重要的战略地位。近年来，我国高等职业教育发展迅速，为社会培养了大批高等应用型专门人才，满足了社会和经济发展的需要。

为了适应我国职业教育改革的要求，满足高等职业院校对新型教材的需要，电子工业出版社于2005年8月出版了高等职业教育“市场营销专业”主干教材和“经济管理基础课”教材共17种。由于这两套教材的主编多是所在院校的领导和业务骨干，其中不乏国家级和省、市级科研或教研项目的负责人和参与者，全国性或地区性专业学会会员以及既有丰富教学经验又有丰富实践经验的“双师型”教师，且全部教材均配备了方便教学的教学资源，因此这两套教材一经推出，就受到了相关院校师生的欢迎，其中6种教材还被评为了“普通高等教育‘十一五’国家级规划教材”。

为了贯彻和落实教育部16号文件精神，反映近年来我国高等职业教育改革的成果和经验，电子工业出版社于2007年7月在齐齐哈尔市召开了“全国高等职业教育市场营销专业规划教材”暨“普通高等教育‘十一五’国家级规划教材”修订编写研讨会，明确要求以教育部16号文件精神要求为切入点，以服务为宗旨，以就业为导向，以提高学生的实践能力、创造能力、就业能力和创业能力为目标，对第1版教材进行全面修订，充实资格认证、案例教学和技能训练等方面的内容。与第1版教材相比，第2版教材主要具有以下特点。

（1）教材内容和体系力图体现教育部16号文件“工学结合”精神，突出教学过程的实践性、开放性和职业性，强化对高职学生职业能力的培养。

（2）教材内容兼顾学历课程与职业资格应试要求，融“教、学、做”为一体，以“工学交替”、“任务驱动”、“项目导向”的形式，按岗位工作流程和需要进行编写，以便有职业资格证书专业的毕业生在毕业时顺利取得“双证书”。

（3）教材中适当引用与教材内容贴切的实际案例，通过案例教学和实训操作，缩短学生校内学习与实际工作的距离，提升高职学生的岗位竞争能力。

（4）教材配有丰富的教学资源，为高职师生的教和学提供方便和帮助。教学资源主要包括教学所必需的电子教案、课程教学建议和习题参考答案等。利用教学资源，可为课程教学安排提出指导性意见，减轻教师的备课负担，解决教师在组织教学资料方面遇到的困难；精美、形象的电子教案也有利于学生更好地理解教材内容，提高学生的学习兴趣。

我们相信，修订教材的出版对于高等职业教育的改革与发展以及高等职业专业人才的培养将起到积极的推动作用。对于教材中所存在的不尽如人意之处，将通过今后的教学实践不断修订、完善和充实，以便我们更好地服务于高等职业教育事业。

电子工业出版社　高等职业教育分社

2008年2月

前　言

《商品学》是高职高专市场营销专业的必修课，是其他财经类专业的选修课。本教材于2005年8月出版之后，共印刷5次，发行近2万册。选用本教材的院校和师生反映本书内容丰富、实用性强，贴近现实生活和商品经营实践，比较受师生欢迎。作为本书的编者深感荣幸，也感谢广大师生和读者的厚爱。

本版《商品学基础》教材在第一版的基础上，结合教育部《关于全面提高高等职业教育教学质量的若干意见》（教高［2006］16 号）文件精神和在使用教材时获得的主要反馈意见重新组织编写。全书分为两大部分：第1～8章是商品学总论的内容，第9～12章是商品学分论的内容。其中分论部分的章节用星号标出，以便于各院校或专业学生选学。本教材建议安排80～120课时。

全书共选择了40余个典型案例，每章采用一个案例来引出正文，有的案例加以简要说明，有的案例提出了问题供学生分析思考；在教材内容之间穿插了知识链接，便于学生了解相关内容，扩大知识面。每章根据内容需要，增设了实训题，充分体现高职高专的特色教育。在每章结尾分别设计了"本章小结"、"关键术语"、"实训项目"、"复习思考题"等，便于读者强化记忆、加深理解。

本版教材内容丰富、紧凑，贴近实际，具有很强的时代感和实用性；尤其是分论部分内容可以结合各院校实际进行选学或学生自学，具有较强的操作性，适合各地不同的高职高专院校师生使用。

本教材适用于高职高专院校市场营销专业、经济类专业及其他专业，也可作为工商企业从事商品经营管理、市场营销的在职人员，以及普通消费者的自学、培训教材或参考书。

本教材由安徽工商职业学院张智清主编并编写第1～5、8、12章；安徽工商职业学院胡捍东编写第6、7章；安徽财贸职业学院陆影编写第9、10章；齐齐哈尔大学生命科学与工程学院刘井权编写第11章。全书由张智清主编总撰并收集和整理全部案例，由哈尔滨商业大学物流学院张晓南主审。

本书在编写过程中，编者阅读和参考了有关资料和书籍，特别得到了浙江丽水职业技术学院胡德华老师、齐齐哈尔大学职业技术学院于翠华老师、唐山职业技术学院钟立群和张启杰老师、青岛大学高职学院阮红伟老师等兄弟院校同仁和电子工业出版社的大力支持和帮助，在此一并表示衷心地感谢。

本书力图反映商品学所涉及的最新商品知识，但由于教材的结构、课时以及编者学术水平、经验所限，疏漏和不当之处在所难免，恳请业内专家学者、广大读者给予批评指正。

编　者

2008年4月

目　录

第 1 章　绪　论

【学习要点】

- 商品的价值和使用价值
- 商品学的学科定义和发展概况
- 商品学的研究对象、内容与任务

【案例导读】

任一学科都有特定的研究对象。研究对象是对某一学科研究内容、范围的高度概括。它确定学科研究的内容、范围、方向等问题。确定研究对象的意义在于，它是学科研究的起点。只有确立了科学的研究对象，才能建立科学的学科体系。学科间的区别主要在于研究对象的区别。

关于政治经济学的研究对象，马克思在《资本论》第一卷序言中讲到："我在本书中研究的是资本主义生产方式以及和它相适应的生产关系和交换关系。"在《反杜林论》中，恩格斯认为："政治经济学，从最广的意义上说，是研究人类社会中支配物质生活资料的生产和交换的规律的科学。是一门研究人类各种社会进行生产和交换并相应进行产品分配的条件和形式的科学。"

在马克思主义政治经济学中，人类经济行为的两个方面即人与自然的关系方面和人与人的关系方面被叫做生产力和生产关系两个方面，这二者的结合叫做生产方式。从马克思和恩格斯关于政治经济学研究对象的上述论述中我们知道，马克思主义政治经济学的研究对象是包括生产力和生产关系两个方面的生产方式，但强调生产关系，这是由其所面临的任务决定的。

那么，商品学这门学科的研究对象和任务又是什么呢？

1.1　商品的概念及构成

1.1.1　商品和商品经济

商品是人类社会生产力发展到一定历史阶段的产物。商品是指用来交换、能满足人们某种需要的劳动产品。

商品经济大约产生于原始社会末期，随人类社会的第二次社会大分工的出现而出现。商品经济产生与存在的条件一是社会分工，二是生产资料和产品属于不同的所有者。商品经济发展至今已有几千年的历史。在原始社会末期、奴隶社会、封建社会中，自然经济占统治地位，商品经济处于从属地位；在资本主义社会，商品经济得到高度发展，占统治地位；社会主义商品经济是新型的商品经济，是建立在公有制基础上的商品经济。

商品经济的内容是商品生产与商品交换的总和。从历史发展的过程看，是先有商品交换；后有商品生产；从社会再生产过程看，是先有商品生产，后有商品交换。

在商品经济高度发展的现代社会中，工农业用的生产资料和人们衣食住行用的生活资料，绝大多数需要通过交换获得，它们大多都是商品。

商品具有以下不同于物品、产品的特点：一是商品是具有使用价值的劳动产品；二是商品是供他人消费的劳动产品；三是商品是必须通过交换才能实现的劳动产品。

【案例 1.1】 送给别人的礼品是不是商品，为什么

商品作为用于交换的劳动产品，它只存在于流通领域，一旦离开流通领域，则成了消费品，也就不是商品了。

如某人在商店里购买某物，这是一种买卖关系，在这里某物是商品。但当某人把某物作为礼品送给别人时，某人和接受礼品的人的关系不是买卖关系，因此这件礼品就不是商品。

1.1.2 商品的两个基本属性

1. 商品的使用价值和价值

使用价值和价值是商品的两个基本属性。商品是使用价值和价值的统一体。

商品能够满足人们某种需要的属性，是商品的使用价值。同种物品的多种使用价值总是能被人们不断地发现和利用。

凝结在商品中的无差别的人类劳动就是商品的价值。

任何商品都有价值，但商品的价值是不能自我表现出来的，必须通过交换，由另一种商品表现出来。

例如：1 把斧子＝15 千克大米

一把斧子的价值是通过 15 千克大米表现出来的，15 千克大米是一把斧子的交换价值。

交换价值是在商品交换中，表现另一种商品价值的商品；交换价值是价值的表现形式，价值是交换价值的基础。

2. 商品使用价值和价值的关系

（1）使用价值和价值是对立的。其对立表现在两者的含义、属性和体现的关系不同；同时也表现在商品交换过程中，无论是商品生产者还是消费者都不能同时占有价值和使用价值。

（2）商品使用价值和价值是统一的。使用价值是价值的物质承担者，作为商品必然具有使用价值和价值，这两个属性是缺一不可的，这是商品使用价值和价值的统一。

（3）商品的使用价值和价值对立统一，对我们的现实指导意义在于：在购买商品时，要从使用价值和价值两个方面来考察，要追求“物美价廉”。作为商品生产者，要想顺利地将商品销售出去实现其价值，就必须提高产品质量意识，多生产物美价廉的产品，真正树立质量观念和效益观念。

1.1.3 商品的构成

商品是指用来交换、能满足人们某种需要的劳动产品。但现代经济学家认为商品概念是广义的、整体的。它不仅指一种物体，也不仅指一种服务，还包括购买商品所得到的直接的、间接的、有形的、无形的利益和满足感。这样来理解商品的含义，称为商品整体要领或叫做商品整体概念。

概括地说，商品整体概念是指由商品的实体性、实质性和服务性三方面构成的统一体或系统。这三个层次分别称为核心产品、形式产品和附加产品。

1．核心产品

它体现商品的实质性。它是指商品带给消费者的最基本的效用和利益。所谓效用，是指商品能满足买主需求的某种使用价值或功能。

2．形式产品

它体现商品的实体性。这是指企业向市场提供的产品实体和劳务的外观。任何产品总有其确定的外观，如产品的质量、式样、特点、包装、商标等。

3．附加产品

或称延伸产品。它是指围绕商品使用价值的应用，给顾客带来的附加利益。消费者购买某件产品，不仅是希望获得包括形式产品本身及其内在应有的效用，而且还希望获得对该产品的质量保证，包括商品保证、运送、安装、维修、使用指导和各种服务。

商品保证、运送、安装、维修等都属于商品整体概念中的无形产品，它们是实现商品效用的可靠保证。如今，在消费者对产品的要求日益增高的情况下，购买者十分关心产品的安全可靠。因此，产品的服务性是满足社会需要的客观要求，在整个产品中绝不是可有可无的，而是商品整体概念中不可缺少的要素。例如，日本的丰田汽车公司就在全世界许多国家的大城市里设立维修中心，为该公司销售的产品提供修理、保养、更换零部件等服务，开展全面售后服务，这就给消费者带来更多的产品附加利益。产品的附加利益，有利于引导、启发、刺激消费者购买或增加购买某些产品。

1.2 商品学的研究对象和内容

1.2.1 商品学的研究对象

商品具有两个基本属性，即价值和使用价值。商品的价值范畴，如商品价值的形成和实现等问题，是由政治经济学、经济学及有关经济门类学科来研究的。商品的使用价值是商品学研究的范畴。

商品的使用价值是指商品对其消费（使用）者的有用性或效用，是商品本身能满足人们的某种需要的属性所形成的（如粮食可充饥，衣服可御寒，钢铁可制造器械等）。它取决于商品本身的外形、结构、成分、性质、包装等。它构成了使用价值的物质基础，同时又是交换价值的物质承担者。丧失使用价值的商品，其交换价值也必然随之消失，商品也就失去进入流通领域的资格。商品的使用价值具有双重功能，即自然属性和社会属性（物质性和社会性）。

商品学是以商品质量为中心内容来研究商品使用价值及变化规律的学科。具体而言，商品学是一门自然科学、技术科学与经济管理科学、人文社会科学相融合的交叉型应用学科，主要侧重于流通、消费领域的商品（以生活资料商品为主）使用价值的研究。

经过几十年的发展，现代商品学围绕商品—人—环境系统，是从技术、经济、管理、社会等方面研究商品质量与管理问题。

1.2.2　商品学的研究内容

商品学的研究内容是由商品学的研究对象所决定的。根据商品学的研究对象，其研究内容以商品体为基础，研究商品在整个生命周期中的质量（固有质量、市场附加质量、形象质量）及其构成要素（技术、经济、社会、环境要求等）计量、检测、控制与管理活动。主要包括以下内容：商品质量及其影响；商品质量管理与质量监督；商品标准与标准化；商品检验；商品分类与编码；商品包装与标识；品牌与商标管理；商品的成分、结构与性质；商品储运与养护；新商品开发；信息与商品预测；商品消费心理；商品广告；商品与资源、环境等。

1.2.3　商品学与其他相关学科的关系

商品的多样化、使用价值的物质性和社会性决定了商品学与多种自然科学和社会科学必然存在广泛的联系。

商品学与物理学、化学、生物学、生物化学、生理学、微生物学及其他一些基础学科有着密切的联系，这些学科的基础理论和基本方法是研究商品组成成分、理化性质、宏微观结构的工具。

商品学与材料学、工艺学、农艺学、家畜饲养学、环境学、气象学、昆虫学、生态学及其他一些技术学科也有着密切的联系，应用这些学科的知识，为阐述商品使用价值的形成和维护提供了重要资料。

商品学与食品营养学、食品卫生学、服装学、人体工程学及与此相关的应用学科更有着千丝万缕的联系，应用这些学科的成果对提高商品质量、扩大商品品种有着十分重要的作用。

商品学在研究商品使用价值的社会性因素时，必然与社会科学保持一定的交叉渗透关系，从政治经济学、企业管理学、市场学、销售学、统计学、社会学、心理学、美学、广告学、物价学、经济地理学、质量工程学、质量管理学等学科汲取和借鉴某些研究成果，形成商品学的学科体系，有利于本学科的研究和发展。

随着商品学学科的不断发展，商品学又在本学科内部形成了不同的学科分类，如商品包装学、商品检验学、商品分类学、商品养护学、商品储运学、商品美学、食品商品学、家用电器商品学、日用品商品学、纺织品商品学、医药商品学等。

商品学的研究对象决定了其既不是纯粹的自然科学，也不是纯粹的社会科学。学科与学科之间相互联系是科学发展的必然结果。学科之间文理结合，内容方面彼此交叉渗透是当今科学发展的必然趋势。商品学与其他相关学科的关系不是简单的拼凑堆砌，而是采取为我所用的原则，在商品学的体系下形成有机的融合。反过来商品学的研究成果也必然被其他学科吸收利用，达到相助相长、共荣共进的目的。

1.2.4 商品学的研究任务

商品学的研究任务主要有以下五个方面。

1. 指导商品使用价值的形成

通过商品资源和市场的调查预测，商品的需求研究等手段，为有关部门实施商品结构调整、商品科学分类，商品的进出口管理与质量监督管理，商品的环境管理，制定商品标准、政策法规及商品发展规划提供决策的科学依据；为企业提供商品基本质量要求，指导商品质量改进和新商品开发，提高经营管理素质，保证市场商品物美价廉，适销对路。

2. 评价商品使用价值的高低

商品质量是决定商品使用价值高低的基本因素，是决定商品竞争力强弱、销路、价格的基本条件。所以，它是商品学研究商品使用价值的中心内容。通过对商品使用价值的分析和综合，明确商品的质量指标、检验和识别方法，能全面、准确地评价、鉴定商品的质量，杜绝伪劣产品流入市场，保证商品质量符合规定的标准或合同，维护正常的市场竞争秩序，保护买卖双方的合法权益，切实维护国家和消费者的利益，创造公平、平等的商品交换环境。

3. 防止商品使用价值的降低

分析和研究与商品质量有关的各种因素，提出适宜的商品包装、储运，保护商品质量，努力降低商品损耗。

4. 促进商品使用价值的实现

通过大力普及商品知识和消费知识，使消费者认识和了解商品，学会科学地选购和使用商品，掌握正确的消费方式和方法，由此促进商品使用价值的实现。

5. 研究商品使用价值的再生

通过对商品废弃物与包装废弃物处置、回收和再生政策、法规、运行机制、低成本加工技术等问题的研究，推动资源节约、再生，生活废物减量和保护环境的绿色行动。

1.2.5 商品学的研究方法

由于商品的使用价值是商品的自然有用性和社会适用性的统一。因此，商品学的研究方法是按照研究的具体课题，采用不同的形式进行的。

1. 科学实验法

科学实验法是一种在实验室内或一定实验场所，运用一定的实验仪器和设备，对商品的成分、构造、性能等进行理化鉴定的方法。这种实验方法，大多在实验室内或要求条件下进行，为控制和观察提供良好的条件，所得的结论正确可靠，是分析商品成分、鉴定商品质量、研制新产品的常用方法（如鉴定酒成分含量）。

2. 现场试剂验法

现场试剂验法是一些商品学专家或有代表性的消费者群，凭人体的直觉，对商品的质量及其商品有关的方面做出评价的研究方法。这种方法的正确程度受参加者的技术水平和人为因素的影响，但运用起来简便易行，适于很多商品的质量评定（如茶叶、酒类、某些新产品的试用、试穿等）。

3. 技术指标法

技术指标法是一种在分析实验基础上，对一系列同类产品，根据国内或国际生产力发展水平，确定质量技术指标，以供生产者和消费者共同鉴定商品质量的方法。

4. 社会调查法

商品的使用价值是一种社会性的使用价值，全面考察商品的使用价值需要进行各种社会调查，特别是在商品不断升级换代，新产品层出不穷的现代社会里，这方面的调查更显得实际和重要，其具有双向沟通的主要作用，在实际调查中既可以将生产信息传递给消费者，又可将消费者的意见和要求反馈给生产者。社会调查法主要有现场调查法、调查表法、直接面谈法、定点统计调查法。

5. 对比分析法

对比分析法是将不同时期、不同地区、不同国家的商品资料收集积累，并加以比较，从而找出提高商品质量，增加花色品种，扩展商品功能的新途径，运用对比分析法，有利于经营部门正确识别商品和促进生产部门改进产品质量，实现商品的升级换代，更好地满足广大消费者的需要。

1.3 商品学发展简介

1.3.1 现代商品学的发展历史

任何一门学科都产生于实践，都是人们实践经验的凝结。商品学是商品经济发展到一定阶段的产物。纵观现代商品学形成和发展的历史，大致可分为三个阶段。

1. 商品知识汇集阶段

在商品学学科形成之前，商品知识的汇集、整理是商品学形成的重要前提。这些商品知识主要是商品生产者和经营者经商经验的积累，它使商人在经商过程中能更广泛、深入地了解商品的产地、品种、成分，更好地鉴别商品的品质，明确商品的功效，把握商品的正确使用方法，以充分发挥商品的效能。世界四大文明古国之一的中国，从丝绸之路到海上贸易，与外界商品交往的历史悠久，对商品知识的研究也相对超前。从春秋时代师旷所著的《禽经》到晋朝戴凯之所著的《竹谱》，从唐代陆羽的《茶经》到宋朝蔡襄所著的《荔枝谱》，以及《桔录》、《本草纲目》等书籍，先后都对有关的商品知识做了详尽的介绍。其中最具代表性的当属陆羽的《茶经》。盛唐时期，产于江淮一带的茶叶由江南传到北方，茶叶品种繁多，色味各异，为了进一步促进茶叶的生产经营，推广茶叶的使用范围，陆羽大量收集茶叶的生产、制作、储运、消费等方面的知识，于公元 767 年写出《茶经》一书。《茶经》分三卷共十篇，对茶叶的种植、采摘、加工、饮用到茶叶的功能、评定、储藏等环节进行了详细的说明。该书的问世，对茶叶的生产经营起了重要的指导作用，成为世界上最早的一部茶叶商品学著作。据文献记载，阿拉伯人阿里·阿德·迪米斯基 1175 年编著出版的《商业之美与识别优劣和真伪商品指南》是世界上又一部商品学书籍。17 世纪，在法国百科全书学者的影响下，萨瓦里于 1675 年编著出版了《商业大全》，书中详细论述了纤维制品、染料等商品的性能、产地、包装、储存、销售等方面的知识，该作品在欧洲久负盛名，先后被译成德、英、意等文字在欧洲传播。以上这些商品知识为商品学的诞生奠定了基础。

2. 古典商品学阶段

进入 18 世纪，德国手工业发展迅速，需要大量进口原材料进行生产，而后出口大批工业品，商品贸易趋于频繁。这就要求商人必须具备系统的商品学知识来适应贸易发展的需要，大量商业贸易人才的培养也就成为当时经济发展对教育界的突出要求。于是到 18 世纪中叶，德国在大学和商学院开始开设商品学课程。在教学和科研基础上，德国自然史学家兼经济学家约翰·贝克曼教授，1777 年编著出版了《技术学导论》并于 1793 年至 1800 年编著出版了《商品学导论》，内容包括商品生产、技术、方法、工艺学知识以及商品的产地、性能、用途、鉴定、分类、包装、主要市场等。《商品学导论》的问世，标志着商品学开始作为一门独立的学科形成，约翰·贝克曼本人也因此被誉为商品学的创始人，他新创立的商品学被称为“贝克曼商品学”。19 世纪以来，这种德国古典商品学相继传入意大利、西欧、东欧、日本、中国等，使商品学得到迅速发展。

3. 现代商品学阶段

商品学学科体系形成后，在其发展进程中呈现出两大研究方向。一个是从自然科学和技术学的角度出发，研究商品的使用价值，研究的中心内容是商品质量，称为自然科学商品学或技术商品学；另一个是从社会科学和经济学的观点，特别是从市场营销和消费需求方面研究与商品质量和品种相关的问题，称为社会科学商品学或经济商品学。

自然科学商品学起源于意大利的生药学，18 世纪中叶由约翰·贝克曼创立。19 世纪欧洲产业革命完成后，大机器工业生产方式确立，大量的原材料、半成品涌向欧洲，而欧洲的商品（工业品）如潮水般涌向世界各地，这就要求对原料、半成品和成品进行严格的鉴定和检验，以保证商品的质量。这样，自然科学商品学就进入到材料学商品学、鉴定论商品学或品质论商品学时代。进入20世纪尤其是“二战”后，自然科学商品学在商品经济的推动下，其理论与体系日趋完善，其内容更适合贸易实践的需要，主要包括商品分类、商品标准、商品质量、商品鉴定和检验、商品包装、商品养护等。此时，自然科学商品学跨入了综合学科、交叉学科的商品学时代，称为复合型商品学或现代商品学。即从自然科学和技术学以及社会科学和经济学方面综合研究商品使用价值。一方面研究商品的自然属性，如物理、化学、生物学性能，另一方面研究商品的经济性，如研究与商品质量、供给和需求相关的经济问题。社会科学商品学或经济商品学是“二战”后形成的。经济商品学以自然科学为基础，从消费和市场需求的角度出发研究商品质量和品种。如研究商品的开发、商品设计、商品质量保证、商品包装、商品标准化、商品监督检验等内容。经济商品学成为经济科学的一个分支，是现代商品学的重要组成部分，存在于德国、日本等发达国家中，在世界市场经济体系中，对于促进商品经济的发展、繁荣市场，起着积极的促进作用。

1.3.2 现代商品学的现状

从国内看，新中国成立后，百业待兴。20世纪50年代开始在高等财经院校设立了对外贸易、贸易经济供销合作等专业，并开设了商品学课程。1951年中国人民大学开设商品学研究生班，邀请苏联专家讲学，培养师资力量，为商业部门培养商品学人才。1956年黑龙江商学院、上海财经学院创建了商品学系。随着社会主义市场经济体制目标的确立，有更多的高等财经院校、中等商业学校和供销学校开设了商品学课程。其中，中国人民大学和黑龙江商学院拥有商品学专业硕士学位授予权，它标志着现代商品学学科的发展。1995年成立了全国性学术团体——中国商品学学会，中国商品学会代表中国参加国际商品学会（总部设在维也纳）的各项活动，并为副会长单位，它标志着我国现代商品学学科有了迅速的发展。

从国际范围内看，现代商品学在“二战”后世界经济的复苏和繁荣中兴盛起来，它主要围绕商品—人—环境系统，从技术、经济、环境等方面，运用现代科技知识和经济学、生态学、社会学原理，对商品与消费需求、商品与资源利用、商品与生态环境、商品开发与高新技术应用、商品质量控制、质量保证与商品监督、商品包装与商标、商品形象与广告、商品文化与美学等问题进行深入的研究。商品学研究机构在战前日本商品学会的基础上也纷纷成立。如1959年成立的奥地利商品学会，1963年成立的波兰商品学会，1971年成立的德国商品学会，1978年意大利商品学会和瑞士商品学会，1980年的韩国商品学会，1990年的罗马尼亚和保加利亚商品学会等，商品学学术团体如雨后春笋般，在世界各地快速产生、成长。最具代表性的是1976年植根于奥地利维也纳经济大学的国际商品学会，它的成立为国际商品学主题的确立和研究打下了基础，如未来商品开发、21世纪商品、无环境的商品和技术等主题使商品学学科研究向深度和广度拓展。到目前为止，世界上已有30多个国家150多所高等经济院校建立了商品学系和商品学教研室，广泛开展商品学教学和科研活动。这些科研活动的展开，大大地促进了世界经济的可持续发展。尽管在美国、英国、法国等发达国家没有商品学学科，但在市场学、商品经营学、营销学、家政学等学科中有商品学内容，并有相近专业的硕士、博士生研究方向，其特点是把商品学与市场学、消费学等紧密地结合在一起，培养高级复合型人才。

【案例 1.2】 国际商品学学术研讨会历届会议简况

届　数	时　间	主 办 国	研 讨 会 主 题
第一届	1978 年 7 月 6 日至 8 日	奥地利	各国和国际商品学的发展、现况与目标
第二届	1979 年 9 月 19 日至 21 日	比利时	商品包装与现代商品学
第三届	1981 年 9 月 20 日至 23 日	波兰	消费需求与商品学的合作领域
第四届	1983 年 9 月 26 日至 29 日	意大利	未来的商品开发与商品学的发展
第五届	1985 年 10 月 1 日至 3 日	瑞士	商品质量保证与现代商品学
第六届	1987 年 8 月 25 日至 28 日	日本	与高度变革时代相适应的商品学研究课题
第七届	1989 年 8 月 4 日至 6 日	韩国	21 世纪的商品
第八届	1991 年 8 月 19 日至 22 日	德国	变化中的欧洲商品与技术
第九届	1993 年 8 月 23 日至 27 日	匈牙利	对环境安全的商品与工艺技术
第十届	1995 年 9 月 4 日至 8 日	中国（北京）	市场经济与现代商品学的发展
第十一届	1997 年 8 月 26 日至 31 日	奥地利	商品学与可持续发展
第十二届	1999 年 9 月 5 日至 11 日	波兰	21 世纪的质量
第十三届	2001 年 9 月 2 日至 8 日	斯洛文尼亚	全球未来产品的商品学——技术、质量和环境
第十四届	2004 年 8 月 25 日至 29 日	中国（北京）	聚焦新世纪——商品·贸易·环境
第十五届	2006 年 9 月 13 日至 17 日	乌克兰	全球商品安全、环境、生活品质
第十六届	2008 年 8 月 18 日至 22 日	韩国	数字融合时代追求卓越的商品与服务

（资料来源：中国商品学会）

问题：从历届国际商品学会议主题来看，商品学的发展贯穿了一条什么样的主线？

本 章 小 结

商品是用来交换、能满足人们某种需要的劳动产品。商品都具有使用价值和价值两种属性。

商品学是以商品质量为中心内容来研究商品使用价值及变化规律的科学。

商品学与自然科学、技术科学与经济管理科学等有着密切的联系，其成果相互吸收利用。

商品学是商品经济发展到一定阶段的产物。其发展经历了商品知识汇集阶段、古典商品学阶段和现代商品学阶段。商品学有其特定的研究任务和研究方法。

本章是学习本门课程的基础，重点把握的要点是商品学的研究对象、内容与任务。

关键术语

商品　劳动产品　商品的价值　商品的使用价值　核心产品　形式产品　附加产品　商品学

实训项目

查阅相关资料，总结我国商品学的发展过程，并阐述对我国商品经济发展有何促进作用？

复习思考题

1．说出物品、劳动产品、商品三者的区别和共同点。
2．商品学的研究对象是什么？如何理解？
3．如何理解商品学研究的中心内容和具体内容？
4．商品学的研究任务有哪些？
5．商品学的发展经历了哪些阶段？
6．结合实际试谈商品学在经济发展中的作用。

第2章 商品质量

【学习要点】

- 商品质量概念的含义
- 商品质量特性、对不同类别商品质量的基本要求
- 伪劣商品的概念和范围
- 打击、防范和识别伪劣商品的措施和方法

【案例导读】 2006年中国名牌产品顾客满意指数调查结果

国家质检总局于2006年2季度至3季度，对部分申请2006年中国名牌产品进行了顾客满意指数调查。调查的产品包括电动剃须刀、电热毯、电饮水壶、电饮水机、钢琴、两轮自行车、男西装、移动通信手持机（GSM）、移动通信手持机（CDMA）、卫生陶瓷、羊毛衫、花露水、杀毒软件、月饼、饼干、植物蛋白饮料、护发素、护肤霜、食醋、酱油、瓶装饮用水、速冻饺子、速冻汤圆、洗发水24类产品126个品牌。调查采取计算机辅助电话访谈方式进行，调查数据来源于全国50个大城市和部分中小城市的3万余名消费者，并使用专业软件对调查数据进行处理后得出最终调查结果。

调查结果显示，此次调查的24类产品的平均顾客满意指数为71.96。其中，电饮水壶行业平均顾客满意指数最高，为79.05，移动通信手持机（GSM）行业平均顾客满意指数最低，为61.63。最高与最低顾客满意指数相差17.42个百分点。同一类产品不同品牌的顾客满意指数也有差别。

2006年中国名牌产品顾客满意指数调查结果可以分为三个层次。

第一个层次产品平均顾客满意指数在75.90至79.05之间，明显高于行业平均水平，有电饮水壶、电热毯、酱油、食醋和植物蛋白饮料。这些产品在我国市场上已经形成一批深受消费者喜爱的著名品牌，具有较强的市场竞争力。

第二个层次产品平均顾客满意指数在71.08至74.47之间，在平均水平上下，包括速冻汤圆、钢琴、饼干、花露水、瓶装饮用水、月饼、两轮自行车、电动剃须刀、杀毒软件、护肤霜、卫生陶瓷和护发素12类产品。这类产品凭借较稳定的产品质量和性价比优势，较好地满足了顾客的需求，日益形成一批主导市场的领先企业和具有较强竞争优势的品牌。

第三个层次产品平均顾客满意指数在61.63至70.75之间，明显低于平均水平。有电饮水机、速冻饺子、男西装、洗发水、羊毛衫、移动通信手持机（CDMA）、移动通信手持机（GSM）7个行业。这些行业内品牌整体质量不均衡，整体竞争力与国际知名品牌相比还有一定差距。

（资料来源：国家质量检验检疫总局网站）

思考分析：通过本案例的中国名牌产品顾客满意指数调查结果，试分析什么样的商品质量才是顾客满意的质量？

2.1 商品质量的概念

2.1.1 商品质量的概念

随着科学技术和经济的发展，人们对质量的需求不断提高，质量的概念也随之不断发生变化，具有代表性的质量概念主要有：

（1）“符合性质量”，即认为质量只是符合标准的要求。这是长期以来人们对质量的理解，但是标准不先进，即使是百分之百符合，也不能认为是质量好的产品，于是质量的概念在满足符合性的基础上又产生了“适用性质量”的概念。

（2）“适用性质量”。它是以适合顾客需要的程度作为衡量的依据，即从使用的角度来定义质量，认为产品质量是产品在使用时能成功满足顾客需要的程度。“适用性质量”概念的发展，说明了人们在质量概念的认识上逐渐把顾客的需求放在首位，但是满足顾客使用需要的产品质量还不一定使顾客满意，于是质量的概念向“顾客满意质量”演变。

（3）“顾客满意质量”。由于顾客（和相关方）满意的“要求”是广义的，它除了适用性外，还包含隐含的要求，如对汽车来说，顾客要求除了美观、舒适、轻便、省油和方便良好的售后服务等外，还有法律、法规方面的要求，如发动机排放物符合排放标准，制动器的安全可靠性高等。

由此可知，质量的概念是从“符合”、“适用”到“顾客满意”不断演变的。

商品质量的概念还有狭义和广义之分。

狭义的商品质量是指产品与其规定标准技术条件的符合程度，它是以国家或国际有关法规、商品标准或订购合同中的有关规定作为最低技术条件，是商品质量的最低要求和合格的依据。

广义的商品质量是指商品适合其用途所需的各种特性的综合及其满足消费者需求的程度，是市场商品质量的反映。它不仅是指商品的各种特性能够满足需要，而且包括价格实惠、交货准时、服务周到等内容。

我国标准 GB/T 6583—1994《质量管理和质量保证术语》中对质量做如下定义：商品质量可以界定为商品满足明确和隐含需要能力的特性总和。

商品质量的含义包括以下内容：

（1）商品质量的主体是产品。产品进入流通领域后便称为商品，商品质量实际上就是指产品质量，产品可以是有形的，也可以是无形的，还可以是两者的结合。

（2）商品质量的内容或基础，是商品特性的总和，特性是指不同商品特有的性质。由于商品的使用价值必须通过商品的各种特性来体现，所以，商品特性的总和是商品质量的根本内容，它由若干要素构成。

（3）商品质量的基本要求是商品特性的总和能够满足需要。所谓“明确需要”是指国家或国际有关法规、质量标准或买卖双方的合同要求等对质量的人为规定；“隐含需要”可理解为顾客或社会对商品的适用性、安全性、卫生性、可靠性、耐久性、美观性、经济性、信息性等方面的人为期望及人们公认的、不言而喻的、不必做出或难于做出规定的需要，如商品风格、流行性等。

商品质量是一个综合性的概念，它涉及商品本身及商品流通过程中诸因素的影响。从现代市场观念来看，商品质量是内在质量、外观质量、社会质量和经济质量等方面内容的综合体现。

商品的内在质量是指商品在生产过程中形成的商品体本身固有的特性，包括商品实用性能、可靠性、寿命、安全与卫生性等。它构成商品的实际物质效用，是最基本的质量要素。

商品的外观质量主要指商品的外表形态，包括外观构造、质地、色彩、气味、手感、表面疵点和包装等，它已成为人们选择商品的重要依据。

商品的社会质量是指商品满足全社会利益需要的程度，如是否违反社会道德，对环境造成污染，浪费有限资源和能源等。一种商品不管其技术如何进步，只要有碍于社会利益，就难以生存和发展。

商品经济质量是指人们按其真实的需要，希望以尽可能低的价格，获得尽可能优良性能的商品，并且在消费或使用中付出尽可能低的使用和维护成本，即物美价廉的统一程度。

商品的内在质量是由商品本身的自然属性决定的；商品外观质量、社会质量和经济质量则是由商品的社会效应来决定的，它涉及诸多社会因素的影响。

2.1.2 商品质量的性质

1. 商品质量具有针对性

商品的质量是针对一定使用条件和一定的用途而言的。各种商品均需在一定使用条件和范围内按设计要求或食用要求合理使用。若超出它的使用条件，即使是优质品也很难反映出它的实际功能，甚至会完全丧失其使用价值。

2. 商品质量具有相对性

商品质量相对于同类商品（使用目的相同）的不同个体而言，是一个比较的范畴。对一般商品来说，可以通过简单的比较和识别来观察，而对某些商品则要有严格的质量指标规定。

3. 商品质量具有可变性

商品的特性会随着科技进步而发展，而且人们消费水平的提高和社会因素的变化，对商品质量也会不断提出新的要求；即使同一时期，因地点、地域、消费对象不同，对商品的要求也不一样；消费者职业、年龄、性别、经济条件、宗教信仰、文化修养、心理爱好等不同，对质量要求也不同。

2.2 商品质量的基本要求

商品质量的基本要求是根据其用途、使用方法（或使用目的）以及消费者和社会需求提出来的。由于商品种类繁多，性能各异，又有着不同的用途、特点和使用方法，因此，对不同商品质量要求也各不相同。下面将分别介绍几大类商品的质量要求。

2.2.1 纺织品质量的基本要求

纺织品是人们日常上生活不可缺少的生活资料。随着社会的发展，纺织品的款式、品种日趋新颖、丰富，其功能已不再是简单的御寒遮体、保护身体。因此，对纺织品质量的最基本要求，是要耐用舒适、卫生安全，又要美观、大方、流行、具有时代性等，主要包括以下几方面。

1．材料选择适宜性

纺织品的基本性能及外观特征，主要由其所用的纤维材料决定。不同种类的纤维如棉麻、毛涤纶等，其织品的性能各有不相同；即使同种纤维不同品质，其织品也各有特色。因此，纺织品用途不同，所选择的纤维的种类和品质也各不相同。

2．组织结构合理性

纺织品组织结构主要包括织物组织、重量和厚度、紧度和密度、幅宽和匹长等。纺织品的组织结构影响着织物的外观和机械性能。如纺织品的厚度、紧度等可影响其透气性、保暖性和柔软性等。

3．良好的机械性

纺织品的机械性能主要是指各种强度指标，它是衡量纺织品耐用性能的重要指标，另外，对织物的尺寸稳定性和手感及成品风格也有影响。

4．良好的服用性

服用性主要是要求织品在穿用过程中舒适、美观、大方。要求其缩水率、刚挺性、悬垂性符合规定标准，具有良好的吸湿性、透气性，不起毛、起球，花型、色泽、线条图案应大方或富有特色等。

5．工艺性

指纺织品面料必须方便裁剪缝制，易于洗涤、熨烫、定型，染色牢固等。

2.2.2 食品质量的基本要求

食品是指为人体提供热量、营养，维持人体生命，调节人体生理活动，形成和修补人体各组织的物质，是人们生长发育，保证健康不可缺少的生活资料。因此，对食品质量的基本要求是具有营养价值，具有良好的色、香、味、形，无毒无害，符合卫生要求。

1．食品的营养价值

营养价值能给人体提供营养物质，这是一切食品的基本特征。其功能是提供人体维持生命活动的能源，保证健康，调节代谢及延续生命。是决定食品质量高低的重要依据，营养价值是评定食品质量优劣的关键指标。

食品的营养价值包括营养成分、可消化率和发热量三项指标。

（1）营养成分。是指食品中所含蛋白质、脂肪、碳水化合物、维生素、矿物质及水分等。由于各成分各自起着它应有的作用。因此，人们可以从各种不同的食品中获得各种营养成分。

（2）可消化率。是指食品在食用后，可能消化吸收的百分率 。它反映了食品中营养成分被人体消化吸收的程度。食品中营养成分只有被人们消化吸收后才能发挥其作用。营养学专家经过多年研究、实践得出结论：动物性食品的营养价值高于植物性食品的营养价值。

（3）发热量。是指食品的营养成分经人体消化吸收后在人体内产生的热量，它是评价食品营养价值最基本的综合性指标。

人体对食品的需要量通常是采用能产生热量的碳水化合物、蛋白质、脂肪三种主要营养成分的发热量来表示。1 克碳水化合物或 1 克蛋白质在体内经过消化和完全氧化后产生的热值均为 4.1 千卡，1 克脂肪产生的热值为 9.3 千卡。

人们吃的主食，包括各种米、面等，是供给人体热量的主要来源；副食包括各种蔬菜，水果，鱼肉、禽蛋、乳品及加工制品等，是热量的重要来源。一般来说，营养成分和可消化率越高，产生的热量就越多，营养价值就越高。但也不完全如此，如粮食加工精度提高了，营养成分损失了，可消化率却提高了。

2. 食品的色、香、味、形

是指食品的色泽、香气、滋味和外观形状。食品的色、香、味、形不仅能反映食品的新鲜度、成熟度、加工精度、品种风味及变质状况，同时可直接影响人们对食品营养成分的消化和吸收。食品的色、香、味、形良好，还可以刺激人产生旺盛的食欲。许多食品的色、香、味、形还是重要的质量指标，如评价烟、酒、茶等商品的质量时，主要从色泽、香气、滋味等方面进行鉴定。不同的色、香、味、形，决定它本身的档次和等级。

3. 食品的卫生性（无毒害性）

是指食品中不应含有或超过允许限量的有害的物质和微生物。食品卫生关系到人们的健康与生命安全，有的还影响子孙后代，所以作为食品，卫生、无毒、无害、无污染是最起码的条件。影响食品卫生的主要来源，有以下五个方面。

（1）食品自身产生的毒素。如豚鱼、毒蘑菇、苦杏仁、土豆发芽部分产生的氰甙龙葵类毒素；死后的鳝鱼、鳖、河蟹体内的组胺毒素等。这些毒素对人体的消化系统、神经系统，血液循环系统都有严重的危害。

（2）生物对食品的污染。生物对食品的污染包括：① 微生物污染，主要是细菌、细菌毒素、霉菌、霉菌毒素及大肠肝菌等；② 寄生虫及虫卵污染，主要是旋毛虫、蛔虫、绦虫、蛲虫 、姜片虫、肝吸虫等；③ 昆虫污染，主要是粮食中的甲虫类、蛾类、螨类以及鼠类活动所造成的污染。

（3）加工中混入的毒素。如方便面、罐头、小食品、饮料等，因配料不当或超范围使用防腐剂、色素、香精，放置时间久了引起铅、锌中毒；油炸、烧烤食品时生成甘油醛，造成食品污染，影响人体健康。

（4）保管不善产生的毒素。食品因保管不善有可能感染微生物腐败或霉烂变质，如温度过高使海产品发生变质，容易致癌。花生、小麦、玉米、豆类等发霉后则能产生黄曲霉毒素，使人体致癌。

（5）环境、化学品造成的污染。主要包括工业上“三废”不合理排放，化肥农药使食物受到污染，不合乎卫生要求的食物添加剂和使用量不合理等。另外，食品在生产、储存、运输、销售时，受到环境、化学品、菌类、重金属的污染也会使食品有毒有害。

【知识链接 2.1】 食品添加剂超标的危害

食品添加剂按来源分为天然的和化学合成的两大类。天然食品添加剂是指利用动植物或微生物的代谢等为原料，经提取所获得的天然物质；化学合成的食品添加剂是指采用化学手段，使元素或化合物通过氧化、还原、缩合、聚合、成盐等合成反应而得到的物质。目前使用的大多属于化学合成食品添加剂，包括山梨酸、山梨酸钾、苯甲酸、苯甲酸钠、二氧化硫、丙酸钙、丙酸钠、尼泊尔金内酯、对羟基苯。对羟基苯作为防腐剂添加在食品中，能防止食品因微生物而引起的腐败变质，是食品在一般的自然环境中具有一定的保存期。防腐剂过量不仅能破坏维生素B1，还能使钙形成不溶性物质，影响人体对钙的吸收，同时对人的胃肠有刺激作用，过量食用还可引发癌症。

硝酸盐、亚硝酸盐是发色剂。经常用于肉及肉制品的生产加工，它们的作用是使肉与肉制品呈现良好的色泽。发色剂过量可引起中毒反应，3 克发色剂即可致人死亡。另外硝酸盐能透过胎盘进入胎儿体内，6 个月以内的婴儿对硝酸盐类特别敏感，有使胎儿致畸的可能。

磷酸三钠、三聚磷酸钠、磷酸二氢钠、六偏磷酸钠、焦磷酸钠是品质改良剂，通过保水、黏结、增塑、稠化和改善流变性能等作用而改进食品外观或触感的一种食品添加剂。品质改良剂过量不仅会破坏食品中的各种营养元素，而且会严重危害人体健康，在人体内长期积累将会诱发各种疾病，如肿瘤病变、牙龈出血、口角炎、神经炎及影响到后代畸形和遗传突变等，甚至对人的肝脏功能造成伤害。

（资料来源：国家食品质量安全监督检验中心网站）

2.2.3 日用工业品质量的基本要求

日用工业品包括的面很广，有玻璃制品、搪瓷器皿、铝制品、日用塑料制品、皮革制品，胶鞋、纸张、洗涤剂、化妆品、钟表、家具、电器、服装等。它是人们生活中不可缺少的生活资料。因此，对它们质量的基本要求是其适用性，耐用性，卫生性和外观与结构等方面。

1. 适用性

适用性是指日用工业品满足主要用途所必须具备的性能或质量要求。不同商品的适用性各有不同要求，如保温瓶必须保温，洗涤剂必须去污，电冰箱必须制冷，钢笔必须书写流利，手表要求走时准确，雨鞋必须防水，化妆品对肌肤无刺激，服装、鞋帽要求保暖、透气、无毒等。即使同一类商品，由于品种不同，用途也各不相同，如印刷用纸对油墨应有良好的吸湿性，而包装用纸则要求有一定的厚度和机械强度；又如玻璃制品中的茶杯要求耐热性高，镜子要求反映影像逼真，化学仪器要求耐酸、碱性好。商品的多用性扩大了商品的适用范围。因此，适用性是构成商品使用价值的基本条件，也是评价日用工业品质量的重要指标。

2. 耐用性

耐用性是指日用工业品抵抗各种外界因素对其破坏的能力，它反映了日用工业品坚固耐用的程度和一定的使用期限、次数。如皮革、橡胶制品和某些纸张常用强度和耐磨耗等指标来评定其耐用性。电器开关可以开关多少次，手机电池可用多长时间，灯管在 220V 电压下工作多少小时等，这些都是通过使用寿命来反映其耐用性的。提高日用工业品的坚固耐用性，就能延长商品的使用寿命，就等于不用额外消耗原料和劳动力，而提高了产品的质量。所以耐用性是评价绝大多数日用工业品质量的主要依据。

3. 卫生性、安全性

卫生性是指日用工业品在使用时不能影响人体健康和人身安全的质量特性。如对盛放食物的器皿、化妆品、玩具、太空杯、肥皂、牙膏及包装材料等商品应具有无毒、无害性；各种家用电器不漏电、无辐射、安全可靠，在使用过程中不发生危险；玻璃器皿中有毒的重金属元素应在一定的标准内。所以在评价日用品的质量时必须重视它们的卫生性和安全性。

4. 外观美观性

日用工业品的外观，主要是指其表面特征。一方面包括商品的外观疵点，即影响商品外观或影响质量的表面缺陷，另一方面指商品的表面装饰如造型、款式、色彩、花纹、图案等。对商品外观总的要求是式样大方新颖、造型美观、色彩适宜，具有艺术感和时代风格，并且应无严重影响外观质量的疵点。

5. 结构合理性

日用工业品的结构，主要是指其形状、大小和部件的装配要合理，若结构不合理，不仅影响其外观，而且直接影响其适用性和耐用性。例如，服装、鞋帽结构不当，不仅使人感到不舒服，不美观，而且无法穿戴，丧失了使用价值；对于那些起着美化装饰作用的日用工业品，它们的外观造型结构更具有特殊的意义。

2.2.4 出口商品质量的基本要求

我国出口商品要同全世界广大用户和消费者见面，为了适应他们的需要，我们必须贯彻“以销定产”的方针和坚持“质量第一”的原则，大力提高出口商品的质量，使其符合下列具体要求。

1. 针对不同市场和不同消费者的需求来确定出口商品质量

由于世界各国经济发展不平衡，各国生产技术水平、生活习惯、消费结构、购买力和各民族的爱好互有差异，因此，我们要从国外市场的实际需要出发，搞好产销结合，使出口商品的品质、规格、花色、样式等适应有关市场的消费水平和消费习惯。

2. 不断更新换代和精益求精

凡质量不稳定或质量不过关的商品，不宜轻易出口，以免败坏名誉。即使质量较好的商品，也不能满足现状，要本着精益求精的精神不断改进，提高出口商品质，加速更新换代，以赶上和影响世界的消费潮流，增强商品在国际市场上的竞争能力。

3. 适应进口国的有关法令的规定和要求

各国对进口商品的质量都有某些法令规定和要求，凡质量不符合法令规定和要求的商品，一律不准进口，有的还要就地销毁，并由货主承担由此引起的各种费用。因此，我们必须了解和熟悉各国对进口商品的质量规定，使我国出口商品的质量适应并符合这些规定，具有较强的市场适应性、针对性、竞争力，以便能顺利地进入国际市场。

4. 适应国外自然条件、季节变化和销售方式

由于各国自然条件和季节变化不同，销售方式各异，商品在运输、装卸、存储和销售过程中，其质量可能会有某种变化。因此，注意自然条件，季节变化和销售方式的差异，掌握商品在流通过程中的变化规律，使我国出口商品质量适应这些方面的不同要求，也有利于增强我国出口商品的竞争能力。

2.2.5 进口商品质量的基本要求

进口商品质量优劣，直接关系到国内用户和消费者的切身利益，凡品质、规格不符合要求的商品，不应进口，对于国内生产建设、科学研究和人民生活急需的商品，进口时要货比三家，切实把好质量关，使其品质、规格不低于国内的实际需要，以免影响国家的生产建设和人民的消费与使用。但是，也不应超越国内的实际需要，任意提高对进口商品品质、规格的要求，以免造成不应有的浪费。总之，对进口商品品质的要求，要从我国现阶段的实际需要出发，区别不同情况，实事求是地予以确定。

2.3 影响商品质量的因素

商品质量的高低，是由商品生产、流通、消费全过程中许多因素共同决定的。主要包括内部因素和外部因素。

2.3.1　影响商品质量的内部因素

1．原材料

原材料是构成商品最原始的物质，在其他条件相同的情况下，原材料对商品的质量起着决定性的作用。因此，在分析商品质量时，必须对原材料的质量进行分析。 原材料是形成商品质量的物质基础，由于原材料的成分、结构、性质不同，决定着所形成的商品质量也不同。例如，制造玻璃制品时，若硅砂中含有铁离子的成分过高，就会影响制品的色泽和透明度；以春茶为原料制出的绿茶和花茶有益的成分含量高，色、香、味好，而以老叶为原料制出的茶叶质量差；用牛、羊脂做的肥皂，去垢力强而且耐用；优质棉能纺出优质纱并织出优质棉布，制成的服装透气性、吸湿性更好。通过对原材料成分，结构及性质的分析，可以明确商品的质量特征和对商品质量的基本要求，可以加强商品的质量管理，可以揭示商品在流通过程中的质量变化规律，以确定商品的包装、储存方法及使用注意事项，是正确使用商品的重要依据。

原材料本身的质量又受品种、成分、结构、性质、产区的自然条件及饲养或栽培方法等因素的影响。例如，植物性的原材料，因其品种、种植环境、气候条件、栽培技术等的不同，造成原材料的质量也不尽相同。如莲子在我国许多地方均有生产，而质量最佳的是湖南产的湘莲，特别是湘莲中的白莲，为莲子中之极品。所以，选择确定原材料的化学成分和质量，就可以获得具备一定性质一定质量的商品。

研究分析构成商品的原材料，便于了解商品的质量，并为选用代用品，开辟原材料的来源，节约资源和合理使用原材料提供重要的依据。

2．生产工艺

生产工艺是形成商品质量的关键。对商品质量起决定性作用。因为商品的各种有用性及外形和结构，都是在生产工艺过程中形成和固定下来的。生产工艺主要是指产品在加工制造过程中的配方、操作规程、设备条件以及技术水平等。生产工艺不但可以提高质量，也可以改变质量。在很多情况下，虽然采用的原材料相同，但因生产工艺和技术水平不同，不仅产品数量会有差异。质量方面也会相差悬殊。例如，电冰箱、录音机、电视机、手表等采用同样的材料和原件，由于装配、调试水平不同，会使它们的质量产生极大的差异，先进的生产工艺，能生产出优质产品，落后的生产工艺，则生产出劣质产品。即使原材料的质量发生变化，如果进行必要处理，采取补救性工艺技术，就能改变因原材料质量变化而造成的对产品质量的影响。例如，猪皮毛孔较粗，影响制品的外观质量，如果采取补救性技术，就可以克服这种缺陷，提高猪皮的外观质量。

在生产工艺过程中，对商品质量有重要影响的因素是配方、操作规程、设备条件和技术条件等。

2.3.2 影响商品质量的外部因素

1. 流通过程

流通过程是指商品离开生产过程进入消费过程前的整个区间。商品在流通过程中，都要经过时间和空间的转移，商品的储存和运输是不可避免的。流通过程对商品质量影响，主要体现在运输、储存、销售等方面。

商品运输是商品流通的必要条件，没有运输，商品不会自己到达消费者手中。运输对商品质量的影响，与运程的远近、运输时间长短、运输路线、运输方式、运输工具等条件有关。

商品储存是商品流通的一个重要环节。没有商品储存，就难以保证商品流通的正常运转。商品在储存期间的质量变化，与储存场所和方位、时间长短、储存措施与技术、商品存放数量等有关。

商品在销售过程中，必然离不开商品陈列、包装、搬运、装配、维修等项工作。每个环节都涉及维护和损害商品质量的问题。例如，商品的陈列组合不当，拆零与分装捆扎不讲究，装配及维修水平低，陈列时间长，陈列环境及卫生条件差等，会使商品在外力、温湿度、光、热、微生物、环境污染等影响下引起商品质量变化。

2. 使用过程

商品的使用对商品质量有直接影响。商品使用对商品的质量影响主要与商品使用与保养条件、商品安装及商品使用的方法等有关。例如，药品、农药、化肥、塑料制品的合理使用；机械商品、电器用品的安装；液化气灶具的操作规程；设备的安装环境；毛、丝类针纺织品的洗涤与保管等。如果方法不当，环境条件不利，违反了规定要求，不仅损坏了商品，降低了使用价值，而且有些能直接危及人身安全。所以要对有些商品认真编制使用（食用）和养护说明书，采取多种形式向消费者宣传，传授使用（食用）和养护知识，设立必要的咨询中心，维修网点等，这些都是使用过程中保护商品质量的重要途径和措施。

2.4 伪劣商品

2.4.1 伪劣商品的概念和范围

1. 伪劣商品的概念

所谓伪劣商品是指生产、经销的商品违反了我国现行的有关法律、法规的规定，其质量、性能指标达不到标准所规定的要求；或是冒用、伪造他人商标、冒用优质产品标志、质量认证标志和生产许可证标识的商品；或是经销已经失去了使用价值的商品。

2．伪劣商品包括的具体范围

伪劣商品包括的具体范围，早在1989年国家质量技术监督局（现国家质量技术监督检验检疫总局）在《关于严厉惩处经销伪劣产品责任者的意见》中，列举了以下14种商品为伪劣商品。

（1）失效、变质的商品。

（2）危及安全和人身健康的商品。

（3）所标明的指标与实际不符的商品。

（4）冒用优质或认证标志和伪造许可证标志的商品。

（5）掺杂使假、以假充真或以旧充新的商品。

（6）国家有关法律、法规明确规定禁止生产、销售的商品。

（7）无检查合格证或无有关单位销售证明的商品。

（8）未有中文标明商品名称、生产者和产地的商品。

（9）限时使用而未标失效时间的商品。

（10）实施生产许可证管理而未标明许可证编号、有效时期的商品。

（11）按有关规定应用中未标明规格、等级、主要技术指标或未标明成分、含量的商品。

（12）属处理品而未在商品或包装的显著部位标明处理品字样的商品。

（13）没有剧毒、易燃等危险品标志的商品。

（14）未注明商品的有关知识和使用说明的商品。

2.4.2 伪劣商品的特征

商品的种类繁多，其性能千差万别。伪劣商品的表现形式更是千奇百怪，但是既然伪劣商品是“伪”和“劣”的东西，就会暴露出其伪劣的共同特征。

1．假冒商标

假冒商标，是指商品假冒国外名牌和国内名牌的商标。它利用人们既对名牌商品有较强崇拜心理和求购欲望，又对真正名牌商品具体情况缺乏了解的实际情况，擅自制造或以不法手段从厂家套购世界名牌和国内名牌商品商标标识，贴在自己的商品上冒充世界或国内名牌商品。

2．仿冒商标

仿冒商标，是指仿冒国外和国内名牌商品的商标标识。它不是在商品上直接采用国内外名牌商品的商标标识，而是使用与国内、外名牌商品商标标识相近似的商标标识。仿冒商标标识与真的商标标识并不完全一样，但也不容易被消费者识别。

3．假冒包装和装潢

假冒包装和装潢，主要是指假冒国内外商品包装和装潢及使用虚假说明。这类商品以服装、针织品和化妆品为最多，个别加工者在成批购买原料时，同时购买与被仿制商品配套的装饰物和伪装物，最终仿制成与真品非常相近的商品。

4. 假冒产地

假冒产地，是指在商品包装上不印厂家名称和厂址，或在商品包装极不明显的地方印上含糊不清的厂名和厂址，冒充国外或国内受欢迎地区的商品。这类商品以家电、玩具、服装、皮鞋、旅游鞋为多，并常利用多数消费者不识外文，追求名牌的心理，将包装全部印成英文、日文或拼音字母，有的甚至是胡编滥造。

5. 假冒优质产品标志

假冒优质产品标志，是指在没有获得优质产品标志的商品包装上印有该种标志。获得优质产品标志的商品，说明它已符合优质产品条件，劣质商品制造者就是利用产品的这种信誉来欺骗广大消费者的。

6. 伪造认证标志

伪造认证标志，是指在没有取得认证合格的商品包装上印有该种标志。认证是由第三方权威机构对商品质量进行检验，认为符合标准要求，对企业颁发合格证书并允许在商品包装上使用认证标志。劣质商品生产者也是利用产品的这种信誉进行欺骗。

7. 伪造生产许可证标志

伪造生产许可证标志，是指对没有取得生产许可证标志的商品，伪造一个生产许可证印在商品包装上。取得生产许可证的产品，说明质量已达到有关标准规定，企业具备保证该产品质量的能力。劣质商品制造者为生产该种产品并向社会推销常采取这种手段。

8. 商品本身质量低劣

商品本身质量低劣，是指商品在设计上没有科学依据，或使用不合格的原材料，或生产过程粗制滥造，最终技术指标不合格或安全性能达不到标准要求的商品。

9. 掺杂使假

掺杂使假，是指违法者采用变更或减少商品的成分、材质等办法，使其不具备该商品所应达到的各项指标，且质量严重降低的商品，如仅含10%香油成分的假香油。

10. 以假充真

以假充真，是指违法者生产经营的商品的全部成分或材质与该商品所标名称不符，使用或食用后果危害极大。如用牛骨加工制作冒充的虎骨；用工业酒精掺水制作的饮料酒等，不但起不到该商品应具有的功能作用，还可能引起各种疾病，甚至造成中毒身亡。

11. 失效变质

失效变质，一般是指原合格商品经过一定时间储存，超过规定的保质期和保存期，商品内部已发生物理、化学以及其他变化，完全失去商品原有特性，丧失使用价值而不能使用或食用。

12. 以旧充新

以旧充新，是指经销者将已报废的商品进行一番装修或粉饰，然后仍以新商品进行出售，这种手段具有极大的欺骗性。

2.4.3 伪劣商品的危害

近年来广大消费者及许多企业饱受假冒伪劣商品的坑害之苦，有关调查资料表明，90%以上的消费者和几乎所有名牌产品的生产企业均曾受到过假冒的侵扰。当前，我国的假冒伪劣商品有以下几个特点。

（1）假冒商品品种多、数量大。从生产资料到生活日用品，从内销到外贸出口商品，从一般到高层次消费者，从日常生活用品到高科技产品，假冒伪劣几乎无所不有，尤以制作利润高、销售快的假冒名烟、名酒和药品等现象最为严重。

（2）出现区域性“产、供、销”一条龙假冒地，违法活动更具有隐蔽性、流动性。有的地方造假已形成相当规模，有的已形成“专业村”、“集散地”、“黑窝地”，并有人提供仓库、银行账号、代办运输服务等，显然是有组织的犯罪活动，具有很强的再生能力和扩散能力。由于国内对造假活动打击严厉，相当一部分造假活动已形成境内外勾结，在境外制造，通过走私再偷运到国内销售，人称“走私假冒商品”。

（3）假冒国外名牌的现象日益突出。

（4）重大的恶性案件增多，违法数额攀升。假冒伪劣品对消费者及生产厂家的危害主要表现为：侵害名牌商标形象，真假难辨使消费者和用户望而生畏；严重影响名牌企业的经济效益；严重败坏出口商品的信誉，对我国国际贸易造成不良的影响；名牌产品被挤出了市场，使企业面临停产、甚至陷入破产倒闭的窘境等。

由于有的生产者和经营者受高利诱惑与驱动，甚至铤而走险；有的生产者和经销者在生产和经销中缺乏严格控制，管理混乱无序；法律、法规不完善，处罚条款规定偏轻及地方保护主义等原因，市场上出现的假冒伪劣商品，屡禁不止，造成的危害严重，主要表现在以下几个方面：

（1）伪劣商品充斥市场，导致市场商品质量合格率下降。

（2）伪劣商品屡禁不止，严重干扰了市场经济秩序，危及深化改革和对外开放的顺利进行。

（3）伪劣商品造成的恶性事故，产生了不良的社会影响，已经成为一大社会公害。

（4）伪劣商品泛滥，给国家、集体和个人造成了巨大的经济损失，消费者的合法权益受到严重损害。

（5）伪劣商品影响了我国的对外贸易，既造成重大经济损失又败坏了我国的声誉，造成极坏的政治影响。

2.4.4 伪劣商品的打击和防范

多年来，全国各地、各有关部门普遍把打假作为一项重要工作，认真组织有关部门开展专项治理，取得了一定成效。但是由于高额利润的驱动，个别生产和经销商法制观念的淡薄，消费者缺乏自我保护意识，加上严重的地方保护主义，制售假冒伪劣行为仍然屡禁不止，个别地方还比较严重。打击和防范伪劣商品，应重点抓好以下工作。

1．从讲政治的高度，进一步提高对打假工作重要性的认识，切实加强领导

对此，各级各部门务必引起高度重视，充分认识制售假冒伪劣商品行为的危害性和严重性，切实把打击假冒伪劣、维护正常的市场秩序作为保障人民群众生命安全，维护改革、发展、稳定大局的一件大事，摆到重要位置来抓。要以对党和人民高度负责的精神，充分认识到打击假冒伪劣是建设和谐社会的重要工作之一，切实加强对打假工作的领导，一级抓一级，层层建立健全打假责任制。

2．严格依法行政，切实履行好打假职责

各有关行政执法部门要认真履行打假职责，按照“从严治政、全面加强管理”的要求，加强队伍管理，不断提高队伍的整体素质和执法水平，严格依法行政。对在行政执法中不认真履行职责，对制售假冒伪劣商品违法行为打击不力、严重失职的，监察、人事部门要严肃追究直接责任人和有关领导人的责任；对利用职务之便，包庇纵容制假售假者，甚至从中牟取私利、收受贿赂的，要依法依纪严肃查处。

3．加强配合，实行综合治理

打假是一项社会系统工程，需要各级各有关部门齐抓共管，在各级政府的统一领导下，各有关行政执法部门和司法机关之间，要密切配合，相互支持，充分发挥打假的整体优势。对重大案件，当地政府要组织有关部门联合行动，协同办案，真正形成打假合力。各地要结合政府机构改革，进一步理顺各行政执法部门的职责，明确责任，各司其职，各负其责，齐抓共管。

4．健全法制，整顿市场秩序，规范市场行为

对涉及人民生命财产安全和国家信誉的重要商品，一定要坚持严格的市场准入制度，不符合要求的，一律不得进入市场。要加强对名优商品生产企业合法权益的保护。针对制假售假严重的情况，进一步完善和修订现行的有关法律、法规，并加强执法监督，从根本上制止造假售假违法犯罪活动。要把打假工作与反腐败结合起来，对直接参与和组织造假售假违法犯罪活动的腐败分子，要坚决依法惩处。

5．严肃查处大案要案，依法严厉打击犯罪分子

对那些性质恶劣、情节严重的造假售假违法犯罪分子，要依法严厉制裁，排除一切阻力和干扰，一查到底，绝不姑息。对造假售假的窝点，一律依法吊销其营业执照、生产许可证、经营许可证，并没收假冒伪劣商品和制假设备、工具、原辅材料、包装物，彻底摧毁其造假售假能力。

6．加强舆论监督，加大曝光力度

要充分发挥宣传舆论的监督作用，加大曝光力度，形成声势浩大的宣传舆论和社会监督氛围，增强联合打假的影响和威慑力。还要通过宣传、教育，进一步提高消费者的自我保护意识，自觉维护消费者合法权益，自觉抵制制售伪劣商品的行为。

2.4.5 伪劣商品的识别

伪劣商品的特征很多，也非常复杂。然而，只要掌握一定规律，认准商品的商标标识，认真查看商品外包装上的标记，注意商品包装、厂名、厂址，仔细观察商品质量和商品包装，伪劣商品是一定能被识别出来的。一般来说主要有以下几方面。

1. 从产品包装上鉴别

根据《产品质量法》第十五条规定，产品或其外包装必须具备以下标识：产品质量检验合格证；中文标明的产品名称、生产厂名和厂址；产品规格、等级、主要成分的名称和含量；生产日期、安全使用期或失效日期；使用不当易造成产品损坏或可能危及人身、财产安全的产品，要有警示标志或中文警示。

名优产品大多具有以上标识，而且包装比较科学、合理，包装材料讲究，装潢、商标印刷精美，套印精确、光泽度好。而假冒伪劣产品因制造粗陋、工序简单，不具备或部分具备以上标识。应该提醒消费者的是，这些标识都以中文体现，全部用外文表述的也属于不合格的产品。

2. 从商标上鉴别

许多名优产品的商标，由于产品的质量信誉好而久负盛名，也往往成为不法分子假冒的对象。假冒注册商标有这样几种情况：一是完全假冒，不但名称一样，而且图案色彩也一样；二是图案相似，名称近似，甚至用同音字，以混淆视听；三是变换商标图案颜色或是图案略有差异，名称不同。以上情况只要引起警惕，仔细观察，是会发现漏洞的。

3. 从标志上识别

商品或其包装上的标志有多种，除了商标以外，还有质量认证标志、生产许可证标志、防伪标志等，在选购商品时应该注意选择有质量标志的商品，并要注意其印刷、制作的是否精细、准确。其中防伪标志是近年来正规厂家使用比较多、防伪效果比较好的一种方法，要注意真品的防伪标记的特征。

4. 利用感官鉴别

感官鉴别就是利用人的感觉器官，即人的视觉、听觉、嗅觉、味觉、触觉等对商品的包装、结构、外观、色泽、气味等方面的识别。感官鉴别又称为“经验识别”。由于此种方法易受感官的敏锐程度和鉴别经验丰富与否的影响因而其结果难免带有主观性。感官检验商品质量的方法详见本书第 4 章中的相关内容。

【案例 2.1】 假冒名牌商标

（1）

（2）

（3）

（4）

（5）

（6）

（7）

（8）

（9）

以上几幅图片是从网络上搜集的，均为假冒名牌产品的商标，分别假冒的是哪些名牌产品？此种假冒商品有何特点？对自己选购商品有何启示？

本 章 小 结

商品质量是商品学研究的中心内容，是商品使用价值的综合表现。

商品质量的概念还有狭义和广义之分。狭义的商品质量是指产品与其规定标准技术条件的符合程度；广义的商品质量是指商品适合其用途所需的各种特性的综合及其满足消费者需求的程度，包括满足明确和隐含需要能力的特性总和。保证和提高商品质量对国家、社会、企业甚至个人都有重要的意义。

商品种类繁多，性能各异，又有着不同的用途、特点和使用方法，因此，对不同商品质量要求也各不相同。

对纺织品质量的基本要求，即要耐用舒适、卫生安全，又要美观、大方、流行、具有时代性等，包括材料选择适宜性、组织结构合理性、良好的机械性、良好的服用性、工艺性等。

对食品质量的基本要求包括要具有营养价值；具有良好的色、香、味、形；无毒无害、符合卫生要求。

对日用工业品质量的基本要求包括要具有适用性、耐用性，符合卫生标准，结构合理，外观美观等。

对进出口商品的质量也有不同的要求。

影响商品质量的内外部因素主要有原材料、生产工艺、流通过程和使用过程等。

与保证和提高商品质量工作相对立的是制造伪劣商品。国家对伪劣商品的概念和范围已有明确的界定。伪劣商品泛滥具有严重的危害性，打击和防范生产、经销伪劣商品的不法行为，是一项长期而艰巨的任务。我们首先应从伪劣商品的特征入手，对其进行识别。

关 键 术 语

商品质量　商品内在质量　商品外观质量　食品的营养价值　营养成分　可消化率　发热量　食品卫生性　适用性　耐用性　卫生性　安全性　外观疵点　商品结构　伪劣商品　防伪技术

实 训 项 目

1．调查了解我国参与商品质量管理的部门有哪些？这些质量管理机构的设置是否合理，在实际的商品质量管理中存在哪些问题？

2．阅读理解《中华人民共和国产品质量法》，并举例说明质量监管部门、生产销售部门应如何承担保证产品质量的责任？

复习思考题

1．什么是商品质量？提高商品质量有何重要意义？

2．对食品质量的基本要求有哪些？

3．简述对纺织品质量的基本要求。

4．阐述对进出口商品质量的要求。

5．影响商品质量的因素有哪些？

6．什么是伪劣商品？其范围包括哪些？

7．伪劣商品有何共同特征？

8．结合实际，试分析伪劣商品屡禁不止的原因。

9．结合实际，试分析打击和防范伪劣商品与构建和谐社会的关系。

第3章 商品标准

【学习要点】

- 商品标准化、商品质量监督和质量认证的作用或意义
- 质量体系认证和其他体系认证
- 标准、标准化、商品标准、质量监督、质量认证等概念和含义
- 商品标准的种类、分级、基本内容和表示方法
- 强制性商品质量认证的有关规定

【案例导读】 “个性”被芯、被套令消费者犯难

——各家“标准”各自定，哪管他人不配套

这几天气温日渐降低，市民们纷纷换上了贴身厚实、大小合适的冬被。可合肥市民黄女士却为一床小小的冬被犯了难。同事送给她一套澳西努牌被芯，尺寸是230cm×250cm。随后她到商场选购与澳西努被芯配套的被套，却发现市场上最大的被套也“小一号”，只有澳西努专卖店里才有配套的被套，价格昂贵不说，挑选花色也比较单一。她感到很遗憾：“难道买了某品牌的一种产品，就不得不跟着买它全套的产品吗？”

带着黄女士的疑问，记者走访合肥多个床上用品卖场后发现，由于各种品牌的被子没有统一的规格标准，不少消费者在选购床上用品时，都遇到被套与被芯难配套的问题。

随着人们消费观念的改变，被子已不单是御寒工具，更成为卧室里的一种装饰。商家为满足消费者需求，设计的被子尺寸也越来越“个性化”。目前，市场上最常见的单人被尺寸为160cm×210cm。除此之外，还存在多种规格，如152cm×210cm、150cm×200cm等。市场上最常见的双人被尺寸是200cm×230cm，此外还有220cm×240cm、220cm×250cm、248cm×248cm、203cm×229cm和230cm×229cm等不同规格。

宝业家纺广场中一商家介绍，被芯大小本来就没有什么行业内的统一标准，各个品牌内部都按照一定的标准生产，有其自己的“统一标准”，但与别的品牌难以配套。一位曾使用过多个品牌被芯的消费者说，市场根本买不到正好配套的被套，只好到缝纫店订做。

对此，宝业家纺广场中一家专门订做床上用品的缝纫店老板介绍，订做的被套各种尺寸都有，而200cm×230cm规格的被套最热销，因为普通品牌床上用品三件套中最常见的被套尺寸也是200cm×230cm。因此为了以后配套方便，消费者在选购产品时应把握常见的主流尺寸。“不过还是希望以后被芯和被套尺寸更加规范化，逐渐统一起来，或有商家专门负责为各种尺寸的被芯裁制不同规格的被套，让消费者感觉更方便。”不少消费者对此提出了自己的看法。

（资料来源：合肥晚报2007年11月27日）

问题：类似这样被套与被芯难配套的现象，在日常生活中并不少见，试想其中的原因是什么呢？

3.1 标准

3.1.1 标准的概念和含义

标准是标准化活动的成果，也是标准化系统的最基本要素和标准化学科中最基本的概念，必须首先弄清依据不同分类方法而产生的各类标准的含义。

1. 中国标准定义

国家标准 GB 3935.1—83《标准化基本术语》第一部分对标准做出如下定义："标准是对重复性事物和概念所做的统一规定。它以科学、技术和实践经验的综合成果为基础，经有关方面协商一致，由主管机构批准，以特定形式发布，作为共同遵守的准则和依据。"

该定义包含以下几个方面的含义。

（1）标准的本质属性是一种"统一规定"。这就是说标准是"由标准主管机构批准以特定形式发布，作为共同遵守的准则和依据"的统一规定。不同级别的标准是在不同适用范围内进行统一，不同类型的标准是从不同侧面进行统一，这种统一规定作为有关各方"共同遵守的准则和依据"。

（2）标准制定的对象是重复性的事物和概念。这里讲的"重复性"指的是同一事物或概念反复多次出现的性质。例如，批量生产的产品在生产过程中的重复投入、重复加工、重复检验等；同一类技术管理活动中反复出现同一概念的术语、符号、代号等被反复利用等。只有当事物或概念具有重复出现的特性并处于相对稳定时才有制定标准的必要，使标准作为今后实践的依据，以最大限度地减少不必要的重复劳动，又能扩大"标准"重复利用的范围。

（3）标准产生的客观基础是"科学、技术和实践经验的综合成果"。这就是说标准既是科学技术成果，又是实践经验的总结，并且这些成果和经验都是在分析、比较、综合和验证基础上进行规范化的，只有这样制定出来的标准才能具有科学性。

（4）制定标准过程要"经有关方面协商一致"，就是制定标准要发扬技术民主，与有关方面协商一致，做到"三稿定标"即征求意见稿、送审稿和报批稿。例如，制定产品标准不仅要有生产部门参加，还应当有用户、科研、检验等部门参加共同讨论研究，"协商一致"，这样制定出来的标准才具有权威性、科学性和适用性。

（5）标准文件有其自己一套特定格式和制定颁布的程序。标准的编写、印刷、幅面格式和编号、发布的统一，既可保证标准的质量，又便于资料管理，体现了标准文件的严肃性。所以，标准必须"由主管机构批准，以特定形式发布"。标准从制定到批准发布的一整套工作程序和审批制度，是使标准本身具有法规特性的表现。

2. 国际标准定义

ISO——国际标准化组织，是世界上最大的非政府性标准化专门机构，它在国际标准化中占主导地位。ISO 制定国际标准。

IEC——国际电工委员会，是世界上成立最早的非政府性国际电工标准化机构，是联合国经社理事会（ECOSOC）的甲级咨询组织。IEC主要制定电工标准。

ISO的标准化原理委员会（STACO）一直致力于标准化基本概念的研究，先后以“指南”的形式给“标准”的定义做出统一规定，1991年，ISO与国际电工委员会（IEC）联合发布第2号指南《标准化与相关活动的基本术语及其定义（1991年第六版）》，该指南给“标准”做出如下定义。

“标准是由一个公认的机构制定和批准的文件，它对活动或活动的结果规定了规则、导则或特性值，供共同和反复使用，以实现在预定结果领域内最佳秩序的效益。”

该定义明确指出，制定标准的目的、基础、对象、本质和作用。由于它具有国际权威性和科学性，无疑应该是世界各国，尤其是ISO和IEC成员应该遵循的。

3.1.2 标准的分类

1. 按层级分类

按照标准的作用和有效范围，可以将标准划分为不同层次和级别，如国际标准、区域标准、国家标准、行业标准、地方标准和企业（公司）标准。

（1）国际标准。国际标准是指由国际上权威专业组织制定发布，并为世界上大多数国家承认和采用的标准。它主要是指由国际标准化组织（ISO）和国际电工委员会（IEC）制定和发布的标准，以及经国际标准化组织确认并公布的其他国际组织制定的标准。

国际标准化组织公布的国际组织包括：国际计量局（BIPM）、国际合成纤维标准化局（BISF）、食品法典委员会（CAC）、关税合作理事会（CCC）、国际电气设备合格认证委员会（CEE）、国际照明委员会（CIE）、国际无线电咨询委员会（CCIR）、国际无线电干扰特别委员会（CISPR）、国际电报电话咨询委员会（CCITT）、国际原子能机构（IAEA）、国际空运联合会（IATA）、国际民航组织（ICAO）、国际辐射单位与测量委员会（ICRU）、国际乳制品业联合会（IDF）、国际图书馆协会联合会（IFLA）、国际制冷学会（IIR）、国际劳工组织（ILO）、国际海事组织（IMO）、国际橄榄油委员会（IOOC）、国际辐射防护委员会（ICRP）、国际兽疫防治局（OIE）、国际法制计量组织（OIML）、国际葡萄与葡萄酒局（IWO）、国际铁路联盟（UIC）、国际科教文组织（UNESCO）、世界卫生组织（WHO）、世界知识产权组织（WIPO）。其他国际组织是指：国际电信联盟（ITU）、万国邮政联盟（UPU）、联合国粮农组织（UNFAO）、国际羊毛局（IWS）、国际棉花咨询委员会（ICAC）。

国际标准对于促进国际贸易往来和科学、文化、技术的交流具有重大意义。国际标准都为推荐性标准，但由于其具有较高的权威性和科学性，因而越来越多地被世界各国所尊重和自愿采用。

（2）区域标准。区域标准也称国际地区性标准，它是由国际地区性（或国家集团性）标准化组织制定和发布的标准。这种国际地区性（或国家集团性）组织有的是由于地理原因，有的是由于政治经济原因而形成的，这些标准仅在这些地区（或国家集团）内发生作用。如欧洲标准化委员会（CEN）制定、发布的标准（EN），就是区域标准，主要在西欧国家通行。

（3）国家标准。国家标准是“由国家标准团体制定并公开发布的标准”（ISO/IEC第2

号指南），如GB、ANSI、BS、NF、DIN、JIS等是中国、美国、英国、法国、德国、日本等国国家标准的代号。

（4）行业标准。由行业标准化团体或机构改革标准，发布在某行业的范围内统一实施的标准是行业标准。其又称为团体标准。如美国的材料与试验协会（ASTM）、石油学会标准（API）、机械工程师协会标准（ASME）、英国的劳氏船级社标准（LR），都是国际上有权威性的团体标准，在各自的行业内享有很高的信誉。

（5）地方标准。地方标准是“由一个国家的地方部门制定并公开发布的标准”（ISO/IEC第2号指南）。

（6）企业标准。企业标准在有些国家又称公司标准，是由企事业单位自行规定，发布的标准，也是“对企业范围内需要协调、统一的技术要求、管理要求和工作要求”所制定的标准。如美国波音飞机公司、德国西门子电器公司、新日本钢铁公司等企业发布的企业标准都是国际上有影响的先进标准。

2. 按对象分类

按照标准对象的名称归属分类，可以将标准划分为产品标准、工程建设标准、方法标准、工艺标准、环境保护标准、过程标准、数据标准等。

为保证产品的使用性，对一个或一组产品应达到的技术要求做出规定的标准就是产品标准。在产品技术要求中除了适用性方面的技术要求外，还包括术语、抽样、试验方法、包装和标签方面的规定。有时还可包括工艺方面的要求。

对基本建设中各类工程的勘察、规划、设计施工、安装、验收等需要协调同一的事项所制定的标准为工程建设标准。

以试验、检查、分析、抽样、统计、计算、测定、作业等各种方法为对象制定的标准就是方法标准。

以保护人和物的安全为目的而制定的标准是安全标准。

为保护环境和有利于生态平衡，对大气、水、土壤、噪声、振动等环境质量、污染源等检测方法及其他事项制定的标准是环境保护标准。

为某项服务工作要达到的要求所制定的标准是服务标准，又称服务规范，它们一般在交通运输、饭店宾馆、邮电、银行等服务部门中制定和使用。

为保障物品在储藏、运输与销售中安全和科学管理的需要，以包装的有关事项为对象所制定的标准是包装标准。

包含有特性值和数据表的标准称为数据标准。它对产品、过程或服务的特性值或其他数据做出了规定。

对一个过程应满足的要求做出规定，以实现其适用性的标准是过程标准。

3. 按性质分类

按照标准的属性分类，可以把标准划分为基础标准、技术标准、管理标准和工作标准等。

在一定范围内作为其他标准的基础并普遍使用，具有广泛指导意义的标准是基础标准。例如术语标准、符号、代号、代码标准、量与单位标准等都是目前广泛使用的综合性基础标准。

对标准化领域中需要协调统一的技术事项所制定的标准称为技术标准。

对标准化领域中需协调统一的管理事项所制定的标准称为管理标准。显然，对企业标准化领域中需要协调统一的管理事项（如技术、生产、质量、能源、计量、工艺、设备、安全、卫生、环保、物资等与实施技术标准有关的重复性事项）所制定的标准是企业管理标准。

对企业标准化领域中需要协调统一的工作事项（在执行相应技术标准和管理标准时，与工作岗位的工作范围、责任、权限、方法、质量与考核以及工作程序有关的事项）所制定的标准是企业工作标准。在操作岗位的工作标准又称为作业标准。

上述三种分类法是从三种不同的角度对同一个标准集合所进行的划分，当然它们之间存在着相互交叉的关系，这就是说，一个标准可以同时按这三种分类方法进行分类。如 GB/4029—1983《防震手表》是国家标准、产品标准，也是技术标准。

除了以上三种主要分类法，还可用其他分类方法对标准进行分类。

3.2 商品标准

3.2.1 商品标准的概念与分类

1. 商品标准的概念

商品标准是对商品质量以及与质量有关的各个方面（如商品的品名、规格、性能、用途、使用方法、检验方法、包装、运输、储存等）所做的统一技术规定，是评定、监督和维护商品质量的准则和依据。商品标准具备“标准”概念的基本含义。

商品标准是科学技术和生产力发展水平的一种标志，它是社会生产力发展到一定程度的产物，又是推动生产力发展的一种手段。凡正式生产的各类商品，都应制定或符合相应的商品标准。商品标准由主管部门批准、发布后，就是一种技术法规，具有法律效力，同时，也具有政策性、科学性、先进性、民主性和权威性。它是生产、流通、消费等部门对商品质量出现争议时执行仲裁的依据。

2. 商品标准的分类

商品标准分类的方法很多，常见的有以下几种。

（1）按商品标准的表达形式分为文件标准和实物标准。文件标准是以文字（包括表格、图形等）的形式对商品质量所做的统一规定。绝大多数商品标准都是文件标准。文件标准在其开本、封面、格式、字体、字号等方面都有明确的规定，应符合 GB 1.2—81《标准化工作导则　标准出版印刷的规定》中的有关规定。

实物标准是指对某些难以用文字准确表达的质量要求（如色泽、气味、手感等），由标准化主管机构或指定部门用实物做成与文件标准规定的质量要求完全或部分相同的标准样品，作为文件标准的补充，同样是生产、检验等有关方面共同遵守的技术依据。例如，粮食、茶叶、羊毛、蚕茧等农副产品，都有分等级的实物标准。实物标准是文件标准的补充，实物标准要经常更新。

（2）按标准的约束程度不同分为强制性标准和推荐性标准。强制性标准又称法规性标准，是国家通过法律的形式，明确对于一些标准所规定的技术内容和要求必须严格执行，不允许以任何理由或方式加以违反、变更，这样的标准称为强制性标准，包括强制性的国家标准、行业标准和地方标准。对违反强制性标准的将依法追究当事人的法律责任。强制性标准包括药品标准，食品卫生标准，兽药标准；产品及产品生产、储运和使用中的安全、卫生标准，劳动安全、卫生标准，运输安全标准；工程建设的质量、安全、卫生标准及国家需要控制的其他工程建设标准；环境保护的污染物排放标准和环境质量标准等。

推荐性标准又称自愿性标准，是指国家鼓励自愿采用的具有指导作用而又不宜强制执行的标准，即标准所规定的技术内容和要求具有普遍的指导作用，允许使用单位结合自己的实际情况，灵活地加以选用。

实行市场经济的国家大多数实行推荐性标准。例如，国际标准及美国、日本等国的大多数标准。我国从1985年开始实行强制性和推荐性标准相结合的标准体制。

（3）按标准的成熟程度不同分为正式标准和试行标准。试行标准与正式标准具有同等效用，同样具有法律约束力。试行标准一般在试行二至三年后，经过讨论修订，再作为正式标准发布。现行标准绝大多数为正式标准。

（4）按商品标准的保密程度分为公开标准和内部标准。我国的绝大多数标准都是公开标准。少数涉及军事技术或尖端技术机密的标准，只准在国内或有关单位内部发行，这类标准称为内部标准。

另外，商品标准还可以按性质分为产品标准、方法标准、基础标准、安全标准、卫生标准、管理标准、环保标准、其他标准等。

【知识链接3.1】　我国已发布涉及食品安全国标965项

国家质检总局副局长魏传忠日前在南宁召开的中国—东盟质检部长会议上说，中国已发布涉及食品安全的国家标准965项，食品行业标准2 900余项，其中强制性国家标准634项。

魏传忠说，中国政府历来高度重视产品质量和食品安全工作，坚持实施以质取胜的经济发展战略，加强制度建设，严格质量监管，健全了法律法规和标准体系。

除了在标准化方面初步形成了门类齐全、结构相对合理的质量安全标准体系外，在法律法规方面，涉及产品质量和食品安全的有《中华人民共和国产品质量法》、《中华人民共和国食品卫生法》、《中华人民共和国农产品质量安全法》、《中华人民共和国进出境动植物检疫法》、《中华人民共和国进出口商品检验法》等11部法律和22部法规。国务院相关部门还根据这些法律法规制定了一系列配套的规章制度。

在认证认可体系方面，基本建立了食品、农产品“从农田到餐桌”全过程的认证认可体系。在实施良好农业规范（GAP）、HACCP管理体系认证的基础上，对出口食品生产企业还实施了卫生注册制度。完整的产品质量和食品安全法律、法规、标准和认证认可体系，为保障食品安全、提升质量水平、规范进出口贸易秩序提供了坚实的基础和良好的环境。

（资料来源：国家食品质量监督检验中心网站）

3.2.2 商品标准的级别与代号

1．我国商品标准的级别

根据《中华人民共和国标准化法》，按制定部门、适用范围等的不同，将商品标准划分为国家标准、行业标准、地方标准、企业标准四级。

1）国家标准

国家标准是指对全国经济技术发展有重大意义，需要在全国范围内统一的技术要求所制定的标准。国家标准在全国范围内适用，其他各级标准不得与之相抵触。国家标准是四级标准体系中的主体。国家标准制定的对象包括如下几个方面。

（1）通用技术术语、符号、代号（含代码）、文件格式、制图方法等通用技术语言要求和互换配合要求。

（2）保障人体健康和人身、财产安全的技术要求，包括产品的安全、卫生要求，生产、储存、运输和使用中的安全、卫生要求，工程建设的安全、卫生要求，环境保护的技术要求。

（3）基本原料、燃料、材料的技术要求。

（4）通用基础件的技术要求。

（5）通用的试验、检验方法。

（6）工农业生产、工程建设、信息、能源、资源和交通运输等通用的管理技术要求。

（7）工程建设的重要技术要求。

（8）国家需要控制的其他重要产品和工程建设的通用技术要求。

国家标准由国务院标准化行政主管部门（国家质量技术监督局）制定，即由其负责编制计划，组织草拟，统一审批、编号和发布。工程建设、药品、食品卫生、兽药、环境保护的国家标准，分别由国务院工程建设主管部门、卫生主管部门、农业主管部门、环境保护主管部门组织草拟、审批，其编号、发布办法由国务院标准化行政主管部门会同国务院有关行政主管部门制定。特别重大的，报国务院审批和发布。

2）行业标准

行业标准是指对没有国家标准而又需要在全国某个行业范围内统一的技术要求，所制定的标准。行业标准是对国家标准的补充，是专业性、技术性较强的标准。行业标准的制定不得与国家标准相抵触，国家标准公布实施后，相应的行业标准即行废止。

行业标准由国务院有关行政主管部门负责制定和审批，并报国务院标准化行政主管部门备案。

行业标准制定的对象。对没有国家标准又需要在行业范围内统一的下列技术要求，可以制定行业标准。

（1）技术术语、符号（含代码）、文件格式、制图方法等通用技术语言。

（2）工农业产品的品种、规格、性能参数、质量标准、试验方法以及安全、卫生要求。

（3）工农业产品的设计、生产、检验、包装、储存、运输过程中的安全、卫生要求。

（4）通用零部件的技术要求。

（5）产品结构要素和互换配合要求。

（6）工程建设的勘察、规划、设计施工及验收的技术要求和方法。

（7）信息、能源、资源、交通运输的技术要求及其管理技术要求。

行业标准不得与国家标准相抵触。在相应国家标准批准实施之后，该项行业标准即行废止。

3）地方标准

地方标准是指对没有国家标准和行业标准而又需要在省、自治区、直辖市范围内统一工业产品的安全、卫生要求所制定的标准，地方标准在本行政区域内适用，不得与国家标准和行业标准相抵触。

地方标准由省级政府标准化行政主管部门负责制定和审批，并报国务院标准化行政主管部门和国务院有关行政主管部门备案。在相应国家标准或行业标准批准实施之后，该项地方标准即行废止。

地方标准制定的对象。对没有国家标准和行业标准而又需要在省、自治区、直辖市范围内统一的下列技术要求，可以制定地方标准。

（1）工业产品的安全、卫生要求。

（2）药品、兽药、食品卫生、环境保护、节约能源、种子等法律、法规规定的要求。

（3）其他法律、法规规定的要求。

4）企业标准

企业标准是指企业所制定的产品标准和在企业内需要协调、统一的技术要求和管理、工作要求所制定的标准。企业标准是企业组织生产、经营活动的依据。企业标准主要有以下几种。

（1）企业生产的产品，没有国家标准、行业标准和地方标准的，应当制定的企业产品标准。

（2）为提高产品质量和促进技术进步制定严于国家标准、行业标准或地方标准的企业产品标准。

（3）对国家标准、行业标准选择或补充的标准。

（4）工艺、工装、半成品等方面的技术标准。

（5）生产、经营活动中的管理标准和工作标准。

企业产品标准应在批准发布 30 日内向当地标准化行政主管部门和有关行政主管部门备案。

2. 商品标准的代号

1）国家标准代号

“GB”——强制性国家标准代号。

“GB/T”——推荐性国家标准代号。

其编号方式为：国家标准代号＋标准顺序号＋发布年号

例如，GB 18168—2000　表示 2000 年发布的第 18168 号强制性国家标准。

又如，GB/T 12113—1996　表示 1996 年发布的第 12113 号推荐性国家标准。

其中，发布年号的表示，1996 年以后发布的标准用四位数字表示，1996 年之前发布的标准用二位数字表示。

2）行业标准代号

行业标准代号由国务院标准化主管部门即国家质量技术监督局规定，1999年发布的行业标准代号如表3-1所示。

表3-1 中华人民共和国1999年发布的行业标准代号

序 号	行业标准名称	行业标准代号	主 管 部 门
1	农业	NY	农业部
2	水产	SC	农业部
3	水利	SL	水利部
4	林业	LY	国家林业局
5	轻工	QB	国家轻工业局
6	纺织	FZ	国家纺织工业局
7	医药	YY	国家药品监督管理局
8	民政	MZ	民政部
9	教育	JY	教育部
10	烟草	YC	国家烟草专卖局
11	黑色金属	YB	国家冶金工业局
12	有色冶金	YS	国家有色金属工业局
13	石油天然气	ST	国家石油和化学工业局
14	化工	HG	国家石油和化学工业局
15	石油化工	SH	国家石油和化学工业局
16	建材	JC	国家建筑材料工业局
17	地质矿产	DZ	国土资源部
18	土地管理	TD	国土资源部
19	测绘	CH	国家测绘局
20	机械	JB	国家机械工业局
21	汽车	QC	国家机械工业局
22	民用航空	MH	中国民航管理总局
23	兵工民品	WJ	国防科工委
24	船舶	CB	国防科工委
25	航空	HB	国防科工委
26	航天	QJ	国防科工委
27	核工业	EJ	国防科工委
28	铁路运输	TB	铁道部
29	交通	JT	交通部
30	劳动和劳动安全	LD	劳动和社会保障部

续表

序 号	行业标准名称	行业标准代号	主 管 部 门
31	电子	SJ	信息产业部
32	通信	YD	信息产业部
33	广播电影电视	GY	国家广播电影电视总局
34	电力	DL	国家经贸委
35	金融	JR	中国人民银行
36	海洋	HY	国家海洋局
37	档案	DA	国家档案局
38	商检	SN	国家出入境检验检疫局
39	文化	WH	文化部
40	体育	TY	国家体育总局
41	商业	SB	国家国内贸易局
42	物资管理	WB	国家国内贸易局
43	环境保护	HJ	国家环境保护总局
44	稀土	XB	国家计发委稀土办公室
45	城镇建设	CJ	建设部
46	建筑工业	JG	建设部
47	新闻出版	CY	国家新闻出版署
48	煤炭	MT	国家煤炭工业局
49	卫生	WS	卫生部
50	公共安全	GA	公安部
51	包装	BB	中国包装工业总公司
52	地震	DB	国家地震局
53	旅游	LB	国家旅游局
54	气象	QX	中国气象局
55	外经贸	WM	对外经济贸易合作部
56	海关	HS	海关总署
57	邮政	YZ	国家邮政局

行业标准分为强制性标准和推荐性标准。表中给出的是强制性行业标准代号，推荐性行业标准代号是在强制性行业标准代号后面加“/T”，例如，农业行业的推荐性行业标准代号是“NY/T”。

其编号方式为：行业标准代号＋标准顺序号＋发布年号

例如，NY 1234—94 表示 1994 年发布的第 1234 号强制性农业行业标准。

JB/T 4192—1996 表示 1996 年发布的第 4292 号推荐性机械行业标准。

3）地方标准代号

强制性地方标准代号为：DB＋地区代码。

推荐性地方标准代号为：DB＋地区代码/T。

其编号方式为：地方标准代号＋标准顺序号＋发布年号

其中，地区代码各省、自治区、直辖市行政区域代码为前两位数字，如 11 表示北京市，12 表示天津市，13 表示河北省，14 表示山西省等。

例如，DB11/068—1996 表示 1996 年发布的第 068 号强制性北京地方标准。又如，DB 34/T166—1996 表示 1996 年发布的第 166 号推荐性安徽省地方标准。

如表 3-2 所示为我国各省、自治区、直辖市、经济特区、计划单列市名单及代码表。

表 3-2　我国各省、自治区、直辖市、经济特区、计划单列市名单及代码表

名称及代码	名称及代码	名称及代码	名称及代码
北京市 1100	哈尔滨市 2301	河南省 4100	四川省 5100
天津市 1200	上海市 3100	湖北省 4200	成都市 5101
河北省 1300	江苏省 3200	武汉市 4201	重庆市 5102
山西省 1400	南京市 3201	湖南省 4300	贵州省 5200
内蒙古自治区 1500	浙江省 3300	广东省 4400	云南省 5300
辽宁省 2100	宁波市 3302	广州市 4401	西藏自治区 5400
沈阳市 2101	安徽省 3400	深圳市 4403	陕西省 6100
大连市 2102	福建省 3500	珠海市 4404	西安市 6101
吉林省 2200	厦门市 3502	汕头市 4405	甘肃省 6200
长春市 2201	江西省 3600	广西壮族自治区 4500	青海省 6300
黑龙江省 2300	山东省 3700	新疆维吾尔自治区 6500	宁夏回族自治区 6400
青岛市 3702	海南省 4600		

4）企业标准代号

企业标准代号由“Q”和斜线加企业代号组成。企业代号的规定分两种情况：一是凡中央所属企业的企业代号，由国务院有关行政主管部门规定；二是各地方所属企业的企业代号，则由其所在省、自治区、直辖市政府标准化主管部门规定。企业代号可用汉语拼音或阿拉伯数字或两者间用表示。

其编号方式为：企业标准代号（即 Q/—）＋标准顺序号＋发布年号。

例如，Q/EGF024—1997 表示 1997 年发布的北京市某企业的第 024 号企业标准。

由省、自治区、直辖市发布的标准，还要在其企业标准代号“Q”前加上本省、自治区、直辖市的简称汉字，如“京 Q/—”、“皖 Q/—”等。

3．国际标准代号

国际标准代号一般是用其标准组织的代号作为标准代号，其编号方式为：

国际标准代号＋顺序号＋发布年号＋标准名称

如，ISO 3873—1997　工业安全帽

IEC 83—75　家用或类似用途插座或插头

3.2.3 商品标准的基本内容

商品标准是一种具有法规性的文件，为便于使用和管理，国内外对其封面格式、内容编排及符号和编号等都有统一规定。我国商品标准包含的内容很多，一般是由概述、正文和补充三个部分组成。

1. 概述部分

商品标准的概述部分，概括地说明了标准的对象、技术特征和适用范围。其主要内容包括封面与首页、目次、标准名称和引言。

（1）封面与首页。封面列有标准名称、编号、分类号、批准发布单位、发布和实施日期等。合订本内的标准只有首页，首页上的内容与封面相近。

（2）目次。当商品标准的内容较长、结构较复杂、条文较多时，一般应编写目次。

（3）标准名称。标准名称一般由标准化对象的名称和标准所规定的技术特征两部分组成。可用商品名称作为标准名称，也可用商品名称和“技术条件”（或“规范”）作为标准名称。

（4）引言。引言主要阐述制定标准的必要性和主要依据，历次复审、修订的日期，修订的主要内容，废除和被代替的标准，以及采用国际标准的程度。一般不写标题，也不编号。

2. 正文部分

商品标准的正文部分是商品标准的实质性内容，包括主题内容、适用范围、引用标准、术语、符号、代号、商品分类、技术要求、试验方法、检验规则、标志、包装、运输和储存等方面。

（1）主题内容与适用范围。该部分简要说明标准的主要内容及其适用范围。有的商品标准在必要时还明确指出该标准不适用的范围。

（2）引用标准。引用标准主要说明标准中直接引用的标准和本标准必须配套使用的标准并列出标准的编号和名称。

（3）术语、符号和代号。标准中采用的术语、符号和代号，在现行国家标准、行业标准中尚无规定的，一般在标准中给出定义或说明。其定义或说明集中写在标准技术内容部分的前面，或分别写在有关章、条的前面。

（4）商品分类。商品分类是在商品标准中规定商品种类和形式，确定商品的基本参数和尺寸，作为合理发展商品品种、规格以及用户选用的依据。

商品分类的内容包括商品的种类、结构形式与尺寸、基本参数、工艺特征、型号与标记、商品命名和型号编制方法等。

在商品分类中，为协调同类商品和配套商品之间的关系，常按一定数值规律排列成科学的系列标准化形式。

（5）技术要求。技术要求是保证商品使用要求而必须具备的技术性能方面的规定，是指导生产、流通、使用及对商品检验的主要依据。

列入标准的技术要求，应当是决定商品质量和使用特性的关键性指标，对商品性能无重要影响的次要指标和要求一般不列入标准。列入标准的各项指标应该是可以测定或鉴定的质量特性。

（6）试验方法。试验方法是评定商品质量的具体做法，是对商品质量是否符合标准而进行检测的方法、程序和手段所做的统一规定。

试验方法一般包括试验原理、试样的采取或制备、所用试剂或标样、试验用仪器和设备、试验条件、试验步骤、试验结果的计算、分析评定、试验的记录和试验报告等内容。

（7）检验规则。检验规则，是对商品如何进行验收而做的具体规定。它是商品制造厂将商品提交质量检验部门进行检验的规定，也是商品收购部门检查商品质量的依据，其目的是保证商品质量合乎标准要求。

检验规则一般包括检验的类别和项目、抽样或取样方法、检验方法、检验结果的评定和复检规则等。

（8）标志、包装、运输和储存。标志、包装、运输和储存是为使商品从出厂到交付使用的过程中不致受到损失所做的规定。

① 标志。商品标准一般都有对商品标志的规定，特别是对消费品和涉及卫生、安全和环境保护的商品，要求更加严格。标志一般包括标志在商品及其包装上的位置、制作标志的方法、标志的内容和质量要求等内容。

② 包装。一切需要包装的商品，在商品标准中都规定有包装的要求。包装要求一般包括包装材料、包装技术与方法、每件包装中商品的数量、重量或体积以及包装试验方法等内容。

③ 运输。在运输中有特殊要求的商品，经常规定运输要求。其内容主要包括运输方式、运输条件和运输中的注意事项。

④ 储存。根据商品的特点，规定商品的储存场所、储存条件、储存要求以及储存期限等。

3. 补充部分

补充部分是对标准条文所做的必要的补充说明和提供使用参考的资料。它包括附录和附加说明两项内容。

（1）附录。根据实际需要，一个标准可以有若干个附录，依其性质分补充件和参考件两种。

① 补充件。补充件是标准条文的补充，是标准技术内容的组成部分，与标准条文具有同等效力。

② 参考件。参考件是用来帮助使用者理解标准的内容，如某些条文的参考资料或推荐性方法，标准中重要规定的依据等，它不是标准条文的组成部分，仅供参考。

（2）附加说明。附加说明是制定和修订标准中的一些说明事项，分段写在标准终结符号下面。其内容主要包括标准提出单位、归口单位、负责起草单位和标准主要起草人；标准首次发布、历次修订和重新确认的年月；标准负责解释单位及其他附加说明等。

3.3 标准化和商品标准化

3.3.1 标准化

1. 标准化的概念及含义

GB 3935.1—83 对标准化的定义是“在经济、技术、科学及管理等社会实践中，对重复性事物和概念通过制定、发布和实施标准达到统一，以获得最佳秩序和社会效益”。该定义具有以下含义。

（1）标准化是一项活动过程，这个过程由三个关联的环节组成，即制定、发布和实施标准。标准化的这三个环节已作为标准化工作的任务列入《中华人民共和国标准化法》的条文中。《中华人民共和国标准化法》第三条规定：“标准化工作的任务是制定标准、组织实施标准和对标准的实施进行监督。”这是对标准化定义内涵的全面清晰的概括。

（2）这个活动过程在深度上是一个永无止境的循环上升过程，即制定标准，实施标准，在实施中随着科学技术进步对原标准适时进行总结、修订，然后再实施。每循环一周，标准就上升到一个新的水平，充实新的内容，产生新的效果。

（3）这个活动过程在广度上是一个不断扩展的过程。如过去只制定产品标准、技术标准，现在又要制定管理标准、工作标准；过去标准化工作主要应用在工农业生产领域，现在已扩展到安全、卫生、环境保护、交通运输、行政管理、信息代码领域等。标准化正随着社会科学技术的进步而不断地扩展和深化自己的工作领域。

（4）标准化的目的是“获得最佳秩序和社会效益”。最佳秩序和社会效益可以体现在多个方面，如在生产技术管理和各项管理工作中，按照 GB/T 19000 建立质量保证体系，可保证和提高产品质量，保护消费者和社会公共利益；简化设计，完善工艺，提高生产效率；扩大通用化程度，方便使用维修；消除贸易壁垒，扩大国际贸易和交流等。应该说明，定义中“最佳”是从整个国家和整个社会利益来衡量，而不是从一个部门、一个地区、一个单位、一个企业来考虑的。尤其是环境保护标准化和安全卫生标准化主要应从国计民生的长远利益来考虑。在开展标准化工作过程中可能会遇到贯彻一项具体标准对整个国家会产生很大的经济效益或社会效益，而对某一个具体单位、具体企业在一段时间内可能会受到一定的经济损失。但为了整个国家和社会的长远经济利益或社会效益，应该充分理解和正确对待“最佳”的要求。

2. 标准化的基本原理

标准化的基本原理通常是指统一原理、简化原理、协调原理和最优化原理。

（1）统一原理就是为了保证事物发展所必需的秩序和效率，对事物的形成、功能或其他特性，确定适合于一定时期和一定条件的一致规范，并使这种一致规范与被取代的对象在功能上达到等效。统一原理包含以下要点：

① 统一是为了确定一组对象的一致规范，其目的是保证事物所必需的秩序和效率。

② 统一的原则是功能等效，从一组对象中选择确定一致规范，应能包含被取代对象所具备的必要功能。

③ 统一是相对的，确定的一致规范，只适用于一定时期和一定条件，随着时间的推移和条件的改变，旧的统一就要被新的统一所代替。

（2）简化原理就是为了经济有效地满足需要，对标准化对象的结构、形式、规格或其他性能进行筛选提炼，剔除其中多余的、低效能的、可替换的环节，精炼并确定出能满足全面需要所必需的高效能的环节，保持整体构成精简合理，使之功能效率最高。简化原理包含以下几个要点：

① 简化的目的是为了使经济更有效地满足需要。

② 简化的原则是从全面满足需要出发，保持整体构成精简合理，使之功能效率最高。所谓功能效率是指功能满足全面需要的能力。

③ 简化的基本方法是对处于自然存在状态的对象进行科学的筛选和提炼，剔除其中多余的、低效能的、可替换的环节，精炼出高效能的能满足全面需要所必需的环节。

④ 简化的实质不是简单化而是精炼化，其结果不是以少替多，而是以少胜多。

（3）协调原理就是为了使标准系统的整体功能达到最佳，并产生实际效果，必须通过有效的方式协调好系统内外相关因素之间的关系，确定为建立和保持相互一致，适应或平衡关系所必须具备的备件。协调原理包含以下要点：

① 协调的目的在于使标准系统的整体功能达到最佳并产生实际效果。

② 协调对象是系统内相关因素的关系以及系统与外部相关因素的关系。

③ 相关因素之间需要建立相互一致关系（连接尺寸），相互适应关系（供需交接条件），相互平衡关系（技术经济招标平衡，有关各方利益矛盾平衡），为此必须确立条件。

④ 协调的有效方式有：有关各方面的协商一致、多因素的综合效果最优化、多因素矛盾的综合平衡等。

（4）按照特定的目标，在一定的限制条件下，对标准系统的构成因素及其关系进行选择、设计或调整，使之达到最理想的效果，这样的标准化原理称为最优化原理。

3. 标准化的地位和作用

（1）标准化是组织现代化生产的手段，是实施科学管理的基础。随着科学技术的发展和生产的社会化、现代化，生产规模越来越大，分工越来越细，生产协作越来越广泛，许多产品和工程建设，往往涉及几十个、几百个甚至上千个企业，协作点遍布在全国各地甚至跨几个国家。这样广泛、复杂的生产组合，需要在技术上保持高度的统一和协作一致。要达到这一点，就必须制定和执行一系列的统一标准，使得各个生产部门和生产环节在技术上有机地联系起来，保证生产有条不紊地进行。标准化又是实施科学管理的基础。要实施科学管理，必须做到管理机构高效化，管理工作计划化，管理技术现代化，建立符合生产活动规律的生产管理、技术管理、物资管理、劳动管理、质量管理、安全管理等一整套科学管理制度，制定一系列工作标准和管理标准，实现管理工作规范化。

（2）标准化是不断提高产品质量的重要保证。

① 产品质量合格与否，这个“格”就是标准。标准不仅对产品的性能和规格做了具体规定，而且对产品的检验方法、包装、标志、运输、储存也做了相应规定，只要严格按标

准组织生产，按标准检验和包装，产品质量就能得到可靠的保证。

② 随着科学技术的发展，标准需要适时地进行复审和修订。特别是企业产品标准，企业应根据市场变化和用户要求及时进行修订，不断满足用户要求，才能保持自己产品在市场中的竞争力。

③ 不仅产品本身要有标准，而且生产产品所用的原料、材料、零部件、半成品以及生产工艺工装等都应制定相互适应、相互配套的标准，只有这样才能保证企业有序地组织生产，保证产品质量。

④ 标准不仅是生产企业组织生产的依据，也是国家及社会对产品进行监督检查的依据。《中华人民共和国产品质量法》第十条规定："国家对产品质量实行以抽查为主要方式的监督检查制度"，监督检查的主要依据就是产品标准。通过国家组织的产品质量监督检查，不仅促进产品质量的提高，反过来对标准本身的质量完善也是一种促进。

（3）标准化是合理简化品种、组织专业化生产的前提。现在有许多企业是大而全，小而全，生产品种多，批量小，质量差，管理混乱，劳动生产效率不高，经济效益差。要改变这种落后状况，主要途径就是要广泛组织专业化生产，而标准化正是组织专业化生产的重要前提。标准化活动的一项重要内容是"合理简化品种"，提高零部件"通用化"程度，变品种多、批量小为品种少、批量大，有利于组织专业化生产，有利于采用先进技术装备，实现优质、高产、低耗、低成本、高效率的效果。

（4）标准化有利于合理利用国家资源、节约能源、节约原材料。标准化对合理利用国家资源有重要的作用。如我国新修订的水泥国家标准，由于合理地规定了氧化镁的含量，可使一些石灰石矿山资源延长开采期 10 年以上；火车锅炉用煤的粒度如超过标准要求，煤炭就不能完全燃烧，如粒度过小，有可能还未燃烧完全即从烟筒喷出，造成浪费；发达国家木材利用率达 95%，我国只有 50%～60%；能源有效利用率，日本达 57%，美国 51%，西欧国家在 40%以上，我国只有 30%。世界各国都把节约能源、节约资源作为今后标准化工作的中心任务之一，我国在这方面的任务就更为艰巨，标准化工作可谓是任重而道远。

（5）标准化可以有效地保障人体健康和人身、财产安全，保护环境。《中华人民共和国标准化法》第七条规定："国家标准、行业标准分为强制性标准和推荐性标准。保障人体健康，人身、财产安全的标准和法律，行政法规规定强制执行的标准是强制性标准，其他标准是推荐性标准。"强制性标准的广泛制定和强制实施对保障人体健康和人身财产安全、保护环境将起重要作用。根据《中华人民共和国标准化法》和《中华人民共和国产品质量法》规定，不符合强制性标准的产品应责令停止生产、销售，并处以罚款，情节严重的可以追究刑事责任。

（6）标准化是推广应用科研成果和新技术的桥梁。标准化是科研、生产和使用三者之间的桥梁。一项科研成果，包括新产品、新工艺、新材料和新技术，开始只能在小范围内试验和试制。只有在试验成功，并经过技术鉴定，纳入相应标准之后，才能得到迅速推广和应用。

（7）标准化可以消除贸易技术壁垒，促进国际贸易的发展，提高我国产品在国际市场上的竞争力。WTO 中有一个"关税与贸易技术壁垒协议"，也称为"标准守则"，要求缔约国准备建立或采用某一标准系统或认证系统时，必须遵守这些规定。其要点包括：

① 缔约国标准的制定应以有关的国际标准或其中有关部分作为依据。

② 应保证制定和采用技术规则与标准的目的不是为了在国际贸易中制造壁垒。

③ 标准的实施在任何可能采用标准的地方进行。

④ 鼓励参加有关国际标准和认证方面活动。

⑤ 为国家级和区域性认证系统的评定创造条件。

⑥ 缔约国对进口国产品和国内产品的测试一视同仁，并鼓励接受另一缔约国做出测试数据。测试方法和测试数据的互相承认，可以极大地促进国际贸易自由化。为达到这一目的，各国缔结双边或多边协议是必要的。

根据“标准守则”规定，应采取的对策和措施有：

① 积极采用国际标准和国外先进标准，使产品质量达到国际水平。

② 积极参与国际标准化活动。在积极采用国际标准，完善我国标准体系的同时，应积极参加国际标准化活动，反映我国的要求，维护我国的利益。

③ 积极推行 GB/T 19000—ISO 9000 质量管理和质量保证系列标准，开展产品质量认证。包括取得进口国或第三方权威机构的质量认证或安全认证，提高我国产品在国际市场竞争力。

3.3.2 商品标准化

商品标准化的水平是衡量一个国家或地区生产技术和管理水平的尺度，是现代化的一个重要标志。现代化水平越高就越需要商品标准化。

商品标准化是现代技术经济科学体系中的一个重要组成部分，它对于发展社会生产力，促进科技进步，扩大对外经济技术交流，提高社会、经济效益等都有着重要的作用。

1. 商品标准化的概念

商品标准化是指在商品生产和流通的各个环节中制定、发布以及实施商品标准的活动。推行商品标准化的最终目的是达到统一，从而获得最佳市场秩序和社会效益。

2. 商品标准化的内容

商品标准化的内容包括名词术语统一化、商品质量标准化、商品零部件通用化、商品品种规格系列化、商品质量管理与质量保证标准化、商品检验与评价方法标准化、商品分类编码标准化、商品包装、储运、养护标准化等。

商品标准化是一项系统管理活动，涉及面广，专业技术要求高，政策性强，因此必须遵循统一管理与分级管理相结合的原则，吸取国外标准化的先进经验，建立一套完善的标准化机构和管理体系，搞好分工协作，调动各方面的积极性，才能顺利完成商品标准化的任务。

依据《中华人民共和国标准化法》中的规定，国务院标准化行政主管部门统一管理全国标准化工作，国务院有关行政主管部门分工管理本部门、本行业的标准化工作。

3.3.3 采用国际标准和国外先进标准的原则

在 1978 年 9 月我国以中国标准化协会的名义参加了“国际标准化组织”，为加强标准化的国际交流提供了条件，也为扩大我国标准的使用范围奠定了基础。为适应市场经济和国际贸易的需要，我国国家标准积极采用国际标准和国外先进标准。采用国际标准，不仅能给我国的技术、经济的发展带来巨大的经济利益，使生产更加有利，更容易了解市场实际需要，而且容易打破贸易技术壁垒，使我国商品直接进入国际贸易市场。在采用国际标准和国外先进标准时，要从我国经济发展和对外贸易的需要出发，充分考虑我国的资源情况和自然条件，要求技术先进、经济合理、安全可靠、符合我国有关法规政策、正确地确定采用程度，以有利于完成我国的标准体系和适应当前经济发展的需要。

1．采用国际标准和国外先进标准的程度和表示方法

采用国际标准，包括采用国外先进标准，是指把国际标准和国外先进标准的内容，通过分析研究，不同程度地纳入我国的各级标准中，并贯彻实施以取得最佳效果的活动。

等同采用国际标准是采用国际标准的基本方法之一。它是指我国标准在技术内容上与国际标准完全相同，编写上不做或稍做编辑性修改，可用图示符号“≡”表示，其缩写字母代号为“idt”或“IDT”。

等效采用国际标准是采用国际标准的基本方法之一。它是指我国标准在技术内容上基本与国际标准相同，仅有小的差异，在编写上则不完全相同于国际标准的方法，可以用图示符号“＝”表示，其缩写字母代号为“eqv”或“EQV”。

非等效采用国际标准是采用国际标准的基本方法之一。它是指我国标准在技术内容的规定上，与国际标准有重大差异。可以用图示符号“≠”表示，其缩写字母代号为“neq”或“NEQ”。

我国标准采用国际标准或国外先进标准程度的表示方法如表3-3所示。

表3-3　我国采用国际标准或国外先进标准程度的表示方法

采用程度	符号	缩写字母
等同	≡	idt或IDT
等效	＝	eqv或EQV
非等效	≠	neq或NEQ

在我国标准目录中，分别用三种符号表示；在电报传输或电子数据处理中，分别用三种缩写字母表示。

采用国际标准（不包括即将制定完成的国际标准）的我国标准，其采用程度，在我国标准的封面上和首页上表示方法如下：

GB××××—××（idt ISO ××××—××××）

GB××××—××（eqv ISO ××××—××××）

GB××××—××（neq ISO ××××—××××）

2．采用国际标准和国外先进标准的原则

（1）采用国际标准和国外先进标准，应当符合我国有关的法律和法规，保障国家安全，保护人体健康和人身、财产安全，保护动植物的生命和健康，保护环境，适合我国气候、

地理条件和资源合理利用，做到技术先进、经济合理、安全可靠。如采用涉及人体健康和人身财产安全的国际标准必须符合我国法律、法规规定，也不能同我国强制性标准相抵触。

（2）凡已有国际标准（包括即将制定完成的国际标准）的，应当以其为基础制定我国标准。凡尚无国际标准或国际标准不能适应需要的，应当积极采用国外先进标准。

如近几年我国高新技术行业采用国际标准比率比较高，促进高新技术发展和管理水平提高。例如，电子行业、邮电行业制定的国家标准采标率达 70%；信息技术方面制定的 300 多个国家标准采标率达到 80%，加速了我国高新技术产品同国际接轨，有的技术已达到国际先进水平。

（3）对国际标准中的安全标准、卫生标准、环境保护标准和贸易需要的标准应当先行采用，并与相关标准相协调。

产品的安全、卫生标准和环境保护标准国外特别重视。对家用电器来说，在欧洲国家 IEC 标准是重要的标准，在美国市场则要求符合 UL 标准，自行车可以选用美国自行车安全性能标准（CPSC），我国生产的自行车，尾灯和闸不符合美国安全标准，就进不了美国市场。食品卫生是出口商品中很敏感的问题，如我国出口到德国的食品，因对方考察我国的生产厂环境，生产工人的个人卫生及车间空气的清洁度，达不到德国国家标准的要求，被取消了注册资格。为了使我国更多的产品参与国际市场竞争，对国际标准中的安全标准、卫生标准、环境保护标准和贸易需要的标准应当优先采用。

（4）采用国际标准和国外先进标准，是我国的一项重要技术经济政策，是技术引进的重要组成部分。采用国际标准或国外先进标准，应当同我国的技术引进、技术改造、新产品开发相结合。

过去我国在引进工作中往往重视设备、不重视技术标准引进。例如，有一化工厂以 2 800 万美元进口多套设备，交货后发现是次品，但合同中没有规定验收标准，对方不肯承担责任。另一家从美国引进的密度纤维板的成套设备，美方提供了 133 项设备，在合同中没有一项载明考核设备主要性能的标准和检验标准，导致在试产中连续发生设备事故。有的引进项目，起初不懂得向外商索取标准，当想到需要向外商索取有关标准资料时，外商以属于第三方资料为理由，迫使我方高价购买。

（5）积极参加国际标准化活动和国际标准的制定工作，跟踪国际标准化发展，积极承担国际标准化组织和国际电工委员会专业技术委员会秘书处工作，积极争取把我国标准或提案转为国际标准。

【案例 3.1】 我国标准化工作存在的问题

截至 2006 年年底，我国已经有国家标准 21 410 项、备案行业标准 33 552 项，备案地方标准 10 304 项和备案企业标准 130 多万项。在 2 万多项国家标准中，我国有强制性国家标准 3 084 项，推荐性国家标准 18 231 项和指导性技术文件 95 项。

在第九届浙江投资贸易洽谈会“品牌—专利—标准”论坛上，国家标准化管理委员会副主任陈钢介绍了我国标准化的现状，同时也指出我国标准化存在着三方面的问题。

第一，标准总体水平不高，竞争力不强。标准化与科技结合不够，标准制定与科研脱节现象普遍。标准重制定，轻研究，科研投入不够。标准中的技术过时落后，科技含量特别是自主创新技术含量低，导致标准老化，标准年龄偏长。

第二，企业主体地位不充分。企业应当是标准化的主体，但是当前我国企业标准化意识不强，特别是广大中小企业，对标准化不够重视，没有配备标准化人员，没有专门经费投入。许多企业停留在国家制定标准、企业执行的水平上。

第三，标准化工作基础薄弱。法律法规老化，机制不健全，没有统一的标准信息资源服务网络。标准化国民教育薄弱，全社会标准化意识不强。标准化经费与实际需求还存在较大缺口。此外，我国参与国际标准化活动的水平不高，与我国在世界上的政治经济地位相比有较大差距。国际标准化组织（ISO）共制定了16 455个国际标准，但是中国提出并成为ISO标准的只有23个，由中国提出并正在制定的标准只有28个。国际电工委员会（IEC）发布了5 613个各类标准，由中国提出的只有19个，由中国提出并正在制定的IEC标准只有11个。

（资料来源：梅州日报2007年6月10日）

问题：根据陈钢的观点，试分析我国应如何改变标准化工作存在的问题？就生产企业来讲，还应该加强哪些方面的工作？

3.4 商品质量监督与质量认证

3.4.1 商品质量监督

商品质量监督是贯彻执行商品标准的手段，是保证和提高商品质量并取得经济效益的措施，也是标准化工作的重要组成部分。只有通过商品质量监督才能及时反馈商品标准的执行情况，为制定、修订商品标准提供可靠的依据。

1. 商品质量监督的概念

商品质量监督，是指由国家指定的商品质量监督专门机构，按照国家的质量法规和商品质量标准的规定，对生产和流通领域的商品质量和质量保证体系进行监督的活动。

商品质量监督与商品质量管理不同，商品质量监督所要解决的问题，是企业生产经营的商品是否达到既定法规和标准的要求，并在此基础上对企业的质量保证工作实行监督；履行商品质量监督的职能部门，是由国家授权的法定机构，而不是普通的群众团体和民间组织；履行商品质量监督的依据，主要是国家的质量法规和批准发布的正式标准，并多属于强制性标准；商品质量监督是一个过程，它包括要求商品在符合标准的前提下所做出的连续性评价和促进改善的一系列工作。

2. 商品质量监督的作用

商品质量监督实质上是国家对生产和流通领域商品质量进行宏观调控的一种手段，具有以下作用。

（1）它是贯彻实施质量法规和商品标准不可缺少的重要手段。

（2）它是维护消费者利益，保障人体健康和生命安全的需要。

（3）它有利于提高商品竞争能力，促进对外贸易的发展。

（4）它有利于解决存在的商品质量问题，维护市场经济的正常秩序。

（5）它有利于商品质量管理和更好地实现国家计划质量目标。

3. 商品质量监督的种类

我国的商品质量监督可分为国家的质量监督、社会的质量监督和用户的质量监督。

1）国家的质量监督

国家的质量监督，是指国家授权指定第三方专门机构，以公正的立场对商品进行的质量监督检查。

这种法定的质量监督，是以政府行政的形式，对可能危及人体健康和人身、财产安全的商品，影响国计民生的重要工业产品及用户、消费者组织反映有质量问题的商品，实行定期或经常的监督、抽查和检验，公开公布商品质量抽查检验结果，并根据国家有关法规及时处理质量问题，以维护社会经济生活正常秩序和保护消费者的合法权益。

国家的商品质量监督，由国家质量技术监督部门进行规划和组织实施。

2）社会的质量监督

社会的质量监督，是指社会团体、组织和新闻机构根据消费者和用户对商品质量的反映，对流通领域的某些商品质量进行的监督检查。

这种质量监督，是从市场一次抽样，委托第三方检验机构进行质量检验和评价，将检验结果特别是不合格商品的质量状况和生产企业名单予以公布，以造成强大的社会舆论压力，迫使企业改进质量，停止销售不合格商品，对消费者和用户承担质量责任，实行包修、包换、包退、赔偿经济损失。

中国质量管理协会用户委员会、中国消费者协会、中国质量万里行组织委员会等组织是社会质量监督的组织者和职权的行使者。

3）用户的质量监督

用户的质量监督，是指内外贸部门和使用单位为确保所购商品的质量而进行的质量监督。

这种质量监督是购买大型成套设备和装置，以及采购生产企业生产的商品时，进驻承制单位和商品生产厂进行质量监督，发现问题有权通知企业改正或停止生产，及时把住质量关，以保证商品质量符合所规定的要求。这种质量监督包括用户自己派人或委托技术服务部门进驻承制单位实行质量监督；内、外贸部门派驻厂人员进行质量监督；以及进货时进行验收检验。

4. 商品质量监督的形式

商品质量监督的形式种类很多，可以归纳为抽查型质量监督、评价型质量监督和仲裁型质量监督三种。

1）抽查型质量监督

抽查型质量监督是指国家质量监督机构通过对从市场或企业抽取的商品样品进行监督检验判定其质量，从而采取强制措施责令企业改进质量，直至达到商品标准要求的一种监督活动。抽查型质量监督形式，一般只抽检商品的实物质量，不检查企业的质量保证体系。

抽查的主要对象是涉及人体健康和人身、财产安全的商品、影响国计民生的重要工业产品、重要的生产资料商品和消费者反映有质量问题的商品。

2）评价型质量监督

评价型质量监督是指国家质量监督机构通过对企业的产品质量和质量保证体系进行检验和检查，考核合格后，以颁发产品质量证书、标志等方法确认和证明产品已经达到某一质量水平，并向社会提供质量评价信息，实行必要的事后监督，以检查产品质量和质量保证体系是否保持或提高的一种质量监督活动。评价型质量监督是国家干预产品质量、进行宏观管理的一种重要形式。产品质量认证、企业质量体系认证、环境标志产品认证、评选优质产品、产品统一检验制度和生产许可证发放等都属于这种形式。

3）仲裁型质量监督

仲裁型质量监督是指质量监督验机构通过对有质量争议的商品进行检验和质量调查，分清质量责任，做出公正处理，维护经济活动正常秩序的一种质量监督活动。仲裁型质量监督具有较强的法制性，这项任务由质量监督管理部门承担，应选择经省级以上人民政府产品质量监督管理部门或其授权的部门审查认可的质量监督检验机构作为仲裁检验机构。

【案例3.2】 太阳镜产品质量国家监督抽查质量公告

为了维护消费者的合法权益，促进太阳镜行业的健康发展，国家质检总局组织对太阳镜产品质量进行了国家监督抽查，共抽查了北京、河北、山西、上海、江苏、浙江、安徽、陕西8个省、直辖市中71家企业生产的90种产品（不涉及出口产品），产品实物质量合格率为86.7%。

此次抽查依据QB 2457—1999《太阳镜》强制性行业标准对产品的光学指标和透射特性进行了检验。光学指标包括球镜顶焦度（俗称度数）、柱镜顶焦度（俗称散光）、棱镜度、内在疵病项目。透射特性包括可见光透射比、紫外透射比、色极限、交通信号透射比。

抽查中发现的主要质量问题：

1. 个别产品紫外透射比不合格。GB 10810.3—2006《眼镜镜片及相关眼镜产品 第3部分：透射比规范及测量方法》强制性国家标准规定，太阳镜产品的紫外透射比应≤5%。抽查中有个别产品紫外透射比不合格，超过国家标准规定的要求。配戴这种眼镜在遮挡部分可见光的同时，没有阻隔紫外线，比不戴眼镜所接受的紫外光还要多，眼睛接受太多紫外线，容易引发眼疾。

2. 个别产品标签标注不规范。太阳镜按用途可分为遮阳镜、浅色太阳镜和特殊用途太阳镜三类，QB 2457—1999《太阳镜》强制性行业标准规定，太阳镜应注明类别。抽查中有个别产品标签标注不规范，主要是未注明太阳镜类别，未标注工业产品生产许可证标志和编号。

针对抽查中发现的主要质量问题，国家质检总局已责令各地质量技术监督部门严格按照产品质量法等相关法律法规的规定，对抽查中产品质量不合格的生产企业依法进行处理，并限期整改。同时对质量较好的产品及其生产企业进行宣传，引导消费。国家质检总局将继续加大对太阳镜产品的监督抽查，为消费者创造放心满意的消费环境。

（资料来源：国家质量监督检验检疫总局网站）

问题：根据以上资料，试分析国家质检总局对商品质量的监督抽查，属于哪一种形式的质量监督？

5. 商品质量监督管理体制

我国的商品质量监督管理工作，已由质量监督管理机构和质量监督检验机构形成了质量监督管理网络。

1）技术监督系统

全国的质量监督管理机构是国家质量技术监督局，负责管理全国商品质量监督工作，组织协调有关部门开展商品质量监督检验工作。县级以上地方质量技术监督部门负责本行政区内的商品质量监督管理工作，组织协调本地区承担质量监督检验任务的单位开展质量监督检验工作。

为适应我国商品监督检验工作的需要，国家在各省、自治区、直辖市工业集中的城市都建立产品质量监督检验机构。其任务是：根据标准进行商品质量监督检验，当产、销双方对商品质量有争议时执行仲裁检验，管理产品质量认证，组织生产许可证发放和参与优质产品审查工作等。

产品质量监督检验机构主要有四种形式：国家级产品质量监督检验测试中心，主要承担国家指定的商品质量监督抽查检验；各部级（行业）产品质量监督检验测试中心，负责本行业内部企业的产品质量监督检验；全国各地方产品质量监督检验站、所，可代表国家行使商品质量监督检验权，承担地方商品质量监督抽查检验；各省、市综合检验所，负责各专业检验机构未包括的商品质量的监督检验工作。

2）专业监督系统

我国专业监督系统的监督管理机构和质量监督检验机构包括外贸、卫生、兽药监察、船舶和锅炉等多个子系统。

（1）外贸子系统。国家出入境检验检疫局是我国主管进出口商品检验的行政执法机构。国家检验检疫局以设在各地的进出口商品检验机构监督管理所辖地区的进出口商品检验工作。

（2）卫生子系统。国务院卫生行政部门主管全国的药品监督管理工作，药品检验所负责药品的质量监督检验工作。各级卫生行政部门负责所管辖范围内的食品卫生监督工作，卫生防疫站负责食品卫生监督检验工作。

（3）兽药监察子系统。各级农牧行政管理机关主管兽药监督管理工作。各级兽药监察机构，协助农牧行政管理机关，分别负责全国和本辖区的兽药质量监督检验工作。

（4）船舶子系统。由国家船舶检验局及其在有关地区设立的船舶检验机构负责船舶的质量监督管理和检验工作。

（5）锅炉子系统。由国家劳动人事部和地方劳动人事部门负责锅炉压力容器的安全监督工作。

此外，中国消费者协会、中国质量管理协会等社会团体，也在全国各地设立了质量监督机构。

3.4.2 产品质量认证

1. 产品质量认证的概念和作用

根据 1991 年实施的《中华人民共和国产品质量认证管理条例》，产品质量认证是依据产品标准和相应技术要求，经认证机构确认并通过颁发认证证书和认证标志来证明某一产品符合相应标准和相应技术要求的活动。我国的产品质量认证采用的是第三方认证制度，也就是说在产品质量认证活动中，从事认证的机构作为独立于生产方和购买方之外的第三方机构，公正地证明产品的质量符合规定的标准，并且在批准认证以后，继续对它实行监督。

ISO 的定义是：由可以充分信任的第三方证实某一产品或服务符合特定标准或其他技术规范的活动。产品认证分为强制认证和自愿认证两种。一般来说，对有关人身安全、健康和其他法律法规有特殊规定者为强制性认证，即“以法制强制执行的认证制度”。其他产品实行自愿认证制度。

《中华人民共和国产品质量认证管理条例》中规定：国务院标准化行政主管部门统一管理全国的认证工作；国务院标准化行政主管部门直接设立的或者授权国务院其他行政主管部门设立的行业认证委员会负责认证工作的具体实施。县级以上（含县）地方人民政府标准化行政主管部门在本行政区域内，对认证产品进行监督检查。获准认证的产品，除接受国家法律和行政法规规定的检查外，免于其他检查，并享有实行优质优价、优先推荐评为国优产品等国家规定的优惠。对于违反法律、行政法规、国务院标准化行政主管部门会同国务院有关行政主管部门制定的规章规定的有关认证的行为，依据法律、行政法规和规章的规定进行处罚。

产品质量认证分为安全认证和合格认证两种。安全认证是国家认可的认证机构对涉及人身健康、财产安全的产品，依据国家或者行业安全标准和产品中的安全性能进行的认证，目的是保护用户和消费者的人身健康和生命财产安全。合格认证主要是看产品是不是符合国家产品标准或者行业产品标准，目的是向用户说明这个产品是合格的、优质的。

那么具体地说，哪些产品可以进行认证呢？根据我国产品质量法、标准化法和认证条例的规定，在我国凡是经过加工、制作、用于销售的产品，有国家、行业标准的，都可以申请产品质量认证。但是建设工程、军工产品不在产品质量认证之列。企业可以参阅国家质量技术监督局向社会发布的开展认证的产品目录，选择本企业生产的产品申请认证。经认证合格的，由认证机构颁发产品质量认证证书，准许企业在产品或者其包装上使用产品质量认证标志。产品质量认证标志是指由产品质量认证机构设计、按照法定程序批准、发布的一种专用标志。用以证明某产品符合规定标准或者技术规范，经认证机构允许，可以在获准认证的产品上使用。

产品质量认证已成为一种科学的商品质量监督制度，被世界许多国家采用，并收到明显效果，其关键在于这种制度是由一个公证机构站在第三方立场上，对认证对象做出正确与可靠的评价，从而使人们对商品质量建立信心。

实行产品质量认证的目的是为了保证产品质量，提高产品信誉，保护用户和消费者的利益，促进国际贸易和发展国际质量认证合作。其好处具体表现在以下几个方面。

第一，通过产品质量认证标志指导消费者的购买方向。经过认证的产品，企业可以获得认证标志，并且有权在产品、包装物、产品合格证、产品使用说明书上使用认证标志，为消费者购买到满意的商品提供信誉指南和质量信息。第二，获准认证的产品具有较强的市场竞争力。因为获准认证的产品质量符合国家标准的严格要求，证明企业可以连续生产合格产品，自然会受到消费者的好评，更有利于企业参与激烈的市场竞争，获得较好的经济效益。第三，享受免检的优惠待遇。经过认证的产品，不仅是在国内市场上受到消费者的信赖，在国际市场上也会抬高身价。特别是经过国际认证的产品，它经过了国际间相互认可认证的产品，其产品得到各个成员国的普遍认证，可以享受免检等优惠待遇。第四，优先参与国优产品的评定，增加企业的知名度。

2．产品质量认证的条件

按《中华人民共和国产品质量认证管理条例》规定，中国企业、外国企业均可提出认证申请。提出申请的企业应当具备以下条件。

（1）产品符合国家标准或者行业标准要求。

（2）产品质量稳定，能正常批量生产。

（3）生产企业的质量体系符合国家质量管理和质量保证标准及补充要求。

企业可以按下列程序办理认证。

（1）中国企业向认证委员会提出书面申请，外国企业或者代销商向国务院标准化行政主管部门或者其指定的认证委员会提出书面申请。

（2）认证委员会通知承担认证检验任务的检验机构对产品进行检验。

（3）认证委员会对申请认证的生产企业的质量体系进行审查。

（4）认证委员会对认证合格的产品，颁发认证证书，并准许使用认证标志。

3．产品质量认证的类型

产品质量认证，从世界范围看可分为八种类型。

（1）形式试验。按规定的试验方法对产品的样品进行试验，以证明样品符合标准或技术规范的要求。

（2）形式试验加认证后监督——市场抽样检验。这是一种带有监督措施的形式试验。它是从市场上购买样品或从批发商、零售商的仓库中随机抽样进行检验，以证明认证商品的质量持续符合标准或技术规范的要求。

（3）形式试验加认证后监督——供方抽样检验。这种类型与第二种相类似，但它不是从市场上抽样，而是从供方发货前的产品中随机抽样进行检验。

（4）形式试验加认证后监督——市场抽样和供方抽样检验。这是第二、第三两种认证类型的综合，监督检验所用的样品来自市场抽样和供方随机抽样。

（5）形式试验加供方质量体系认证再加认证后监督——质量体系复查加供方和市场抽样检验。这种认证类型是在批准认证的资格条件中增加了对产品供方质量体系的检查和评定，在批准认证后的监督措施中也增加了对供方质量体系的复查。

（6）供方质量体系的评定和认可。这种认证类型，是对供方按既定标准或技术规范要求对所提供产品的质量保证能力进行评定和认可，而不对最终产品进行认证，故又称质量保证能力认证。

（7）批量检验。这种认证类型是根据规定的方案，对一批商品进行抽样检验，并据此做出该批商品是否符合标准或技术规范的判断。

（8）百分之百检验。这种认证是对每一件产品在出厂前都要依据标准由认可的独立检验机构进行检验。

4．强制性产品认证制度

强制性产品认证制度简称CCC认证，（CCC为英文China Compulsory Certification的缩写，意为“中国强制认证”，也可简称为“3C”。）是我国政府为切实保护广大消费者人身和动植物生命安全、保护环境、保护国家安全，依照法律法规实施的一种产品合格评定制度，它要求产品必须符合国家强制标准和技术法规。

国家对强制性产品认证实施“四个统一”，即统一目录，统一标准、技术法规和合格评定程序，统一标志，统一收费标准。

强制性产品认证制度是各国政府普遍实施的一项市场准入制度。其主要通过制定《强制性产品认证的产品目录》（以下简称《目录》）和实施强制性产品认证程序，对列入《目录》中的产品实施强制性的检测和审核。凡列入强制性产品认证的产品目录内的产品未获得指定机构的认证证书，未按规定加施认证标志，不得出厂、进口、销售和在经营服务场所使用。强制性产品认证制度在推动国家各种技术法规和标准的贯彻、规范市场经济秩序、打击假冒伪劣行为、促进产品的质量管理水平和保护消费者权益等方面，具有其他工作不可替代的作用和优势。认证制度由于其科学性和公正性，已被世界大多数国家广泛采用。实行市场经济制度的国家，政府利用强制性产品认证制度作为产品市场准入的手段，正在成为国际通行的做法。

国家认监委按照国务院授予的工作职能，统一负责国家强制性产品认证制度的管理和组织实施工作。2001年年底，国家质检总局、国家认监委制定并发布了新的强制性产品认证制度。该制度已于2002年5月1日起正式实施。

我国强制性产品认证制度的是以《产品质量法》、《进出口商品检验法》、《标准化法》为基础建立的。强制性产品认证制度的对象为涉及人体健康、动植物生命安全、环境保护、公共安全、国家安全的产品。强制性产品认证的技术依据为国家强制性标准或国家技术规范中的强制性要求。强制性产品认证制度的基本框架为三部分，一是认证制度的建立，二是认证的实施，三是认证实施有效性的行政执法监督。强制性产品认证制度的建立由中央政府负责，国家认监委负责按照法律法规和国务院的授权，协调有关部门按照“四个统一”的原则建立国家强制性产品认证制度；指定认证机构在授权范围内承担具体产品的认证任务，向获证产品颁发CCC认证证书；地方质量技术监督局和各地出入境检验检疫局负责对列入《目录》产品的行政执法监督工作，确保未获得认证的列入《目录》内的产品不得进口、出厂、销售和在经营服务性活动中使用。对于特殊产品（如消防产品），国务院有关行政主管部门按照授权职能承担相应的监管职能。

强制性产品认证标志有四种，如图3-1所示。

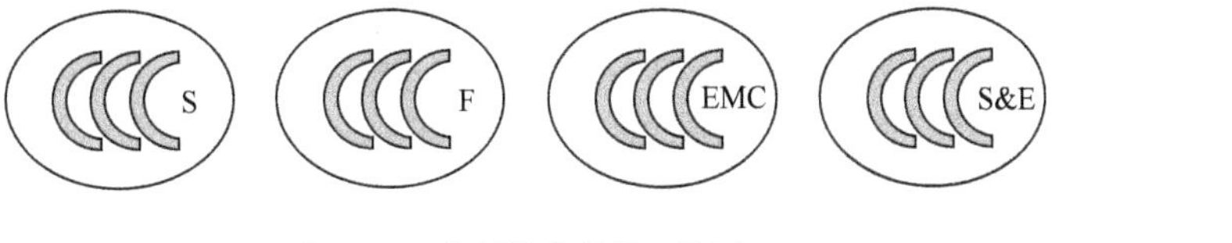

图3-1　强制性产品认证标志

强制性产品认证标志基本图案是椭圆形的，在椭圆形边缘上印有黑色边框，图案中间印有三个黑色“C”字，其“C”字按顺序排列，底纹为激光全息镭射银色图案，在黑色图案右边印制认证种类标注，它是由代表认证种类的英文单词的缩写字母组成。其中“S”代表“安全”；“EMC”代表“电磁兼容”；“S&E”代表“安全与电磁兼容”；“F”代表“消防”。

3.4.3 质量体系认证及其他认证

1. 质量体系认证

质量体系认证，是指由第三方公证机构依据质量体系标准，对供方的质量体系实施评定，合格者由公证机构颁发质量体系认证证书，并给予注册公布，证明供方在特定的产品范围内具有必要质量保证能力的活动。

目前，世界各国大都按照ISO 9000质量管理和质量保证系列标准开展认证，并且形成了世界通行的质量体系认证制度。质量体系认证的主要依据是ISO 9001、ISO 9002、ISO 9003和ISO 9004四种质量保证模式标准。由于该系列标准总结、吸收了各国质量管理理论的精华，澄清并统一了质量术语的概念，反映和发展了世界上先进、发达国家管理的实践经验，具有系统性、实用性和适时性，标准一经发布，很快被120多个国家和地区等同或等效采用。开始主要是工业企业，很快扩展到外贸、建筑、金融、服务、行政机关等领域。组织采用ISO 9000标准，受益明显，归纳起来有以下几方面。

（1）通过全员培训，能够培养和造就一支管理队伍，提高组织的整体素质，改善管理水平，增强工作积极性，人人参与，增强内部团结和凝聚力。

（2）有效地保证产品质量，提高生产率和产品合格率，降低成本，有利于新产品开发、研制。

（3）可以减少客户的投诉，增强客户的信任感，留住老客户，吸引新客户可以更好吸引客户的投资、增资。

（4）提高企业知名度，增强企业信誉，拿到了通往国际市场的通知证。特别是我国加入WTO，关税壁垒削弱后，外国为保护本国利益，限制没有获得ISO 9000国际认证的企业所生产的产品准入的非关税壁垒势必加强，而推行ISO 9000对打破非关税壁垒有极大好处。

（5）根据国家规定，各职能部门对获得ISO 9000认证的企业有一定的优惠政策。

质量体系认证和产品质量认证不同，其主要区别是：质量体系认证的对象是质量体系；质量体系认证的依据是质量体系标准；质量体系认证的目的是证明供方的质量体系有能力确保其产品满足规定的要求；质量体系认证的证实方式是对质量体系审核而不对产品实物实施检验；质量体系认证的证明方式是颁发证书，注册公布，供方可使用注册标志做宣传，但不得直接用于产品或以其他方式误导产品已经认证合格；质量体系认证后定期监督供方质量体系但不对产品实物实施监督检验；从认证的性质上来讲，产品质量认证有强制性和自愿性两种，质量体系认证则是自愿性的。

2. 环境管理体系认证

环境管理体系认证，是指由第三方公证机构依据环境管理体系标准，对供方的环境管理体系实施评定，合格者由第三方机构颁发环境管理体系认证证书，并给予注册公布，证明供方具有按既定环境保护标准和法规要求提供产品的环境保护能力。

随着社会、经济的不断发展，人口不断增加，越来越多的环境问题摆到我们面前，温室效应加剧、酸雨蔓延、臭氧空洞的出现、水体遭到严重污染、土地荒漠化、草原退化、森林锐减、许多珍稀野生动物濒临灭绝……已经危及到人类社会的健康生存和可持续发展，面对如此严峻的形势，人类开始考虑采取一种行之有效的办法来约束自己的行为，使各组织重视自己的环境行为和环境形象，并希望以一套比较系统、完善的管理方法来规范人类自身的环境活动，以求达到改善生存环境的目的。国际标准化组织于 1993 年 6 月成立 ISO/TC 207 环境管理技术委员会，该委员会制定了 ISO 14000 系列环境管理标准。

在 ISO 14000 系列标准中，以 ISO 14001 环境管理体系标准最为重要。它是组织建立环境管理体系以及审核认证的准则，是一系列后续标准的基础。

当前，世界各国正在积极推行 ISO 14000 环境管理系列标准，并以此开展环境管理体系认证。通过环境管理系列标准的实施，可以规范企业和社会团体等所有组织的环境行为，减少人类各项活动所造成的环境污染，保持环境与经济发展相协调，促进经济的持续发展。通过环境管理体系认证，可以证实生产厂使用的原材料、生产工艺、加工方法以及产品的使用和用后处理是否符合环境保护标准和法规的要求。

为促进企业建立环境管理体系的主动性，ISO 14000 系列标准实施环境标志制度。通过环境标志对企业的环境行为加以确认，以标志图形、说明标签等形式向市场展示标志产品及非标志产品环境行为的差别，形成强大的市场压力，达到改善组织环境行为的目的。

进行 ISO 14000 认证的好处主要有以下几点：

（1）节省开支，降低成本，如节省能源和减少废物排放。

（2）提高管理水平，采用清洁工艺和革新生产过程，取得经济效益。

（3）可以减小由于污染事故或违反法律、法规所造成的环境风险。

（4）通过获取认证证书，在国际贸易中避免绿色壁垒。

（5）满足顾客环保要求，提高组织形象，增强组织市场竞争能力。

（6）增加组织获得优惠信贷和保险政策的机会。

由于实施 ISO 14001 环境管理体系可以带来节能降耗、增强组织竞争力、赢得客户等诸多好处，ISO 14001 标准自发布之日起即得到各界的积极响应，被视为通往国际市场的“绿色通行证”。现在，是否取得过 ISO 14000 认证，已经成为组织向顾客、当地居民以及行政部门等相关方证明其环保能力的有效手段，因此这项认证正以极其迅猛之势在全世界普及开来。

3．职业健康安全管理体系

面对严重的全球化职业安全健康问题，国际社会对职业安全健康问题的日益关注，人们在寻求有效的职业安全健康管理方法，期待有一个系统化的、结构化的管理模式。随着 ISO 9000 和 ISO 14000 系列标准在各国得到广泛认可与成功实施，考虑到质量管理、环境管理与职业安全健康管理的相关性，国际标准化组织（ISO）于 1996 年 9 月 3 日组织召开了国际研讨会，讨论是否制定职业安全健康管理体系的国际标准，结果未就此达成一致意见。随后，ISO 在 1997 年 1 月召开的技术工作委员会（TMB）会议上决定，ISO 目前暂不颁布该类标准，但许多国家和国际组织都继续在本国或所在地区发展这一标准，使得职业安全健康管理标准化问题成为继质量管理、环境管理标准化之后世界各国关注的又一管理标准化问题。

从 20 世纪 80 年代末开始，一些发达国家率先开展了研究及实施职业健康与安全管理体系的活动。世界各国或地区发展十分迅速。据不完全统计，世界上已有 20 多个国家有相应的职业安全卫生管理体系标准，最典型的当属澳大利亚，其国家内部有较为完整的标准系列、正规的培训机构及完善的国家认证制度。职业安全卫生管理体系标准化在国际区域范围内发展也较为迅速，亚太地区职业安全卫生组织（APOSHO）在近年来的几次年会上，都组织各成员对此进行研讨，特别是在 1998 年的第 14 届年会上建议，各成员组织参照 OHSMS18001 和 APOSHO1000（草案）开发本国的标准。为了适应全球日益增加的职业健康与安全认证需求，1999 年 3 月由全球数家最知名的标准制度研究、认证机构共同制定了“Occupational Health and Safety Assessment Series（OHSAS18000）”（职业安全与卫生评价系列），现已颁布了“Occupational Health and Safety Management System OHSMS-Specification（OHSMS18001）”（职业安全与卫生管理体系—计划书），成为目前国际社会普遍采用的职业健康与安全认证标准。此外，国际劳工组织（ILO）也在开展职业安全卫生管理体系标准化工作，在 1999 年 4 月召开的第 15 届世界职业安全卫生大会上，I LO 负责人指出，I LO 将像贯彻 ISO 9000 和 ISO 14000 认证那样，推行企业安全卫生评价和规范化的管理体系。

我国质量监督检验检疫总局于 2001 年颁布了 GB/T 28001—2001《职业安全健康管理体系规范》在全国范围内推行职业安全健康标准。

4．食品安全管理体系

HACCP（Hazard Analysis and Critical Control Point）即危害分析及关键控制点的概念和方法是在 1959 年美国 Pillsbury 公司应美国宇航局要求为其生产“100%不含有致病性微生物和病毒的宇航食品”，以保证太空实验室人员需要的安全、卫生的食品而提出的。HACCP 自提出来已被世界上许多国家所运用和发展，1993 年受到联合国粮农组织与世界卫生组织（FAO/WHO）所属食品法典委员会（CAC）的食品卫生部（CCFH）的关注，于第 20 届委员会议上，CCFH 提出“危害分析和关键控制点（HACCP）体系应用指南”并考虑修改《食品卫生通则》，把 HACCP 纳入该原则内，1997 年最终修订版发布。自此 HACCP 在国际上受到更广泛的应用。根据我国国务院的有关规定，国家认监委负责全国 HACCP 管理体系认证认可工作的统一管理、监督和综合协调工作，监督管理 HACCP 管理体系的实施。

HACCP 质量管制法是一套确保食品安全的管理系统，这种管理系统一般由下列各部分组成：对从原料采购、产品加工、消费各个环节可能出现的危害进行分析和评估；根据这些分析和评估来设立某一食品从原料直至最终消费这一全过程的关键控制点；建立起能有效监测关键控制点的程序。

该系统的优点是将安全保证的重点由传统的对最终产品的检验转移到对工艺过程及原料质量进行管制。这样可以避免因批量生产不合格产品而造成的巨大损失。

在食品的生产过程中，控制潜在危害的先期察觉决定了 HACCP 的重要性。通过对主要的食品危害，如微生物、化学和物理污染的控制，食品工业可以更好地向消费者提供消费方面的安全保证，降低食品生产过程中的危害，从而提高人民的健康水平。

实施 HACCP 体系有以下优越性。

（1）强调识别并预防食品污染的风险，克服食品安全控制方面传统方法（通过检测，而不是预防食物安全问题）的限制。

（2）有完整的科学依据。

（3）由于保存了公司符合食品安全法的长时间记录，而不是在某一天的符合程度，使政府部门的调查员效率更高，结果更有效，有助于法规方面的权威人士开展调查工作。

（4）使可能的、合理的潜在危害得到识别，即使以前未经历过类似的失效问题。因而，对新操作工有特殊的要求。

（5）有更充分的允许变化的弹性。例如，在设备设计方面的改进，在与产品相关的加工程序和技术开发方面的提高等。

（6）与质量管理体系更能协调一致。

（7）有助于提高食品企业在全球市场上的竞争力，提高食品安全的信誉度，促进贸易发展。

【知识链接 3.2】 几种常见的质量标志

1. 中国名牌产品标志

由国家质检总局和中国名牌战略推进委员会颁发。获得中国名牌的产品通过了包括市场评价、质量评价和效益评价为主要内容的严格的综合评价，其市场占有率、经济效益水平、知名度和品牌效应在同行业中名列前茅。获得中国名牌产品称号的产品自动享受免检待遇。中国名牌产品标志如图 3-2 所示。

2. 原产地认证标志

为了有效地保护我国的原产地域产品，保证原产地域产品的质量和特色，国家推行原产地域产品保护制度。凡国家公告保护的原产地域产品，在保护地域范围的生产企业，经国家质检总局审核并注册登记后，可以将该标志印制在产品的说明书和包装上，以此区别同等类型、但品质不同的非原产地域产品。原产地认证标志如图 3-3 所示。

图 3-2 中国名牌产品标志

图 3-3 原产地认证标志

3. 能源效率标识

它是表示用能产品能源效率等级等性能指标的一种信息标识，国家对节能潜力大、使用面广的用能产品实行统一的能源效率标识制度，列入《中华人民共和国实行能源效率标识的产品目录》的产品必须标识能源效率标识。标识包括生产者名称，产品规格型号，能源效率等级，能源消耗指标，其他性能指标以及依据的能源效率国家标准编号等基本内容。“中国能效标识”采用不干胶粘贴。能效标识是按产品耗能的程度由低到高，依次分成 5 级，其中 1 级最节能，5 级能效最低，低于 5 级的产品不允许上市销售。即使是进口商品，在能源标识上也应先“中国化”后方可在国内市场上销售。能源效率标识如图3-4所示。

4. 定量包装商品计量保证能力合格标志

“C”标志是证明该定量包装商品的净含量符合产品标准和《定量包装商品计量监督规定》的要求，该商品的生产企业的计量保证能力符合《定量包装商品生产企业计量保证能力评价规范》的要求的标志。由省级质量技术监督局检查合格，可在其生产的定量包装商品上使用全国统一的“C”标志。定量包装商品计量保证能力合格标志如图3-5所示。

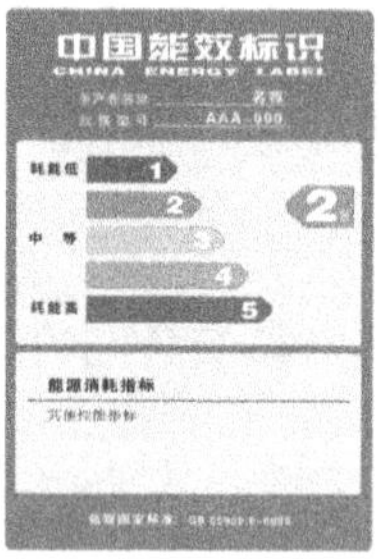

图3-4 能源效率标识

图3-5 定量包装商品计量保证能力合格标志

5. 中国质量认证中心产品认证标志

CQC针对强制性认证以外的产品类别，开展了自愿性产品认证业务（称为CQC标志认证），以加施CQC标志的方式表明产品符合有关质量、安全、环保、性能等标准要求，认证范围涉及500多种产品。旨在保护消费者人身和财产安全，维护消费者利益；提高国内企业的产品质量，增强产品在国际市场上的竞争力；也使国外企业的产品能更顺利地进入国内市场。中国质量认证中心产品认证标志分为食品包装安全认证（CQC标志认证）和食品包装质量环保认证（中国质量环保认证标志），如图3-6所示。

CQC标志认证　　中国质量环保认证标志

图3-6 中国质量认证中心产品认证标志

6. 绿色饮品企业环境质量合格标志

使用绿色饮品企业环境质量合格标志的宗旨在于更好地树立获得本标志使用权（许可）的饮品企业的环保形象，提高企业的知名度，进一步推进饮品企业产品的发展，保证消费者的健康利益。本标志证明的生产企业统称为饮品制造业，包括软饮料制造业、含酒精饮料制造业、保健饮品制造业。图形麦穗代表绿色食品，中间的杯是饮品（Yin pin）汉语拼音的第一个字母的“YP”的拼写，杯处底蓝色代表洁净水，如图3-7所示。

7. 采用国际标准产品标志

采标标志是我国产品采用国际标准的一种专用说明标志，是企业对产品质量达到国际先进水平或国际水平的自我声明形式。采标标志由国家质量技术监督局统一设计标志图样。外圈表示“中国制造”用CHINA的第一个字母C表示、里面是地球和ISO、IEC图样，表示国际标准化组织（ISO）和国际电工委员会（IEC）制定的国际标准，下面“采用国际标准产品”8 个字画龙点睛地表示使用采标标志的产品系采用国际标准或国外先进标准，质量达到国际先进水平或国标水平，如图 3-8 所示。

图 3-7　绿色饮品企业环境质量合格标志

图 3-8　采用国际标准产品标志

【案例 3.3】　绿色消费急需环境经济政策支持

对食品进行环境认证和标识，是我国建设绿色消费模式的重要手段。自 1990 年至今，我国已经初步形成了无公害农产品、绿色食品和有机食品（以下简称“三品”）的农产品认证体系。一般来说，获此“三品”认证标识的农产品的消费质量更为安全，对环境也更为友好。理论上讲，消费者应该更加趋向于购买这类绿色产品，从而引导更多生产者从事环境友好型生产。但现实情况是，由于生产成本更高以及认证成本等原因，“三品”的销售价格往往比常规食品售价高出许多。而且，包括农产品在内的大多数食品都是生活必需品，消费主体是中低收入群体，因此消费者更加趋向于购买价格相对较低的常规产品。其结果是，食品消费市场出现了“劣币驱逐良币”现象，“三品”认证政策出现了与预期相反的政策效果。

（资料来源：中国环境报 2007 年 12 月 4 日）

问题：有效避免这种“劣币驱逐良币”现象，需要哪些环境经济政策的支持?

本 章 小 结

标准是判定质量的准则和依据，质量监督与认证又是贯彻执行标准的手段，为了保证商品质量达到一定的水平，更好地满足消费者的需要，生产和销售商品必须遵循各级标准。

标准是对重复性事物和概念所做的统一规定。它以科学、技术和实践经验的综合成果为基础，经有关方面协商一致，由主管机构批准，以特定形式发布，作为共同遵守的准则和依据。

按照标准的作用和有效的范围，可以将标准划分为不同层次和级别，我国标准分为国家标准、行业标准、地方标准和企业标准四级。

标准化是在经济、技术、科学及管理等社会实践中，对重复性事物和概念通过制定、发布和实施标准，达到统一，以获得最佳秩序和社会效益，它包括制定标准、修订标准、贯彻执行标准的全过程。

商品标准是对商品质量以及与质量有关的各个方面（如商品的品名、规格、性能、用途、使用方法、检验方法、包装、运输、储存等）所做的统一技术规定，是评定、监督和维护商品质量的准则和依据。

商品标准化是现代技术经济科学体系中的一个重要组成部分，它对于发展社会生产力，促进科技进步，扩大对外经济技术交流，提高社会、经济效益等都有着重要的作用。

商品质量监督是贯彻执行商品标准的手段，是保证和提高商品质量并取得经济效益的措施，也是标准化工作的重要组成部分。商品质量监督的形式种类很多，可以归纳为抽查型质量监督、评价型质量监督和仲裁型质量监督三种。

产品质量认证是依据产品标准和相应技术要求，经认证机构确认并通过颁发认证证书和认证标志来证明某一产品符合相应标准和相应技术要求的活动。其目的是为了保证产品质量，提高产品信誉，保护用户和消费者的利益，促进国际贸易和发展国际质量认证合作。

质量体系认证，是指由第三方公证机构依据质量体系标准，对供方的质量体系实施评定，合格者由公证机构颁发质量体系认证证书，并给予注册公布，证明供方在特定的产品范围内具有必要质量保证能力的活动。

关键术语

标准　标准化　商品标准　商品标准化　ISO　IEC　国际标准　国家标准　行业标准　地方标准　企业标准　标准代号　质量监督　质量认证　质量体系认证

实训项目

1．通过因特网或图书馆，查阅通信设备、食品、儿童玩具各一个商品标准，并写出该标准的主要内容。

2．以小组为单位参观调查当地质量技术监督局或质量检验机构，了解企业及产品的质量认证情况，写出调查报告。

复习思考题

1．解释概念：商品标准、商品标准化、国家标准、国际标准、产品质量认证、强制认证。

2．标准的含义有哪些？如何理解？

3．商品标准是如何分类的？

4．我国商品标准是如何分级的？各级的使用范围有何不同？

5．商品标准化的基本内容有哪些？

6．掌握商品标准的表示方法。

7．标准化有何意义？

8．什么是商品质量监督？其种类和形式有哪些？

9．实施产品质量认证制度有何现实意义？

10．我国产品质量认证标志主要有哪几类？

11．商品标准的基本内容有哪些？

第4章　商 品 检 验

【学习要点】

- 商品检验的概念、依据
- 商品品级的概念、商品质量等级的划分原则和方法
- 商品检验的基本内容、感官检验方法和理化检验方法
- 商品抽样的概念、原则、要求和方法

【案例导读】　丝绸制品产品质量国家监督抽查质量公告

为维护消费者的合法权益，促进丝绸行业健康发展，国家质检总局组织对丝绸制品产品质量进行了国家监督抽查。共抽查了丝绸制品主产地浙江、江苏、上海、广东 4 个省、直辖市中 49 家企业生产的 49 种产品（不涉及出口），产品抽样合格率为 75.5%。

此次抽查依据 GB 18401—2003《国家纺织产品基本安全技术规范》国家标准和相应的产品标准，对丝绸制品的甲醛含量、pH 值、可分解芳香胺染料、染色牢度、异味、水洗尺寸变化率、成分、产品标识 8 个项目进行了检验。抽查结果表明，涉及人体健康安全的甲醛含量、可分解芳香胺染料、异味 3 个项目全部符合标准要求。

抽查中发现的主要质量问题:

（1）少数产品 pH 值不合格。丝绸制品通常为直接接触皮肤的产品，强制性国家标准 GB 18401—2003《国家纺织产品基本安全技术规范》规定，丝绸制品 pH 值的范围是 4.0～7.5。pH 值过高或过低，会对人体皮肤产生刺激。抽查中有少数产品 pH 值不合格，均呈碱性。

（2）少数产品色牢度不合格。强制性国家标准 GB 18401—2003《国家纺织产品基本安全技术规范》规定，纺织品耐水、耐汗渍、耐干摩擦色牢度不低于 3 级。抽查中有少数产品耐水、耐洗、耐汗渍或耐干摩擦色牢度不合格。

（3）个别产品水洗尺寸变化率不合格。水洗尺寸变化率俗称“缩水率”，产品水洗后，尺寸变化过大会影响使用。抽查中有个别产品水洗尺寸变化率不符合产品标准要求，其中有 1 种产品水洗后裤长缩短 10%。

（4）部分产品标签标注不规范。强制性国家标准 GB 5296.4—1998《消费品使用说明 纺织品和服装使用说明》以及强制性国家标准 GB 18401—2003《国家纺织产品基本安全技术规范》对产品的标签标注有明确规定。产品标识包括：制造者的名称和地址、产品名称、产品号型和规格、采用原料成分和含量、洗涤方法、产品执行标准编号、产品质量等级、产品检验合格证、产品的安全类别等。抽查中有部分产品标签标注不规范，主要是产品执行标准、产品质量等级、洗涤方法、产品号型和规格、产品的安全类别未标注或标注错误。

针对抽查中发现的主要质量问题，国家质检总局已责令各地质量技术监督部门严格按照产品质量法等有关法律法规的规定，对抽查中产品质量不合格的企业依法进行处理，限

期整改。同时，对抽查中质量较好的企业，要加大宣传力度，引导消费。国家质检总局将继续对该类产品质量进行跟踪抽查，促使丝绸制品行业整体质量水平的提高，为消费者创造放心满意的消费环境。（资料来源：国家质量监督检验检疫总局网站）

这一案例说明，商品没有经过严格的质量检验就很难保证质量，国家质量监督检验是商品质量保证的一个重要组成部分。

4.1 商品检验的概念、类别和依据

4.1.1 商品检验的概念

商品检验是指商品的生产方、销售方或者第三方在一定条件下，借助一定的仪器、器具、试剂或检验者的感觉器官等手段和方法，按照合同、标准，以及国内国际法律、法规，对商品的质量、规格、重量、数量以及包装等方面进行检验，并做出合格与否和等级判定的业务活动。

商品检验是商品质量监督和认证的一项基础工作，是商品生产和流通中不可缺少的一个重要环节，它对于确保商品质量，维护消费者正当利益，具有重要意义。生产企业通过对生产各环节的商品质量检验来保证产品质量，促进产品质量不断提高；商品流通部门在流通各环节进行商品检验，及时防止假冒伪劣商品进入流通领域，以减小经济损失，维护消费者利益；质量监督部门通过商品检验，实施商品质量监督，向社会传递准确的商品质量信息，促进我国市场经济的发展。

商品质量检验是质量保证的重要手段，是企业质量体系要素之一，仅就生产领域来说，其主要作用表现为评价、把关、预防和信息反馈等方面。

企业质量检验根据有关法规和技术标准进行检验，并将检测结果与标准对比，做出合格或不合格的判断，或对产品质量水平进行评价，以指导生产、商品交换和企业经济活动。

检验人员通过对原材料、半成品、成品的检验，鉴别、分选、剔除不合格品，并决定该产品是否接收放行，严格把住每一个环节的质量关，做到不合格的产品不出厂、不销售；假冒、次劣产品不进入市场销售。同时，通过检验，对合格品签发产品合格证，也是对内（原材料和半成品）和对外（成品）的一种质量保证。

通过入厂检验、首件检验、巡回检验和抽样检验，及早发现并排除原材料、外购件、外协件、半成品中不合格品，以预防不合格品流入下道工序，造成更大的损失。同时，通过对生产过程中质量检验，掌握质量动态，为质量控制提供依据，及时发现质量问题，以预防和减少不合格品的产生，防止大批产品报废的质量事故。

通过质量检验，搜集数据，发现不符合标准的质量问题与现场质量波动情况，及时做好记录，进行统计、分析和评价并及时报告企业管理者，反馈给生产、工艺、设计等职能部门，以便采取相应措施，改进和提高产品质量。

4.1.2 商品检验的类别

1．按其检验主体和目的不同，可分为生产检验、验收检验和第三方检验

（1）生产检验。生产检验也称为第一方检验，是指商品制造商为了在竞争中得以生存和发展，为了保证商品质量，获得较好的经济效益，对企业的原材料、半成品和成品进行的检验。

（2）验收检验。验收检验也称第二方检验，是指商品的购买方为了维护自身及消费者的利益，保证其所购商品符合合同或标准规定所进行的检验。

（3）第三方检验。第三方检验是指处于交易双方利益之外的第三方，以公正、中立的身份，应有关方面的请求或指派，依据有关法律、合同或标准对商品进行的检验。第三方检验可以合理维护交易双方的权利以及国家和消费者的权益，可以及时协调和解决商品贸易或交换中出现的纠纷，促进商品流通的顺畅进行。

2．按检验是否具有破损性，可分为破损性检验和非破损性检验

（1）破损性检验。破损性检验是指为了对商品进行各项技术指标的测定、试验，经测定、试验后的商品遭受破坏，甚至再无法使用了的检验。如加工食品罐头、饮料及茶类的检验等。

（2）非破损性检验。非破坏性检验是指经过检验的商品仍能发挥其正常使用性能的检验。如电器类、纺织品类、黄金首饰等。

3．按被检验商品的数量，可分为全数检验、抽样检验和免于检验

（1）全数检验。全数检验是对被检验商品逐一进行的检验，它适合于批量小、质量特征少且质量不稳定、较贵重的商品检验。该检验的特点是可以提供完全的质量信息，给人以安全可靠感。但由于它实行全部商品检验，所以检验费用昂贵，检验工作量大，为此应该预防重复单调的检验工作给检验人员造成疲劳而产生漏检或错检现象。

（2）抽样检验。抽样检验是按合同或标准中规定的抽样方案，从被检验商品中随机抽取样品，然后对样品逐一进行测试的检验形式。抽样检验适合于批量较大的商品检验，它可以节省检验时间和费用，有利于商品流转。但由于该种检验提供的商品信息量少，可能导致检验结果和实际商品品质的偏差，所以它不适应于商品质量差异大的商品批。

（3）免于检验。为鼓励企业提高产品质量，提高产品质量监督检查的有效性，扶优扶强，避免重复检查，规范产品免于质量监督检查工作，依据《中华人民共和国产品质量法》和《国务院关于进一步加强质量工作若干问题的决定》，对商品质量保证体系良好、质量控制完备、成品质量长期稳定的生产企业所生产的产品，在企业自检合格后，免于检验。

【知识链接 4.1】 《产品免于质量监督检查管理办法》（2001 年 12 月 4 日，国家质量监督检验检疫局令第 9 号）（节选）

第八条 免检产品及其生产企业应当符合下列条件:

（一）产品质量长期稳定，企业有完善的质量保证体系。

（二）产品市场占有率、经济效益在本行业内排名前列。

（三）产品标准达到或者严于国家标准、行业标准要求。

（四）产品经省级以上质量技术监督部门连续三次以上（含三次）监督检查均为合格。

（五）产品符合国家有关法律法规和国家产业政策。

《免检实施细则》将上述五个条件分解为七项要求，即：

（一）企业具备独立法人资格。

（二）申请免检的产品连续稳定生产两年以上，出厂的产品未出现批次质量不合格；在两年内未因产品质量问题发生过造成用户、消费者的人身伤害或者财产损失；未发生对用户、消费者反映有质量问题的产品不依法履行“三包”规定，造成较坏社会影响等质量事故。

（三）企业有完善的质量保证体系；具备健全的质量检验、检测机构，能够保证出厂产品质量；认真处理质量申诉，有完善的售后服务体系。

（四）产品具备一定的知名度。产品市场占有率和企业经济效益排名位于本行业前列。

（五）产品标准达到或者严于国家标准或者行业标准的要求。

（六）产品在全国省级以上（含省级）质量技术监督部门最近组织的监督检查中连续三次以上（含三次）均为合格，且两年内未出现不合格情况。

（七）产品应当符合质量、标准、计量、环保、节能等法律法规的要求和国家产业政策。

第九条　凡符合本办法第八条规定条件的企业可以自愿提出产品免检申请，填写产品免检申请，填写产品免检申请表，如实提供有效证明材料，报送企业所在地的省级质量技术监督部门。

第十二条　获得免检证书的企业在免检有效期内可以自愿在产品或者其包装上使用规定的免检标志。使用的免检标志应当注明获准免检的时间及有效期限。免检的有效期为三年。免检到期后产品需要继续免检的，企业应当重新提出申请。

第十三条　免检产品生产企业应当加强质量管理，保证产品质量。

第十六条　免检产品在有效期内发生质量事故的，视情节责令其生产企业限期整改、停止使用免检标志、收回免检证书、予以公告，并依法追究企业的产品质量责任。

第十七条　用户、消费者有权对免检产品进行社会监督。依照用户、消费者对免检产品质量问题的申诉、举报而进行的调查处理由被申诉人所在地的省级质量技术监督部门组织。处理结果应当报送国家质量技术监督局，并抄送免检产品生产企业所在地的省级质量技术监督部门。

第十八条　不得以非免检产品冒充免检产品，不得伪造免检证书或者免检标志，不得转让免检证书或者免检标志，不得擅自扩大免检证书或者免检标志的使用范围；违反该条规定的依照《中华人民共和国产品质量法》第四十一条规定追究责任。

第二十二条　免检证书由国家质量技术监督局统一制作；免检标志由国家质量技术监督局统一规定式样。

国家免检产品标志和产品质量免检证书如图4-1所示。

图 4-1 国家免检产品标志和产品质量免检证书

4.1.3 商品检验的依据

商品检验是一项科学性、技术性、规范性较强的复杂工作，为使检验结果更具有公正性和权威性，必须根据具有法律效力的质量法规、标准及合同等开展商品检验工作。

1. 商品质量法规

国家有关商品质量的法律、法令、条例、规定、制度等，规定了国家对商品质量的要求，体现了人民的意志，保障了国家和人民的合法权益，具有足够的权威性、法制性和科学性。商品质量法规是国家组织、管理、监督和指导商品生产与商品流通，调整经济关系的准绳，是各部门共同行动的准则，也是商品检验活动的重要依据。质量法规包括商品检验管理法规、产品质量责任制法规、计量管理法规、生产许可证及产品质量认证管理法规等。

2. 技术标准

技术标准是指规定和衡量标准化对象的技术特征的标准。它对产品的结构、规格、质量要求、实验检验方法、验收规则、计算方法等均做了统一规定，是生产、检验、验收、使用、洽谈贸易的技术规范，也是商品检验的主要依据，它对保证检验结果的科学性和准确性，具有重要意义。

3. 购销合同

供需双方约定的质量要求，必须共同遵守。一旦发生质量纠纷，购销合同的质量要求，即为仲裁、检验的法律依据。但是，购销合同必须符合《经济合同法》的要求。

4.2 商品检验的程序和内容

4.2.1 商品检验的程序

商品质量检验程序一般由定标、抽样、检验、判定、处理五大步骤组成。

（1）定标是指检验前根据合同或标准规定，明确技术要求，掌握检验手段和方法，拟定商品检验计划。

（2）抽样是指按合同或标准规定的抽样方案，抽取样品，使样品对商品批总体具有充分的代表性，同时对样品进行合理的维护。

（3）检验是指在规定要求的环境下，使用一定的检验设备和条件，采用测量、测试、试验等检验方法，检测样品的质量特性。

（4）判定是指通过将检测的结果与合同及标准要求的技术指标进行对照，根据合格判定原则，对被检商品合格与否做出判定。

（5）处理是指对检验结果出具检验报告，反馈质量信息，对不合格商品做出处理。

4.2.2 商品检验的内容

1. 包装检验

包装检验是根据购销合同、标准和其他有关规定，对进出口商品或内销商品的外包装和内包装以及包装标志进行检验。

包装检验首先核对外包装上的商品包装标志（标记、号码等）是否与有关标准的规定或贸易合同相符。对进口商品主要检验外包装是否完好无损，包装材料、包装方式和衬垫物等是否符合合同规定要求。对外包装破损的商品，要另外进行验残，查明货损责任方以及货损程度。对发生残损的商品要检查其是否由于包装不良所引起。对出口商品的包装检验，除包装材料和包装方法必须符合外贸合同、标准规定外，还应检验商品内外包装是否牢固、完整、干燥、清洁，是否适于长途运输和保护商品质量、数量的要求。

商检机构对进出口商品的包装检验，一般抽样或在当场检验，或进行衡器计重的同时结合进行。

2. 品质检验

品质检验亦称质量检验，运用各种检验手段，包括感官检验、化学检验、仪器分析、物理测试、微生物学检验等，对商品的品质、规格、等级等进行检验，确定其是否符合贸易合同（包括成交样品）、标准等规定。

品质检验的范围很广，大体上包括外观质量检验与内在质量检验两个方面：外观质量检验主要是对商品的外形、结构、花样、色泽、气味、触感、疵点、表面加工质量、表面缺陷等的检验；内在质量检验一般指有效成分的种类、含量、有害物质的限量、商品的化学成分、物理性能、机械性能、工艺质量、使用效果等的检验。

3. 卫生检验

卫生检验主要是根据《中华人民共和国食品卫生法》、《化妆品卫生监督条例》、《中华人民共和国药品管理法》等法规，对食品、药品、食品包装材料、化妆品、玩具、纺织品、日用器皿等进行的卫生检验，检验其是否符合卫生条件，以保障人民健康和维护国家信誉。如《中华人民共和国食品卫生法》规定："进口的食品、食品添加剂、食品容器、包装材料和食品用工具及设备，必须符合国家卫生标准和卫生管理办法的规定。进口上述所列产品，由国境食品卫生监督检验机构进行卫生监督检验。进口单位在申报检验时，应当提供输出国（地区）所使用的农药、添加剂、熏蒸剂等有关资料和检验报告。海关凭国家卫生监督检验机构的证书放行。”又规定：“出口食品由国家进出口商品检验部门进行卫生监督、检验。海关凭国家进出口商品检验部门的证书放行。”

4. 安全性能检验

安全性能检验是根据国家规定和外贸合同、标准以及进口国的法令要求，对进出口商品有关安全性能方面的项目进行的检验，如易燃、易爆、易触电、易受毒害、易受伤害等，以保证生产使用和生命财产的安全。目前，除进出口船舶及主要船用设备材料和锅炉及压力容器的安全监督检验，根据国家规定分别由船舶检验机构和劳动部门的锅炉、压力容器安全监察机构负责监督检查外，其他进出口商品涉及安全性能方面的项目，由商检机构根据外贸合同规定和国内外的有关规定和要求进行检验，以维护人身安全和确保经济财产免遭侵害。

5. 数量和重量检验

商品的数量和重量是贸易双方成交商品的基本计量计价单位，是结算的依据，直接关系到双方的经济利益，也是贸易中最敏感而且容易引起争议的因素之一。商品的数量和重量检验包括商品的个数、件数、长度、面积、体积、容积、重量等。

4.3 商品检验的方法

商品检验的方法因项目的不同而不同，需要按照有关标准或技术规定的要求执行。一般而言，有感官检验法、理化检验法。

4.3.1 感官检验法

感官检验是以人体感觉器官作为检验器具，对商品的色、香、味、形、手感、音质、音色等感官质量特性做出判定和评价的检验方法。该方法操作简便、灵活易行、费用节省，特别适用于目前还不能用仪器定量评价其感官指标的商品和不具备组织昂贵、复杂仪器进行检验的企业和团体。现代感观检验技术更是利用心理学原理设计，并用统计学方法分析和处理一系列感官数据，同时借助电脑技术将不易确定的商品感观指标客观化、定量化，从而使感官检验更具有可靠性，成为与理化检验相辅相成的现代检验技术。感官检验的商品主要有食品、纺织品及服装、乐器等。感官检验依据检验时所主要使用的感觉器官的不同，分为视觉检验、嗅觉检验、味觉检验、听觉检验和触觉检验。

1. 感官检验的类别

1）视觉检验

视觉检验是通过视觉器官来观察商品的外形、结构、色泽、外观疵点、包装装潢等感官指标，并据此评定商品的质量特性的检验方法。视觉检验在检验日用工业品、纺织品时主要检验其美学特点和表面缺陷，在检验食品时则主要检验其新鲜度、成熟度和加工程度。

如茶叶品质评审中决定茶叶品质的外形、香气、滋味、汤色和叶底五项指标中的外形、汤色和叶底这三项均需通过视觉检验来判定。外形评定须取样茶于茶盘中，在用双手波浪式筛转后，样茶大体分为面张茶、中段茶和下盘茶。先看粗松轻薄的面张茶，再观察紧结重实的中段茶，最后拨开中段茶看细小的下盘茶。最后取一小撮混合均匀的样茶，观察其条索形态、色泽、整碎、净度，与标准样茶进行比较，综合分析，做出外形评审结论。汤色评审主要是对茶汤汤色的深浅、明暗、清浊、新陈等做出判定。叶底判定则是依据叶底色泽的明暗、有无花杂、叶张的软硬、粗嫩、芽头的多少和匀齐程度等得出评审结论。

视觉检验应注意以下几点：

（1）为使检验者对商品外观评定有所依据，应制定相应的样品标准。

（2）检验者应具备丰富的感观检验的知识和经验，并熟悉标准样品各等级的条件、特征和界限。

（3）光线强度应适中。由于视觉检验是用肉眼观察评定商品的外观质量，因此鉴定场所的光线强弱，是直接影响鉴定结果的重要条件。

2）嗅觉检验

嗅觉检验是凭借嗅觉器官（鼻）来鉴定商品气味，评定商品品质的检验方法。嗅觉是由于商品体发散于空气中的物质颗粒作用于鼻腔嗅觉细胞，产生兴奋传入大脑皮层引起的嗅觉。嗅觉检验应用于食品、家用化工用品和香精香料等商品的质量检验。凡品质优良的商品均具有其特有的正常气味或香气。而劣质商品气味特征也会有所不同，有的乏味，有的则会有霉、臭等怪味。正常无异味是对商品气味的基本要求，对不同的商品，嗅觉检验的内容和要求也相应不同，如茶叶香气检验。茶叶香气是指将3克样茶置于容积为150毫升的审茶杯内，用沸水冲泡5分钟，倾茶汤于审茶碗后，评审茶杯中的香气。审评时左手持杯送至鼻下，右手掀开杯盖，半掩半开，反复嗅闻叶底的香气。首先要鉴定香气是否正常，有无异味，继而区别香气类型，最后鉴定香气的持久度。

嗅觉检验的结果能否正确反应商品的品质，除了检验者自身的素质外，检验场所的清洁度（有无异味）对检验结果也有很大影响。因此进行嗅觉检验时，检验场所、盛样器皿、检验者的手和衣物等均不应有不利于嗅觉检验的异种气味。

3）味觉检验

味觉检验是借用人的味觉器官来检查有一定滋味要求的商品品质的过程。它是溶解于水或唾液中的物质作用于舌面和口腔黏膜上的味觉细胞，产生兴奋传入大脑皮层而引起的感觉。基本味觉有酸、甜、苦、辣、咸五种。其中辣味也被认为是热觉、痛觉和味觉的混合。食品的滋味和风味是决定食品品质的重要因素，凡品质正常的食品均具有应有的滋味和风味。同一原料来源的食品，由于加工调制方法的不同，滋味和风味也各异。质量发生变化的食品，滋味必然变劣，产生异味。所以味觉评定是检验食品品质的重要手段之一，如茶叶滋味审评。茶叶滋味是决定茶叶品质的四项指标之一，品尝时需用汤匙取少许茶汤入口，使茶汤留在舌上部，通过舌的轻缓转动使茶汤在舌与口腔黏膜间充分接触，然后将茶汤吐出，继而判定滋味类型、滋味的强度水平（淳厚、平淡、乏味、无味）、味道滞留度等，并依此对茶叶滋味品级做出判定。

味觉检验应注意被检样品的温度要与对照样品温度一致，在一些检验细节上必须严格遵循检验规程，如检验前后必须漱口等。

4）听觉检验

听觉检验是凭借听觉器官来鉴定商品质量的方法。它是通过外界商品的音响刺激耳膜引起大脑神经反映而产生的一种感觉。听觉检验一般用来检验玻璃制品、瓷器、金属制品有无裂痕或其他内在缺陷；评价以声音作为重要指标的乐器、音响装置、家用电器；评定食品的成熟度、新鲜、冷冻程度等。如人们在购买鸡蛋时，常将鸡蛋放在耳边轻轻摇动，如有明显晃动声发出，说明鸡蛋由于放置时间较长，内部蛋清因水分散失而体积收缩，这时就有一个空间在人们摇动时使蛋清与蛋壳碰撞发出声音。又如罐头“打检”是判定罐头食品品质的行之有效的简易方法，检验人员手持打检杆，轻敲罐盖，发出清脆的叮叮声者品质正常，而发出混浊的声音则属次品。听觉检验需要适宜的环境条件，力求安静，尽量避免外界因素对听觉灵敏度的影响。

5）触觉检验

触觉检验是利用人的触觉器官感受商品，从而对商品品质做出判定的检验方法。触觉是皮肤受到外界刺激而引起的感觉，如触压觉、触摸觉等。人的手指和头面部的触觉感受性较强，触觉检验主要用于检查纸张、塑料、纺织品以及食品和其他日用工业品的表面光滑细致程度、强度、厚度、弹性、紧密程度、软硬等质量特性。触觉检验时，应注意环境条件的稳定及手指皮肤正常状态的保持。

2．感官检验的评价分析方法

感官检验的评价分析方法一般可分为以下三种：

（1）差别检验。差别检验是用于判定两种样品之间是否存在感观差别的检验。如检验某种商品样品与标准样品在感官特性上是否存在差别。

（2）使用标度和类别检验。对于两种以上的商品，在采用差别检验确定其具有明显差别的基础上，为进一步明确差别的大小或估计样品归属的类别而采用的方法。具体方法是排序、量值估计、评分、评估、分类等。

（3）分析或描述性检验。这种评价方法要求评价员对构成商品的各个特性指标进行定性、定量描述，以尽可能完整地描述商品品质。

【知识链接 4.2】　太阳镜的选购与检验

目前在市场销售的太阳镜主要有两种类别，一类是遮阳镜，人在阳光下通常要靠调节瞳孔大小来调节光通量，当光线强度超过人眼调节能力，就会对人眼造成伤害。遮阳镜能起到遮挡阳光的作用，以减轻因眼睛过度调节造成的疲劳或由强光刺激造成的伤害；另一类是浅色太阳镜，也是近几年比较流行的品种，主要起到装饰作用，当阳光不强烈的时候也可使用。

选购太阳镜，首先要确定选购的目的是为遮阳、还是为了配服饰、起装饰作用？除了遮阳以外，是否还有防紫外功能方面的要求？对镜片的安全性能有无特殊要求？只有明确这些目的，再结合款式和戴在本人脸部的实际效果，才能购买一副合适的太阳镜。

通过下面的方法可以简单地辨别一下镜片的内在质量。

镜片的度数应满足对平光镜片的要求，并且不应有影响视力的光学疵病。简便的鉴别方法为，可将太阳镜置于眼前，透过镜片观察远处目标，如窗框或门框等，再将眼镜上下前后移动，目标不应有摆动及波浪形变形。也可以在日光灯下观察太阳镜镜片表面的灯管影像，移动太阳镜使灯管影像出现在镜片的不同部位，灯管影像不变形为最佳，目前市场上的偏光太阳镜，大部分是使用厚度为 0.7mm 的树脂偏光镜片，由于镜片薄，在装配中很容易产生变形，选购时应特别注意。

镜片的颜色不能偏，应使周围环境的颜色不失真。在没有配戴太阳镜前，先观察红、绿、黄等颜色的物体，然后戴上太阳镜，观察同样的物体，两次观察的颜色不能偏色，否则会降低识别交通信号灯的能力。对于镜片为彩色的太阳镜特别应注意此项的鉴别。

（资料来源：国家质量监督检验检疫总局网站）

4.3.2 理化检验法

理化检验法是在实验室一定环境条件下，利用各种仪器、器具和试剂等手段，运用物理、化学、生物学原理测试商品质量的方法。它主要用来检验商品的成分、结构、物理性质、化学性能、安全性、卫生性等。理化检验法的显著特点是可用数据定量表示测定结果，较感官检验其结论更客观和精确。同时对检验设备、仪器和检验人员素质也有较高要求。

理化检验方法根据其使用原理可分为物理检验法、化学检验法和生物学检验法。

1．物理检验法

它是运用各种物理仪器、量具对商品的各种物理性能和指标进行测试检验，以确定商品质量的方法。根据测试检验的内容不同，可分为以下几类。

1）度量衡检验

度量衡检验是利用各种量具、量仪来测定商品的长宽度、细度、厚度、体积、密度、容重、表面光洁度等物理特性的检验方法。如纤维的长度、细度，粮谷的容重，水果个体的体积和重量。

2）力学检验

力学检验是用各种力学仪器测定商品的力学性能的检验方法。这些机械性能包括抗拉强度、抗压强度、抗冲击强度、硬度、弹性、耐磨强度等，商品的力学性能与商品的耐用性密切相关。如水泥的抗压强度是用水泥试样被压碎时，试样单位面积（平方厘米）所承受的外力表示的，单位为千克/平方厘米。水泥标号表明水泥具有的抗压强度。如普通水泥有 225、295、325、425、625 等型号。

3）热学检验

热学检验是使用热学仪器测定商品热学特性的方法。商品的热学特性有沸点、熔点、凝固点、耐热性等。橡胶、塑料制品、玻璃和搪瓷制品、金属制品、化工制品、皮革制品等，其热学性质与商品质量相关。如搪瓷制品的耐热性测定，是将搪瓷制品加热到一定温度后，将其迅速投入冷水中，以珐琅层在突然受冷时不致炸裂和脱落的温度表示，温度差越大，耐热性越好。

4）电学检验

电学检验是利用电学仪器测量商品电学特性的检验方法，如电阻、电容、导电率、介电常数等。对电器类商品，其电学特性直接决定商品的质量。

5）光学检验

光学检验是利用光学仪器（光学显微镜、折光仪、旋光仪等）来检验商品光学特性的方法。光学显微镜用于观察商品的细微结构，进而判定商品的使用性能。折光仪用于测定液体的透射率，通过透射率的测定可分析液体商品的品质。如通过测定油脂的透射率可判定油脂的新陈与掺假与否。旋光仪是通过对旋光性物质（如蔗糖、葡萄糖等）的旋光度进行测定，从而判定光旋性物质的纯度。

2. 化学检验法

化学检验法是用化学试剂和仪器对商品的化学成分及其含量进行测定，从而判定商品品质的检验方法。化学检验法按检验手段可分为化学分析法和仪器分析法。

（1）化学分析法。它是根据检验过程中试样和试剂所发生的化学反应和在化学反应中试样和试剂的用量，鉴定商品的化学组成和化学组成中各成分的相对含量。以物质的化学反应为基础的化学分析法是一种传统的化学分析方法，它设备简单、准确度高，是其他化学分析方法的基础，又称常规分析法。

（2）仪器分析法。仪器分析法是采用光学、电学方面较为复杂的仪器，通过测量商品的光学性质、电化学性质来确定商品的化学成分的种类、含量以及化学结构，以判断商品品质的检验方法。仪器分析法分为光学分析法和电化学分析法。光学分析法是通过被测成分吸收或发射电磁辐射的特性差异来进行化学鉴定的。电化学分析利用被测物的化学组成与电物理量之间的定量关系来确定被测物的组成和含量。仪器分析法适用于微量成分含量的分析。

3. 生物学检验法

生物学检验主要是用于对食品、动植物及其制品、医药类商品进行的检验，它包括微生物学检验和生理学检验。

（1）微生物学检验是对商品中有害微生物存在的种类及其数量进行的检验，它是判定商品卫生质量的重要手段。一般有害微生物有大肠菌群、致病菌等，它们直接危害人体健康及商品的储存安全。

（2）生理学检验是用于测定食品可消化率、发热量、维生素种类、含量、矿物质含量等指标的检验，生理学检验一般用活体动物进行试验。

4.4　商品抽样方法

4.4.1　抽样的概念和原则

1. 抽样的概念

抽样也称取样、采样、拣样，是指从被检验的商品中按照一定的方法采集样品的过程。抽样检验是按照事先规定的抽样方案，从被检批中抽取少量样品，组成样本，再对样品逐一进行测试，将测试结果与标准或合同进行比较，最后由样本质量状况统计推断受检商品整体质量合格与否。

商品批是指生产时具有大致相同的条件，生产时间大致相同的同等级、同种类、同规格尺寸、同原料工艺的产品可组成商品批。一批商品中每个单位商品的性质、功能彼此接近。该批商品的单位商品数量称为批量。

抽样检查的优点是：检查的商品数量少，省时、省力，比较经济核算；检查人员能集中精力仔细检查，便于发现问题；生产方或卖方必须保证自己的产品质量，否则会出现整批商品拒收的情况，使生产方或卖方造成经济损失；适用于破坏性测试，通过少数商品的破坏检查，正确判断整批商品的质量；抽样检查中，搬运损失少；对商品的生产部门和检查部门的组织管理工作是一个促进，及时发现问题，采取措施加以改进，能起某种预防检查的作用。

抽样检查的缺点是：由于是进行抽样，有时会将优质批误判为不合格批，或将劣质批误判为合格批，因而存在接受“劣质”批和拒收“优质”批的风险；由于抽样样本较少，所以反映整批产品质量状况的信息一般不如100%检验那样多，有时会存在片面性。

2．抽样的原则

（1）代表性原则。要求被抽取的一部分商品必须具备有整批商品的共同特征，以使鉴定结果能成为决定此大量商品质量的主要依据。

（2）典型性原则。它指被抽取的样品能反映整批商品在某些（个）方面的重要特征，能发现某种情况对商品质量造成的重大影响。如食品的变质、污染、掺杂及假冒劣质商品的鉴别。

（3）适时性原则。针对组分、含量、性能、质量等会随时间或容易随时间的推移而发生变化的商品，要求及时地抽样并进行鉴定。如新鲜果菜中各类维生素含量的鉴定及各类农副产品中农药或杀虫剂残留量的鉴定等。

4.4.2 抽样的要求和方法

1．抽样的要求

（1）抽样应当依据抽样对象的形态、性状，合理选用抽样工具与样品容器。抽样工具与样品容器必须清洁，不含被鉴定成分，供微生物鉴定的样品应无菌操作。

（2）外地调入的商品，抽样前应检查有关证件，如商标、运货单、质量鉴定证明等，然后检查外表，包括检查包装以及起运日期、整批数量、产地厂家等情况。

（3）按各类商品的抽样要求抽样，注意抽样部位分布均匀，每个抽样部位的抽样数量（件）保持一致。

（4）抽样的同时应做好记录，内容包括：抽样单位、地址、仓位、车间号、日期、样品名称、样品批号、样品数量、抽样者姓名等。

（5）抽取的样品应妥善保存，保持样品原有的品质特点，抽样后应及时鉴定。

2. 抽样的方法

商品进行抽样检查时，遇到的第一个问题是如何抽取样品。抽样的目的在于通过尽可能少的样本所反映出的质量状况来统计推断整批商品的质量水平。所以如何抽取对该批商品具有代表性的样品，对准确评定整批商品的平均质量显得十分重要。它是关系着生产者、消费者利益的大事。所以要正确选择抽样方法，控制抽样误差，以获取较为准确的检验结果。根据商品的性能特点，抽样方法在相应的商品标准中均有具体规定。当被检查批的质量均匀一致时，无论怎样抽取样品，无论样品的数量多少，一般都能反映整批商品的质量。但是在工业生产中，由于原材料、加工条件和技术水平的差异，生产出来的产品其质量总是不完全均匀一致的，这时怎样抽取样品就变得很重要了。

为了使抽取的样品能准确反映检查批的总体质量，应提倡采用符合概率论与数理统计理论的抽样方法。目前，被广泛采用的是随机抽样法。即被检验整批商品中的每一件商品都有同等机会被抽取的方法。被抽取机会不受任何主观意志的限制，抽样者按照随机的原则、完全偶然的方法抽取样品，因此比较客观，适用于各种商品、各种批量的抽样。常用的抽样方法有简单随机抽样、分层随机抽样和系统随机抽样。

（1）简单随机抽样法又称单纯随机抽样法。它是对整批同类商品不经过任何分组、划类、排序，直接从中按照随机原则抽取检验样品。简单随机抽样通常用于批量不大商品的抽样，通常是将批中各单位商品编号，利用抽签或随机表抽样。从理论上讲，简单随机抽样最符合随机的原则，可避免检验员的主观意识的影响，是最基本的抽样方法，是其他复杂的随机抽样方法的基础。当批量较大时，则无法使用这种方法。

（2）分层随机抽样方法又称分组随机抽样法、分类随机抽样法。它是将整批同类商品按主要标志分成若干个组，然后从每组中随机抽取若干样品，最后将各组抽取的样品放在一起作为整批商品的检验样品的抽样方法。分层随机抽样方法适用于批量较大的商品检验，尤其是当批中商品质量可能波动较大时，如不同设备、不同时间、不同生产者生产的商品组成的被检批。它抽取的样本有很好的代表性，是目前使用最多、最广的一种抽样方法。

（3）系统随机抽样法又称等距随机抽样法、规律性随机抽样法。它是先将整批同类商品按顺序编号，并随机决定某一个数为抽样的基准号码，然后按已确定的“距离”机械地抽取样品的方法。如按 2、12、22、…的顺序抽取样品。这种抽样方法抽样分布均匀，比简单随机抽样更为精确，适用于较小批量商品的抽样，但当被检批商品质量问题呈周期性变化时，则易产生较大偏差。

4.5　商品的品级

4.5.1　商品品级的概念

1. 商品品级的概念

商品品级是表示商品质量高低优劣的标志，也是表示商品在某种条件下适合其用途大小的标志，是商品鉴定的重要内容之一。它是相对的、有条件的，有时会因不同时期、不同地区、不同使用条件及不同个性而产生不同的质量等级和市场需求。一般来说，工业品分三个等级，而食品特别是农副产品、土特产等多为四个等级，最多达到六七个等级，如茶叶、棉花、卷烟等。

2. 商品质量等级的划分原则

按照国家《工业产品质量分等导则》有关规定，商品质量水平划分为优等品、一等品和合格品三个等级。

（1）优等品是指商品的质量标准必须达到国际先进水平，且实物质量水平与国外同类产品相比达到近五年内的先进水平。

（2）一等品指商品的质量标准必须达到国际一般水平，且实物质量水平达到国际同类产品的一般水平。

（3）合格品指按照我国一般水平标准组织生产，实物质量水平必须达到相应标准的要求。

3. 商品质量等级的评定

商品质量等级的评定，主要依据商品的标准和实物质量指标的检测结果，由行业归口部门统一负责。

优等品和一等品等级的确认，须有国家级检测中心、行业专职检验机构或受国家、行业委托的检验机构出具的实物质量水平的检验证明。合格品由企业检验判定。

4.5.2 商品品级的划分

商品品级的划分方法很多，一般有百分法和限定法两种方法。

1. 百分法

将商品各项质量指标规定为一定的分数，重要指标占高分，次要指标占低分。如果各项指标都符合标准要求或认为无瑕可挑的，则打满分，某项指标欠缺则在该项中相应扣分，全部合格为满分 100 分。例如，酒的评分方法，满分为 100 分，那么

白酒：色 10 分、香 25 分、味 50 分、风格 15 分。

啤酒：色 10 分、香 20 分、味 50 分、泡沫 20 分。

2. 限定法

将商品各种疵点规定一定的限量。其又可分为限定记分法和限定数量和程度法。

（1）限定记分法是将商品各种疵点规定为一定的分数，由疵点分数的总和确定商品的等级，疵点分数越高，则商品的等级越低。这种方法一般在日用工业品中采用。

（2）限定数量和程度法是在标准中规定商品每个等级限定疵点的种类、数量和疵点的程度。如日用工业品中全胶鞋质量指标共有 13 个感官指标，其中，鞋面起皱或麻点在一级品中规定“稍有”，二级品中规定“有”，鞋面砂眼在一级品中规定“不许有”等。

【案例 4.1】　国家质检总局发布 2007 年月饼产品质量国家监督专项抽查结果

古往今来，人们把月饼当做吉祥、团圆的象征。每逢中秋佳节，阖家团聚，吃月饼赏明月是中华民族的传统文化。月饼发展到今日，品种更加繁多，风味因地各异。其中京式、苏式、广式、潮式等月饼广为我国南北各地的人们所喜爱。为维护广大消费者的合法权益，让消费者吃上放心的月饼，从 1999 年至今，质检总局已连续 9 年组织对月饼产品质量进行了产品质量国家监督专项抽查。跟踪抽查结果表明：目前我国月饼产品总体质量状况较好，产品质量稳步提高，特别是占据月饼主流市场的均为大中型企业和名牌企业，其产品质量很好。

近期，国家质检总局再次组织对月饼产品质量进行了国家监督专项抽查，与往年相比，2007 年月饼产品质量国家监督专项抽查主要特点有以下四点：

一是扩大了抽查覆盖面。今年抽查涉及了北京、天津、上海、重庆、河北、山西、内蒙古、辽宁、吉林、黑龙江、江苏、浙江、安徽、福建、江西、山东、河南、湖北、湖南、广东、广西、海南、四川、贵州、云南、陕西、甘肃、宁夏、新疆 29 个省、自治区、直辖市中 378 家月饼生产企业的 425 种产品，实物质量合格率为 99.5%。此次抽查是历年以来抽查覆盖面最广的一次。

二是大中型企业的产品质量持续稳定。此次共抽查了 63 家大、中型企业，这些企业的月饼产量约占全国月饼产量的 80%。本次抽查中大、中型企业产品实物质量合格率为 100%，7 种中国名牌产品全部合格。

三是重点对涉及人身健康的实物质量指标进行了检验。为保护消费者的合法权益，此次专项抽查重点对月饼产品中苯甲酸、山梨酸、脱氢乙酸钠、糖精钠、甜蜜素、总砷、铅、菌落总数、大肠菌群、霉菌计数、沙门氏菌、志贺氏菌、金黄色葡萄球菌、酸价、过氧化值、黄曲霉毒素B1 等实物质量指标进行了检验。从总体上来看，这次国家监督专项抽查实物质量是很好的。

四是对是否存在过度包装问题进行了抽查。强制性国家标准 GB 19855—2005《月饼》针对社会各界广泛关注的月饼过度包装问题做出了明确规定。即要求月饼质量与包装容器有一定合理的比例。月饼新标准实施后，有效地限制了月饼产品的过度包装。本次国家监督专项抽查按照有关国家强制性标准，对样品每千克月饼的销售包装容积项目进行了检验。自强制性标准实施后，质检总局已连续两年对月饼包装进行了跟踪抽查，过度包装问题已经得到有效控制。

抽查中发现的主要质量问题有以下三点。

一是个别产品超范围、超限量使用食品添加剂。防腐剂主要是抑制食品中微生物的生长，起到延长食品保质期的作用。GB 2760—1996《食品添加剂使用卫生标准》中规定月饼中山梨酸不得超过 1.0g/kg，脱氢乙酸钠不得超过 0.5g/kg，不得使用苯甲酸。本次抽查中有个别产品检出含有苯甲酸，山梨酸含量超标。

二是个别产品微生物指标超标。GB 7099—2003《糕点、面包卫生标准》规定月饼产品中菌落总数不得超过 1 500cfu/g，大肠菌群不得超过 30mpn/100g，霉菌计数不得超过 100cfu/g。抽查中有个别产品微生物指标超标。

三是部分产品标签标注不合格。主要表现在产品使用了防腐剂而配料表中未明示等。

此次月饼专项抽查表扬了 34 家产品质量好的企业，同时曝光了 2 家产品质量较差的企业，让广大消费者放心选购月饼，过一个祥和的中秋佳节。

针对抽查中反映出的主要质量问题，国家质量监督检验疫总局已责令各地质量技术监督部门严格按照产品质量法等有关法律法规的规定，对抽查中产品质量不合格的企业依法进行处理、限期整改。并针对大肠菌群超标、超范围超量使用食品添加剂等问题，加大查处力度，开展专项治理整顿。同时，质检总局要求各地质监部门近期开展月饼的专项抽查，进一步扩大抽查覆盖面，从源头把好产品质量关。公布抽查中质量好的产品生产企业，曝光质量差的生产企业，扶优治劣，引导消费，促进月饼行业整体质量水平的不断提高，为消费者创造放心满意的消费环境。

（资料来源：国家质量监督检验检疫总局网站）

本 章 小 结

本章主要介绍商品检验的基本知识和方法，包括商品检验的类别、检验内容和检验方法、商品抽样方法及商品品级的确定。特别是介绍的感官检验商品质量的方法，应该掌握，并在实践中具体运用。

商品质量检验是评定商品质量的手段，其主要作用表现为评价作用、把关作用、预防作用和信息反馈作用。

商品检验必须根据具有法律效力的质量法规、标准及合同等开展。商品质量检验程序一般由定标、抽样、检验、判定、处理五大步骤组成。商品检验的内容有包装检验、品质检验、卫生检验、安全性能检验、数量和重量检验。

商品质量检验的方法一般有感官检验法、理化检验法等。

从被检验的商品中按照一定的方法采集样品的过程称为抽样。抽样应该掌握一定的原则和方法。常用的抽样方法有简单随机抽样、分层随机抽样和系统随机抽样。

商品品级是表示商品质量高低优劣的标志。商品品级的划分方法很多，一般有百分法和限定法两种方法。

关 键 术 语

商品检验　包装检验　品质检验　卫生检验　安全性能检验　感官检验法　理化检验法　抽样　商品品级

实 训 项 目

1．试通过实际观察或市场调查了解，说出几种商品（如矿泉水、名牌服装、皮具、首饰等）的质量优劣和真假的鉴别方法。

2．鉴别真假人民币和美元。

复习思考题

1. 说明商品检验的概念及意义。
2. 商品质量检验的依据及基本内容有哪些？
3. 感官检验法和理化检验法各有何优缺点？
4. 什么叫抽样？常见的商品抽样方法有哪些？
5. 举例说明你所熟悉的一种商品的感官质量检验方法。
6. 什么是商品的品级？试分析几种主要商品品级划分方法的不同之处。

第5章 商品分类

【学习要点】

- 商品分类的概念、方法和商品分类标志
- 商品代码的概念和内容
- 商品条码、EAN 条码

【案例导读】 某购物中心的商品分类目录

电脑/网络/外设/软件

• 笔记本 • 台式电脑 • 电脑装机配件 •电脑周边用品 •电脑外设 •耗材 •安全防护 • 网络设备 • 电脑软件 • 电脑网络服务 • 工控/监视/楼宇系统 • 望远镜

手机/通信设备/卡

• 手机 • 电话机 • 网络电话 • 手机配件/附件/装饰 • 电话手机卡/充值卡 • 其他通信器材

化妆品/美容/美体

•魅力彩妆 •香水 •香精/精油 •面部保养 • 眼部护理 • 唇部保养 • 手部保 • 足部保养 •身体保养 •美发护发 •美体瘦身 • 男士保养 • 美齿/口腔护理

孕妇/母婴/儿童用品

• 孕妇装/防辐射 • 奶瓶/餐饮具 • 儿童食品 • 卫生用品 • 婴儿床上用品 • 童装鞋帽 • 儿童玩具 • 童车 • 其他生活用品

保健品/滋补品

• 保健食品 • 保健用品 • 保健茶/饮/酒 • 性保健品

数码/影像/视听/存储

• 数码相机 • 数码摄像机 • 掌上电脑/视听/学习机 • 存储/读写 •相机/摄像机 •配件/附件 •冲印/影像服务

家电/灯饰/生活电器

• 电视机 • 电冰箱/冰柜 • 空调 • 洗衣机 • 厨房电器 • 影音视听 • 小家电 • 美容/美发/保健电器 • 电子器材/配件 • 小电子

居家/服饰/卫生用品

• 女装/鞋袜 •男装/鞋袜 •床上用品/布艺 •家具 •厨房餐饮用具 •洗涤/卫浴用品 •家庭装饰 •家保/护理 • 家庭服务 • 生活用品

粮油/食品/烟酒/茶

• 饼干糕点 •糖果巧克力 •罐头 •休闲食品 •饮料 • 酒类 • 茶 • 奶制品 • 蜂产品 • 粮油制品 • 调味品 • 水果蔬菜 • 烟草/烟草制品 • 宠物食品

药品/器材/成人用品

•中药 • 西药/制剂 • 医用材料 •医疗器具 •医疗设备 •制剂/辅料/中间体 •制药设 •成人用品 •兽药

书籍/音像/文教/办公

•书包/文具•笔/笔套•乐器•书籍•音像制品•软件•学习机•教学用具•办公设备•办公耗材

运动/健身/旅行/休闲

•健身器械•球类•搏击类•体操类•田径类•防护类•运动服•运动鞋•户外器械•箱包•旅行/休闲用品

车/船/飞机/交通工具

• 全新整车•汽车装潢/饰品•汽车配件•自行车•摩托车•船/舰/艇•飞机/航空器

鲜花/纪念/祭祀/礼品

•鲜花/绢花•婚礼用品•商务礼品•纪念品•祭祀用品

珠宝首饰/钟表/眼镜

•戒指/指环•项链/项坠•耳饰•手镯/手链/脚链• 发饰/头饰•腰/脐/体链/环•挂件/吊饰/摆件•钟表•眼镜

艺术/收藏/古玩/邮币

•古玩/古董•书法字画碑帖•钱币/票证•邮品•宗教收藏品•古旧书刊•其他收藏

五金化/建筑/工用

•螺丝刀/测电笔•扳手/套筒•水管/龙头•卫浴洁具•螺丝/紧固件•仪器/仪表•其他工具/工具箱•装潢/建材•房产•电子/电器•化工

生活服务/物流

•家政•家教•婚庆•祭祀•咨询•技术/专利

从该购物中心的商品分类目录中，可以看出，将千万种商品在商品生产与交换中科学化、系统化的分类能够满足特定的需要。商品分类是商品生产、经营、管理的重要手段。

5.1 商品分类的概念

所有的事物、现象及概念都是概括一定范围的集合总体。所谓分类，就是将某集合总体根据一定的标志和特征，按照归纳共同性，区别差异性的原则，科学地、系统地逐次划分为若干范围更小、特征更趋一致的局部集合体，直到划分成为最小单位。

分类是人类社会发展的必然产物，是科学研究的重要方法，分类水平反映着科学技术水平，科学的分类使复杂的事物和现象系统化、条理化，从而深化人们的认识能力，更有效地认识和研究其发生、发展规律，推动人类社会不断向前发展。

商品是以数以万计的具体商品品种集合而成的总体。商品分类是指为了一定的目的，按照一定的标志，科学地、系统地将商品分成若干不同类别的过程。商品分类的结果，一般可划分为大类、中类、小类、品类、品种和细目等类目层次。商品分类的类目层次及其应用实例如表5-1所示。

商品大类一般根据商品生产和流通中的行业来划分，既要同生产行业对口，又要与流通组织相适应。如《中国化工产品目录》（2004年版）中，将全国化工产品分为19大类。《全国工农业产品（商品、物资）分类与代码》中将全国的工农业产品分成99个大类。

表 5-1　商品分类的类目层次及其应用实例

商品类目名称	应用实例	
商品门类	消费品	消费品
商品大类	食品	日用工业品
商品中类	饮料	家用化学品
商品小类	茶叶	肥皂、洗涤剂
商品品类或品目	绿茶	肥皂
商品品种	龙井茶	香皂

商品品类又称商品品目，是指具有若干共同性质或特征的商品总称，它包括若干商品品种。如食品类商品，可分为蔬菜与果品、肉及肉制品、水产品、乳及乳制品、蛋及蛋制品、食糖、茶叶、酒类等。

商品的品种是指商品的具体名称，它是按商品的性质、成分等方面特征来划分的，如食品中的酒类商品包括白酒、啤酒、黄酒、葡萄酒、果酒、露酒及其他酒等。

商品的细目是对商品品种的详细区分，包括商品的花色、规格、品级等。它能具体地反映出商品的特征。例如，53 度飞天牌茅台酒、12 度长城牌民权白葡萄酒等。

5.2　商品分类方法和标志

5.2.1　商品分类的基本方法

商品分类时通常采用的基本方法有线分类法和面分类法两种。

1. 线分类法

线分类法也称层级分类法，是指将分类对象按所选定的若干分类标志，逐次地分成相应的若干个层级类目，并排列成一个有层次逐级展开的分类体系。

线分类法的一般形式是大类、中类、小类和细目等，将分类对象一层一层地进行具体划分，各层级所选用的分类标志可以相同，也可以不同。在这种分类体系中，同位类的类目之间存在着并列关系，上位类与下位类之间存在着隶属关系。由一个层次直接压分出来的各类目，彼此称为同位类。同位类的类目之间为并列关系，既不重复，又不交叉。在线分类体系中，一个类目相对于由它直接划分出来的下一层级的类目而言，称为上位类（也称母项）；由上位类直接划分出来的下一层级类目，相对于上位类而言，称为下位类（也称子项）。上位类与下位类之间存在着从属（隶属）关系，即下位类从属于上位类。

下面以国家标准 GB 7635—87《全国工农业产品（商品、物资）分类与代码》中家具线分类为例，说明线分类体系中各类目之间的并列和从属关系，如表 5-2 所示。

表 5-2 家具线分类法结构

分类层级	类目名称	关系
大类	家具	上位类（上一级类目）
中类	木制家具 金属家具 塑料家具 竹藤家具	下位类（下一层级类目） 同位类（同一层级类目） 上位类
小类	椅 凳 桌 箱 架 厨	下位类 同位类

说明："家具"相比较于"木制家具、金属家具、塑料家具、竹藤家具"是上位类，而后者是下位类，"木制家具、金属家具、塑料家具、竹藤家具"之间属于同位类，"椅、凳、桌、箱、架、厨"亦同理。

在选用线分类法时，一般应遵循下列基本原则。

（1）在线分类法中，由某一上位类类目划分出的下位类类目的总范围应与上位类类目范围相同。

（2）当一个上位类类目划分成若干个下位类类目时，应选择一个划分标志。

（3）同位类类目之间不交叉、不重复，并只对应于一个上位类。

（4）分类要依次进行，不应有空层或加层。

线分类法的优点是具有好的层次性，能较好地反映类目之间的逻辑关系，既符合手工处理信息的传统习惯，又便于电脑对信息的处理。

线分类法的缺点是结构弹性差，一旦确定了分类深度和每一层级的类目容量并固定了划分标志后，要想变动某一个划分标志就比较困难。因此，使用线分类法必须考虑有足够的后备容量。

2. 面分类法

面分类法又称平行分类法，是指将所选定的分类对象的若干标志视为若干个面，每个面划分为彼此独立的若干个类目，排列成一个由若干个面构成的平行分类体系。

例如，服装的分类就可采用面分类法，把服装所用的面料、式样和款式分成三个相互之间没有隶属关系的"面"，每个"面"又分成若干个不同范畴的独立类目，如表 5-3 所示。使用时，将有关的类目组合起来，便成为一个复合类目，如纯毛男式西装、纯棉女式休闲装等。

表 5-3 服装面分类法

第 一 面	第 二 面	第 三 面
面料	式样	款式
纯棉	男式	西装
纯毛	女式	休闲装
化纤		裙装
混纺		

选用面分类法，一般应遵循如下一些原则。

（1）根据需要，应将分类对象的本质属性作为分类对象的标志。

（2）不同类面的类目之间不能相互交叉，也不能重复出现。

（3）每个面有严格的固定位置。

（4）面的选择以及位置的确定应根据实际需要而定。

面分类法的优点主要表现在分类结构具有较大柔性。分类体系中任何一个面内类目的改变，不会影响其他的面，而且便于添加新的面或删去原有的面。此外，面分类法有较强的适用性，可实现按任何面的信息进行检索。

面分类法的缺点主要表现在不能充分利用容量。因为在实践中许多可组配的类目无实用价值，传统上无使用的习惯，难以手工处理信息。

线分类法和面分类法是商品分类的基本方法，在使用时，应根据管理上的需要进行选择。在实践中，由于商品复杂多样，常采用以线分类法为主，面分类法为辅，二者相结合的分类方法。

5.2.2 商品的分类标志

分类标志是编制商品分类体系和商品目录的重要依据和基准。商品分类标志的选择是商品分类的基础，是一项十分重要而细致的工作。商品分类可供选择的标志很多，商品的用途、原材料、生产加工方法、化学成分、使用状态等这些商品最本质的属性和特征，是经常采用的分类标志。

1. 将商品的用途作为分类标志

商品的用途是体现商品使用价值的标志，同时还是探讨商品质量的重要依据，所以按商品的用途分类，在实际工作中应用最广泛。它不仅适用于商品大类的划分，也适用于对商品种类、品种等的进一步详细分类。例如根据商品的基本用途，将商品分为生产资料与生活资料两大类；生活资料商品又按不同用途分为食品、衣着用品、家用电器、日用品等类别；在日用商品类中，可按用途分为鞋类、玩具类、洗涤用品、化妆品类等；在化妆品中，按用途还可以再分为肤用化妆品、发用化妆品、美容化妆品等；发用化妆品可以细分为洗发剂、护发剂、染发剂、美发剂、生发剂等。

以用途为标志的分类方法，便于对相同用途的商品质量进行分析比较；有利于消费者按用途选购商品；有利于商品生产者提高商品质量，开发商品新品种；有利于商业部门搞好商品的经营管理。但对于多用途的商品则不宜采用这种分类标志。

2. 将商品的原材料作为分类标志

商品的原材料是决定商品质量和引起商品质量变化的重要因素。由于原材料的不同，反映在商品的化学成分、性能、加工、包装、储运、使用条件要求等方面也有所不同。选择以原材料为标志的分类方法是商品的重要分类方法之一。

纺织品以原材料为标志分为天然纤维织品和化学纤维织品。天然纤维制品可分为棉织品、麻织品、丝织品、毛织品等；化学纤维织品可分为粘纤织品、涤纶织品、腈纶织品等。皮鞋以原料为标志分为牛皮鞋、猪皮鞋、羊皮鞋等。

以原材料为分类标志，商品分类清楚，而且能从本质上反映出各类商品的性能特征，以及对不同类别商品在使用、保管、包装和养护方面的不同要求。但对于多种原材料构成的商品，不宜采用这种标志进行分类，如电冰箱、电视机、钟表等。

3. 将商品的生产加工方法作为分类标志

很多商品，即使采用相同的原材料制造，由于生产方法和加工工艺不同，所形成商品的质量水平、性能、特征等都有明显差异。因此，对相同原材料可选用多种加工方法生产的商品，适宜将生产加工方法作为分类标志。如酒类按酿造方法可分为蒸馏酒、发酵原酒、配制酒；茶叶按加工方法分为发酵茶、半发酵茶、不发酵茶等；纺织品按生产工艺不同，分为机织品、针织品和无纺布。

采用生产方法进行分类，能直接说明商品质量和商品品种的特征。特别适用于那些可以选用多种生产加工方法制造的商品。但对于那些虽然生产方法不同，而产品质量、特征并未产生实质性区别的商品，则不宜使用此种分类方法。

4. 将商品的主要成分或特殊成分作为分类的标志

商品的化学成分是形成商品质量和性能、影响商品质量变化的最基本因素。在很多情况下，商品的主要化学成分可以决定其性能、用途、质量或储运条件，对这类商品进行分类时应以主要化学成分作为分类标志。如塑料制品可按其主要成分合成的树脂不同，分为聚乙烯塑料制品、聚氯乙烯塑料制品、聚苯乙烯塑料制品、聚丙烯塑料制品等。而有些商品的主要成分虽然相似，但所含有的特殊成分却会影响商品质量、特征、性质和用途等，对这些商品进行分类时，应以特殊成分作为分类标志。如玻璃的主要成分是二氧化硅，却可以根据其所含的特殊成分分为钠玻璃、钾玻璃、铅玻璃、硅硼玻璃等。

按商品的化学成分分类，便于研究某类商品的特征及其储存和使用方法等。这种分类方法适用于化学成分对商品性能影响较大的商品。但对化学成分复杂的商品且对商品性能影响不大的商品，则不宜采用这种分类标志。

除上述分类标志外，商品的形状、结构、尺寸、颜色、重量、产地、生产季节等均可作为商品分类的标志。

商品分类可采用的标志很多，但各种分类方法皆有一定的适应性和局限性，很难选择出一种能贯穿商品分类体系始终的分类标志。因此，在一个分类体系中常采用几种分类标志，往往是每一个层级用一个适宜的分类标志。

【案例 5.1】 超市商品分类的原则

1. 大分类的分类原则

零售业的最大特性，在于它所涵盖的商品范围非常广泛，特别是超级市场这类的业态，经营范围更是广泛，从生鲜食品到各式各样的杂货，几乎食、衣、住、行、育、乐的商品都可能被贩卖，而这些不同类的商品，它的特性又不一样，保存条件、贩卖方法、运输方法、处理技术、陈列要领，也不相同，故须依这些商品的某些特性或是用途功能，将近似的商品分门别类予以归纳，并利用编号原则，有秩序、有系统地加以整理组合，以便于管理运作，这便是分类的真正用意。

在超级市场里，大分类的划分最好不要超过十个，比较容易管理。不过，这仍须视经营者的经营理念而定，业者若想把事业范围扩增到很广的领域，可能就要使用比较多的大分类。大分类的原则通常依商品的特性来划分，如生产来源、生产方式、处理方式、保存方式等，类似的一大群商品集合起来作为一个大分类，例如，水产就是一个大分类，原因是这个分类的商品来源皆与水、海或河有关，保存方式及处理方式也皆相近，因此可以归成一大类。

2. 中分类的分类原则

1）依商品的功能、用途划分

依商品在消费者使用时的功能或用途来分类，比如说在糖果饼干这个大分类中，划分出一个“早餐关联”的中分类。早餐关联是一种功能及用途的概念，提供这些商品在于解决消费者有一顿“丰富的早餐”，因此在分类里就可以集合土司、面包、果酱、花生酱、麦片等商品来构成这个中分类。

2）依商品的制造方法划分

有时某些商品的用途并非完全相同，若硬要以用途、功能来划分略显困难，此时我们可以就商品制造的方法近似来加以网罗划分。例如，在畜产的大分类中，有一个称为“加工肉”的中分类，这个中分类网罗了火腿、香肠、热狗、炸鸡块、熏肉、腊肉等商品，它们的功能和用途不尽相同，但在制造上却近似，因此“经过加工再制的肉品”就成了一个中分类。

3）依商品的产地来划分

在经营策略中，有时候会希望将某些商品的特性加以突出，又必须特别加以管理，因而发展出以商品的产地来源作为分类的依据。例如，有的商店很重视商圈内的外国顾客，因而特别注重进口商品的经营，而列了“进口饼干”这个中分类，把属于国外来的饼干皆收集在这一个中分类中，便于进货或销售的统计。

3. 小分类的分类原则

1）按功能用途分类

此种分类与中分类原理相同，也是以功能用途来做更详细的分类。

2）按规格包装型态来分类

分类时，规格、包装型态可作为分类的原则。例如，铝箔包饮料、碗装速食面、6 千克米，都是这种分类原则下的产物。

3）以商品的成分为分类的原则

有些商品也可以商品的成分来归类，例如100%的果汁，“凡成分100%的果汁”就归在这一个分类。

4）以商品的口味作为分类的原则

以口味来做商品的分类，如“牛肉面”也可以作为一个小分类，凡牛肉口味的面，就归到这一分类来。

分类的原则在于提供做分类的依据，它源自于商品概念。而如何活用分类原则，编订出一套好的分类系统，都是此原则的真正重点所在。

（资料来源：酷职网）

5.3 商品目录和商品代码

5.3.1 商品目录

1. 商品目录的概念

商品目录是指将所经营管理的全部商品品种，按一定标志进行系统分类编制成的商品细目表。商品目录是以商品分类为依据，因此也称商品分类目录或商品分类集。商品目录是在商品逐级分类的基础上，用表格、符号和文字全面记录商品分类体系和编排顺序的书本式工具。

商品目录的编制就是商品分类的具体体现。在编制商品目录时，国家或部门都是按照一定的目的，首先将商品按一定的标志进行定组分类，再逐次制定和编排。也就是说，没有商品分类就不可能有商品目录，只有在商品科学分类的基础上，才能编制层次分明、科学、系统、标准的商品目录。

编制商品目录，便于国家、部门和企业对其经营范围内的商品进行科学管理；便于对商品生产和经营动态的了解与把握，为市场经济发展提供商品信息；便于消费者对市场商品供求情况的了解，更好满足消费者的需要。所以，编制商品目录是搞好商品生产、经营及其管理的一种重要手段。

2. 商品目录的种类

商品目录由于编制目的和作用不同，种类很多。如按商品用途不同编制的目录有食品商品目录、纺织品商品目录、交电商品目录、化工原料商品目录等；按编制对象不同可分为工业产品目录、贸易商品目录和进出口商品目录；按适用范围不同编制的目录有国际商品目录、国家商品目录、部门商品目录、企业商品目录等。

（1）国际商品目录。国际商品目录是指由国际组织或区域性集团通过商品分类所编制的商品目录。如联合国编制的《国际贸易标准分类目录》，国际关税合作委员会编制的《商品、关税率分类目录》，海关合作理事会编制的《海关合作理事会商品分类目录》和《商品分类及编码协调制度》等。

（2）国家商品目录。国家商品目录是指由国家指定专门机构编制通过商品分类制定的商品目录。如我国由国务院批准的、国家标准局发布的《全国工农业产品（商品、物资）分类与代码》，它是我国国民经济各部门、各地区进行从事经济管理工作时必须一致遵守的全国性统一商品目录。

（3）部门商品目录。部门商品目录是指由行业主管部门编制的商品目录。如国家统计局编制发布的《综合统计商品目录》，原商业部编制发布的《商业行业商品分类与代码》，对外经济贸易部编制的《对外贸易进出口业务统一商品目录》等，这些商品目录，是该部门从中央到基层共同遵守的准则。

（4）企业商品目录。企业商品目录是指由企业在兼顾国家和部门商品目录分类原则基础上，为充分满足本企业工作需要，而对本企业生产或经营的商品所编制的商品目录。企业商品目录的编制，必须符合国家和部门商品目录的分类原则，并在此基础上结合本企业的业务需要，进行适当的归并、细分和补充。如营业柜组经营商品目录、仓库保管商品经营目录等，都具有分类类别少、对品种划分更详细的特点。

5.3.2 商品代码

1. 商品代码的概念

商品代码又称商品编码，或商品代号、货号，它是赋予某种或某类商品的一个或一组有序的符号排列，是便于人或电脑识别与处理的代表符号。

商品代码可以区别不同产地、不同原料、不同色泽、不同型号的商品品种；便于企业经营管理、计划、统计、物价和核算等工作的开展，有助于避免差错，提高工作效率；为电子电脑进行数据处理创造了前提条件，是现代化的基础。

2. 商品代码的种类

目前，商品代码主要有数字型代码、字母型代码、混合型代码和条码四种。

（1）数字型代码。数字型代码是用阿拉伯数字对商品进行编码形成的代码符号。数字型代码是世界各国普遍采用的方法之一，这种类型的代码更便于国际之间的经济往来，其特点是结构简单，使用方便，易于推广，便于利用电脑处理。数字型代码是将每个商品的类别、品目、品种等排列成一个数字或一组数字。GB 7635—87 标准和 SB/T 10135—92 标准，采用的就是数字型代码。按前者编码，棉布婴儿服装的代码是“21011007”；香脂的代码是“38221003”。

（2）字母型代码。字母型代码是用一个或若干个字母表示分类对象的代码。按字母顺序对商品进行分类编码时，一般用大写字母表示商品大类，用小写字母表示其他类目。字母型代码便于记忆，可提供便于人们识别的信息，但当分类对象数目较多时，往往会出现重复现象，因此，在商品分类编码中很少使用。

（3）混合型代码。混合型代码又称数字、字母混合型代码，是由数字和字母混合组成的代码。字母常用于表示商品的产地、性质等特征，可放在数字前边或后边，用于辅助数字代码。如“H1226”代表浙江产的杭罗；“C8112”表示涤粘中长纤维色布。

（4）条码。条码是由条型符号构成的图形表示分类对象的代码。它是数字型代码、字母型代码和混合型代码的另一种表现形式。

3. 商品代码的编制方法

商品代码是通过商品编码形成的。所谓商品编码，是指将商品用一种易于被人和电脑识别的符号体系表示出来的过程。商品编码的直接产物就是商品代码，商品编码与商品分类密切相关。从某种意义上讲，商品代码就是商品分类的代码。

商品编码的目的在于方便使用，因此，在编码时应考虑唯一性、可扩性、简明性、统一性、稳定性和可操作性等原则。唯一性是指每一个编码对象只能有唯一的代码；可扩性是指代码结构应留有足够的余地；简明性是指代码要简明、易记，不要过长；统一性是指代码必须规范化，格式一致；稳定性是指代码不宜频繁变化；可操作性是指代码应尽可能方便事务员和操作员工作。

商品代码的编制方法主要有顺序编码法、层次编码法、平行编码法和混合编码法四种。

（1）顺序编码法。顺序编码法是按商品类目在分类体系中出现的先后次序，依次给予顺序代码的一种编码方法。这种编码法比较简单，常用于容量不大的编码对象集合体。

（2）层次编码法。层次编码法是以分类对象的从属、层次关系为排列顺序而编制代码的一种方法。这种方法常用于线分类体系，编码时将代码分成若干层次，并与分类对象的分类层级相对应。代码自左至右表示层级由高至低，代码左端为最高层级代码，右端为最低位层级代码，各层级的代码常采用顺序码或系列顺序码。

GB7635—87 标准就是采用四层八位数字型的层次码，如图 5-1 所示。例如，前面已提及的棉布婴儿服装数字型代码“21011007”中的“21”为服装大类，“01”为机织面料服装中类，“10”为棉布服装小类，“07”为棉布婴儿服装细类。香脂数字型代码为“38221003”，其中“38”为日用化工品大类，“22”为化妆品中类，“10”为护肤品小类，“03”为香脂细类。

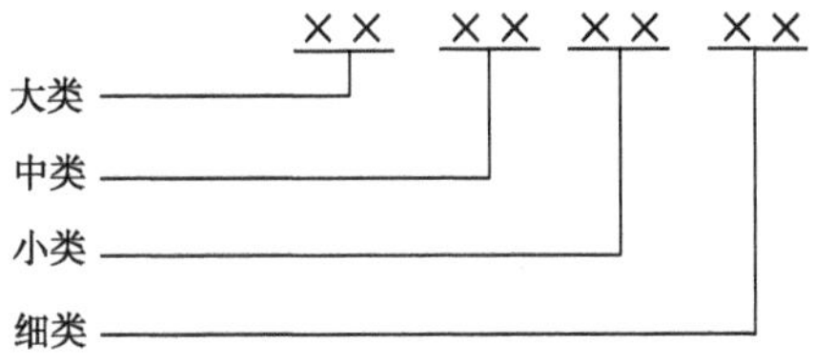

图 5-1 GB 7635—87 标准四层八位数字型的层次码

（3）平行编码法。平行编码法是将分类对象按其特征分成若干个面，再把每个面内的类目排列的顺序代码加以组合而形成代码的一种方法。这种方法常用于面分类体系，编码时按照面的排列顺序将各个面内类目的代码分别加以组合。

（4）混合编码法。混合编码法是由层次编码法和平行编码法组合而成的一种编码方法。编码时先选择分类对象的各种特征，然后将某些特征用层次编码法表示，其余特征用平行编码法表示。

【知识链接5.1】 《类似商品和服务类别》（2007年版）（现行版）

——根据《商标注册用商品和服务国际分类》（第九版）制定

商品	
第一类	用于工业、科学、摄影、农业、园艺、森林的化学品，未加工人造合成树脂，未加工塑料物质，肥料，灭火用合成物，淬火和金属焊接用制剂，保存食品用化学品，鞣料，工业黏合剂
第二类	颜料，清漆，漆，防锈剂和木材防腐剂，着色剂，媒染剂，未加工的天然树脂，画家、装饰家、印刷商和艺术家用金属箔及金属粉
第三类	洗衣用漂白剂及其他物料，清洁、擦亮、去渍及研磨用制剂，肥皂，香料，香精油，化妆品，洗发水，牙膏
第四类	工业用油及油脂，润滑剂，吸收、喷洒和黏结灰尘用品，燃料（包括马达用的汽油）和照明材料，照明用蜡烛和灯芯
第五类	医用和兽医用制剂，医用卫生制剂，医用营养品，婴儿食品，膏药，绷敷材料，填塞牙孔和牙模用料，消毒剂，消灭有害动物制剂，杀真菌剂，除莠剂
第六类	普通金属及其合金，金属建筑材料，可移动金属建筑物，铁轨用金属材料，非电气用缆索和金属线，小五金具，金属管，保险箱，不属别类的普通金属制品，矿砂
第七类	机器和机床，马达和发动机（陆地车辆用的除外），机器传动用联轴节和传动机件（陆地车辆用的除外），非手动农业工具，孵化器
第八类	手工用具和器械（手工操作的），刀、叉和勺餐具，佩刀，剃刀
第九类	科学、航海、测量、摄影、电影、光学、衡具、量具、信号、检验（监督）、救护（营救）和教学用具及仪器，处理、开关、传送、积累、调节或控制电的仪器和器具，录制、通信、重放声音和形象的器具，磁性数据载体，录音盘，自动售货器和投币启动装置和投币启动装置的机械结构，现金收入记录机，计算机器，数据处理装置和计算机，灭火器械
第十类	外科、医疗、牙科和兽医用仪器及器械，假肢，假眼和假牙，矫形用品，缝合用材料
第十一类	照明、加温、蒸汽、烹调、冷藏、干燥、通风、供水以及卫生设备装置
第十二类	车辆，陆、空、海用运载器
第十三类	火器，军火及子弹，爆炸物，烟火
第十四类	贵重金属及其合金以及不属别类的贵重金属制品或镀有贵重金属的物品，珠宝，首饰，宝石，钟表和计时仪器
第十五类	乐器
第十六类	不属别类的纸、纸板及其制品，印刷品，装订用品，照片，文具用品，文具或家庭用黏合剂，美术用品，画笔，打字机和办公用品（家具除外），教育或教学用品（仪器除外），包装用塑料物品（不属别类的），印刷铅字，印版
第十七类	不属别类的橡胶、古塔胶，树胶、石棉、云母以及这些原材料的制品，生产用半成品塑料制品，包装、填充和绝缘用材料，非金属软管
第十八类	皮革及人造皮革，不属别类的皮革及人造皮革制品，毛皮，箱子及旅行袋，雨伞、阳伞及手杖，鞭和马具
第十九类	非金属的建筑材料，建筑用非金属刚性管，沥清，柏油，可移动非金属建筑物，非金属碑

续表

商品	
第二十类	家具，玻璃镜子，镜框，不属别类的木、软木、苇、藤、柳条、角、骨、象牙、鲸骨、贝壳、琥珀、珍珠母、海泡石制品，这些材料的代用品或塑料制品
第二十一类	家庭或厨房用具及容器（非贵重金属所制，也非镀有贵重金属的），梳子及海棉，刷子（画笔除外）制刷材料，清扫用具，钢丝绒，未加工或半加工玻璃（建筑用玻璃除外），不属别类的器皿，瓷器及陶器
第二十二类	缆，绳，网，帐篷，防水遮布，帆，袋（不属别类的），衬垫及填充料（橡胶或塑料除外），纺织用纤维原料
第二十三类	纺织用纱、线
第二十四类	不属别类的布料及纺织品，床单和桌布
第二十五类	服装，鞋，帽
第二十六类	花边及刺绣，饰带及编带，纽扣，领钩扣，饰针及缝针，假花
第二十七类	地毯，地席，席类，油毡及其他铺地板用品，非纺织品墙帷
第二十八类	娱乐品，玩具，不属别类的体育及运动用品，圣诞树用装饰品
第二十九类	肉，鱼，家禽及野味，肉汁，腌渍、干制及煮熟的水果和蔬菜，果冻，果酱，蜜饯，蛋，奶及乳制品，食用油和油脂
第三十类	咖啡，茶，可可，糖，米，食用淀粉，西米，咖啡代用品，面粉及谷类制品，面包，糕点及糖果，冰制食品，蜂蜜，糖浆，鲜酵母，发酵粉，食盐，芥末，醋，沙司（调味品），调味用香料，饮用水
第三十一类	农业，园艺，林业产品及不属别类的谷物，牲畜，新鲜水果和蔬菜，种子，草木及花卉，动物饲料，麦芽
第三十二类	啤酒，矿泉水和汽水以及其他不含酒精的饮料，水果饮料及果汁，糖浆及其他供饮料用的制剂
第三十三类	含酒精的饮料（啤酒除外）
第三十四类	烟草，烟具，火柴
服务	
第三十五类	广告，实业经营，实业管理，办公事务
第三十六类	保险，金融，货币事务，不动产事务
第三十七类	房屋建筑，修理，安装服务
第三十八类	电信
第三十九类	运输，商品包装和储藏，旅行安排
第四十类	材料处理
第四十一类	教育，提供培训，娱乐，文体活动
第四十二类	科学技术服务和与之相关的研究与设计服务；工业分析与研究；计算机硬件与软件的设计与开发；法律服务
第四十三类	提供食物和饮料服务；临时住宿
第四十四类	医疗服务；兽医服务；人或动物的卫生和美容服务；农业、园艺或林业服务
第四十五类	由他人提供的为满足个人需要的私人和社会服务；为保护财产和人身安全的服务

【说明】

1. 目前我国所使用的《类似商品和服务区分表》（2007年版）是根据世界知识产权组织于2007年1月1日起生效使用的《商标注册用商品和服务国际分类》（第九版）和2002年版《类似商品和服务区分类表》为基础，结合我国商标审查工作实践而相应调整制定的。

2. 我国国家工商行政管理局商标局已于2006年12月4日发出通知，要求于2007年1月1日开始使用第九版《商标注册用商品和服务国际分类》。

3. 本次新版《类似商品和服务区分表》与原2002年版的类别情况相同，仍为45个类别，其中前34类为商品分类，后11类为服务分类。但部分类别中的商品或服务项目、注释有增加、删减、改变或移类，具体详见分类表。

4. 《类似商品和服务区分表》中每一类别的标题原则上指出了归入该类的商品或服务的范围，各类的注释仍旧援引国际分类的注释，为正确确定商品和服务项目的类别提供了思路。目录显示了各个类的类名及各类似群，以便检索。

5. 国际分类表一般每五年修订一次，一是增加新的商品，二是将已列入分类表的商品按照新的观点进行调整，以求商品更具有内在的统一性。《类似商品和服务区分表》亦随着国际分类表的修订而作相应的调整。

（资料来源：商标宝典网）

5.4 商品条码

5.4.1 商品条码概述

1. 商品条码的应用原理

商品条码是由一组粗细不同、黑白（或彩色）相间的条、空及对应字符按规则组合起来，用以表示一定信息的图形，如图5-2所示。

图5-2 商品条码实例

商品条码采用条码符号表示信息，条、空颜色不同，对光形成不同反射率而产生较大反差，扫描器利用光来扫读条码符号，将光信号转换为电信号，然后由译码器将获得的电信号译成相应的数据代码输入电脑，电脑就会确定出商品的代码、名称、品种和制造厂商等信息。这种方法操作简单易行，准确度高，错误率仅为三百万分之一；输入速度快，是键盘输入速度的 20 倍；灵活实用，可自动扫描识别，也可手工键盘输入；易于制作，对印刷技术、设备和材料无特殊要求；经济便宜，识读设备及印刷价格比较便宜。

2. 条码技术的作用

（1）促进国际贸易。商品在国际市场上要有竞争力，不仅要质量好，包装好，而且必须要有符合自动扫描结算要求的条码标志。否则，再好的商品也难以进入国外配有条码自动扫描的市场。因而，条码标志已成为商品进入国际市场的“通行证”。随着国际通用条码在世界范围内的迅速普及，没有条码标志的商品，就会失去立足之地。

（2）管理现代化的商业。通过扫描阅读器识别条码标志，极大地提高了超级市场结算的工作效率。同时可以减少或避免购销双方因人为因素造成的矛盾，提高商业信誉，改善服务质量，还能实现对商品销售信息的分类、汇总、更新库存等的处理，对经营情况和营业人员工作质量的分析；还可使经营管理人员借此及时掌握市场动态，剔除滞销商品，确定合理库存，优化商品调运方案，加速商品与资金周转速度，充分利用有限资金扩大经营，保证商业经营活动的顺利进行。

（3）为企业产品结构调整提供决策依据。条码在商品包装上的推广应用，为我国各类商店建立自动扫描销售系统创造条件。产品生产厂家可以通过商业的自动扫描系统迅速、准确地获得产品的销售信息，以便及时调整产品结构，生产适销对路产品，提高企业的经济效益和社会效益。

（4）为电子数据交换（EDI）在全球的实现和发展提供保障。条码技术为 EDI 的信息交换提供了一个唯一清晰简便的、国际间通用的和标准化的信息标志手段。条码技术工作组为 EDI 提供了一个良好的世界性的工作机构，为 EDI 在全球的实现和发展提供了技术上和组织上的保障。同时，EDI 业务又给企业带来了一项新的服务，即条码扫描数据服务。各类非常有用的市场资料，可根据条码及扫描数据，将其编成诸如条码市场每周销售单位、价值、百分比之类的报告。对于企业来说，这类报告有助于调控产品，使之在市场上获得成功，并且从中衡量和预测出季节性影响和行销成绩。

3. 商品条码的起源和发展

条码的研究开始于 20 世纪中期，20 世纪 50 年代美国一些铁路车辆采用了条码标志，20 世纪 60 年代美国开始将条码的研究集中在食品零售业。1973 年美国统一代码委员会选定了 IBM 公司提出的条码系统，并将它作为北美地区的通用产品代码，简称 UPC 条码。其后，英国、前联邦德国、法国等欧洲 12 国开发出与 UPC 条码兼容的欧洲物品编码系统，简称 EAN 条码，又称国际物品编码。

中国条码研究始于 20 世纪 70 年代。20 世纪 80 年代末，条码已应用于一些领域。1988 年 12 月，中国物品编码中心正式成立，负责研究、推广条码技术，统一组织、协调和管理中国的条码工作，并在各地设立了物品编码分支机构。1991 年 4 月，中国加入国际物品编码协会。同年，中国发布了《通用商品条码》等五项条码国家标准。这些条码标准，既填补了中国标准的空白，又说明中国条码技术已走上标准化道路。目前，中国在多种商品内、外包装和图书刊物上已广泛印有条码标志，在零售业和储运部门也将逐步扩大条码自动售货和现代化仓库管理的范围，不断提高条码技术和条码管理水平。

5.4.2 商品条码的种类和内容

1. EAN 条码

EAN 条码是国际物品编码协会制定的一种条码，通用于全世界。中国的通用商品条码就是这种类型，其结构与国际物品编码协会推行的 EAN 条码相同。这种条码常用的自带码有 EAN-13 和 EAN-8 两种，还有上述两种店内码。

（1）EAN-13 条码。EAN-13 条码既可用于销售包装，又可用于储运包装。这种条码由 13 位数字的字符代码组成，也称 EAN 标准版条码，其结构如图 5-3 所示。

前缀码，用于标志商品来源的国家或地区，由国际物品编码协会总部分配和管理，如表 5-4 所示。国际物品编码协会分配给中国的前缀码为“690”、“691”、“692”、“693”。

企业代码，由该国或地区物品编码管理机构分配。我国的企业代码由中国物品编码中心分配。

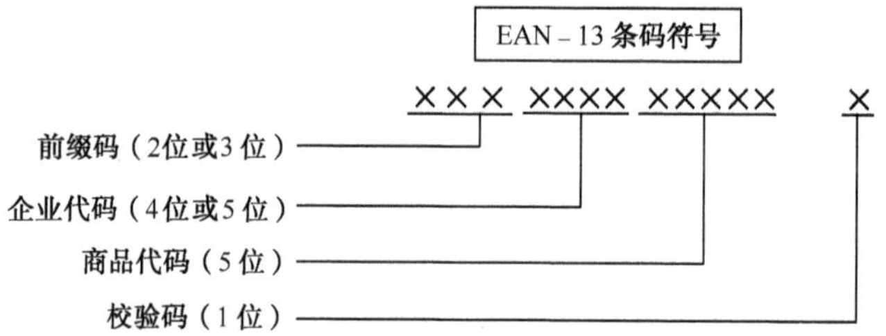

图 5-3 ENA-13 的代码结构

商品代码，由制造厂商自行分配。

校验码，用于电脑自动校验整个代码录入是否正确，通过一定计算而来。

表 5-4 EAN 成员国（地区）和代码

国别（地区）代码	国家（地区）	国别（地区）代码	国家（地区）
00～13	美国和加拿大	609	毛里求斯
20～29	北美地区内部备用码	611	摩洛哥
30～37	法国	613	阿尔及利亚
380	保加利亚	619	突尼斯
383	斯洛文尼亚	622	埃及
385	克罗地亚	625	约旦
387	波黑	626	伊朗
400～440	德国	64	芬兰
45、49	日本	690～694	中国

续表

国别（地区）代码	国家（地区）	国别（地区）代码	国家（地区）
460～469	俄罗斯	70	挪威
471	中国台湾	729	以色列
474	爱沙尼亚	73	瑞典
475	拉脱维亚	740	危地马拉
477	立陶宛	741	萨尔瓦多
479	斯里兰卡	742、744	洪都拉斯、哥斯达黎加
480	菲律宾	743	尼加拉瓜
481	白俄罗斯	745	巴拿马
482	乌克兰	746	多米尼加
484	摩尔多瓦	750	墨西哥
485	亚美尼亚	759	委内瑞拉
486	格鲁吉亚	76	瑞士
487	哈萨克斯坦	770	哥伦比亚
489	中国香港	773	乌拉圭
50	英国	775	秘鲁
520	希腊	777	玻利维亚
528	黎巴嫩	779	阿根廷
529	塞浦路斯	780	智利
531	马其顿	784	巴拉圭
535	马耳他	786	厄瓜多尔
539	爱尔兰	789	巴西
54	比利时和卢森堡	80～83	意大利
560	葡萄牙	84	西班牙
569	冰岛	850	古巴
57	丹麦	858	斯洛伐克
590	波兰	859	捷克
594	罗马尼亚	860	南斯拉夫
599	匈牙利	869	土耳其
600、601	南非	893	越南
87	荷兰	899	印度尼西亚
880	韩国	90、91	奥地利
885	泰国	93	澳大利亚
888	新加坡	94	新西兰
890	印度	955	马来西亚

（2）EAN-8 条码。EAN-8 条码只用于商品销售包装。当商品包装上没有足够的面积印

刷标准版条码时，可将商品编成 8 位数字代码。这种条码也称为缩短版条码，其结构如图 5-4 所示。前缀码和校验码与 EAN-13 条码相同。EAN-8 条码无企业代码，只有商品代码，由国家物品编码管理机构分配，在使用上有严格控制。

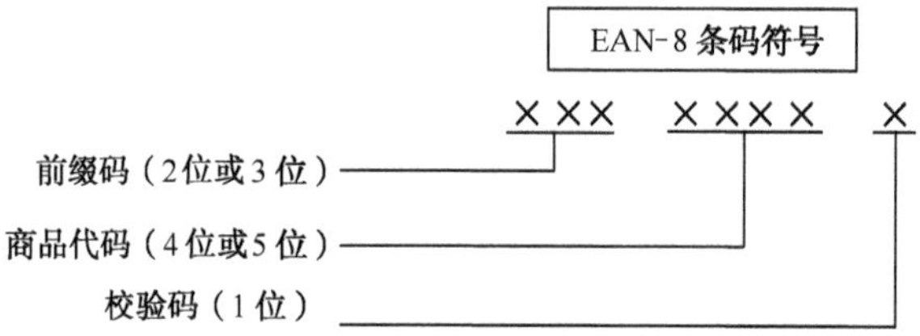

图 5-4　ENA-8 的代码结构

（3）店内条码。店内条码是指零售商自己完成编制、打印，并在自己商店内部使用的条码。有些商品，如鲜肉、水果、蔬菜、乳酪、熟食品等是以随机重量销售的。这些商品的编码任务一般不宜由商品的生产者承担，而是由零售商完成的。零售商进货后，对商品进行包装，用专用设备对商品称重并自动编码和制成条码，然后将条码粘贴或悬挂在商品包装上。零售商编的商品代码，只能用于商店内部的自动化管理系统。EAN 系统推荐的店内条码结构分为两种：标准版（EAN-13）和缩短版（EAN-8）。标准版店内条码结构如图 5-5 所示。

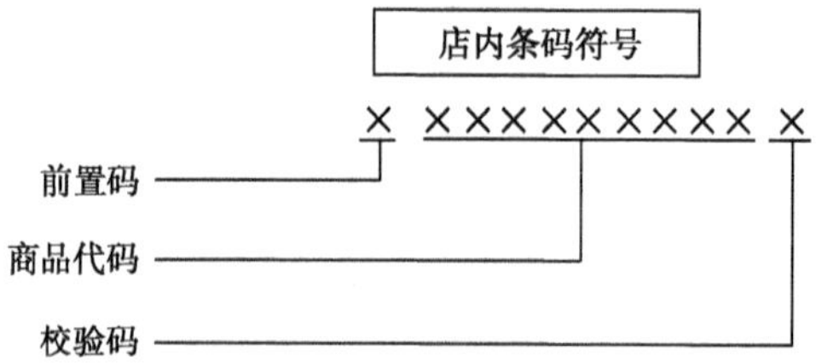

图 5-5　标准版店内条码结构

2. UPC 条码

UPC 条码是美国统一代码委员会制定的一种代码，主要用于美国和加拿大。这种条码常用的有 UPC-A 和 UPC-E 两种。

UPC-A 条码，用于商品销售和商品储运两种包装，由 12 位数字的字符代码组成，称为标准版的 UPC 条码，其结构如图 5-6 所示。

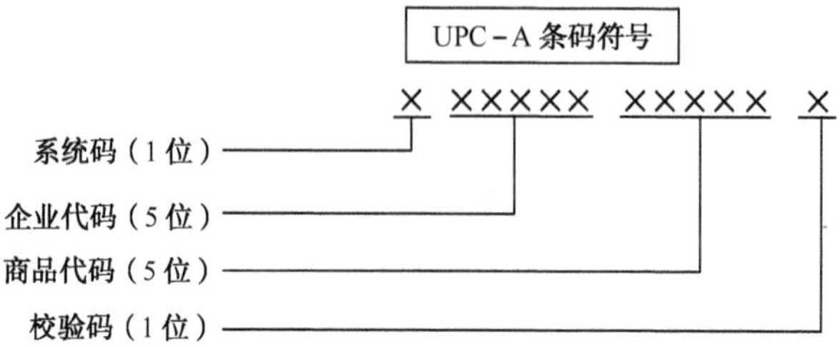

图 5-6　UPC-A 的代码结构

系统码，在左侧安全空间，数字不同含义也不同："0" 表示规则数量包装的商品；"2" 表示不规则数量的商品；"3" 表示医药卫生用品；"5" 表示用信用卡销售的商品；"7" 表示中国申报的美国统一代码委员会会员专用。

UPC-E 条码，是缩短版的 UPC 条码，用于商品销售包装，由 8 位数字的字符代码组成，其结构如图 5-7 所示。

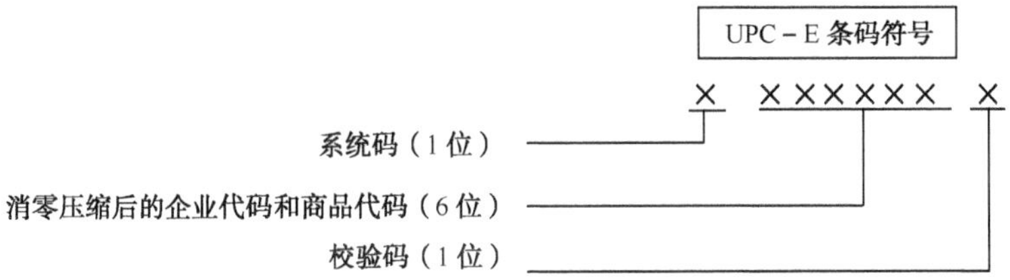

图 5-7　UPC-E 的代码结构

3. ITF 条码

ITF 条码，又称交叉二五条码，主要用于运输包装，是印刷条件较差，不允许印刷 EAN-13 和 UPC-A 条码时应选用的一种条码。

ITF 条码是有别于 EAN、UPC 条码的另一种形式的条码。在商品运输包装上使用的主要是由 14 位数字字符代码组成的 ITF-14 条码。

【案例 5.2】　进一步规范商品条码的应用

新修订的《商品条码管理办法》自 2005 年 10 月 1 日正式颁布实施以来，对条码事业的发展起到了巨大的推动作用。为深入贯彻《商品条码管理办法》，保证商品条码在流通领域的规范使用，中国物品编码中心珠海办事处在 2006 年 3 月至 6 月期间对珠海两家大型超市开展了商品条码使用情况抽查工作，共清理出涉及条码问题的企业 23 家。在抽查工作中暴露出企业在使用条码时出现的一些问题。

1. 存在随意使用商品条码现象

问题主要集中在化妆品、服装、小五金、玩具等的供货商上，由于这些供货商同时代理全国各地的许多同类产品，有的产品有商品条码，而有些产品的生产企业没有申办商品条码，供货商便把其代理的有商品条码的产品的条码用到无商品条码的产品上，这方面的问题比较普遍。

2. 使用未经核准注册或已注销的厂商识别代码

有部分商品甚至使用未经编码组织尚未启用的厂商识别代码，（如国际物品编码协会分配给我国的前缀码为 690-695，目前使用到 690-694），有些企业擅自使用以 695、698 为前缀码的厂商识别代码，还有使用已注销的商品条码。对这些使用伪造和被注销条码的企业，已联合我市稽查队按《商品条码管理办法》的有关规定进行了严肃处理。

3. 超市对店内条码的使用混乱

（1）有些供应商在代理无商品条码的定量包装的商品时，擅自使用店内条码来代替商品条码，还有些超市把店内条码的码段分配给供货商。我们对这样的情况予以纠正，并督促其尽快办理使用商品条码。

（2）有小部分超市使用 6 或 9 打头的店内条码（国家标准规定店内条码的前缀码为 20，21）。我们向超市宣贯 GB/T18283 店内条码，帮助学习整改。

（3）个别超市在销售挂牌产品和一些库存商品时，长期使用店内条码，并把原有的商品条码用店内条码进行覆盖。我们帮助超市学习整改，让其申办商品条码，规范使用。

4. 存在以组织机构代码或其他条码冒充商品条码现象

此次抽查条码的问题中，服装、鞋、帽类产品以组织机构代码或其他条码代替商品条码的现象最为严重，这些条码在销售中已代行商品条码的作用，为冒充商品条码的行为。我们对这样的情况予以纠正，并督促超市，让其监督企业尽快办理使用商品条码。

通过这次抽查后发现，大型超市比较重视有关商品条码的知识和法律法规的应用，但仍存在一些问题，我们将加强对这些企业的服务和指导，帮助他们建立起相关商品条码查验制度，以规范商品条码的使用。

（资料来源：珠海市质量技术监督标准与编码所信息网）

问题：查阅《商品条码管理办法》，结合市场调查，总结分析企业在使用条码时除以上问题外，还存在哪些问题？从消费者角度应该如何对待？

本 章 小 结

商品分类是指为了一定的目的，按照一定的标志，科学、系统地将商品分成若干不同类别的过程。商品分类的结果，一般可划分为大类、中类、小类、品类、品种和细目等类目层次。

商品分类通常采用两种基本方法：线分类法和面分类法。商品分类标志应选择能反映商品本质的属性和特征，最常见的分类标志是商品的用途、原材料、生产加工方法、化学成分等。

商品目录是指将所经营管理的全部商品品种，按一定标志进行系统分类编制成的商品细目表。商品代码是指赋予某种或某类商品的一个或一组有序的符号排列，便于人或电脑识别与处理的代表符号。它们都是以商品分类为基础，是商品分类的具体体现。

商品条码是由一组粗细不同、黑白（或彩色）相间的条、空及对应字符按规则组合起来，用以表示一定信息的图形。商品条码包括 EAN 和 UPC 两种。EAN 条码，又称国际物品编码，通用于国际市场，UPC 条码主要用于北美地区。EAN 条码有标准型 EAN-13 和缩短型 EAN-8 两种。EAN-13 内容包括前缀码、企业代码、商品代码和校验码四个部分。

关 键 术 语

商品分类 商品大类 商品中类 商品小类 商品品类 商品品种 商品细目 分类标志 商品目录 商品代码 商品条码 EAN 条码 UPC 条码

实 训 项 目

1．根据市场调查情况，选择一大类商品（如手机、鞋类等）详细列举出其品种。

2．参观大型商场的化妆品柜、服装柜、食品柜等，了解商场采用了什么分类的方法？商品分类的依据是什么？采用这样的分类方法有何益处？

3．查阅相关资料，说出图书代码和期刊代码的应用及含义。

复习思考题

1．什么是商品分类？

2．简述商品分类的基本方法和特点。

3．商品分类标志选择的基本原则是什么？

4．常用的商品分类标志有哪些？各自适应性如何？

5．什么是商品目录和商品代码？各有哪些种类？

6．什么是商品条码？条码技术有何作用？

7．EAN 条码有几种？标准型的内容有哪些？

8．某商场柜组分类和经营品种如下。

电信器材：彩电、VCD、DVD、家庭影院、功放、话筒、背投、音箱、组合音响。

文教用品：学生用品、计算器、掌上电脑、办公用品、保险柜、文件柜。

现代办公用品：体育用品、乐器、钢琴、电话、手机、健身器材、按摩器。

小家电：收录机、收音机、随身听、照相机、相册、胶卷、复读机、助听器、电线、电池。

问题：该商场柜组分工是否合理？若不合理应怎样进行调整？

第6章 商品包装

【学习要点】

- 商品包装的概念和作用
- 商品包装的材料及其特性
- 商品包装的标志和国家对商标的有关规定
- 商品包装的种类、方法和特点

【案例导读】 产品包装要跟着消费观念走

在商品越来越丰富的今天，人们的消费观念、消费方式、消费价值观等都发生了变化。一是城乡消费者的消费行为由“量”的消费已逐步提高到“质”的消费。他们的要求不仅注重产品的功能和品牌，而且注重包装产品的包装和作为；二是商业业态的变化。过去买年货、干果、礼品，消费者都往南货店、食品店、商场购买，现今到超市买的比例逐年增加，而超市的食品都以包装食品为主；三是生产者、经营者的营销观念也发生了变化。过去对产品包装不够重视，现今他们一切围着市场转，因为市场已是生产经营者的出发点和归宿。懂得包装是商品质量的组成部分，新颖、美观、迎合消费者心理的包装，不仅能给商品建构高贵的象征，而且增加产品价值，提高产品附加值。

一般来说，消费者购买商品的心理活动，大多是逐渐展开的。首先，他们进店环视五光十色、琳琅满目的商品。一些包装美观的商品，往往在货架上、橱柜里一经展示，就产生了艺术魅力。其次，消费者环视完商品后，对某些商品的包装引起兴趣。同样的盒装、袋装食品，时兴、时尚的包装，加上品牌、质量等因素，往往成为消费者的理想选择。由于包装精美，引发了消费者兴趣，变购买欲望为购买行为。

由此可见，产品包装对拓展国际市场，扩大国内需求，开拓国内市场，拓宽消费领域，鼓励和引导城乡居民消费有很大作用。对工商企业来说更要注意包装策略，注重产品包装对拉动市场的作用。使人一看包装就可以联想到这是哪个企业所生产的产品。如日本三洋家用电器公司，就是运用包装策略取得成功的；春节的花篮水果，其中有多种水果、这就是多种包装策略。艺术包装策略具有商品美与包装美的艺术价值，能引发消费者购买。还有附赠包装策略，如我国出口的“芭蕾”珍珠膏，在每盒珍珠膏包装盒内附赠一支带珍珠的别针，消费者购满十盒珍珠膏就可得到五十粒珍珠，将它串成一串高雅的珍珠项链。当然，包装也要适应市场的变化，经常改变包装策略，以顺应消费者对包装的时代需求。

（资料来源：国家食品质量安全监督检验中心网站）

6.1 商品包装的概念和分类

6.1.1 商品包装的概念

中国国家标准《包装通用术语》中，对包装下了明确的定义：“为在流通过程中保护产品，方便储运，促进销售，按一定的技术方法而采用的容器、材料及辅助物等的总名称。”也指“为了达到上述目的而采用的容器、材料及辅助物的过程中施加一定技术方法等的操作活动。”

商品包装具有技术和艺术双重特性。从实体构成来看，任何一个商品包装，都是采用一定的包装材料，通过一定的技术方法制造的，都具有各自独特的结构、造型和外观装潢。包装材料、包装技术、包装结构造型和包装装潢是构成包装实体的四大要素。包装材料是包装的物质基础和包装功能的物质承担者；包装技术是实现包装保护功能、保证内装商品质量的关键；包装结构造型是包装材料和包装技术的具体形式；包装装潢是通过画面和文字美化、宣传和介绍商品的主要手段。

商品包装在商品从生产领域转入流通和消费领域的整个过程中起着非常重要的作用，其主要功能有：保护功能、容纳功能、便利功能和促销功能。

6.1.2 商品包装的分类

商品包装因商品流通的不同需要和商品本身的不同需要而有不同的种类。为了分析研究不同种类商品包装使用价值的特点，商品包装常按包装在流通中的作用、包装的销售市场、包装材料、按包装内容物来分类。

1. 按包装在流通中的作用分类

以包装在商品流通过程中的作用分类，商品包装分为销售包装和运输包装。

销售包装是指以一个商品作为一个销售单元的包装形式，或若干个单体商品组成一个小的整体的包装，亦称为小包装或个包装。销售包装的技术要求是美观、安全、卫生、新颖，易于携带，其印刷、装潢要求较高。销售包装一般随商品销售给顾客，起着直接保护商品、宣传商品和促进商品销售的作用，还可方便商品陈列展销和方便顾客识别选购。

运输包装是指用于安全运输、保护商品的较大单元的包装形式，又称为外包装或大包装，如纸箱、木箱、集合包装、托盘包装等。运输包装一般体积较大，外形尺寸标准化程度高，坚固耐用，表面印有明显的识别标志，其主要功能是保护商品，方便运输、装卸和储存。

2. 按包装的销售市场分类

按销售市场不同将商品包装分为内销商品包装和出口商品包装。

内销商品包装是指用于国内市场的商品包装。出口商品包装是指用于出口商品的包装。

内销商品包装和出口商品包装所起的作用基本是相同的，但因国内外物流环境和销售市场不相同，它们之间会存在差异。内销商品包装必须与国内物流环境和国内销售市场相适应，要符合我国的国情。出口商品包装则必须与国外销售市场相适应，满足出口国的不同要求。

3．按包装材料分类

以包装材料作为分类标志，是研究商品包装材料的主要分类方法。一般商品包装可分为纸制包装、木制包装、金属包装、塑料包装、玻璃与陶瓷包装、纤维织品包装、复合材料包装和其他材料包装等。复合材料包装是指以两种或两种以上材料黏合制成的包装，亦称复合包装，主要有纸与塑料、塑料与铝箔和纸、塑料与铝箔、塑料与木材、塑料与玻璃等材料制成的包装。

4．按包装内容物分类

以包装的内容物作为分类标志，商品包装可分为食品包装、土特产包装、纺织品包装、医药品包装、化工商品包装、化学危险品包装、机电商品包装等。

6.2　商品包装材料

商品包装材料一般分为主要包装材料和辅助包装材料。纸和纸板、金属、塑料、玻璃、陶瓷、竹木、天然纤维与化学纤维、复合材料、缓冲材料属于主要包装材料；涂料、黏合剂、油墨、衬垫材料、填充材料、捆扎材料、钉结材料等属于辅助包装材料。

6.2.1　包装材料应具备的性能

从现代包装功能要求来看，包装材料应具有以下几方面的性能。

1．保护性能

保护性能主要指保护内装物，防止其变质、损失，保证其质量的性能。包装的保护性能主要取决于包装材料的机械强度、防潮防水性、耐腐蚀性、耐热耐寒性、抗老化性、透光及遮光性、透气性、防紫外线穿透性、耐油性、适应气温变化性、卫生安全性、无异味性等。

2．加工操作性能

加工操作性能主要指易加工、易包装、易充填、易封合以及适应自动包装机械操作、生产效率高的性能。包装的加工操作性能主要取决于包装材料的刚性、挺力、光滑度、可塑性、可焊性、易开口性、热合性、防静电性等。

3．外观装饰性能

外观装饰性能主要指材料的形、色、纹理的美观性，能产生陈列效果，提高商品身价和激发消费者的购买欲的性能。包装的外观装饰性能主要取决于包装材料的透明度、表面光泽、印刷适应性及防静电吸尘性等。

4．方便使用性能

方便使用性能主要指便于开启和取出内装物、便于再封闭的性能等。包装的方便使用性能主要取决于包装材料的启闭性能、不易破裂以及包装容器的结构等。

5．节省费用性能

节省费用性能主要指经济合理地选择包装材料，体现在节省包装材料、包装机械设备费、劳动费、降低自身重量和提高包装效率等方面。

6．易处理性能

易处理性能主要指包装材料要有利于生态环境保护，有利于节省资源，体现在易回收、可复用、可再生、可降解、易处置等方面。

6.2.2 主要包装材料的性能特点

1．纸和纸板

纸和纸板是支柱性的传统包装材料，耗量大，应用范围广。纸主要用做包装商品、制作纸袋和印刷装潢等，纸板则主要用于生产纸箱、纸盒、纸桶等包装容器。

纸和纸板的优点是：具有适宜的强度、耐冲击性和耐摩擦性；良好的密封性，容易做到清洁卫生；优良的成型性和折叠性，便于采用各种加工方法，适用于机械性、自动化的包装生产；最佳的可印刷性，便于介绍和美化商品；用后易于处理，可回收复用和再生，不会污染环境，有利于节约资源。

纸和纸板也有一些缺点，如难以封口、受潮后牢度下降以及气密性、防潮性和透明性差等，从而使其在包装应用上受到一定的限制。

2．塑料

塑料在整个包装材料中的使用比例仅次于纸和纸板。塑料包括软性的薄膜、刚性的成型材料和纤维材料，其优点是：物理机械性能优良，具有一定的强度和弹性，耐折叠、耐冲击、抗震动、防潮、防水，能阻隔气体；化学稳定性好，耐酸碱、耐油脂、耐腐蚀；比重较小，属于轻质材料，制成的包装容器重量轻，适应包装轻量化的发展需要；适合采用各种包装新技术，如真空技术、充气技术、拉伸技术、收缩技术、贴体技术、复合技术；具有优良的透明性、表面光泽性、可印刷性和装饰性，为包装装潢提供了很好的条件。

塑料作为包装材料也有不足之处：强度不如钢铁，耐热性不如玻璃，在外界因素长时间作用下易发生老化；有些塑料在高温下会软化，在低温下会变脆，强度下降；有些塑料带有异味，某些有害成分可能渗入内装物；易产生静电；容易造成污染；塑料包装废弃物处理不当会造成环境污染等。因此，在选用塑料包装材料时要注意以上问题。

3. 金属材料

包装所用的金属材料主要指钢材、铝材及其合金材料。包装用钢材包括薄钢板、镀锌薄钢板、镀锡薄钢板（俗称马口铁），包装用铝材有纯铝板、合金铝板和铝箔。金属材料作为包装材料的优点是：具有良好的机械强度，牢固结实，耐碰撞，不破裂，能有效地保护内装物；密封性能优良，阻隔性好，不透气，防潮，耐光，用于食品包装（罐藏）能达到中长期保存的目的；具有良好的延伸性，易于加工成型；金属表面有特殊的光泽，易于进行涂饰和印刷，可获得良好的装潢效果；易于回收再利用，不污染环境。

但是，金属材料成本高，一些金属材料如钢铁的化学稳定性差，在潮湿的大气下易发生锈蚀，遇酸、碱会发生腐蚀，因而限制了其在包装上的应用。钢板通过镀锌、镀锡、镀铝、涂层，可以提高其耐腐蚀性、耐酸碱性。

目前，刚性金属材料主要用于制造运输包装，如桶、集装箱及饮料、食品和其他商品销售包装，如罐、听、盒。薄钢板桶广泛用于盛装各类食用油脂、石油和化工商品；铝和铝合金桶用于盛装酒类商品和各种食品；镀锌薄钢板桶主要用于盛装粉状、浆状和液体商品；铁塑复合桶适于盛装各种化工产品及腐蚀性、危险性商品；马口铁罐、镀铬钢板罐、铝罐是罐头和饮料工业的重要包装容器；金属听、盒适用于盛装饼干、奶粉、茶叶、咖啡、卷烟等。

软性金属材料主要用于制造软管和金属箔。如铝制软管广泛用于包装膏状化妆品、医药品、清洁用品、文化用品及食品等；铝箔多用于制造复合包装材料，也常用于食品、卷烟、药品、化妆品和化学品等的包装。

4. 玻璃

玻璃是以硅酸盐为主要成分的无机性材料，玻璃用做包装材料渊源已久，目前玻璃仍是现代包装的主要材料之一。

玻璃本身的优良特性使其作为包装材料具有如下优点：化学稳定性好，耐腐蚀，无毒无味，卫生安全；密封性优良，不透气，不透湿，有紫外线屏蔽性，有一定的强度，能有效地保护内装物；透明性好，易于造型，具有特殊的宣传和美化商品的效果；原料来源丰富，价格低；易于回收复用、再生，有利于环境保护。玻璃用做包装材料，存在着耐冲击强度低、碰撞时易破碎、自身重量大、运输成本高、能耗大等缺点，限制了玻璃的应用。

目前，玻璃的强化、轻量化技术以及复合技术已有一定发展，加强了对包装的适应性。玻璃主要用来制造销售包装容器如玻璃瓶和玻璃罐，广泛用于酒类、饮料、罐头食品、调味品、药品、化妆品、化学试剂、文化用品等的包装。此外，玻璃也用于制造大型运输包装容器，用来存装强酸类产品；还用来制造玻璃纤维复合袋，用于包装化工产品和矿物粉料。

5. 木材

木材具有特殊的耐压、耐冲击和耐气候的能力，并有良好的加工性能，目前仍是大型和重型商品运输包装的重要材料，也用于包装那些批量小、体积小、重量大、强度要求高的商品。常用的木制包装容器有木箱（包括胶合板箱和纤维板箱）、木桶（包括木板桶、胶合板桶和纤维板桶）。木材作为包装材料虽然具有独特的优越性，但由于森林资源的匮乏、环境保护要求、价值高等原因，其发展潜力不大。目前，木制包装容器已逐渐减少，正在被其他包装容器所取代。

[案例 6.1] 法国公众支持包装塑料袋改革

有人说法国人最不好管理，因为他们动辄罢工、游行。如果说在法国进行任何一项改革都需要一番斗争的话，包装塑料袋在法国超市逐渐消失却没有遇到任何阻力和障碍，反而得到了公众的广泛支持和拥护，这归功于法国政府及有关部门长期以来“润物细无声”的宣传。

记者 10 年前在巴黎见到的是除极个别廉价超市外，法国超市几乎都向顾客提供免费塑料袋，其样式跟国内普遍使用的塑料袋大同小异。不过，当时给记者印象最深的是这些包装塑料袋上各式各样的环保宣传。以法国著名连锁超市“家乐福”的包装塑料袋为例，塑料袋一侧醒目地印着一个大灯泡，下方写着：请不要随地乱扔此袋，如把它放进垃圾箱得到回收后，它可为一只 60 瓦的灯泡提供 10 分钟照明所需能源。在包装袋另一侧写着：在我们商店里，这个袋子为您提供包装服务；回到家，它能作为您的垃圾袋；最后您可把它放到垃圾箱里，让它转化成其他能源。

这种潜移默化的宣传对公众影响巨大。记者曾采访过一些法国家庭，所有家庭成员，特别是未成年子女，都把节约塑料袋当成一种美德，许多家庭反复使用免费塑料袋，但由于这些被称为“一次性”的免费塑料袋不够结实，尽管公众愿多次使用，可使用二三次也就报废了。

正因为如此，三四年前，法国许多大型超市纷纷顺应环保需要和公众需求，相继推出了各具特色的耐用包装塑料袋，并同时停止提供传统“一次性”塑料袋。消费者只需在购物时一次性支付耐用包装塑料袋的费用，约为 15 欧分（约合 1.5 元人民币），此后，当包装袋损坏需更换时，超市都为消费者免费以旧换新。与以前的包装袋相比，这类耐用包装袋既大又结实，如果使用时在意些，连续使用几十次不成问题。

如今，在法国超市里已几乎看不见免费塑料袋的踪影，仅有一些个体商贩和小超市还向顾客提供免费塑料袋，但这些塑料袋大多比从前的结实耐用，而且几乎都是由可焚烧的塑料制成。

法国专家强调指出，尽管与以前相比，包装塑料袋对环境的危害已明显减少，但它们体积大、重量轻，加大了焚烧处理的难度。因此，还必须大力开发可生物降解等更加环保的塑料袋；继续推广免费为顾客以旧换新提供耐用塑料袋的环保便民方法；鼓励公众自备用结实材料制成的包装袋。

专家解释说，生产可生物降解塑料的原料不同，有的含有纤维素，有的含有淀粉和人造聚合物，或含有亚麻、大麻和椰子壳等天然纤维，但无论以什么材料制成，可生物降解塑料都难以达到 100%降解，而且降解程度和所需时间均与周围温度、湿度、土质等有直接关系。因此，无论使用可焚烧塑料，还是使用可降解塑料，都需要提倡节约，因为“最好是没有垃圾”。

过去，法国消费者衡量超市档次的一个标准是提供不提供免费塑料袋。而今，是否提供耐用塑料袋并免费更换成为他们评判一个超市是否具有环保意识的尺度。公众认识上这一根本性的转变得益于政府部门长期以来的宣传，公众时刻清醒地认识到，只有人人从我做起，从日常小事做起，才能保护好人类赖以生存的环境。

（资料来源：国家食品质量安全监督检验中心网站）

思考分析：从法国公众对塑料袋的选择上，我国的厂家、商家和消费者可以得到哪些启示？

6.3 商品包装技法

6.3.1 商品销售包装技法

销售包装技法是指销售包装操作时所采用的技术和方法。目前，商品销售包装的技法有：贴体包装技法、泡罩包装技法、收缩包装技法、拉伸包装技法、真空包装技法、充气包装技法、吸氧剂包装技法等。

1. 贴体包装技法

贴体包装技法是将单件商品或多件商品，置于带有微孔的纸板上，由经过加热的软质透明塑料薄膜覆盖，在纸板下面抽真空使薄膜与商品外表紧贴，同时以热熔或胶粘的方法使塑料薄膜与涂黏结剂的纸板黏合，使商品紧紧固定在其中。这种技法广泛地用于商品销售包装，它的特点是：通常形成透明包装，顾客几乎可看到商品体的全部，加上不同造型和有精美印刷的彩底，大大增加了商品的陈列效果；能牢固地固定住商品，有效地防止商品受各种物理机械作用而损伤，也能在销售中起到防止顾客触摸以及防盗、防尘、防潮等保护作用；往往能使商品悬挂陈列，提高货架利用率。贴体包装技法广泛适用于形状复杂、怕压易碎的商品，如日用器皿、灯具、文具、小五金和一些食品。

2. 泡罩包装技法

泡罩包装技法所形成的包装结构主要由两个构件组成：一个是刚性或半刚性的塑料透明罩壳（不与商品贴体）；另一个是可用塑料、铝箔或纸板作为原材料的盖板。罩壳和盖板两者可采用黏结、热封合或钉装等方式组合。这种技法广泛地用于药品、食品、玩具、文具、小五金、小商品等的销售包装。按照泡罩形式不同，可分为泡眼式、罩壳式和浅盘式三类。泡眼是一种尺寸很小的泡罩，常见的如药片泡罩包装；罩壳是一种用于玩具、文具、小工具、小商品的泡罩，类似于贴体包装的形式；浅盘是杯、盘、盒的统称，主要用于食品如熟肉、果脯、蛋糕等的包装。

泡罩包装技法的效果基本与贴体包装技法一样：具有良好的陈列效果；能在物流和销售中起保护作用；可适用于形状复杂、怕压易碎的商品；可以悬挂陈列、节省货位；可以形成成组、成套包装。泡罩包装技法还有不同于贴体包装的特点：泡罩包装有较好的阻气性、防潮性、防尘性，用于食品时清洁卫生，可增加货架寿命；对于大批量的药品、食品、小件物品，易实现自动化流水作业；泡罩有一定的立体造型，在外观上更吸引人。

3. 收缩包装技法

收缩包装技法是将经过预拉伸的塑料薄膜、薄膜套或袋，在考虑其收缩率的前提下，将其裹包在被包装商品的外表面，以适当的温度加热，薄膜即在其长度和宽度方向上产生急剧收缩，紧紧地包裹住商品。它广泛地应用于销售包装，是一种很有前途的包装技术。其特点是：所采用的塑料薄膜通常是透明的，经收缩紧贴于商品，能充分显示商品的色泽、造型，大大增加了陈列效果；所用薄膜材料有一定韧性，且收缩比较均匀，在棱角处不易撕裂；可将零散多件商品方便地包装在一起，如几个罐头、几盒磁带等，有的借助于浅盘，可以省去纸盒；对商品具有防潮、防污染的作用，对食品能起到一定的保鲜作用，有利于零售，延长货架寿命；可保证商品在到达消费者手中之前保持密封，防止启封、偷盗等。

4. 拉伸包装技法

拉伸包装技法是用具有弹性（可拉伸）的塑料薄膜，在常温和张力作用下，裹包单件或多件商品，在各个方向上牵伸薄膜，使商品紧裹并密封。它与收缩包装技法的效果基本一样，其特点是：采用此种包装不用加热，适合于那些怕加热的产品如鲜肉、冷冻食品、蔬菜等；可以准确地控制裹包力，防止产品被挤碎；由于不需加热收缩设备，可节省设备投资和设备维修费用，并可节省能源。

5. 真空包装技法

真空包装技法是将产品装入气密性的包装容器，密封前在排除包装内的气体，使密封后的容器内达到一定真空度，此法也称减压包装技法。真空包装技法的特点是：用于食品包装，能防止油脂氧化，维生素分解、色素变色和香味消失；用于食品包装，能抑制某些霉菌、细菌的生长和防止虫害；用于食品软包装，进行冷冻后，表面无霜，可保持食品本色，但也往往造成褶皱；用于轻泡工业品包装，能使包装体明显缩小（有的缩小50%以上），同时还能防止虫蛀、霉变。

6. 充气包装技法

充气包装技法是将产品装入气密性的包装容器内，在密封前，充入一定惰性气体，置换内部的空气，从而使密封后容器内仅含少量氧气（1%～2%），故也称为气体置换包装技法。这种技法的特点是：用于食品包装，能防止氧化，抑制微生物繁殖和害虫的发育，能防止香气散失、变色等，从而能较大幅度地延长保存期；对于粉状、液状以及质软或有硬尖棱角的商品都能包装；用于软包装，外观不起褶皱而美观；用于日用工业品包装，能起防锈、防霉的作用；但因内部有气体，不适合进一步加热杀菌处理。

7. 吸氧剂包装技法

吸氧剂包装技法是在密封的包装容器内，使用能与氧气起化学作用的吸氧剂，从而除去包装内的氧气，使内装物在无氧条件下保存。目前吸氧剂包装技法主要用于食品保鲜、礼品、点心、蛋糕、茶叶等，还用于毛皮、书画、古董、镜片、精密机械零件及电子器材等的包装。吸氧剂包装技法的特点是：可完全杜绝氧气的影响，防止氧化、变色、生锈、发霉、虫蛀等；能把容器内氧气全部除掉，可使商品在包装容器内长时间处于无氧状态下保存；方法简便，不需大型设备。

6.3.2 商品运输包装技法

商品运输包装技法是指在运输包装作业时所采用的技术和方法，常用的有以下几种方法。

1. 一般包装技法

针对产品不同形态特点而采用的技术和方法，是多数产品都要采用的，因而称为一般包装技法。对于不同形态的产品如何进行包装，一个中心问题是如何合理选择内外包装的形态和尺寸。所以，一般包装技法通常包括以下几种。

（1）内装物的合理置放、固定和加固。

（2）对松泡产品应压缩体积。

（3）内、外包装形状尺寸的合理选择。

（4）包装外的捆扎。

2. 缓冲包装技法

缓冲包装又称防震包装，是为减缓内装物受到冲击和震动而损坏，采取一定防护措施的包装方法。缓冲包装技术方法主要有妥善衬垫、现场发泡、浮吊包装和机械固定等。

（1）妥善衬垫。衬垫的作用是在包装系统中，在内装物间、内装物与容器之间、包装件与地面、外物之间，受外来冲击、震动作用时，保持适当的缓冲余地和阻尼力。典型的衬垫方式有全面衬垫、二端与四角和八角的衬垫、侧衬垫与底衬垫等。

家用电器、精密仪器等，常用泡沫塑料衬垫；玻璃、陶瓷器皿等，常在包装箱内加瓦楞纸板衬垫，如瓦楞纸箱制成多层折叠式盛装玻璃器皿与瓷器；或用带有固定内格的塑料箱来盛装瓶装商品；精密仪器、电子产品等包装容器内塞满防震填充剂，如胶黏丝、木纤维、纤维素填料、泡沫塑料颗粒等。

（2）现场发泡。这种方法采用泡沫体在现场喷入外包装内成型，能将任何形状的物品包裹住，起到缓冲衬垫作用。现场发泡适用于玻璃陶瓷制品、各种仪器、家用电器、工艺品和其他不规则商品的包装。

（3）浮吊包装。浮吊包装适用于防震要求较高的产品，如精密仪器、仪表、机电设备等。其方法是将产品放入纸盒，产品与纸盒间各面用柔软泡沫塑料衬垫，盒外用帆布包缝或装入胶合板箱，再用弹簧张吊在外包装箱内，使内装物悬浮吊起，通过弹簧及泡沫塑料起缓冲作用。

（4）机械固定。机械固定可用橡胶模压件将物品的金属件连接，把橡胶件紧扣包装箱内。大型工具可利用其底脚孔，经螺栓与箱底或滑木连接固定或木框固定，再将木框拴在箱板上。

3. 防潮包装技法

防潮包装技法是指采用防潮材料对产品进行包封，以隔绝外部空气相对湿度的变化对产品的影响，使得包装内的相对湿度符合产品的要求，从而保护商品质量的方法。在具体进行防潮包装时，应注意以下几点：

（1）产品在包装前必须是清洁干燥的，不清洁处应先进行适当的处理，不干燥时应先进行干燥处理。所用缓冲衬垫材料应采用不吸湿或吸湿性小的材料，不干燥时应进行干燥处理。

（2）防潮阻隔性材料应具有平滑一致性、无针孔、砂眼、气泡及破裂等现象。

（3）产品有尖突部，并可能损伤防潮阻隔层时，应预先采取包扎等保护措施。

（4）为防止在运输途中损伤防潮阻隔层材料，应使用缓冲衬垫材料予以卡紧、支撑和固定，并应尽量将其放在防潮阻隔层的外部。

（5）应尽量缩小内装物的体积和防潮包装的总表面积，尽可能使包装表面积对体积的比率达到最小。

（6）防潮包装应尽量做到连续操作，一次完成包装，若要中间停顿作业时，则应采取有效的临时防潮保护措施。

（7）包装场所应清洁干燥，温度应不高于35℃，相对湿度不大于75%，温度不应有剧烈变化以避免发生结露现象。

（8）防潮包装的封口，不论是黏合还是热封合，均须良好地密封。

4. 防锈包装技法

防锈包装技法是在运输储存金属制品与零部件时，为防止其生锈而降低价值或性能所采用的各种包装技术和方法。在进行防潮包装操作时，应注意：

（1）作业场所的环境应尽量对防锈有利，有可能的话，应进行空气调整，最好能在低湿度、无尘和没有有害气体的条件下进行包装。

（2）进行防锈包装时，特别应使包装内部所容空气的容积达到最小，这能减少潮气、有害气体和尘埃等的数量。

（3）在处理包装金属时，不要沾上指纹、留下指汗，否则要妥善地进行处理。

（4）要特别注意防止包装对象的突出部分和锐角部分的损坏，或因移动、翻倒使隔离材料遭到破坏，因此在应用缓冲材料进行堵塞、支撑和固定等方面，要比其他一般包装更周密。

5. 防霉包装技法

防霉包装技法是为防止霉菌侵袭内装商品或霉菌的生长污染商品，影响商品质量所采取的一种防护措施，对内装商品起到防霉保护的作用。为使商品和包装不利于霉菌的生长，可以在所用的材料上，或选用抗菌性强的材料如金属材料；或改进材料的配方和工艺提高其抗霉性，如减小塑料中有利于霉菌生长的增塑剂、稳定剂等有机物质的含量；或加工时在涂布过程中加入防霉剂，杀死或抑制霉菌的生长。

6．集合包装

集合包装是将一定数量的商品或包装件，装入具有一定规格、强度和长期周转使用的更大包装容器内，形成一个更大的搬运单元的包装形式。它包括集装箱、集装托盘、集装袋和滑片集装、框架集装与无托盘集装等。其中常见的是集装箱、集装托盘。

集装箱的出现和发展，是包装方法和运输方式的一场革命，它的出现为实现运输管理现代化提供了条件。集装箱有多种类型，按照集装箱的不同用途可分为通用集装箱与专用集装箱两大类；按照集装箱的结构形式可分为保温式集装箱、通风集装箱、冷藏集装箱、敞顶式集装箱、平板式集装箱、罐式集装箱、散装货集装箱、牲畜集装箱、折叠式集装箱、柱式集装箱、挂式集装箱、多层合成集装箱和航空集装箱等；按集装箱的制造材料可分为钢质集装箱、铝合金集装箱、玻璃钢质集装箱。如图 6-1 所示为集装箱式样。

集装托盘又称集装盘，简称托盘，是为了便于运输、装卸和储存，在一件或一组货物下面附加一块垫板，板下有脚，形成插口，方便铲车的铲叉插入，便于进行搬运、装卸、堆码作业。集装托盘兼备包装容器和运输工具双重作用，它的最大特点是使装卸作业化繁为简，完全实现机械化；同时可简化单体包装，节省包装费用，保护商品安全，减小损失和污染；还能够进行高层堆垛，合理利用存储空间。集装托盘按其结构形式分为平板式托盘、格式托盘、立柱式托盘、塑料垫块托盘和三合箱式托盘、滑片托盘等多种，如图 6-2 所示为托盘式样。

图 6-1　集装箱式样

图 6-2　托盘式样

[案例 6.2]　什么是绿色包装

绿色包装是指符合环保要求的包装。绿色包装首先要求用料要节约资源，力求减少废弃物量，用后易于回收、重复使用或再生为其他有用之材。其次是焚烧时可回收热能，不会产生毒害性气体，填埋时少占用土地并能自然降解。实现绿色包装可通过如下几个途径：

（1）简化包装，节约材料，既降低了成本，又减轻了环境污染，更主要的是树立了企业的良好形象，拉近了同消费者的距离。

（2）包装重复使用或回收再生，如在日本兴起了多功能包装，这种包装用过之后，可以制成展销陈列架、储存柜等，实现了包装的再利用。

（3）开发可分解、降解的包装材料，目前已开发研制出多种可降解塑料。如有的塑料包装品能够在被弃埋入土壤后，成为土壤中微生物的食物，在很短时间内化为腐殖质。

（资料来源：中国环境报 2007 年 12 月 4 日）

思考分析：试举例分析我们日常生活中的商品包装哪些属于绿色包装？实现商品的绿色包装我们还要做哪些努力？

6.4 商品包装标志

为了便于商品的流通、销售、选购和使用，在商品包装上通常都印有某种特定的文字或图形，用以表示商品的性能、储运注意事项、质量水平等含义，这些具有特定含义的图形和文字称为商品包装标志。它的主要作用是便于识别商品，便于准确迅速地运输货物，避免差错，加速流转等。

6.4.1 商品销售包装标志

商品的销售包装标志一般指附属于商品销售包装的一切文字、符号、图形及其他说明。主要包括下列内容。

1. 销售包装的一般标志

（1）基本内容。一般商品销售包装标志的基本内容包括：商品名称、生产厂名和厂址、产地、商标、规格、数量或净含量、商品标准或代号、商品条形码等。对已获质量认证或在质量评比中获奖的商品，应分别标明相应的标志。

（2）食品。根据国家标准《食品标签通用标准》的规定，食品的销售包装上必须标注：食品名称、配料表、净含量及固形物重量、厂名、批号、日期标志及储藏指南、食（使）用方法指导、质量等级、商品标准代号等。除上述九项应标明的内容外，应在包装标签上标明商标及商品条码，属保健食品的必须标有保健食品标志。

（3）日用工业品。除基本内容外，还须标注主要成分、净含量、性能特点、用途、使用方法、保养方法、生产日期、安全使用期或失效日期、品级、批号等。

（4）进口商品。在每个小包装上必须用中文标注：商品名称、产地的国名和地方名、中国代理商或总经销商的名称、详细地址。对关系到人身财产安全的商品，对其标注的内容还有更详细的规定。如家用电器商品、化妆品等必须在每个销售包装上标有中文说明、中国商检局 CCIB 安全检测标志；动植物商品必须在每个小包装上贴有中国动植物检疫局发放的标志；进口预包装食品的每个小包装上必须贴有 CHF 中国卫生检疫标志等。

另外，随着对环境保护的重视，各国在商品包装方面，力求对包装物的再生利用，对可回收的包装物，应该在罐盖上或包装上注明识别标记，（标志图形请参见图 8-2）。

2. 商品的质量标志

商品的质量标志就是在商品的销售包装上一些反映商品质量的标记。它说明商品达到的质量水平。主要包括：优质产品标志、产品质量认证标志、商品质量等级标志等。

3. 使用方法及注意事项标志

商品的种类用途不同，反映使用注意事项和使用方法的标志也各有不同。如我国服装已采纳的国际通用的服装洗涤保养标志等。

4. 产品的性能指示标志

用简单的图形、符号表示产品的主要质量性能。如电冰箱用星级符号表示其冷冻室的温度范围。

5. 销售包装的特有标志

销售包装的特有标志指名牌商品在其商品体特定部位或包装物内的让消费者更加容易识别本品牌商品的标记。它由厂家自行设计制作，如名牌西服、衬衫、名优酒等都有独特的、精致的特有标志。

6. 产品的原材料和成分标志

产品的原材料和成分标志是指有国家专门机构经检验认定后，颁发的证明产品的原材料或成分的标志。如目前已实施的属于此类的标志有：绿色食品标志、纯新羊毛标志、真皮标志等。

7. 商品使用说明

商品使用说明是一种由文字、符号、图示、表格等分别或组合构成，向消费者传递商品信息和说明有关问题的工具。商品使用说明是交付商品的组成部分，是保护消费者利益的一种手段。商品使用说明，可分使用说明书、在商品或包装上的使用说明和说明性标签三种。

6.4.2 商品运输包装标志

运输包装标志是用简单的文字或图形在运输包装外面印刷的特定的记号和说明事项，以便于商品的储存、运输和装卸。运输包装标志按表现形式，可分为文字标志和图形标志；按内容和作用，它又可分为运输包装收发货标志、包装储运图示标志和危险品货物包装标志等。

1. 运输包装收发货标志

运输包装收发货标志是运输过程中识别货物的标志，也是一般贸易合同、发货单据和运输保险文件中有关标志事项的基本部分。

运输包装收发货标志通常印刷在外包装上，其内容如下。

（1）分类标志（代号 FL）：用几何图形和简单的文字表明商品类别的特定符号。

（2）供货号（GH）：供应该货物的供货清单号码（出口商品用合同号码）。

（3）货号（HH）：商品顺序编号，以便出入库、收发货登记和核定商品价格。

（4）品名规格（PG）：商品名称或代号，标明单一商品的规格、型号、尺寸、花色等。

（5）数量（SL）：包装容器内含商品的数量。

（6）重量（ZL）：包装件的重量（kg），包括毛重和净重。

（7）生产日期（CQ）：产品生产的年、月、日。

（8）生产工厂（CC）：生产该产品的工厂名称。

（9）体积（TJ）：包装件的外径尺寸（体积＝长×宽×高）。

（10）有效期限（XQ）：商品有效期至××××年××月。

（11）收货地点和单位（SH）：货物到达站、港和某单位（人）收。

（12）发货单位（FH）：发货单位（人）。

（13）运输号码（YH）：运输单号码。

（14）发运件数（JS）：发运商品的件数。

上述各项标志内容，除一定要有分类标志外，其他各项可合理选用。外贸出口商品根据国外客户要求，以中、外文对照的形式，印制相应的标志和附加标志。

分类标志的图形、收发货标志的字体、颜色、标志方式、标志位置等，在 GB 6388—86《运输包装收发货标志》标准中均有具体规定，如图 6-3 所示。

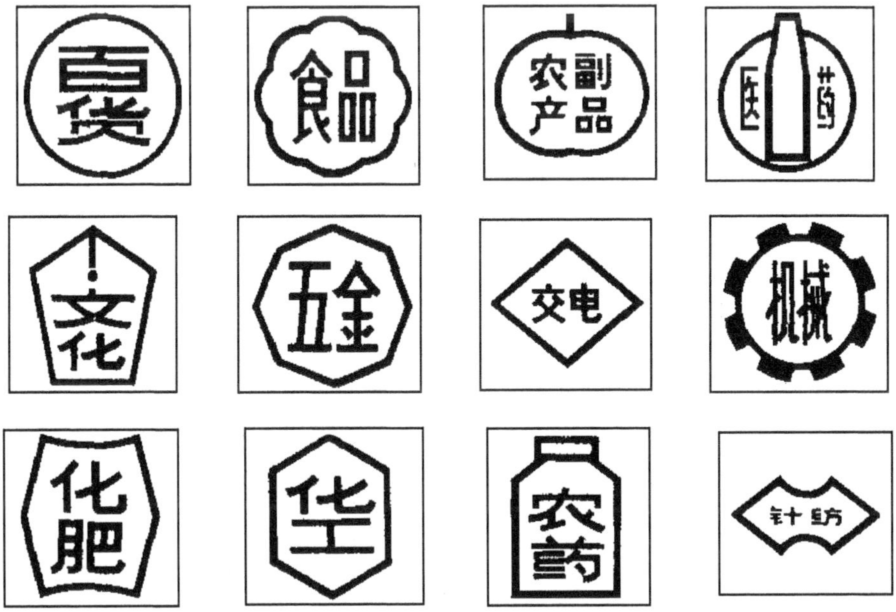

图 6-3 商品分类图形标志

2. 包装储运图示标志

包装储运图示标志根据不同商品对物流环境的适应能力，用醒目简洁的图形和文字标明在装卸运输及储存过程中应注意的事项。GB 191—90《包装储运图示标志》标准规定了以下几种标志，如图 6-4 所示。

3. 危险品货物包装标志

危险品包装标志是用来标明化学危险品的专用标志。为了能引起人们特别警惕，此类标志采用特殊的彩色或黑白菱形图示。GB 190—90《危险货物包装标志》标准规定了包括爆炸品、易燃气体、不燃气体、有毒气体、易燃液体、易燃固体、自燃物品、遇湿易燃物品、氧化剂、有机过氧化物、剧毒品、有毒品、有害品（远离食品）、感染性物品、放射性物品、腐蚀品和杂类共9类，17种标志名称，21个图形，如图6-5所示。

图6-4 包装储运图示标志

（符号：黑色；底色：橙红色）

（符号：黑色；底色：橙红色）

（符号：黑色；底色：橙红色）

（符号：黑色或白色；底色：正红色）

（符号：黑色或白色；底色：绿色）

（符号：黑色；底色：白色）

（符号：黑色或白色；底色：正红色）

（符号：黑色；底色：白色红条）

（符号：黑色；底色：上白下红）

（符号：黑色或白色；底色：蓝红色）

（符号：黑色；底色：柠檬黄色）

（符号：黑色；底色：柠檬黄色）

（符号：黑色；底色：白色）

（符号：黑色；底色：白色）

（符号：黑色；底色：白色）

（符号：黑色；底色：白色）

（符号：黑色；底色：白色，附一条红竖条）

（符号：黑色；底色：上黄下白，附二条红竖条）

（符号：黑色；底色：上黄下白，附三条红竖条） （符号：上黑下白；底色：上白下黑） （符号：黑色；底色：白色）

图 6-5 危险品货物包装标志

6.5 商标

6.5.1 商标的概念和作用

1．商标的概念

商标俗称“牌子”，是指商品生产者或商品经营者为了使自己生产或销售的商品，在市场上与其他商品相区别而使用的一种标志，这种标志通常用文字、图形或文字、图形的组合图案构成。

2．商标的特征

商标具有从属商品经济的属性。商标是商品经济发展的产物，是随着商品生产、交换的发展而出现的商业性标志。商标的使用者是商品生产者或经营者，而不是消费者。标志物是商品，而不是物品。标志的目的是为了出售商品。

商标具有显著性。商标必须具有能够与其他商品相区别的显著特征，使不同厂商的商品能够区别、比较和鉴定。商标是商品生产者或经营者的独特标记，是企业名声、商品信誉和评价的象征。

商标使用的文字、图形或者组合，应当有显著特征便于识别。使用注册商标，应当标明“注册商标”或者注册标记如“注册”“R”等。

商标享有专有性。经过注册的商标使用在“一定范围”和“一定质量”的商品上，他人不得冒用和侵权。“专用”、“排他”是注册商标最本质的含义。

商标具有竞争性。商标在消费者心目中形成的形象，反映了商品生产者或经营者的信誉，标志着商品的一定质量。商标在市场竞争中，可以起到广告和推销员的作用，使消费者认商标选购。

3．商标与品牌的关系

美国市场营销协会对品牌的定义是：品牌是一种名称、术语、符号或设计，或是它们的组合运用，其目的是借以辨认某个生产经营者或某群生产经营者的产品或服务，并使之与竞争者的产品或服务区别开来。

品牌标志和名称是品牌的一个组成部分，但并不是品牌的全部。品牌标志是指品牌中可识别但不能用言语表达的部分，包括符号、图案或专门设计的颜色、字体等。品牌名称则是指品牌中可用语言表达的部分。

商标是品牌或品牌中的一部分，一般是品牌标志和品牌名称。商标是经过法律程序和法律确认的，受到法律保护的品牌。

4. 商标的作用

商标是商品的记号，它代表向消费者提供的一组特定的属性、利益、服务、价值、个性以及文化。它的作用包括以下几方面：

（1）识别商品的不同生产者或经营者。区别不同的商品生产者、经营者是商标最重要、最本质的功能。市场上，同类商品竞争激烈，消费者可以通过商标识别厂家，指“牌”购买。

使用商标可以增加顾客对商品的信任感，如果商品质量发生问题，商标可以使消费者的利益得到保护。

（2）有利于保护企业利益。注册商标受到法律保护，可以防止竞争对手的仿制侵犯。

（3）有利于保持老客户。消费者一旦对某种商品的属性产生偏好以后，就会形成“品牌忠诚”现象，即在相当长的时间内保持对这一品牌的购买选择。

（4）有利于树立企业形象。品牌总是与企业形象联系在一起的，良好的品牌有利于使消费者对企业产生好感。

（5）有利于经济发展。商标是厂家信誉的一种标志，往往成为消费者选择商品的重要依据。商标信誉的好坏决定了商品的竞争力。“优胜劣汰”的市场竞争规则，促使企业不断提高商品质量，保证了名优商品的市场占有率。国家通过“驰名商标”的评定，使市场更加健康繁荣发展。商标的实施使国家、企业、个人三者的利益得到合理的维护，促进了经济发展。

6.5.2 商标的分类

商标的分类，尚无统一划分标准。通常以商标的外观结构、用途，商标的使用和商标的管理等作为标志来划分。

1. 按商标的结构划分

（1）文字商标。它是指由文字构成的商标。文字包括各种文字、数字和字母。如汉字商标“全聚德”（烤鸭），英文商标“IF”（化妆品），字母商标“SONY”（电器），数字商标“999”（药品）。

文字商标易读、易记，不易混淆，准确度高。但不识该种文字的受众来说，这些优点就不存在了。文字商标要尽量简短，在不同语系的目标市场，译成该目标市场的文字应易于识读，并且词意能符合当地人们的喜好。

（2）图形商标。图形商标是指由图形组成的商标。因为图形商标不受语言文字的限制，不论任何国家，只要能识别图形就会叫出商标的名称。如“长城”商标，给人一看就有明白的感觉。图形商标不便于称呼，所以单独使用较少。

（3）记号商标。记号商标是用某种记号构成的商标。记号作为产品的标志起源很早，据史书记载，一万多年前的一些古陶器上就刻有各种记号。古代一些产品有不少用记号标志，就是现在也有简单的记号作为商标的，不过我国商标法没有规定记号商标，但在实践中仍然有人使用。

（4）组合商标。组合商标是由文字、图形或记号组合的商标。如法国一家体育用品公司的“雄鸡”商标文字是“LeCoqSportif”，意为“雄鸡”，是商标名称，上方印有一只昂首挺立的雄鸡，是品牌标志。这种商标在我国也是普遍采用的形式，如“海尔”商标。组合商标易于识别，便于呼叫，所以容易被人们接受。

2．按商标的用途分类

（1）营业商标。它是指以生产或经营的企业名称、标记作为商标，即用商号或厂标作为商标。如中国的“同仁堂”中药、美国的“福特”汽车等。营业商标有特殊的作用，在宣传商品的同时又宣传了企业，有助于提高企业的知名度。

（2）商品商标。它又称“个别商标”，是指为了将一定规格、品种的商品与其他的商品区别开来，在个别商品上使用的商标。如不同规格的轮胎，分别使用“骆驼”、“金鹿”、“工农”牌等商标。

（3）等级商标。等级商标是指同一企业、同一类商品因不同规格、质量而使用的系列商标。

（4）保证商标。保证商标也称证明商标，主要是指专为说明质量而使用的商标。通过提供质量证明，使商品对消费者具有巨大的吸引力，便于打开销路，占领市场。如纯羊毛标志，绿色食品标志，真皮标志。

（5）服务商标。服务商标是用于区别提供不同的服务项目或行业的商标。服务商标在国际分类中，主要有以下八类：广告与实务、保险与金融、建筑与修理、交通、运输与储藏、教育与娱乐、材料处理、杂务。服务商标的表现形式有图形、字母、符号、呼号、乐曲等。服务商标（服务标记）一般不用于商品流通，不随商品交换，是服务行业或企业所使用的行业标志和企业标志。

3．按商品使用者划分

（1）制造商标。制造商标是指表示商品制造者的商标，又称“生产商标”。这种商标往往与厂标一致。如日本“日立”电器公司的“日立牌”商标。使用这种商标是为了区别制造者与销售商。

（2）销售商标。它是指销售者（经营者）销售商品而使用的商标，也称“商业商标”，是销售者为了使自己经营的商品与其他经营的商品相区别而使用的商标。这种商标常在生产者实力较弱，销售者享有盛誉的时候使用。世界上著名的大零售商如西尔斯、马狮、沃尔玛公司已有 90%以上的产品使用公司品牌。

6.5.3 商标的设计原则

1. 根据《中华人民共和国商标法》的要求，商标设计必须遵守的原则

（1）注册商标应有标记。为了区别注册商标，注册商标应该有标记，以便消费者识别。注册的商品标记方法在商标旁加注“注册商标”、“注册”“®”“R”（Registered Trademark的缩写）。

商标的设计要根据《中华人民共和国商标法》的要求，注意充分发挥商标的作用。

（2）商标的设计应符合商标禁用条款。商标禁用条款规定了10种情况不得用于商标：同中华人民共和国的国家名称、国旗、国徽、军旗、勋章相同或者近似的；同国外的国家名称、国旗、国徽、军旗相同或者近似的；同政府间国际组织的旗帜、徽记、名称相同或者近似的；同“红十字”、“红新月”的标志、名称相同或者近似的；本商品的通用名称和图形；直接表示商品的质量、主要原料、功能、用途、重量、数量及其他特点的；带有民族歧视性的；夸大宣传并带欺骗性的；有害于社会主义道德风尚或者有其他不良影响的；县级以上行政区划的地名或者公众知晓的外国地名，不得作为商标，但是地名具有其他含义的除外；已经注册的使用地名的商标继续有效。

（3）商标要具备显著性特征。在同一种商品或类似商品上，不能使用与他人的注册商标相同或者相似的商标，否则将构成侵权行为。

2. 为了充分发挥商标作用，商标设计应该遵循的原则

（1）商标要具有审美性。商标设计要符合消费者审美心理的要求，达到形象性、艺术性、新颖性、时代性、民族性、象征性的高度统一。因此，商标名称要能启发联想，商标的标志要具有艺术感染力。

（2）商标要适应市场环境。具体地说，是要适应目标市场上消费者的文化价值观念。商标不仅要适应目前目标市场的文化价值观念，而且也要适应潜在市场的文化价值观念。文化价值观念是一个综合性的概念，它包括风俗习惯、宗教信仰、价值观念、民族文化、语言习惯、民间禁忌等。不同的地区具有不同的文化价值观念。因此，品牌经营者要想使品牌进入新的市场，首先必须入乡随俗，要设计适应当地市场文化环境并被消费者认可的商标。根据环境适应性原则，设计商标时要考虑其适应性越宽越好，这样才有利于商品的发展。

（3）稳定适时原则。商标要为消费者熟知和信任，就必须长期使用，长期宣传，在消费者的心目中扎根。但也要不断改进，以适应市场环境的需要。

6.5.4 商标管理

商标管理是国家商标主管部门为了保护商标权，维护消费者的利益和社会经济秩序，根据商标法律制度，对商标注册和商标使用有关行为进行监督、检查、协调、控制和服务的活动。

1．商标管理的基本原则

（1）保护商标专用权原则。商标设计、宣传都是社会必要劳动的产物。商标越受人喜欢、知名度越高，所花费的社会必要劳动时间就越多，其价值也越高。保护商标专用权，就是从法律上承认企业在商标信誉里凝结着“个别劳动”“特殊劳动”的差别，进而承认并保护由于这种差别所带来的不同利益，促进企业着眼于市场需求，在商品质量上下工夫，从而促进经济的健康发展。

（2）维护消费者利益原则。商标是商品的标志，商标信誉的高低主要取决于商品质量的优劣。企业凭借商标信誉占领市场，消费者则凭借商标选购商品。维护消费者利益原则，是指商标主管机关通过商标管理监督商品质量，查处利用商标损害消费者利益的行为，从而保证消费者得到高质量的商品。

2．商标使用管理

（1）对注册商标的使用管理。商标管理机关依法保护注册人行使商标专用权，同时监督注册，履行其应该承担的义务。

商标专用权的内容包括商标的使用权和禁止权。商标使用权是指商标注册人有权在核定的商品上使用其注册商标。商标禁止权是指商标注册人有权禁止其他人在同一种商品或者类似商品上使用与自己的注册商标相同或者相近的商标。商标管理机关通过对商标的管理，使商标权人的利益得到法律保障。

商标权人的义务有三项：第一，必须在法律规定的范围内行使权利，履行法定手续，而不得滥用权利；第二，必须对使用商标的商品质量负责；第三，必须按规定缴纳各种费用。商标管理机构监督商标权人履行其义务，以保证商品质量，维护商标的有效性。

此外，商标管理局还要指导注册人规范地使用商标。

（2）对未注册商标的使用管理。商标实行自愿注册制度，企业可以根据其生产经营能力和需要自行决定注册与否。没有注册的商标（品牌）也是商品上的一种标志，但不享有商标专有权，当该商标与他人的注册商标相同或近似时，便构成侵权行为；当他人未注册的商标与之相同或相似，也得不到法律的保护。商标管理机构从保护商标权、维护社会经济秩序出发，应当对未注册商标进行管理。

对国家规定必须使用注册商标的商品加强检查。为了保护人民群众的生命健康，国家对少数与人民健康和安全密切相关的商品实行严格管理。规定必须使用注册商标的商品，必须申请注册商标。未经核准注册的，不得在市场上销售。工商行政管理机关应加强对未来注册商标使用行为的监督检查，主要是检查有无擅自在商品或包装上加注注册标记，冒充注册商标的；检查有无违反商标法的规定将禁用标记和县级以上行政区划名称以及公众知晓的外国名称作为商标使用的。除此以外，还应检查并督促未注册商标使用人在生产经营的商品上标明企业名称、地址等责任标记。凡发现未注册商标与他人注册商标相同或近似的，应坚决禁止使用。

[案例 6.3]　真皮标志

真皮标志是在国家工商行政管理局注册的证明商标，凡佩挂真皮标志的皮革产品都具有三种特性：该产品是用优质真皮制作的；该产品是做工精良的中高档产品；消费者购买佩挂真皮标志的皮革产品可以享受良好的售后服务。不是用真皮制作的产品就不能佩挂真皮标志，欲佩挂真皮标志，需经过中国皮革工业协会严格的审查，批准后方可佩挂。中国皮革工业协会每年都要对其进行质量检测，以保证产品质量。真皮标志如图 6-6 所示。

图 6-6　真皮标志

真皮标志的注册商标是由一只全羊、一对牛角、一张皮形组成的艺术变形图案。整体图案呈圆形鼓状，图案中央有 GLP 三个字母，是真皮产品的英文缩写，图案主体颜色为白底黑色，只有三个字母为红色。图案寓意：牛、羊、猪是皮革制品的三种主要天然皮革原料，图案呈圆形鼓状，一方面象征着制革工业的主要加工设备转鼓，另一方面象征着皮革工业滚滚向前发展。

“真皮标志”是 1994 年中国皮革协会以法人资格在国家工商行政管理局注册的证明商标。“真皮标志”是国家工商行政管理局在我国实施证明商标的首例试点，也是在新形势下探索行业协会进行质量自律的试点。目前，全国佩挂“真皮标志”产品的企业已有 400 多家。佩挂“真皮标志”不仅表示该产品具有优秀的质量，同时具有良好的售后服务。“真皮标志”不搞终身制。根据《真皮标志章程》的规定，中国皮革协会每两年向社会推荐皮鞋、皮衣等产品的排头企业。

“真皮标志”造就了一批中国皮革品牌，这些企业在发展的同时，也强化了“真皮标志”的品牌效应。它们不仅在国内市场唱主角，还先后以不同形式走出国门拓展国际市场，或开专卖店，或收购经营，或合作互惠，或投资建厂等，康奈、森达、奥康等“真皮标志”品牌在国际市场已小有名气，在海外树立了中国皮革行业优秀品牌的良好形象。全国人大常委、中国轻工业联合会会长陈士能曾给予较高的评价，认为“它已经成为实施行业质量自律、铸造培育行业品牌的成功样板与平台。“真皮标志”已在 14 个国家进行了注册，目前正筹备在更多的国家注册。通过广泛、深入的国际宣传，“真皮标志”和“真皮标志生态皮革”已经在国际上引起强烈的反响，芬兰零售商协会表示出对“真皮标志”和“真皮标志生态皮革”的特别关注，英国、德国、美国等行业组织和厂商也对“真皮标志”和“真皮标志生态皮革”产生了极大兴趣。一些国外买家纷纷明确表示，只在佩挂“真皮标志”和“真皮标志生态皮革”标牌的中国企业中寻找合作伙伴。

（资料来源：根据网络资料整理）

问题：请再举 2～3 个证明商标的例子，并分析证明商标的作用。

分析提示：（以“真皮标志”为例）“真皮标志”是在国家工商行政管理局注册的证明商标。证明商标是市场经济发展的产物。我国商标法对证明商标的实施做了明确规定。证明商标是经国家工商行政管理局批准注册，用以证明产品的原料、制作方式、质量或其他特点的一种标志。证明商标与普通商标的主要区别在于证明商标不表明产品的来源，而只表明产品具有某种特定品质。

证明商标的使用是对公众消费的一种引导，既能让消费者方便地选择自己需要的商品，又能切实保护消费者的利益，有利于促进企业提高产品质量，同时也是打击假冒伪劣产品的有力措施。“真皮标志”标牌是“真皮标志”产品的唯一标志，皮革制品上挂有“真皮标志”标牌，表明此产品是“真皮标志”产品。消费者在购买“真皮标志”产品时，请注意该产品是否挂有“真皮标志”标牌。消费者只有购买佩挂“真皮标志”的皮革制品，才能享受经销商、生产厂家和中国皮革工业协会三方的售后服务。

[案例 6.4]　过度包装几时休

一盒市场零售价仅为25.8元的百克装咖啡，配上精装礼盒，内衬中杯、调羹勺、杯托等物品，标价便高到168元；一瓶52度的水晶盒装酒，标明会员价为920元，而同样品牌、同样度数的简装品市场零售价仅为330元。

目前在各大超市、烟酒专卖店，一些商品特别是用来送礼的商品，过度包装及搭售贵重物品现象比比皆是。如市场价格为460元一条的香烟，加上一个外包装盒、一个打火机和水晶烟灰缸就卖到620元；一瓶52度的白酒，简装瓶价码为280元，一旦“躺”进绸缎盒，外加一个仿古酒盅，标价就直冲800元。而以锦缎木盒、水晶礼盒、镀金仿古欧洲火炮酒架等包装的商品随处可见，而商品视包装豪华程度不同，售价也水涨船高。

一种名为“赤霞珠”的干红葡萄酒，在超市酒类专柜标价为65元每瓶。而在高档酒类专柜，同样品名的酒，装在精致的木制盒内，包装上标明“珍藏版”，售价就变成288元。

一家烟酒专卖店的柜台里摆放着一排精致的盒子，标签上商品名目一栏写着“精致打火机”，最贵的为4800元。据老板解释，这里的打火机属于高档产品，包装外壳全部用贵重水晶材料制作，光盒子就值几百元。

在某超市内，一个装有300克“碧螺春”的高档茶叶大礼盒卖到600多元。而同等质量的散装碧螺春在同一家超市则以每0.05公斤50元的价格出售。

消费者纷纷叹苦：“现在许多商品包装比商品贵，这是卖包装还是卖商品？”

（资料来源：燕赵都市报2005.8.15）

以上资料中提到的商品包装现象就是“商品过度包装”。备受消费者以及保健品、化妆品、食品等企业关注的《限制商品过度包装通则》（以下简称《通则》）国家强制性标准已经于2007年8月通过审定。该《通则》对过度包装做了详细的规定，像保健品、化妆品、部分食品、糕点（不包括月饼）、茶叶的包装不能超过三层，粮谷的包装不能超过两层。包装空隙率方面，保健品不得高于30%，化妆品不得高于55%等。

根据以上资料，结合自己的市场调查，查阅《通则》内容，试分析商品过度包装产生的原因，并说明限制商品过度包装的必要性。

本章小结

商品包装在经济生活中具有重要意义，在生产、流通和消费中具有保护功能、容纳功能、便利功能和促销功能。

以包装在商品流通过程中的作用分类，分为销售包装和运输包装。销售包装起着直接保护商品、宣传和促进商品销售的作用；运输包装的主要功能是保护商品，方便运输、装卸和储存。

包装的主要材料有纸和纸板、金属、塑料、玻璃陶瓷、竹木、纤维制品、复合材料等。每种材料各有特点和适宜性。

商品销售包装的技法有贴体包装技法、泡罩包装技法、收缩包装技法、拉伸包装技法、真空包装技法、充气包装技法、吸氧剂包装技法等。运输包装包括缓冲包装、防潮包装、防锈包装、防霉包装和集合包装等。

商品包装标志在商品销售包装上表现为商品使用说明或商品标签，在商品运输包装上则表现为商品包装标志。运输包装标志分为收发货标志、包装储运图示标志和危险品货物包装标志三种。

商标是商品销售包装上的重要标志，它使商品生产者或经营者自己生产或销售的商品与其他商品相区别开来，这种标志通常用文字、图形或文字、图形的组合图案构成。商标的设计与使用应遵循国家相关的法规。

关键术语

商品包装　销售包装　运输包装　集合包装　商品包装标志　商标　证明商标　制造商标　销售商标　真皮标志　过度包装

实训项目

1．通过调查，分析说明为什么说“商品包装是无形的推销员”？

2．就所熟悉的某一商品的销售包装，试从其色彩、图案、文字等方面进行分析，说明其成功或不足之处。

复习思考题

1．什么是商品包装？商品包装的作用是什么？

2．销售包装和运输包装在功能上有何区别？

3．商品包装材料应该具备哪些性能？

4．常用的商品包装材料有哪些？写出它们性能上的特点。

5．商品销售包装的技法有哪些？各有何特点？

6．商品运输包装的技法有哪些？各有何特点？

7．食品的销售标签主要应包括哪些内容？

8．商品运输包装的标志主要有哪些种类？

9．商标的概念及作用是什么？

10．商标设计和使用中应注意哪些问题？

第7章 商品养护

【学习要点】

- 商品质量变化的类型和影响因素
- 仓库温湿度及其调控方法
- 商品的霉变、虫蛀、锈蚀和老化等发生的机理及防治措施
- 食品储存中的质量变化、储存原理和储存方法

【案例导读】 水果的储存

在异彩纷呈的水果市场上，人们常常可以看到苹果、梨等水果外面都套有一层果纸或泡膜塑料网，其目的是减轻苹果、梨在运输过程中的碰撞和损伤，以保证水果质量。经分析证明，裹纸防潮性差，易吸湿，而泡沫网则不能保持水果水分，从而易引起水果发烂、发霉或发蔫萎缩，甚至完全丧失食用价值。为提高商品养护的水平，人们研制出了新型涂蜡纸，将其裹于水果外表，既能保护水果自身水分，又能起到防潮和防震的作用。它相当于把果实分割储存，即使个别水果变质发烂，也不会影响整件水果质量，从而提高了商品储存质量，降低了水果在运输和流通环节中的损耗。

此案例说明，商品在储存期间会发生质量变化，合适的养护方法会起到保护商品质量降低损耗的作用。

（资料来源：编者整理）

7.1 商品质量变化及其影响因素

商品在储存期间由于本身的性能特点，以及各种外界因素的影响，可能发生各种各样的质量变化，归纳起来有物理机械变化、化学变化、生理生化变化及某些生物活动引起的变化等。研究商品的质量变化，了解商品质量变化的规律及影响商品质量变化的因素，对确保商品安全，防止、减少商品劣变或损失有十分重要的作用。

7.1.1 商品的质量变化

1. 商品的物理机械变化

物理变化是只改变物质的外表形态，不改变其本质，没有新物质的生成，并且有可能反复进行的质量变化现象。商品的机械变化是指商品在外力作用下发生的形态变化。物理机械变化的结果不是数量损失，就是质量降低，甚至失去使用价值。商品常发生的物理变化有挥发、溶化、熔化、渗漏、串味、沉淀、玷污、破碎与变形等。

（1）挥发。挥发是低沸点的液体商品或经液化的气体商品，在空气中经汽化而散发到空气中的现象。挥发速度与气温的高低、空气流动速度的快慢、液体表面接触空气面积的大小成正比关系。液体商品的挥发不仅会降低商品的有效成分，增加商品损耗，降低商品质量，有些燃点很低的商品还可能引起燃烧或爆炸；有些商品挥发的蒸气有毒性或麻醉性，容易造成大气污染，对人体有害；一些商品受到气温升高的影响体积膨胀，使包装内部压力增大，可能发生爆破。常见易挥发的商品有：酒精、白酒、香精、花露水、香水、化学试剂中的各种溶剂、医药中的一些试剂、部分化肥农药、杀虫剂、油漆等。

防止商品挥发的主要措施是加强包装的密封性。此外，要控制库房温度，高温季节要采取降温措施，保持在较低的温度条件下储存商品。

（2）溶化。溶化是指固体商品在保管过程中，吸收空气或环境中的水分达到一定程度时，就会成为液体的现象。常见易溶化的商品有食糖、糖果、食盐、明矾、硼酸、甘草硫浸膏、氯化钙、氯化镁、尿素、硝酸铵、硫酸铵、硝酸锌及硝酸锰等。

商品溶化后，商品本身的性质并没有发生变化，但由于形态改变，给储存、运输及销售部门带来很大的不便。商品溶化与空气温度、湿度、堆码高度有密切关系。对易溶化商品应按商品性能，分区分类存放在干燥阴凉的库房内，不适合与含水分较大的商品放在一起。在堆码时要注意底层商品的防潮和隔潮，垛底要垫得高一些，并采取吸潮和通风相结合的温湿度管理方法来防止商品吸湿溶化。

（3）熔化。熔化是指低熔点的商品受热后发生软化甚至变为液体的变化现象。熔化除受气温高低的影响外，与商品本身的熔点、商品中杂质种类和含量高低密切相关。熔点越低，越易熔化；杂质含量越高，越易熔化。常见易熔化的商品有，百货中的香脂、蛤蜊油、发蜡、蜡烛；文化用品中的复写纸、蜡纸、打字纸、圆珠笔芯；化工商品中的松香、石蜡、粗萘、硝酸锌；医药商品中的油膏、胶囊、糖衣片等。

商品熔化，有的会造成商品流失、粘连包装、玷污其他商品；有的因产生熔解热而体积膨胀，使包装爆破；有的因商品软化而使货垛倒塌。预防商品的熔化，应根据商品的熔点高低，选择阴凉通风的库房储存。在保管过程中，一般可采用密封和隔热措施，加强仓房的温度管理，防止日光照射，尽量减小温度的影响。

（4）渗漏。渗漏主要是指液体商品发生跑、冒、滴、漏的现象。商品渗漏，除了与包装材料性能、包装容器结构及包装技术的优劣有关外，还与仓储温度变化有关。如金属包装焊接不严，受潮锈蚀；有些包装耐腐蚀性差；有的液体商品因气温升高，体积膨胀而使包装内部压力增大进而胀破包装容器；有的液体商品在降温或严寒季节结冰，也会发生体积膨胀引起包装破裂而造成商品损失。因此，对液体商品应加强入库验收和在库商品检查及温度控制和管理。

（5）串味。串味是指吸附性较强的商品吸附其他气体、异味，从而改变本来气味的变化现象。具有吸附性易串味的商品，主要是因为它的成分中含有胶体物质，以及具有疏松、多孔性的组织结构。商品串味，与其表面状况，与异味物质接触面积大小、接触时间的长短，以及环境中异味的浓度有关。

常见易被串味的商品有大米、面粉、木耳、食糖、饼干、茶叶、卷烟等。常见的易引起其他商品串味的商品有汽油、煤油、桐油、腌鱼、腌肉、樟脑、肥皂、化妆品以及农药等。预防商品串味，应对易被串味的商品尽量采取密封包装、在储存运输中不得与有强烈气味的商品同车船并运或同库储存，同时还要注意运输工具和仓储环境的清洁卫生。

（6）沉淀。沉淀是指含有胶质和易挥发的商品，在低温或高温条件下，部分物质凝固，进而发生下沉或膏体分离的现象。常见的易沉淀的商品有墨汁、墨水、牙膏、雪花膏等。预防商品沉淀，应根据不同商品的特点，防止阳光照射，做好商品冬季保温和夏季降温工作。

（7）玷污。玷污是指商品外表沾有其他脏物、染有其他污秽的现象。商品玷污，主要是生产、储运中卫生条件差及包装不严所致。对一些外观质量要求高的商品，如绸缎呢绒、针织品、服装等要注意防玷污，精密仪器、仪表类也要特别注意。

（8）破碎与变形。破碎与变形是指商品在外力作用下所发生的形态上的改变。脆性较大或易变形的商品，如玻璃、陶瓷、搪瓷、铝制品等因包装不良在搬运过程中，受到碰、撞、挤、压和抛掷而易破碎、掉瓷、变形等；塑性较大的商品，如皮革、塑料、橡胶等制品由于受到强烈的外力撞击或长期重压，易丧失回弹性能，从而发生形态改变。对易发生破碎和变形的商品，要注意妥善包装，轻拿轻放。堆垛高度不能超过一定的压力限度。

2. 商品的化学变化

商品的化学变化，是指不仅改变物质的外表形态，也改变物质的本质，并生成新物质的变化现象。商品发生化学变化，严重时会使商品完全丧失使用价值。常见的化学变化有氧化、分解、化合、老化、聚合等。

（1）氧化（包括锈蚀）。氧化是指商品与空气中的氧或其他放出氧的物质接触，发生与氧结合的化学变化。商品氧化不仅会降低商品的质量，有的还会在氧化过程中产生热量，发生自燃，有的甚至会引发爆炸事故。商品容易发生氧化的品种比较多，如某些化工原料、纤维制品、橡胶制品、油脂类商品等。

锈蚀是金属制品的特有现象，即金属制品在潮湿空气及酸、碱、盐等作用下，而被腐蚀的现象。金属制品的锈蚀，会影响制品的质量和使用价值。

（2）分解（包括水解）。分解是指某些化学性质不稳定的商品，在光、热、酸、碱及潮湿空气的影响下，会由一种物质分解成两种或两种以上物质的现象。

水解是指某些商品在一定条件下，遇水所发生分解的现象。

（3）化合。化合是指两种或两种以上物质互相作用，生成一种新物质的反应。

（4）老化。老化是指高分子材料（如橡胶、塑料、合成纤维等）在储存过程中，受到光、热、氧等的作用，出现发黏、龟裂、变脆、强力下降、失去原有优良性能的变质现象。易老化是高分子材料存在的一个严重缺陷。老化的原因，主要是高分子物质在外界条件作用下，分子链发生了降解和交联等变化。

（5）聚合。聚合是指某些商品组成中的化学键在外界条件下发生聚合反应，成为聚合体而变性的现象。例如，福尔马林变性，桐油表面结块均是聚合反应的结果。

3. 商品的生理生化变化及生物引起的变化

生理生化变化是指有生命活动的有机体商品，在生长发育过程中，为了维持它的生命，本身所进行的一系列变化。如粮食、水果、蔬菜、鲜蛋等商品的呼吸作用、发芽、胚胎发育和后熟等。生物引起的变化是指由微生物、仓库害虫以及鼠类等生物所造成的商品质量的变化。如工业品商品和食品商品的霉变、腐败、虫蛀和鼠咬等。

（1）呼吸作用。呼吸作用是指有机体商品在生命活动过程中，由于氧和酶的作用，体内有机物质被分解，并产生热量的生物氧化过程。呼吸作用可分为有氧呼吸和缺氧呼吸两种类型。

不论是有氧呼吸还是缺氧呼吸，都要消耗营养物质，降低食品的质量。有氧呼吸会产生热量，随着热量的积累，往往使食品腐败变质。同时，有机体分解出来的水分，又有利于有害微生物生长繁殖，使商品的霉变加速。缺氧呼吸则会产生酒精积累，引起有机体细胞中毒，造成生理病害，缩短储存时间。对于一些鲜活商品，缺氧呼吸往往比有氧呼吸要消耗更多的营养物质。

保持正常的呼吸作用，维持有机体的基本生理活动，有机体商品本身会具有一定的抗病性和耐储性。因此，鲜活商品的储藏应保证它们正常而最低的呼吸，利用它们的生命活性，减小损耗、延长储藏时间。

（2）发芽。发芽是指有机体商品在适宜条件下，冲破“休眠”状态而发生的萌芽现象。发芽的结果会使有机体商品的营养物质转化为可溶性物质，供给有机体本身的需要，从而降低有机体商品的质量。在发芽过程中，通常伴有发热、发霉等情况，不仅增加损耗，而且降低质量。因此对这类商品必须控制它们的水分，并加强温湿度管理，防止发芽现象的发生。

（3）胚胎发育。胚胎发育主要指鲜蛋的胚胎发育。在鲜蛋的保管过程中，当温度和供氧条件适宜时，胚胎会发育成血丝蛋、血环蛋。经过胚胎发育的禽蛋，其新鲜度和食用价值大大降低。为抑制鲜蛋的胚胎发育，必须加强温湿度管理，最好在低温储藏或截止供氧。

（4）后熟作用。后熟是指瓜果、蔬菜等类食品脱离母株后继续成熟过程的现象。瓜果、蔬菜等的后熟作用，能改进色、香、味以及硬脆度食用性能。但当后熟作用完成后，则容易发生腐烂变质，难以继续储藏甚至失去食用价值。因此，对于这类食品，应在其成熟之前采收并采取控制储藏条件的办法，来调节其后熟过程，以达到延长储藏期、均衡上市的目的。

（5）霉腐。霉腐是商品在霉腐微生物作用下所发生的霉变和腐败现象。在气温高、湿度大的季节，如果仓库在温湿度控制不好，储存的针棉织品、皮革制品、鞋帽、纸张、香烟以及中药材等许多商品就会生霉；肉、鱼、蛋类就会腐败发臭，水果、蔬菜就会腐烂；果酒变酸，酱油生白膜。无论哪种商品，只要发生霉腐，就会受到不同程度的破坏，严重霉腐可使商品完全失去使用价值。有些食品还会因腐败变质而产生能引起人畜中毒的有毒物质。对易霉腐的商品在储存时必须严格控制温湿度，做好商品防霉工作。

（6）虫蛀。商品在储存期间，常常会遭到仓库害虫的蛀蚀。经常危害商品的仓库害虫有40多种。仓库害虫在危害商品的过程中，不仅破坏商品的组织结构，使商品发生破碎和洞孔，而且排泄各种代谢废物污染商品，影响商品质量和外观，降低商品的使用价值。

7.1.2 影响商品质量变化的因素

引起商品质量变化的因素有内因和外因两种，内因是变化的根据，外因是变化的条件。影响商品质量变化的内因主要是商品成分、结构和性质，这些内因在前面特别是在食品商品特性、工业品商品特性和纺织品商品特性中进行了较详细的阐述，这里只是对影响商品质量的外界因素做一些重点探讨。影响商品质量变化的外界因素主要有空气中的氧气、日光、微生物、仓库害虫、空气温度、空气湿度、卫生条件和有害气体等。

1．空气中的氧气

空气中约含有21%左右的氧气。氧气非常活泼，能和许多商品发生反应并对商品质量变化影响很大。如氧气可以加速金属商品锈蚀；氧气是好气性微生物活动的必备条件，易使有机体商品发生霉腐；氧气是害虫赖以生存的基础，是仓库害虫发育的必要条件；氧气是助燃剂，不利于危险品的安全储存；在油脂的酸败、鲜活商品的分解、变质中，氧气都是积极参与者。因此，在商品养护中，对于受氧气影响比较大的商品，要采取各种方法（如浸泡、密封、充氮等）隔绝氧气。

2．日光

日光中含有紫外线、红外线等，它对商品起着正反两方面的作用：一方面，日光能够加速受潮商品的水分蒸发，杀死杀伤微生物和商品害虫，在一定程度上有利于商品的保护；但是另一方面，某些商品在日光的直接照射下，又会发生质量变化，如日光能使酒类浑浊、油脂加速酸败、橡胶塑料制品迅速老化、纸张发黄变脆、色布退色、药品变质、相机胶卷感光等。因此，要根据各种不同商品的特性，注意避免或减少日光的照射。

3．微生物

微生物是商品霉腐的前提条件。微生物在生命活动过程中会分泌各种酶，利用它把商品中的蛋白质、糖类、脂肪、有机酸等物质分解为简单的物质再加以吸收利用，从而使商品受到破坏、变质、丧失其使用价值。同时，在微生物异化作用中，在细胞内分解氧化营养物质产生各种腐败性物质排出体外，使商品产生腐臭味和色斑霉点，影响商品的外观，加速高分子商品的老化。

常见危害商品的微生物主要是一些腐败性细菌、酵母菌和霉菌。特别是霉菌，它是引起绝大部分日用工业品、纺织品和食品霉变的主要根源，对纤维素、淀粉、蛋白质、脂肪等物质，具有较强的分解能力。

微生物的活动，需要一定的温度和湿度。没有水分，它是无法生活下去的；没有适宜的温度，它也是不能生长繁殖的。掌握这些规律，就可以根据商品的含水量情况，采取不同的温湿度调节措施，防止微生物生长，以利商品储存。

4．仓库害虫

害虫在仓库里，不仅蛀食动植物性商品和包装，有些害虫还能危害塑料、化纤等化工合成商品。此外，白蚁还会蛀蚀仓库建筑物和纤维质商品。害虫在危害商品过程中，不仅破坏商品的组织结构，使商品发生破碎和孔洞，外观形态受损，而且在生活过程中，吐丝结茧，排泄各种代谢废物玷污商品，影响商品的质量和外观。

商品如受害虫危害，一般损失都相当严重。害虫能适应恶劣环境，一般能耐热、耐寒、耐饥，并具有一定的抗药性；繁殖力强，繁殖期长，产卵量多，有的一年可繁殖几代；食性广杂，具有杂食性。所以，一经发生虫害，就会造成极严重的后果。

5. 空气温度

气温是影响商品质量变化的重要因素。温度能直接影响物质微粒的运动速度：一般商品在常温或常温以下，都比较稳定；高温能够促进商品的挥发、渗漏、熔化等物理变化及各种化学变化；而低温又容易引起某些商品的冻结、沉淀等变化；温度忽高忽低，会影响到商品质量的稳定性。此外，温度适宜时会给微生物和仓库害虫的生长繁殖创造有利条件，加速商品腐败变质和虫蛀。因此，控制和调节仓储商品的温度是商品养护的重要工作内容之一。

6. 空气湿度

空气的干湿程度称为空气湿度。空气湿度的改变，能引起商品的含水量、化学成分、外形或体态结构等的变化。湿度下降，将使商品因放出水分而降低含水量，减轻重量。如水果、蔬菜、肥皂等会发生萎蔫或干缩变形，纸张、皮革制品等失水过多，会发生干裂或脆损；湿度增高，商品含水量和重量相应增加，如食糖、食盐、化肥等易溶性商品结块、膨胀或进一步溶化，钢铁制品生锈，纺织品、竹木制品、卷烟等发生霉变或被虫蛀等。湿度适宜，可保持商品的正常含水量、外形或体态结构和重量。所以，在商品养护中，必须掌握各种商品的适宜湿度要求，尽量创造商品适宜的空气湿度。

7. 卫生条件

卫生条件是保证商品免于变质腐败的重要条件之一。卫生条件不良，不仅使灰尘、油垢、垃圾、腥臭等污染商品，造成某些外观疵点和异味感染，而且还为微生物、仓库害虫等创造了活动场所。因此，商品在储存过程中，一定要搞好储存环境的卫生工作，保持商品本身的卫生，防止商品之间的感染。

8. 有害气体

大气中的有害气体，主要来自煤、石油、天然气。煤气等燃料放出的烟尘和工业生产过程中的粉尘、废气。对空气的污染，主要是二氧化碳、二氧化硫、硫化氢、氯化氢和氮化物等气体。

商品储存在有害气体浓度大的空气中，其质量变化明显，如二氧化硫气体，溶于水能生成亚硫酸，当它遇到含水量较大的商品时，能强烈地腐蚀商品的有机物。在金属电化学腐蚀中，二氧化硫是构成腐蚀的重要介质之一，因此金属商品必须远离二氧化硫发源地。

7.2 仓库温湿度管理

仓库温湿度管理对于商品的储存养护具有重要意义，几乎所有商品的质量变化都与空气温湿度有密切关系。要保养和维护好商品质量，就需要明确和掌握如何正确地控制与调节仓库温湿度，以及维持良好的商品存储条件，以确保储存商品的安全。

7.2.1　空气温湿度的基本知识

1. 空气温度

空气温度指空气的冷热程度，又称气温。仓库温度的控制既要注意库房内外的温度（库温和气温），也要注意储存物资的温度（垛温）。

物体温度的升降，取决于外来热能的多少和该物体比热的大小。热能增加，温度上升；热能减小，温度下降。

常用的温度单位是摄氏温度（℃）、华氏温度（℉）和绝对温度（K），它们之间的换算关系为

$$t=(t'-32)\times 5/9$$

$$t'=t\times 9/5+32$$

$$T=273+t$$

式中，T、t 和 t' 分别为绝对温度和摄氏温度、华氏温度值。

2. 空气湿度

空气湿度指空气中水蒸气含量的多少。其常以绝对湿度、饱和湿度与相对湿度来表示。

（1）绝对湿度。绝对湿度是指单位容积的空气里实际所含的水汽量，一般用“克/立方米”来表示。

温度对绝对湿度有着直接影响。在通常情况下，温度越高，水汽蒸发得越多，绝对湿度就越大；相反，绝对湿度就越小。

（2）饱和湿度。饱和湿度表示在一定温度下，单位容积空气中所能容纳的水汽量的最大限度。如果越过这个限度，多余的水蒸气就会凝结，变成水滴，此时的空气湿度称为饱和湿度。

空气的饱和湿度不是固定不变的，它随着温度的变化而变化。温度越高，单位容积空气中能容纳的水蒸气量就越多，饱和湿度也就越大。

（3）相对湿度。空气中实际含有的水蒸气量（绝对湿度）距离饱和状态（饱和湿度）程度的百分比称做相对湿度。也就是说，在一定温度下，绝对湿度占饱和湿度的百分比，其公式为

$$相对湿度=\frac{绝对湿度}{饱和湿度}\times 100\%$$

相对湿度越大，表示空气越潮湿；相对湿度越小，表示空气越干燥。在仓库温、湿度管理中，检查库房的湿度大小，主要是观测相对湿度的大小。

空气的绝对湿度、饱和湿度、相对湿度与温度之间有着一定的内在联系。在温度不变的情况下，空气绝对湿度越大，相对湿度越高，绝对湿度越小，相对湿度越低；在空气中水蒸气含量不变的情况下，温度越高，相对湿度越小，温度越低，相对湿度越高。

（4）露点。含有一定量水蒸气（绝对湿度）的空气，当温度下降到一定程度时，所含水蒸气就会达到饱和状态（饱和湿度），并开始液化成水，这种现象称做结露。水蒸气开始

液化成水时的温度称做"露点温度"，简称"露点"。如果温度继续下降到露点以下，空气中超饱和的水蒸气，就会在商品或其包装物表面凝结成水滴，此现象称为"水淞"，俗称商品"出汗"。

当含有水蒸气的热空气进入库房，遇到冷的物体（如金属、地面），使冷物体周围的空气温度降到露点，则空气中的水蒸气就会凝结在冷物体表面。

7.2.2 库内外温湿度的变化规律

1. 大气温湿度的变化

大气的变化即自然气候的变化，大气的变化规律如下。

（1）温度变化的规律。一天之中日出前气温最低，到午后两三点时气温最高。一年之内最热的月份，内陆一般在7月份，沿海出现在8月份。最冷的月份，内陆一般在1月份，沿海在2月份。

（2）湿度变化的规律。绝对湿度通常随着气温升高而增大，随气温降低而减小。但绝对湿度不足以完全说明空气的干湿程序，相对湿度更能正确反映空气的干湿程度。

相对湿度的日变化和年变化的一般规律：相对湿度的日变化，主要决定于气温。当气温升高时，空气中实际水汽量逐渐远离饱和状态，相对湿度减小；当气温降低时，水汽量就逐渐接近于饱和状态，相对湿度增大。在一日之中，日出前气温最低时相对湿度最大，日出后逐渐降低，到午后两三点时达到最低。在一年之内相对湿度最高的月份一般是七八月份。

普通仓库在温湿度的管理上，要充分利用大气温湿度变化的规律，掌握好通风的时间。

2. 库内温湿度的变化

仓库内温湿度变化规律和库外基本上是一致的，但是，库外气温对库内的影响，在时间上需要有个过程，同时会有一定程度地减弱。所以，一般库内温度变化在时间上滞后于库外，在幅度上小于库外，表现为夜间库内温度比库外高，白天库内温度比库外低。

库内温度的变化与库房密封性的好坏也有很大的关系，同时库内各部位的温度也因库内具体情况而有所差异，工作中要灵活把握。

7.2.3 仓库温湿度的控制与调节

为了维护仓储商品的质量完好，创造适宜于商品储存的环境，当库内温湿度适宜商品储存时，就要设法防止库外气候对库内的不利影响；当库内温湿度不适宜商品储存时，就要及时采取有效措施调节库内的温湿度。实际工作中通常采用密封、通风和吸潮相结合的方法。

1. 密封

密封，就是把商品尽可能严密地封闭起来，减小外界不良气候对商品的影响，以达到安全储存的目的。

采用密封方法要和通风、吸潮结合运用，如运用得当可以收到防潮、防霉、防热、防溶化、防干裂、防冻、防锈蚀、防虫等多方面的效果。

密封保管应注意的几个事项：密封前要检查商品质量、温度和含水量是否正常，如发现生霉、生虫、发热、水淞等现象就不能进行密封；发现商品含水量超过安全范围或包装材料过潮，也不宜密封；密封的时间要根据商品的性能和气候情况来决定；怕潮、易溶、易霉的商品，应选择的相对湿度较低的时节进行密封。

常用的密封方法有整库密封、小室密封、按垛密封、货架密封以及按件密封等。

2. 通风

空气是从压力大的地方向压力小的地方流动的。气压差越大，空气流动就越快。

通风就是利用库内外空气温度不同而形成的气压差，使库内外空气形成对流，来达到调节库内温湿度的目的。库内外温度差距越大，空气流动就越快；若库外有风，借风的压力更能加速库内外空气的对流。但风力亦不能过大（风力超过 5 级灰尘较多）。正确地进行通风，不仅可以调节与改善库内的温湿度，还能及时地散发商品及包装物的多余水分。

按通风的目的不同，可分为利用通风散热（或增温）和利用通风散潮两种。

（1）利用通风散热。有些商品怕热，但对空气湿度要求不严，如玻璃或塑料桶装的化妆品，以及其他易挥发的液体商品，在湿度高的季节里，只要库外温度低于库内时，就可以进行通风降温。

（2）利用通风散潮。要根据库内外温度、绝对湿度与相对湿度的对比，在正确判断的基础上才能确定能否通风。由于商品的吸湿性能主要与相对湿度有关，而在一定的湿度下，相对湿度的变化又是由绝对湿度所决定的，因此，利用通风来降低库内相对湿度时，必须以绝对湿度为依据来对比库内外情况。当库外绝对湿度低于库内时，才能进行通风。为了散发商品包装苫垫材料的水分或地面潮气而进行的通风，必须有干燥的空气，才能收到预期的效果。因此，应在库内相对湿度大于库外，库外相对湿度最小（最好在 70%以下）的条件下进行。

3. 吸潮

在梅雨季节或阴雨天，当库内湿度过高，不适宜商品保管，而库外湿度也过大，不宜进行通风散潮时，可以在密封库内用吸潮的办法降低库内湿度。吸潮方法，常采用去湿机吸潮和吸湿剂吸潮。

去湿机吸潮是用吸湿机把库内的湿空气通过抽风机吸入去湿机冷却器内，使它凝结为水而排出。去湿机一般适宜于储存棉布、针棉织品、贵重百货、医药仪器、电工器材和烟糖类的仓库的吸湿。

吸潮剂吸潮是利用一些具有强烈吸湿性能的物质，吸收空气中的水分而达到去湿的目的。仓库中通常使用的吸潮剂有生石灰、氯化钙、硅胶等。

除上述几种调控温湿度的方法外，还可以用气幕隔潮、空调器调温、加湿器加湿等方法调控温度或湿度。

7.3 工业品商品的养护

工业品商品在储存过程中，由于各种外界因素的作用，会发生多种质量变化，如霉变、虫蛀、锈蚀、老化、溶化（熔化）、挥发、破损与变形等。下面重点介绍商品的霉变、虫蛀、锈蚀和老化等发生的机理及防治措施。

7.3.1 商品的霉变及防治

商品的霉变是由于霉腐微生物在商品上进行新陈代谢作用，将商品中的营养物质转变成各种代谢物，引起商品生霉、腐烂、产生异味等质量变化的现象。

对商品影响较大的霉腐微生物主要有：细菌、霉菌、酵母菌。细菌主要是破坏含水量较大的动植物食品，酵母菌主要引起含有淀粉、糖类的物质发酵变质，两者对日用工业品也有影响。引起商品霉变的霉腐微生物主要是霉菌，霉菌又有曲霉、毛霉、青霉、根霉之分，霉菌对商品破坏的范围较大。霉腐微生物对商品的危害包括其生长繁殖破坏商品和微生物的排泄物污染商品两种情况。

1．霉腐微生物的生长条件

霉腐微生物的生长繁殖需要一定的条件，当这些条件得到满足时商品就容易发生霉变；这些条件没有满足时商品就不易或不能发生霉变。霉腐微生物的生长需要下列外界环境条件。

（1）水分和空气湿度。当湿度与霉腐微生物自身的要求相适应时，霉腐微生物就生长繁殖旺盛；反之，则处于休眠状态或死亡。各种霉腐微生物生长繁殖的最适宜相对湿度，因微生物不同略有差异。多数霉菌生长的最低相对湿度为80%～90%。在相对湿度低于75%的条件下，多数霉菌不能正常发育。因而通常把75%这个相对湿度称为商品霉变的临界湿度。

（2）温度。霉腐微生物的生长繁殖有一定的温度范围，超过这个范围其生长会滞缓甚至停止或死亡。高温和低温对霉腐微生物生长都有很大的影响。低温对霉腐微生物生命活动有抑制作用，能使其休眠或死亡；高温能破坏菌体细胞的组织和酶的活动，蛋白质发生凝固作用，使其失去生命活动的能力，甚至会很快死亡。

霉腐微生物中大部分是中温性微生物，其最适宜的生长温度为20℃～30℃，在10℃以下不易生长，在45℃以上停止生长。

（3）光线。日光对于多数微生物都有影响，主要是日光中的紫外线能强烈破坏微生物细胞和酶。多数霉腐微生物日光直射1～4小时就能大部分死亡。

（4）空气成分。有些微生物特别是霉菌，需要在有氧条件下才能正常生长，二氧化碳浓度的增加不利于微生物生长，甚至导致其死亡。也有一些微生物是厌氧型的，它们不能在有氧气或氧气充足的条件下生存。通风可以防止部分商品霉腐，主要是防止厌氧微生物引起的霉腐。

2. 常见的易霉变的商品

霉腐微生物的生长需要一定的条件，由于商品本身的特点，有些商品比较容易构成这些条件，有些商品很难构成这些条件，前者容易发生霉腐后者则不容易发生霉腐。一般来说，含糖、蛋白质、脂肪等有机物质的商品在养护不当时最易发生霉变。常见易发生霉变的商品如下。

（1）食品类。食品类商品中容易发生霉变的有糖果、糕点、饼干、罐头、饮料、酱醋和香烟等。这些商品的原料、再制品、半制品和成品都易沾染微生物而发生霉变。

此外，食品包装材料和商标纸发霉的情况也并不少见。这不仅影响产品的外观，也影响其内在质量。

（2）纺织原料及其制品。棉、毛、麻、丝等天然纤维及其制品，在一定的温湿度条件下，很容易生霉。化纤织品也会长霉腐微生物，属于可以发生霉变的商品。

（3）纸张及其制品。各种纸、纸板及其制品含有大量的纤维素，能够被微生物利用，当温度和湿度适宜时极易发生霉变。

（4）橡胶和塑料制品。橡胶内含有微生物可以利用的营养成分，同时无论橡胶还是塑料制品，在加工过程中都加入了一些添加剂。其中有些容易被霉腐微生物危害，造成制品霉变。

（5）日用化学品。在日用化学品中，最易发生微生物灾害的是化妆品。由于其配料不少是甘油、十八醇、单硬脂酸甘油酯、白油及水等，实际成了许多微生物的良好培养基地，是一类很容易发生霉变的商品。

（6）皮革及其制品。皮革是由蛋白质组成的，表面修饰时又添加了一些微生物可利用的营养成分，一旦温湿度适宜，微生物就会在上面繁殖，从而对皮革及其制品产品严重的破坏作用。因此，在春、夏季节特别是黄梅时节皮革及其制品容易长霉。

（7）工艺美术品。工艺美术品的种类繁多，所涉及的原料很广，如竹制品、木制品、草制品、麻制品等。这些原料制造的工艺美术品在运输、储藏过程中都可能发生霉变。

此外，一些文娱和体育用品、光学仪器、电子、电器产品、录音带、录像带、感光胶片、药品等，在适宜的温湿度条件下也容易发生霉变。

3. 商品霉变的防治

1）加强库存商品的管理

（1）加强入库验收。易霉商品入库，首先应检验其包装是否潮湿，商品的含水量是否超过安全水分。

（2）加强仓库温湿度管理。根据商品的不同性能，正确地运用密封、吸潮及通风相结合的方法，控制好库内的温湿度。特别是在梅雨季节，要将相对湿度控制在不适宜于霉菌生长的范围内。

（3）选择合理的储存场所。易霉商品应尽量安排在空气流通、光线较强、比较干燥的库房，并应避免与含水量大的商品储存在一起。

（4）合理堆码，下垫隔潮。商品堆垛不应靠墙靠柱。

（5）商品进行密封。

（6）做好日常的清洁卫生。

2）化学药剂防霉

防霉最主要的方法是使用防霉剂，防霉剂能使微生物菌体蛋白凝固、沉淀、变性；或破坏酶系统，使酶失去活性，影响细胞呼吸和代谢；或改变细胞膜的通透性，使细胞破裂、解体。防霉剂低浓度能抑制霉腐微生物，高浓度就会使其死亡。

有实际应用价值的防霉剂需具有以下特点：低毒、广谱、高效、长效、使用方便和价格低廉；适应商品加工条件，应用环境，与商品其他成分有良好相溶性，不降低商品性能，在储存、运输中稳定性好等。

防霉剂的使用方法主要有以下几种：

（1）添加法，将一定比例的药剂直接加入到材料或制品中去。

（2）浸渍法，将制品在一定温度和一定浓度的防霉剂溶液中浸渍一定时间后晾干。

（3）涂布法，将一定浓度的防霉剂溶液用刷子等工具涂布在制品表面。

（4）喷雾法，将一定浓度的防霉剂溶液均匀地喷洒在材料或制品表面。

（5）熏蒸法，将挥发性防霉剂的粉末或片剂置于密封包装内，通过防霉剂的挥发成分防止商品生霉。

3）商品防霉的其他方法

（1）气调储藏防霉。在密封条件下，通过改变空气成分，主要是创造低氧（5%以下）环境，抑制微生物的生命活动和生物性商品的呼吸强度。

（2）紫外线防霉。目前应用的紫外线灯辐射的是 253.8 微米的紫外线，其灭菌作用强而稳定。但紫外线穿透力弱，易被固形物吸收，因而其使用范围受到限制。

（3）微波防霉。微生物吸收微波后亦引起温度升高，使蛋白质凝固，菌体成分破坏，水分汽化排出，促使菌体迅速死亡。

（4）红外线防霉。微生物吸收红外线，使细胞内温度迅速上升，造成蛋白质凝固、核酸被破坏、菌体内水分汽化脱水而死亡。

（5）低温储藏防霉。低温对微生物具有抑制作用，用冷库储藏可防止霉变。

（6）干燥防霉。

对已经发生霉变但可以救治的商品，应立即采取措施，以免霉变继续发展，造成更加严重的损失。根据商品性质可选用晾晒、加热消毒、烘烤等办法。

7.3.2 仓库的害虫与防治

1. 仓库内害虫的来源

仓库害虫原本是农业害虫，其主要来源有如下几种渠道：

（1）商品入库前已有害虫潜伏在商品之中，随商品一起进入仓库。

（2）商品包装物中有害虫隐藏。

（3）运输工具的带入。

（4）仓库内本身隐藏有害虫。

（5）环境卫生不清洁，有害虫的滋生。

（6）邻近仓间或邻近货垛储存的具有害虫商品的感染。

（7）农业害虫的侵入。

2. 常见的易虫蛀商品

容易虫蛀的商品，主要是一些由营养成分含量较高的动植物原料加工制成的商品，主要有以下几种：

（1）纺织品，特别是毛丝织品。

（2）毛皮、皮制品，包括皮革及其制品、毛皮及其制品等。

（3）竹藤制品。

（4）纸张及纸制品，包括纸张及其制品和很多商品的纸制品包装物。

（5）木材及其制品。

3. 仓库害虫的防治

商品中发生虫害如不及时采取措施进行杀灭，常会造成严重损失。仓库害虫防治的方法主要有以下几种。

1）杜绝仓库害虫来源

要杜绝仓库害虫的来源和传播，必须做好以下几点：

（1）商品原材料、商品包装物的杀虫、防虫处理。

（2）入库商品的虫害检查和处理。

（3）仓库的环境卫生及备品用具的卫生消毒。

2）药物防治

使用各种化学杀虫剂，通过胃毒、触杀或熏蒸等作用来杀害虫，是当前防治仓库害虫的主要措施。常用的防虫、杀虫药剂有以下几种：

（1）驱避剂。驱避剂的驱虫作用是利用易挥发并具有特殊气味的具有毒性的固体药物，使挥发出来的气体在商品周围经常保持一定的浓度，从而达到驱避害虫的目的。

（2）化学药剂杀虫。化学药剂杀虫主要通过触杀、胃毒作用杀灭害虫。触杀剂和胃毒剂很多，常用于仓库及环境消毒的有敌敌畏、敌百虫等。

（3）熏蒸剂。杀虫剂的蒸气通过害虫的气门及气管进入体内，而引起中毒死亡，起到熏蒸作用。具有熏蒸作用的杀虫剂称熏蒸剂。用熏蒸的方法杀虫有成本低、效率高等优点。

仓库害虫的防治方法，除了药物防治外，还有高、低温杀虫、缺氧防治、辐射防治以及各种合成激素杀虫等。

7.3.3 商品锈蚀的防治

金属在环境的作用下所引起的破坏或变质称金属的锈蚀。金属锈蚀可以分为化学锈蚀和电化学锈蚀。化学锈蚀是金属与环境介质直接发生化学作用而产生的损坏，在锈蚀过程中没有电流的生成。电化学锈蚀是金属在介质中由于发生电化学作用而引起的损坏，其在锈蚀过程中有电流产生。

电化学锈蚀要比化学锈蚀更普遍。金属电化学锈蚀的原理和金属原电池的原理是相同的。即当两种金属材料在电解质溶液中构成原电池时，作为原电池负极的金属就会被锈蚀。根据原电池理论，形成腐蚀电池必须具备三个基本条件：有电位差存在；有电解质溶液；不同电位的金属接触。若能避免、破坏或抑制这三个条件中的任何一个，就可以抑制腐蚀电池的工作，从而起到防止金属发生电化学锈蚀。

1. 金属制品锈蚀的原因

就金属锈蚀的原因分析，既有金属本身的因素，也有大气中各种因素的影响。

（1）金属材料本身的原因。金属的化学性质越稳定、金属材料纯度越高，金属的耐锈蚀性就越强。研究得知，集中应力和变形部位，锈蚀速度往往增加，原因是这些部位的电位下降，从而引起电极电位不均而加速锈蚀。

（2）大气中的因素。金属制品锈蚀与外界因素有直接关系，如受温度、湿度、氧气、有害气体、商品包装、灰尘等的影响。

空气的相对湿度通常被认为是影响金属锈蚀的最重要因素，它直接影响金属表面上水膜的形成和保持时间的长短。空气的相对湿度越高，金属表面越容易形成电解液膜，金属就越容易被锈蚀。在干燥的空气中金属不会被锈蚀，只有当空气的相对湿度达到一定程度时，金属的锈蚀才突然上升。此时的相对湿度称为金属锈蚀的临界相对湿度。所以，储存金属商品的库房，如能将相对湿度控制在临界相对湿度以下时，储存的金属即使长期存放也难以锈蚀。

温度对金属锈蚀影响很大。当温度剧烈下降时，水蒸气会在金属表面凝成水滴或液膜，从而加速锈蚀。大气温度升高，在其他条件相同的情况下，锈蚀反应的速度也会加快。

2. 金属制品的防锈

金属制品的防锈，主要是针对影响金属锈蚀的外界因素进行的。

（1）控制和改善储存条件。金属商品储存的露天货场要尽可能远离工矿区，特别是化工厂，应选择地势高、不积水、干燥的场地。

较精密的五金工具、零件等金属商品必须在库房内储存，并禁止与化工商品或含水量较高的商品同库储存。

（2）涂油防锈。在金属制品表面涂（或浸或喷）一层防锈油脂薄膜。防锈油分为软膜防锈油和硬膜防锈油两种。

（3）气相防锈。一些具有挥发性的化学药品在常温下会迅速挥发，并使空间饱和，这些挥发出来的气体物质吸附在商品表面，可以防止或延缓商品的锈蚀。常用的气相防锈有气相防锈纸防锈、粉末法气相防锈和液相法气相防锈三种形式。

7.3.4　商品老化的预防

塑料、橡胶、纤维等高分子材料的商品，在储存和使用过程中性能逐渐变坏，致使最后丧失使用价值的现象称为“老化”。老化是一种不可逆的变化，它的特征是商品外观、物理性能、机械性能、电性能、分子结构等方面发生变化。

1. 商品老化的内在因素

影响高分子商品老化的主要内在因素有以下几种：

（1）高分子材料老化的主要原因是材料内部结构存在着易于引起老化的弱点，如不饱和的双键、大分子上的支链等。

（2）其他组分对老化有加速作用。塑料中的增塑剂会缓慢挥发或促使霉菌滋生，着色剂会产生迁移性色变，硫化剂用量增多会产生多硫交联结构，降低橡胶制品的耐氧化能力等。

（3）杂质对老化的影响。杂质是指含量虽然很少，但对制品耐老化性能有较大影响的有害成分。其来源是单体制造、聚合时带入的，或配合剂带入的。

（4）成型加工条件对老化的影响。加工时由于温度等的影响，使材料结构发生变化，影响商品的耐老化性能。

2. 商品老化的外部因素

影响高分子商品老化的外部环境因素也有很多，主要有温度、日光、空气中的氧气和臭氧等。

（1）日光。日光的紫外线是引起高分子材料最主要的因素。紫外线会引起高聚物的光化学反应，首先引起表层高聚物的老化，并随着老化时间的推移而逐步向内层发展。因此在大气环境中，材料受光面积的大小和单位面积上所接受的光强度的大小，对材料老化的速度有很大的影响。

（2）热。热是促使高分子类商品老化的重要因素。因为温度升高会使分子的热运动加速，从而促使高分子材料大分子的氧化裂解或交联反应的产生。裂解的结果，使高分子材料的分子量降低，强度、伸长率下降；而交联的结果，使分子量增大，刚性提高等。

（3）氧气和臭氧。氧气是一种活泼的气体，在接近地面的大气层中氧气占空气体积的21%，能对许多物质发生氧化反应，高分子材料的老化，实际上也是在热的参与下或者在光的引发下进行的氧化反应。氧气可以使某些高分子材料的抗张强度、硬度、伸长率等性能产生严重的变化。所以氧气是引发高分子材料老化的又一重要外因。

臭氧对高分子商品的作用与氧气一样，主要起氧化作用，臭氧的化学活性比氧气高得多，因此其破坏性比氧气更大。

此外，水分和湿度、昆虫的排泄物等也对商品的老化有加速作用。

3. 商品防老化方法

根据影响商品老化的内外因素不同，高分子商品的防老化可采用以下一些方法。

（1）材料改性，提高商品本身的耐老化性能。材料改性的方法很多，应用较多的有共聚、减少不稳定结构、交联、共混合改进成型加工工艺以及后处理等。

（2）物理防护。抑制或减小光、氧气等外因对商品影响的方法有涂漆、涂胶、涂塑料、涂金属、涂蜡、涂布防老化剂溶液等。

（3）添加防老剂。能够抑制光、热、氧气、臭氧、重金属离子等对商品老化作用的物质称防老剂。在制品中添加防老剂，是当前国内外防老化的主要途径。防老剂的种类主要有抗氧剂、紫外线吸收剂、热稳定剂。

此外，加强管理、严格控制仓储条件，也是商品防老化的有效方法。

7.4 食品的储存与保鲜

在食品商品储存过程中如果忽视管理，不仅会增加损耗降低质量，而且在受到微生物污染后还会危及人体健康。因而根据食品的储存性能、质量变化规律，采取措施防止食品变质，保持食品的新鲜是十分重要的。

7.4.1 食品储存中的质量变化

食品在储存中往往由于本身的特性和外界环境的影响，会发生各种变化，其中有属于酶引起的生理生化和生物学变化，有属于微生物污染造成的变化，还有属于外界环境温度、湿度影响而出现的化学和物理变化等。所有这些变化都会使食品质量和数量方面受到损失。下面主要介绍食品储存中由微生物引起的变化。

食品含有丰富营养，是微生物繁殖的良好条件，在储存中往往由于微生物的污染而发生腐败、霉变和发酵等生物学变化。

1. 腐败

腐败多发生在那些富含蛋白质的动物性食品中，如肉类、禽类、鱼类、蛋制品等，在植物性食品中的豆制品也容易发生腐败。引起食品腐败的主要微生物是细菌，特别是那些能分泌体外蛋白质分解酶的腐败细菌。

2. 霉变

霉变是霉菌在食品中繁殖的结果。霉菌能分泌大量的糖酶，因此富含糖类的食品容易发生霉变，如粮食、糕点、面包、饼干、淀粉制品、水果、蔬菜、干果、干菜、茶叶、卷烟等。霉变的食品，不仅营养成分损失、外观颜色因霉菌的寄生被污染，而且使食品带有霉味，如果被含毒素的黄曲霉污染，还会产生致癌性的黄曲霉毒素，所以储存中要防止食品的霉变。

3. 发酵

发酵在食品发酵工业中有广泛的应用，但是在食品储存中却能引起食品的变质。发酵是在微生物的酶作用下，使食品中的单糖发生不完全氧化的过程。食品储存中常见的发酵有酒精发酵、醋酸发酵、乳酸发酵和酪酸发酵等。

（1）酒精发酵。含糖分的食品（如水果、蔬菜、果汁、果酱、果蔬罐头等）在储存中发生酒精发酵后会产生不正常的酒味。水果、蔬菜在严重缺氧的条件下由于缺氧呼吸的结果，也会产生酒味，这都表明它们的质量已发生变化。

（2）醋酸发酵。某些食品因醋酸发酵可以完全失去食用价值，如果酒、啤酒、黄酒、果汁、果酱、果蔬罐头等。

（3）乳酸发酵。食品在储存中发生乳酸发酵不仅能使风味变劣，而且还因乳酸能改变食品的pH值，造成蛋白质凝固、沉淀等变化，鲜奶的凝固就是一例。

（4）酪酸发酵。酪酸发酵是食品中的糖在酪酸菌的作用下产生酪酸的过程。食品储存中因酪酸发酵产生的酪酸，会使食品带有令人讨厌的气味，如鲜奶、奶酪、豌豆等食品变质时就有这种酪酸气味。

影响微生物引起变化的因素有水分、温度、pH值、氧气和光线等，其中水分和温度是微生物繁殖最重要的因素。含水量大、水分活性高的食品处在高温之下便容易发生腐败变质，或者原来含水量不大，水分活性较低的食品处在高温度、高湿度之下也容易发生腐败变质。因此控制食品水分和空气的温度、湿度是防止微生物对食品造成危害的主要措施。对于水分含量低或干燥的食品应在相对湿度低于70%的条件下存放，尽量保持原有的安全水分含量。对于含水量较大的生鲜食品应控制在低温条件下储存，因为危害食品的微生物多属于嗜温性菌，一般在20℃～25℃条件下发育，所以储存温度一般应控制在10℃以下，若长期储存则应采取冷冻处理。

7.4.2 食品的储藏方法

1. 低温储藏

食品低温保藏，即降低食品的温度，并维持低温或冻结状态，以便阻止或延缓食品的腐败变质，从而达到较长时期地保藏食品的目的。

（1）食品低温储藏。食品的变质腐败主要是由于食品内酶所进行的生化过程（如新鲜果蔬的呼吸过程）和微生物生命活动所引起的破坏作用所致。而酶的作用、微生物的繁殖以及食品内所进行的化学反应速度都受到温度的影响。大多数酶的适宜活动温度为30℃～40℃，温度下降，酶的活性就会被削弱，将温度维持在－18℃以下，酶的活性就会受到很大程度的抑制。同时任何微生物也都有其正常生长和繁殖的温度范围，温度越低，它们的活动能力也越弱。0℃时微生物的繁殖速度与室温时相比已非常缓慢，短期储藏食品的温度通常在0℃左右。－7℃～－10℃时只有少数霉菌尚能生长，而所有细菌和酵母几乎都停止了生长，所以－10℃～－12℃就作为食品较长期储藏的安全储温。

（2）食品的冻藏。冻藏是先将食品在低温下冻结，然后在保持冻结状态的温度下储藏的方法。冻藏是易腐食品长期储藏的主要方法。食品的冻结方法可分为缓冻与速冻两种。

所谓缓冻，是指将食品放于冻结室内（室温一般为18℃～40℃）进行冻结的方法。常在缓冻室内冻结的食品有牛肉、猪肉、箱装家禽、盘装整条鱼、大容器或桶装水果。这是比较古老的方法，也是费用最低、速度较慢的冻结方法。

所谓速冻，是指在－30℃或更低的温度下冻结，使食品在较短时间（一般为30分钟）内通过最大的冰晶生成带（从－1℃降到－5℃）的冻结方法。速冻食品的品质总是高于缓冻食品。

冻结易腐食品的储藏，应尽可能阻止食品中的各种变化，以达到长期保藏食品的目的。冻结食品的储藏工艺条件主要是温度，其次是空气相对湿度和空气流速。

2. 加热灭菌储存

利用加热杀灭食品中的绝大部分微生物和破坏食品中酶的活性储存食品的方法，被称为加热灭菌储存法。经过加热灭菌处理的食品，必须同时采用密闭和真空包装并及时冷却降温，才能长期储存，否则，由于微生物的二次感染或者储存温度过高还会使食品变质。加热灭菌的方法有高温灭菌法和巴氏消毒法。

高温灭菌法主要用于罐头食品和蒸煮袋装食品，其加热温度一般为100℃～120℃，也有超高温达135℃以上的。在70℃～80℃条件下，对于绝大多数细菌与真菌，经过20～30分钟即可死亡。但是，能产生孢子的真菌、能产生芽孢和荚膜的细菌耐热性很强，必须在100℃以上的高温中经30分钟甚至几个小时的处理才能死亡。因此，为了彻底灭菌保证食品的卫生质量，罐头食品多采用高温灭菌。灭菌时温度越高，灭菌时间可以相对缩短。

巴氏消毒法一般常用于不适于高温加热或做短期储存的食品，如鲜奶、果汁、果酒和清凉饮料等。按照加热温度和时间的不同，又可分为高温短时间灭菌和低温长时间灭菌。前者一般采用的温度为80℃～90℃，加热1分钟或30秒钟；后者一般采用的温度为60℃～65℃，加热30分钟。巴氏消毒法采用的加热温度低，往往对于食品的营养成分破坏较小，但灭菌不彻底，不能长期储存。

3. 干藏

食品脱水干制，是为了能在室温条件下长期保藏，以便延长食品的供应季节，平衡产销高峰，交流各地特产，储备供救急、救灾和战备用的物资。食品脱水后，重量减轻，容积缩小。最常见的干燥方法有滚筒干燥、喷雾干燥、架式真空干燥、输送带式真空干燥、柜式干燥、窑房式干燥、隧道式干燥等。以上这些均属人工干制法，它们都需要专用的干燥设备。此外还有自然干制法，即晒干、风干和阴干等。

4. 化学防腐保鲜

食品的化学保藏就是在食品生产和储运过程中使用化学制品（化学添加剂或食品添加剂）来提高食品的耐藏性和尽量保持其原有品质的措施。其优点是：只需在食品中添加化学制品如化学防腐剂、生物代谢物或抗氧剂等，就能在室温下延缓食品的腐败变质，与罐藏、冷冻保藏、干藏等相比具有简便而又经济的特点。食品采用化学保藏所用的防腐剂或添加剂必须对人体无毒害。这些化学制剂可分为抗菌剂和生物代谢产物。用于易腐食品处理的化学制剂主要有以下几种。

（1）二氧化硫。强力的还原剂，可以减小植物组织中氧气的含量，抑制氧化酶和微生物的活动，从而能阻止食品变质变色和维生素C的损耗。

（2）山梨酸及其钾盐。能有效地控制肉类中常见的霉菌，作为防腐剂可用于鱼肉制品、鱼贝干燥品、果酱及甜酸渍制品，也可用于新鲜果蔬的储前处理。

（3）苯甲酸和苯甲酸钠。它们是有效的杀菌防腐剂，常用于保藏高酸性果汁、果酱、饮料糖浆及其他酸性食品，并常和低温配合使用。将其处理后的食品如与冷藏相结合，那么食品的储藏期将大大延长。

（4）抗菌素。某些微生物在新陈代谢中能产生一种对其他微生物有杀害作用的物质，称为抗菌素。例如，金霉素、氯霉素和土霉素、枯草菌素、乳酸链球菌素等，其抗菌效能为普通化学防腐剂的100～1 000倍，但其抗菌效能是有选择性的。抗菌素可通过浸泡法、喷洒法、抗菌素冰块保藏法，以及家畜饲养法或注射法应用于食品保藏。

（5）植物杀菌素。它是各种植物中含有的抗菌物质。杀菌素只能取自新鲜的植物，当它们从刚被破碎和磨碎的植物中取得时其杀菌作用最强。目前已经研究过芥菜籽（油）、辣根及生姜汁等用于食品的防腐保鲜。

此外，为了延缓或阻止氧气所导致的氧化作用，食品保鲜还常添加一些抗氧剂，目前常见的抗氧剂主要用于防止食品异味的褐变。

5. 气调储藏

果蔬在储藏期间的呼吸作用是使果蔬衰老、品质下降的一个主要原因。近年来，气调储藏技术得到了广泛重视。气调储藏是通过改变库内气体成分的含量，利用比正常空气的氧含量低、二氧化碳和氮的含量高的气体环境，配合适宜的温度，来显著地抑制果蔬的呼吸作用和延缓变软、变质及其他衰老过程，从而延长果蔬的储藏期限，减少干耗和腐烂，保持鲜活质量。气调方法主要有以下几种。

（1）自发或自然气调法。将果蔬储于一个密封的库房或容器内，由于果蔬本身的呼吸作用不断消耗库房和容器内的氧气而放出二氧化碳，因此在一定时间后，氧气逐渐减少，二氧化碳逐渐增加，当这两者达到一定的比例时，即会造成一个抑制果蔬本身呼吸作用的气体环境，从而达到延长果蔬储藏期的目的。

（2）人工气调法。人为地使封闭的空间内的氧含量迅速降低，二氧化碳含量升高，几分钟至几小时内就进入稳定期。人工气调法有：充氮法，封闭后抽出储藏室内大部分空气，充入氮气，由氮气稀释剩余空气中的氧气，使其浓度达到所规定的指标，有时充入适量二氧化碳也可使之立即达到要求的浓度；气流法，把预先由人工按要求指标配制好的气体输入专用的储藏室，以代替其中的全部空气，在以后的整个储藏期间，始终连续不断地排出部分内部气体充入人工配制的气体，使内部气体组成稳定在规定的指标范围内。

（3）混合法或半自然降氧法。实践表明，采用快速降氧法（即充氮法）把含氧量从21%降到10%比较容易，而从10%降到5%就要耗费较前者约多两倍的氮气。为了降低成本，可开始先充氮气，把氧气迅速降到10%左右，然后依靠果蔬本身的呼吸作用来消耗氧气，直至降到规定的空气组成指标范围后，再根据气体成分的变化来调节控制。

6. 减压储藏

减压储藏是气调冷藏的进一步发展，它把储藏场所的气压降低，造成一定的真空度。其原理是，通过降低气压，使空气中各种气体组分的分压都相应地降低，创造出一个低氧分压的条件，从而起到类似气调储藏的作用。

减压储藏库的气密性要求比气调储藏库更高，否则达不到减压的目的，这样将使减压储藏库的造价提高。虽然当前生产上还未普及应用，但由于它能克服气调储藏中的许多缺点，所以仍然是果蔬储藏中的一种先进而理想的方式。

7. 辐射保藏

食品辐射保藏就是利用射线的辐射能量，对新鲜肉类及其制品、水产品及其制品、蛋及其制品、粮食、水果、蔬菜、调味料，以及其他加工产品进行杀菌、杀虫、抑制发芽、延迟后熟等处理，使其在一定期限内不发芽、不腐败变质，不发生品质和风味的变化，以增加食品的供应量和延长保藏期，从而可以最大限度地减小食品的损失。

辐射保藏食品方法与其他保藏方法相比有其独特的优点：和化学药物保藏法相比，它无化学残留物质；和加热处理法相比，它能较好地保持食品的原有新鲜品质；和食品冷冻保藏相比，它能节约能源。所以辐射是一种较好的保藏食品的物理方法之一。但是辐射的方法不完全适用于所有食品，要有选择的应用。

8. 电子保鲜储藏

近年国外应用电子技术对果品、蔬菜进行保鲜储藏已得到广泛应用，国内也正在进行研究。电子保鲜储藏器，就是运用高压放电，在储存果品、蔬菜等食品的空间产生一定浓度的臭氧和空气负离子，使果品、蔬菜生命活体的酶钝化，从而降低果品的呼吸强度。

电子保鲜储藏器，从分子生物学角度看，果品、蔬菜可看成是一种生物蓄电池，当受到带电离子的空气作用时，果品、蔬菜中的电荷就会起到中和的作用，使生理活动出现类似假死现象，呼吸强度因此而减慢，有机物消耗也相对减小，从而达到储藏保鲜的目的。

常见的食品防腐保鲜方法及其对微生物的作用，如表 7-1 所示。

表 7-1 食品储存方法及其对微生物的作用

序号	食品储藏方法	对微生物的作用
1	冷藏（低温状态与储藏）	低温以抑制生长
2	冷冻（冻结状态与储藏）	低温并降低水分活性以抑制生长
3	干制、熏制、糖渍	降低水分活性，明显地降低和抑制微生物的生长
4	真空或缺氧“气调”包装、高二氧化碳的“气调”包装	氧分压降低可以抑制专性需氧菌和使兼性厌氧菌生长缓慢，二氧化碳对一些微生物有特别的抑制作用
5	加酸	降低 pH 值，抑制细菌生长繁殖
6	酒精发酵	提高酒精的浓度
7	乳化	在乳液中，水被高度分散，与食品的营养成分有明显的界面分开
8	乳酸与醋酸发酵	降低 pH 值，并且所产生的乳酸与醋酸均可起到抑菌作用
9	加入防腐剂	抑制特定的菌属
10	巴氏消毒和杀菌	用足够的热量使需杀死的微生物失活，以达到允许的水平
11	辐射	以足够剂量的射线使微生物失活
12	无菌加工	防止二次污染
13	消毒	把包装材料和食品组分分别用热、射线或者化学工业药品处理，以减少微生物的污染

【知识链接7.1】 用超高压技术保鲜食品

来自食品技术行业的消息指出，超高压食品技术是一种理想的非热力杀菌保鲜技术，其特点是：温度升高值很小，能很好地保留食品原有的风味、营养和保健成分；杀菌快速、高效、均匀；能耗比热力杀菌法更低；可提高食品卫生安全性；有利于环保。经超高压处理的食品，符合现代食品“天然、营养、卫生、安全”的发展方向，市场潜力巨大。

超高压食品技术是将食品密封于弹性容器或置于无菌压力设备中，用100Mpa（约987个大气压）以上超高压处理一段时间，从而达到杀菌保鲜、保存食品的目的。

利用超高压对食品杀菌，是一个纯物理过程，具有瞬间压缩、作用均匀、操作安全、温度升高值小、耗能低、污染少、利于环保的特点。

用超高压技术处理食品，可达到高效杀菌的目的，且对食品中的维生素、色素和风味物质等低分子化合物的共价键无明显影响，从而使食品能较好地保持原有的色、香、味、营养和保健功能，这是超高压技术的突出优点，也是超高压技术与其他常规食品杀菌技术的主要不同之处。

蒸汽、远红外线、微波、高频电场和电磁场等食品杀菌技术，都存在较明显的热效应，加工过程中温度的升高较明显。采用热力杀菌，会对保健食品的热敏性功能成分造成破坏，导致保健作用降低、产生异味，有的功能成分会降解为没有任何保健作用的物质。利用辐照方法处理食品，虽然温度的变化值较小，但会发生辐照裂解反应，产生复杂的化学物质和辐照异味；而且，辐照食品的安全性尚无定论，日本及欧盟一些西方国家禁止或者限制辐照食品的进口；消费者对包装上已经明示的辐照食品，也持十分谨慎的购买态度。

超高压能破坏高分子的氢键、离子键、盐键，对共价键影响小，尤其对食品中的小分子色素、维生素、氨基酸、多肽、果酸、果糖、呈香物质和果蔬抗诱变活性成分等物质的破坏作用较小。经超高压处理的功能食品，能较好地保持功能因子的活性和产品的原有风味，符合现代功能食品“天然、营养、卫生、安全”的发展方向。超高压技术在功能食品的开发和生产中，具有重要的营养价值。

（资料来源：中国食品科技网）

本 章 小 结

商品在储存期间受内外因素的影响，会发生物理机械变化、化学变化、生理生化变化及某些生物活动引起的变化。影响商品质量变化的外界因素主要有空气中的氧气、日光、温度、湿度、微生物和害虫等。

温湿度管理是商品养护中的重要因素。湿度包括绝对湿度、饱和湿度和相对湿度，后二者随温度的变化而变化。不同的商品在储存过程中对温湿度的要求不同，管理者可根据具体情况，采用密封、通风或吸潮等方法进行控制和调节。

工业品在储藏过程中容易引起霉变、虫蛀、锈蚀和老化等变化。霉变是由霉腐微生物引起的。在适宜条件下，细菌、霉菌和酵母菌这些微生物生长繁殖的速度很快，可对商品造成危害。高温可以杀死微生物；低温可以抑制微生物的生长和发育；化学药剂能直接干扰微生物的生长繁殖。在商品霉变防治技术中，要重视日常管理工作，合理使用化学药剂，结合气调、微波等其他防霉防菌技术。

金属锈蚀可以分为化学锈蚀和电化学锈蚀。金属元素的活泼性和金属纯度是影响金属锈蚀的内因，温度、湿度、空气中的有害气体是影响金属锈蚀的外因。仓储金属商品的防锈方法有涂油防锈、气相防锈等。

高分子材料易于老化，其原因主要是由其内部结构决定的。影响商品老化的外因有日光、热、氧气与臭氧等。预防老化的措施有控制环境条件、材料改性、物理防护、添加防老剂等。

食品在储藏过程中容易发生腐败、霉变和发酵等变质现象。食品的防腐和保鲜，一是要维持食品本身最低的生命活力；二是采取各种方式，杀灭或抑制微生物的生长和繁殖。具体的方法有低温储藏、加热灭菌储存、干藏、化学防腐保鲜、气调储藏、减压储藏、辐射保藏、电子保鲜储藏等。

关 键 术 语

商品的物理变化　商品的机械变化　挥发　溶化　熔化　渗漏　串味　沉淀　玷污　破碎与变形　商品的化学变化　氧化　分解　化合　老化　聚合　商品的生理生化变化　呼吸作用　发芽　胚胎发育　后熟作用　霉腐　虫蛀　空气温度　空气湿度　绝对湿度　饱和湿度　相对湿度　密封　通风　吸潮

实 训 项 目

1．掌握测量空气温度和湿度的仪器的使用方法。
2．调查一至两家物流企业或大型超市，就其如何做好商品养护工作，写出调查报告。

复习思考题

1．商品储存过程中常见质量变化有哪些？
2．影响库存商品质量变化的因素主要有哪些？
3．库内、库外温湿度的变化有哪些规律？
4．什么是相对湿度？相对湿度与温度、绝对湿度、饱和湿度的相互关系如何？
5．霉腐微生物的生长要求哪些条件？什么样的商品容易发生霉腐？
6．商品防霉腐主要有哪些方法？
7．仓库害虫有哪些特点？主要有哪些来源？
8．什么样的商品易发生虫蛀？
9．影响金属商品锈蚀的因素有哪些？常见的防锈方法有哪些？
10．影响高分子商品老化的因素有哪些？常见的防老化方法有哪些？
11．食品受微生物污染易发生哪些变化？
12．食品的储存原理是什么？
13．食品储存保鲜的方法有哪些？各有什么特点？

第8章 商品与环境和资源

【学习要点】

- 商品生产带来的环境问题
- 环境保护与可持续性发展
- 自然资源及其特性
- 商品生产和消费带来的资源问题
- 资源保护

【案例导读】 环保购物袋渐入人心

塑料袋诞生约100年来，给人类社会带来了很大便利，同时也带来了环境污染。随着人们环保意识的增强，向塑料袋说“不”的声音越来越强，既美观便利又环保的购物包装袋在英国、日本等地很受欢迎。

据日本媒体报道，英国阿尼娅·欣德马奇品牌推出的一款名为“我不是塑料袋”的购物袋在日本大受欢迎。东京一家商场不久前宣布以顾客抽签的方式出售500个这种购物袋，两天便吸引了1.5万人抽签。在日本的一些拍卖网站上，这款定价2000日元（1美元约合117日元）的购物袋的拍卖价一度飙升了10倍。此前，这一品牌的购物袋在英国限量销售时也引来了人们排队抢购。在美国“电子港湾”网站上，这款购物袋竞价曾达到每个100英镑（1英镑约合2美元）。

当然，这么昂贵的购物袋不是人人都买得起，但是环保人士对待污染环境的塑料袋还有别的应对办法。新加坡政府不久前与商家共同促使消费者自备购物袋或为后者提供可重复使用的环保型购物袋，也得到消费者比较积极的配合。肯尼亚最大的连锁超市也向顾客提供布袋。乌干达政府自2007年7月1日起禁止生产和进口厚度在30微米以下的塑料袋，对其他厚度的塑料袋则征收重税，同时提倡其居民使用当地包裹物品的传统材料——香蕉叶。有些地方政府也积极禁止使用塑料袋。2007年4月，加拿大小镇利夫拉皮兹开始实施禁用塑料购物袋的规定，成为加拿大首个出台此类禁令的城镇。英国西南部德文郡小镇莫德伯里也从2007年5月起全面禁用塑料袋，该镇顾客在购物场所会得到由淀粉材料制成并可自然降解的袋子、可回收的纸袋或可重复使用的棉麻袋。

与此同时，科研人员也在积极研制更加环保的塑料袋替代品，各种环保包装材料有望不断走进人们的生活。

（资料来源：国家食品质量安全监督检验中心网站）

此案例说明，人类为了生存与发展，在向环境索取资源的同时，也在破坏环境。环保意识不论发达国家还是发展中国家，都在加强。那么我们应如何应对商品生产、消费与环境和资源之间的矛盾呢？

8.1　商品与环境保护

8.1.1　商品生产和消费带来的环境问题

环境是指环绕着人类的空间以及其中直接或间接影响人类生存和发展的各种因素的总和，这些因素除自然因素外，还包括社会因素。

广义的环境概念既包括自然环境也包括社会环境。通常人们所说的环境，一般是指狭义的环境即自然环境，自然环境是地球的表层，由空气、水和岩石（包括土壤）构成大气圈、水圈、岩石圈，在这三个圈的交汇处是生物生存的生物圈。这四个圈在太阳能的作用下，进行着物质循环和能量流动，使人类（生物）得以生存和发展。

自然环境和自然资源都是人类赖以生存和发展的基础。自然环境中的绝大部分都可以被人类生产所利用，如动植物、空气、土壤和水，它们实质上就是自然资源，或称为可利用的自然环境。随着科学技术和社会经济的发展，自然环境的利用程度不断提高，资源化倾向加大，自然环境与自然资源的界限将越来越模糊。

人类为了生存与发展，必然要向环境索取资源。早期由于人口稀少，人类屈从于自然，人类对环境没有造成明显的影响和损害。在相当长的一段时间里，自然条件主宰着人类的命运。到了“刀耕火种”时代，人类为了养活自己并不断地发展下去，开始毁林开荒，这就在一定程度上破坏了环境，于是出现了人为因素造成的环境问题。但因当时生产力水平低下，对环境的影响还不大。到了产业革命时期，随着大机器工业的发展，人类商品生产水平迅猛提高，对环境的影响也急剧增大。

到了 20 世纪，人类利用、改造环境的能力空前提高，规模逐渐扩大，创造了巨大的物质财富。据估算现代农业获得的农产品可供养 50 亿人口，而原始土地上光合作用产生的绿色植物及其供养的动物，只能供 1 千万人的食物，由此可见，人类在环境中已处于主导地位。但由于全球性的商品生产、贸易和消费的快速发展，使自然生态系统受到强度干扰和严重破坏。环境污染、生态失衡等一系列严峻问题摆在了人们面前，大气污染严重，水资源空前短缺，森林惨遭毁灭，可耕地面积不断减少，大批物种濒临灭绝，人类赖以生存的自然环境正处在危机之中。日益恶化的环境向人类警示：保护大自然，维持生态平衡是当今人类面临的全球性的重大课题。

1. 全球性环境问题

（1）水污染。水、空气和食品是人类生命和健康的三大要素，人体内 50%～60%的重量是水分。没有水就没有生命。地球上的淡水资源只占地球水资源总量的 3%，而这 3%的淡水中，可直接饮用的只有 0.5%，所以说，水是人类的宝贵资源，是生命之泉。然而宝贵的生命资源却受到了严重的污染，当水中的有害物质超出水体的自净能力时，就发生了污染，水污染的主要来源是未处理的工业废水、生活废水和医院污水。大量的污染物首先排入河流，造成内陆水域污染，接着是湖泊和海湾的污染，海洋运输业的发展，又造成了严重的海洋污染。水污染直接危害到人类的健康，水中的致病微生物、病毒等可引起传染病的蔓延，水中的有毒物质可使人畜中毒，尤其是汞、镉、铬、铅等。据世界卫生组织统计，世界上有70%的人喝不到安全、卫生的饮用水，据联合国统计，世界上每天有2.5万人由于饮用污染的水而得病或由于缺水而死亡。水污染给渔业生产带来重大损失。严重的污染使鱼虾大量死亡；污染还干扰鱼类的洄游和繁殖，造成生长迟缓和畸形，鱼产量和质量大大下降，使许多优质鱼濒临灭绝。水污染对两栖类动物和海洋其他生物也有严重影响。

（2）大气污染。洁净的空气是生命的要素。清洁的空气中含有78%的氮气、21%氧气和0.93%的氩气，以及少量的二氧化碳、水蒸气和微量稀有气体。当大气中某些气体异常地增多或增加了新的成分时，大气就污浊了，当大气成分的变化增大至危及生物的正常生存时，就造成了大气污染。大气污染的来源有自然污染和人为污染两种。火山爆发、地震、森林火灾产生的烟尘、硫氧化物、氮氧化物，称为自然污染源。而人类的生产、生活活动形成的污染称为人为污染源。大气污染主要来源于人类的活动，特别是工业和交通运输，因而在工业区（工厂烟囱废气）和交通运输密集区（铁路沿线、公路两旁、城市市区）空气污染最为严重。在世界著名的八大公害中有五起是由大气污染造成的。大气污染（尤其是煤粉尘）是人类健康的大敌，大气污染还导致农业生产的巨大损失。少量二氧化硫气体就能影响植物的生活机能，水稻扬花时受到一次熏气，产量就下降85%。人类工业生产导致了大气污染，污染的大气又反过来严重制约着人类的生产和生活。减小空气污染，“还我蓝天红日”，成为世界各国人民的共同心声。

（3）土壤污染。土地是人类的衣食之本，在科学技术高度发展的今天，土地却遭受到了空前的破坏。其中土壤污染正在侵蚀和剥夺大片肥田沃土的生产力。土壤污染主要是指土壤中某些有害物质大大超出正常含量，土地无法消除这些有害物质影响的现象。严重的土壤污染可导致农作物生长发育的减退甚至枯萎死亡等明显的后果，更多的土壤污染虽无明显表现却降低了农产品的质量，特别是通过农作物对有害物的富集作用，潜在地危害人畜健康。

土壤污染主要来源于工业废水、废气、废渣、化肥、农药以及生活污水等。工业商品生产中排放的三废，会自然流入或随雨雪沉降在土壤中。其主要有烟尘、二氧化硫、氮氧化合物以及放射性尘埃、重金属等造成的污染。现代农业大量施用化肥产品，致使硝酸盐、硫酸盐、氯化物等无机物大量残留在土壤中，使土壤板结和盐渍化，从而使农作物减产。生活污水和人体排泄物的排放，在一定程度上会使土壤肥力增加，使农作物增产，但废水、废物中的病原菌、病毒、寄生虫等会进入农田，沉积于土壤中，造成土壤污染，从而可能引起人类的流行病、地方病、寄生虫病等。人类生产和生活活动一旦使土壤被污染，其影响就很难被消除。有机农药分解很慢，重金属不分解，污染的土地即使在不再继续污染的情况下，三五年内仍含较高的有害物质，并可通过食物链富集危害人类。所以，严重污染的土地上的植物不但不能食用，也不能用做饲料和肥料。

（4）食品污染、垃圾污染、空间污染。水、大气和土壤的污染，必然导致食品污染。食品污染是指人们食用的各种食品，如粮食、水果、蔬菜、鱼、肉、蛋等在生产、运输包装、储存、销售、烹调过程中，混进了有害有毒物质或者病菌。食品污染可分为生物性污染和化学性污染两大类。生物性污染是指有害的病毒、细菌、真菌以及寄生虫污染食品。细菌中如变形杆菌、黄色杆菌、肠杆菌可直接污染动植物食品，真菌中的霉菌有些可以为人类食用，如腐乳酱制品都离不开霉菌，但其中百余种菌株会产生毒素，毒性最强的是黄曲霉素，主要污染在花生、玉米上。化学性污染是由有害、有毒的化学物质污染食品引起的。各种农药是造成食品化学性污染的一大来源，还有含铅、镉、铬、汞、硝基化合物等有害物质的工业废水、废气、废渣；食用色素、防腐剂、发色剂、甜味剂、固化剂、抗氧化剂；作为食品包装用的塑料、纸张、金属容器等。防止食品污染，不仅要注意饮食卫生，更要从食品生产、加工、运输、储存、销售等各个环节着手，才有可能从根本上根治食品污染。

垃圾侵占土地，堵塞江湖，有碍观瞻，危害水源、土壤及农作物生长和人体健康的现象，称做垃圾污染。工业废渣和生活垃圾是垃圾的主要构成。工业废渣是指工业生产、加工过程中产生的废弃物，主要包括煤矸石、粉煤灰、钢渣、高炉渣、赤泥、塑料和石油废渣等。生活垃圾主要是厨房垃圾、废塑料、废纸张、碎玻璃、金属制品等。在城市，由于人口不断增加，生活垃圾正以每年 10%的速度增加，构成一大公害。垃圾的严重危害主要是侵占大量土地、污染农田、污染地下水、污染大气，甚至传染疾病。随着社会商品生产的发展，人们消费水平不断提高，城市垃圾大量增加，垃圾处理已成为城市环境综合整治中的紧迫问题。

宇宙航天事业的发展，给人类展示了飞出地球的美好前景，但也给地球周围的宇宙空间带来了污染。人类丢弃的人造卫星和火箭的碎片基本处于无人管理而不断增加的状态，将来很可能会危及人类在宇宙空间的活动，因此，现在越来越多的人呼吁“尽早找出治理宇宙空间垃圾的办法”。

（5）温室效应、臭氧层破坏和酸雨，这是当今全球性的三大环境问题。所谓温室效应，就是太阳短波辐射可以透过大气射入地面，而地面增暖后放出的长波辐射却被大气中的二氧化碳等物质所吸收，从而产生大气变暖的效应。除二氧化碳以外，对产生温室效应有重要作用的气体还有甲烷、臭氧、氯氟烃以及水气等。随着人口的急剧增加，工业生产的迅速发展，排入大气中的二氧化碳相应增加；又由于森林被大量砍伐，应被森林吸收的二氧化碳未能被吸收而排入大气中，加剧了温室效应。据分析，在过去 200 年中，二氧化碳浓度增加 25%，地球平均气温上升 0.5℃，估计到下个世纪中叶，地球表面平均温度将上升 1.5℃～4.5℃。温室效益的后果十分严重。首先是自然生态将随之发生重大变化，荒漠扩大、土地侵蚀加重、森林退向极地、旱涝灾害严重、雨量增加，迫使原有的水利工程重新调整；再是沿海将受到严重威胁，由于气温升高，两极冰块在一定程度上溶化，使海平面上升 1 米多，再加上海水体积膨胀，将会淹没许多沿海城市和港口。

地球变暖已引起全世界的关注。1988 年 11 月，联合国已做出一项决议，指出温室效应将给人带来灾难，号召国际社会“为当代和后代人类保护气候”而努力。为此，我们在发展工业生产时，要减小和治理大气污染，同时，要保护好现有森林，大力植树造林，使大气中的二氧化碳通过植物光合作用转化为营养物质，还要通过各种途径减小矿物能源的总消耗，尽量采用核能、太阳能、水能、风能，以减少二氧化碳的排放。

科学家考察发现，在北美、欧洲、新西兰上空，保护地球的臭氧层正在变薄，南极上空的臭氧层已经出现了“空洞”。臭氧是大气中的微量元素，是一种具有微腥臭、浅蓝色的气体，主要密集于离地面 20～25 千米的平流层内，科学家称之为臭氧层。臭氧层犹如地球的保护伞，阻挡了太阳 99%的紫外线辐射，保护着地球上的生灵万物。

臭氧层减小以及南极上空出现“空洞”的主要原因，一是由于自然因素：太阳黑子爆炸时发出许多带电质子，轰击地球上层大气，对臭氧有破坏作用；另外南极上空的上升气流把臭氧含量较高的中层大气输送到上层，从而降低了那里的含量。二是由于人为因素：人类在使用冷冻剂、消毒剂、起泡剂和灭火剂等化学制品时，向大气中排放的氯氟烃等气体在紫外线照射下会放出氯原子，氯原子夺去臭氧中的氧原子，使臭氧变成纯氧，从而使臭氧层遭到破坏。近年来，全世界科学家都在呼吁，拯救臭氧层，禁止使用氯氟烃。1987年9月，24个国家在加拿大蒙特利尔签订了“蒙特利尔控制可破坏臭氧层物品协定”，规定到20世纪末，将氯氟烃的使用量减小到1986年水平的一半。科学家指出，即使立即禁止使用氯氟烃，已经减小的臭氧层也要很长时间才能弥补过来。

酸雨是造成全球性环境污染的又一个元凶，它是大气污染后产生的酸性沉降物。因为人们最早是在雨中发现这种沉降物的，所以习惯上称为酸雨。酸雨是一种复杂的大气化学和大气物理现象。酸雨中含有多种无机酸和有机酸，绝大部分是硫酸和硝酸。工业生产、居民生活燃烧煤炭排放出来的二氧化硫，燃烧石油以及汽车排放出来的氮氧化合物，经过“云内成雨过程”形成硫酸雨滴和硝酸雨滴，又经过“云下冲刷过程”即含酸雨滴在下降过程中不断合并、吸附、冲刷其他含酸雨滴和含酸气体、形成大雨滴，最后降落在地面上，形成了酸雨。硫和氮是营养元素，弱酸性降水可溶解地面中矿物质，供植物吸收，但如果酸性过强，pH值在5.6以下时，就会产生严重危害，酸雨就成为空中降下的“死神”，它会使大片森林死亡，农作物枯萎。我国四川名胜峨眉山，风景秀丽，山深林秀，但近十年来，酸雨已造成冷杉林成片死亡，不但景观全非，就连猴子也跑到其他山沟里去了。酸雨还能改变土壤结构，一方面使钙、镁、钾等营养元素流失，抑制有机物降解和固氮作用，使土壤贫瘠化；另一方面，又将铝等有害元素活化，植物长期和过量吸收铝，会中毒，甚至死亡。酸雨还使湖泊、河流酸化，并溶解土壤和水体底泥中的重金属进入水中，毒害鱼类、威胁人类健康。它还会加速建筑物和文物古迹的腐蚀和风化过程。

（6）自然生态系统遭到破坏，生物资源衰退。由动物、植物、微生物和非生物环境组成的生态系统，在人类大规模地向自然进军的过程中，遭到了前所未有的干扰和破坏，极度地打破了系统的平衡，使系统中的生物资源面临衰退甚至灭绝的危险。两千年来，由于自然环境的变化，全世界约有110多种兽类和130多种鸟类从地球上消失，其中有物竞天择、适者生存的自然规律在起作用，但同时也有人为因素的介入。尤其是19世纪中叶以来，在短短一个半世纪的时间内，人类已使75种鸟类和哺乳动物绝种，使359种鸟类和297种兽类动物面临灭绝的危险。据估计，现在全世界有2 500种植物和1 000多种脊椎动物濒临灭绝。

生物资源衰退的原因，首先是生态环境的破坏。随着人口增长和森林砍伐，使生物失去了生长繁殖的栖息环境。其次是滥伐乱捕，这直接导致许多植物品种衰竭和野生动物灭绝。同时工业三废的排放和化学农药的使用，污染了大气、水体和土壤，危害生物生存，使野生动植物数量明显下降。因此，保护生物资源已成为全球性的迫切任务。

2．我国的环境问题

我国长期以来国民经济保持高速发展，但是这种发展是建立在粗放式经营基础上的。这使得国内环境问题更为严重和突出，集中表现在水污染、荒漠化、工业污染、森林植被破坏等方面。

如荒漠化问题，我国已成为世界上荒漠化最为严重的国家之一，这对我国经济社会的可持续发展造成的危害十分惊人。首先，荒漠化缩小了中华民族的生存空间。国家林业局第三次全国荒漠化和沙化监测结果显示：截至 2004 年年底，中国荒漠化土地为 2 636 200 平方公里，占国土面积的 27.46%；沙化土地面积测定为 1 739 700 平方公里，占国土面积的 18.12%。这些数据显示治沙工作已获得成效，荒漠化和沙化整体扩展趋势已得到初步遏制。其次，荒漠化导致了土地生产力的严重衰退，造成了严重的经济损失。据测算，荒漠化致使区域内每年损失的土壤有机质及氮、磷、钾等达 5 590 万吨，折合化肥 2.7 亿吨，相当于 1996 年全国农用化肥产量的 9.5 倍。因荒漠化的危害，全国草场退化 20.7 亿亩，耕地面积退化 1.16 亿亩。近几年来，我国每年因荒漠化造成的直接经济损失达 540 亿元，相当于西北五省区 1996 年财政收入的 3 倍。1993 年 5 月发生在西北地区的特大沙尘暴，席卷新疆、甘肃、宁夏、内蒙古四省区 72 个县，116 人死亡或失踪，牲畜损失 12 万头，农作物受灾面积 505 万亩，仅甘肃、新疆两省的直接经济损失就近 4 亿元。再次，荒漠化加剧了整个生态环境的恶化。水土流失越来越严重，仅每年流入黄河的 16 亿吨泥沙中，就有 12 亿吨来自荒漠化地区。沙尘暴越来越频繁，20 世纪 70 年代发生了 13 次，20 世纪 80 年代 14 次，20 世纪 90 年代就发生了 23 次，沙尘暴增加了大气尘埃和有害物质，造成了严重的空气污染，降低了人类生存环境的质量。

造成荒漠化扩张的原因，既有全球气候变化的因素，又有不合理人为活动的因素，对于后者，可归纳为“五滥”。

一是滥垦。由于人口增加和短期利益驱动，许多地方在不具备开垦条件下，无计划、无节制地进行开垦，导致土地荒漠化。用当地群众的话说就是：“一年开草场，二年打点粮，三年五年变沙梁”。

二是滥牧。目前我国大部分草场放牧大大超过了其承载能力，荒漠化地区草场牲畜超载率为 50%～120%，超载放牧使草场大面积退化、沙化。20 世纪内蒙古草原牧草平均高度由 20 世纪 70 年代的 70 厘米下降到目前的 25 厘米，亩均产量由 20 世纪 60 年代的 109 千克下降到 20 世纪 80 年代的 43 千克，昔日“风吹草低见牛羊”的地方，变成了“老鼠跑过见脊梁”。

三是滥伐。部分荒漠化地区乱砍滥伐林木，过度滥伐，致使大量宝贵的植被遭到破坏，土地失去了保护屏障。

四是滥采。受经济利益驱使，荒漠化地区滥采中药材、搂发菜以及无序的采矿工程建设等现象十分突出，使大量植被破坏，直接导致土地荒漠化。

五是滥用水资源。部分地区仍沿用大水漫灌的落后方式，既浪费了水资源，又造成了土地盐渍化。此外，对水资源开发利用缺乏有效管理，致使河流上游截水，用水过度，下游因来水量小，大面积农田被迫撂荒，形成土地荒漠化。

除荒漠化问题外，由于工业污染（三废）、森林砍伐等因素，使我国近年来酸雨现象凸现。1997 年 11 月，酸雾、酸雪、酸雨在短短 20 天中相继袭击济南，创下了中国环保史上罕见的“记录”，人们呼吸不畅、口痒鼻塞、眼受刺激、医院人满为患；1994 年重庆及附近地区下了数场黑雨，色如墨汁且有强酸性；1991 年我国喜马拉雅山区下了数场“黑雪”，人迹罕至的世界屋脊也未能逃出“空中死神”降下的灾难。酸雨的降临，一次次地向人们发出了环境保护的警示。

8.1.2 环境保护与可持续发展战略

1. 可持续发展的含义

20 世纪 80 年代以来，环境的全球性恶化及其严重影响突现在世人面前，使人类不得不重新审视自己所追求的发展目标和消费模式。人类在总结传统发展模式的经验教训的基础上，提出了“可持续发展”理论。1989 年 5 月，联合国环境署第 15 届理事会期间，各国达成共识，发表了《联合国环境署第 15 届理事会关于“可持续发展”的声明》。

可持续发展是指满足当前需要而又不削弱子孙后代满足其需要之能力的发展，而且绝不包含侵犯国家主权的含义。可持续发展的实现，涉及国内合作及跨越国界的合作，包括发达国家按照发展中国家的发展计划、轻重缓急及发展目的，向发展中国家提供援助，从而使各国特别是发展中国家的经济能持续增长与发展。可持续发展还意味着维护、合理使用并且提高自然资源基础，这种基础支撑着生态抗压力及经济的增长。其核心思想是健康的经济发展应建立在生态可持续能力、社会公正和人民积极参与自身发展决策的基础上。它所追求的目标是：既要使人类的各种需要得到满足，个人得到充分发展，又要保护资源和生态环境，不对后代人的生存和发展构成威胁。

可持续发展强调环境与经济协调发展，追求人与自然的和谐，即经济发展应建立在生态持续能力上，并保证环境不对后代人的生存和发展构成威胁。

可持续发展的核心内容有以下特点：

（1）比以往更强调环境保护与经济发展的相互依赖性。现代文明的发展越来越依靠环境与资源基础的支撑，但随着环境恶化和资源耗竭，这种支撑已越来越薄弱和有限。因此，经济越高速发展，越需要加强环境与资源保护，以期获得长期持久的支撑能力。这是可持续发展区别与传统发展的重要标志。

（2）必须改变传统的生产与生活方式。依赖高消耗、高投入、高污染和高消费带动与刺激高速经济增长的经济发展模式，必须转变为依靠科技进步和提高劳动者素质来促进经济增长的新模式，才能不断开发新能源和先进生产技术，降低单位产品的能耗和物耗，实现少投入多产出，减小经济发展对资源和环境的依赖，减轻对环境的压力。

2. 可持续发展应坚持的原则

可持续发展主要坚持以下三个原则：

（1）公平性原则。可持续发展强调本代人之间的公平、代际间的公平和资源分配与利用的公平。

（2）持续性原则。其核心是人类经济和社会的发展不能超越资源和环境的承载能力，即在满足需要时，必须有限制因素，也就是说发展中包含着制约的因素。

（3）共同性原则。国情不同，实现可持续发展的具体模式也是多样的，但上述公平性原则和持续性原则是共同的，并且实现可持续发展的总目标，应有全球的联合行动，认识到我们的家园——地球的整体性和相互依存性。

1972 年，联合国人类环境会议，通过了《人类环境宣言》，呼吁各国政府和人民为维护和改善人类环境，造福全人类和子孙后代而共同努力。1992 年联合国环境与发展大会通过了《21 世纪议程》等一系列重要文件。《21 世纪议程》是在全球区域内和各国范围内实现可持续发展的行动纲领，涉及国民经济和社会发展的各个领域，它虽不是一个具有法律约束性的文件，但代表了最高级别的政治承诺，为在全球推进可持续发展战略提供了行动准则。

可持续发展是人类社会发展模式的一次历史性转变，它标志着人类已经进入一个新的阶段。目前，可持续发展已经成为全球社会经济活动的主题，改革开放的中国在这样的背景下正在加快现代化建设的步伐，在其发展过程中必然应把可持续发展放在重要的战略地位。作为我国现代化建设的总设计师，邓小平十分重视人口、资源与环境的协调，强调我国能源和其他资源紧张，要求合理利用、节约使用，同时他还十分重视生态环境问题，并积极倡导和参与全国义务植树活动，并号召全国人民“植树造林、绿化祖国、造福后代”。以江泽民为核心的党中央第三代领导集体进一步明确提出了可持续发展的目标，在十四届五中全会和《中国 21 世纪议程》以及“九五”计划和 2010 年远景发展目标中都得到了具体体现。党的十五大报告作为跨世纪的纲领性文件再次重申：“我国是人口众多、资源相对不足的国家，在现代化建设中必须实施可持续发展战略”。提出计划生育和保护环境的基本国策，以正确处理经济发展同人口、资源、环境的关系；提出资源开发与节约并举，把节约放在首位，提高资源利用效率；统筹规划国土资源的开发和整治，严格执行土地、水、森林、矿产、海洋等资源管理和保护的法律；实施资源有偿使用制度；加强对环境污染的治理，植树种草，搞好水土保持，防治荒漠化，改善生态环境；控制人口增长，提高人口素质。我国在可持续发展战略的实施过程中已经迈出了坚实的步伐。

在环境保护方面，我国政府制定了《污染物排放总量控制计划》和《中国跨世纪绿色工程计划》，提出到 2010 年基本改变生态环境恶化的状况，城乡环境有比较明显的改善。我国已经形成了以《中华人民共和国环境保护法》为主体的环境保护法律体系，环境立法基本完备。在人口方面，我国不但控制了人口数量，也在努力提高人口素质，为世界人口数量的控制作出了贡献。在资源利用方面，根据可持续发展的战略要求，我国进行了城市总体规划的编制，提出了治理开发沙漠化土地的规划目标，国土整治工作也取得了重大进展。

总之，在发展商品生产的过程中，在世界性的市场经济共存共融的前景下，依靠科学技术进步，实现可持续发展战略已经成为一种必然选择。这一战略的实施，将会实现中华民族的伟大复兴，实现世界经济的共同繁荣。

【案例 8.1】　循环再生标志

在许多发达国家，人们在购买商品时总喜欢找一找，看商品上是否印有这个小小的三箭头循环再生标志。许多关心保护环境、保护地球资源的人只买印有这个标志的商品，因为多使用可回收、可循环再生的东西，就会减少对地球资源的消耗。

这个形成特殊三角形的三箭头标志，就是在这几年在全世界变得十分流行起来的循环再生标志，有人把它简称为回收标志。它被印在各种各样的商品和商品的包装上，如在可乐、雪碧的易拉罐上你就能找到它。

这个特殊的三角形标志有两方面的含义：

第一，它提醒人们，在使用完印有这种标志的商品包装后，请把它送去回收，而不要把它当作垃圾扔掉。

第二，它标志着商品或商品的包装是用可再生的材料做的，因此是有益于保护环境的。如图 8-1 所示为不可回收标志，如图 8-2 所示为可回收标志（循环再生标志）。

图 8-1　不可回收标志

图 8-2　可回收标志（循环再生标志）

问题：请分别找出带有以上标志图形的商品或包装。

8.2　商品与资源保护

8.2.1　自然资源系统及其特性

资源是人类赖以生存的物质基础，人们从自然界获取物质资源，进行加工改造，创造社会财富，满足自身需要，不断地促进人类的进步。

自然资源是指一切为人类提供福利的、在自然生成演化中形成的各种物质形态，如水、空气、土壤、动植物、矿物、能源、自然景观等。

自然资源按其根本属性，一般分为气候资源、生物资源、水资源、土地资源、矿物资源五类，也有人把海洋资源、能源资源、景观资源单独列出，形成八类。

按其可利用性能，又可分为再生资源和非再生资源两类。再生资源是指通过天然作用或人工作用，能为人类反复利用的各种资源如土地资源、水资源、气候资源、生物资源等，这些资源都有各自的生成变化规律，同时又相互联系，相互影响。非再生资源是指人类开发利用后，在现阶段不能再利用的自然资源，如经过漫长的地质时代和复杂的化学变化而形成的矿产资源，包括煤、石油、天然气、铀等能源资源，它们形成的速度根本无法与人类开采的速度相比，因而被认为是非再生资源。

各类自然资源是一个有机的系统，该系统内各要素之间相互联系，相互制约，使系统具有特定的功能，一旦某一要素受到人为的破坏，必然影响其他要素性能的发挥，从而影响自然资源系统的整体功能。如生物资源中的森林资源受到严重的砍伐和破坏，必然影响到水资源的数量和净化，气候条件必然发生恶性变化，风沙大起，土地资源受到侵袭等。作为一个系统，自然资源具有整体性、区域性、有限性、多用性等特性。

8.2.2　商品生产和消费带来的资源问题

自然资源是商品生产和消费的最终物质和能量来源，是支撑人类社会发展的基本物质资料，是人类赖以生存繁衍的物质基础。不幸的是随着人类社会的不断发展，世界人口急剧增加，大规模的工业生产使人类对自然资源的消耗量急剧上升，再加上不合理的开发和利用所造成的资源浪费与破坏，导致了资源短缺，甚至枯竭，使人类生存受到严重威胁，人类面临着全球性的资源危机和资源短缺。

1. 全球性的资源危机

（1）水资源问题。全球淡水不足的陆地面积约占 60%，有 20 亿人口饮用水紧缺，10 亿以上人口饮用被污染的水。据《1996—1997 年度世界资源报告》披露，淡水的消耗在过去半个世纪里增长了 2 倍，到 1994 年，已经有 2 亿多城市人口缺水，预计到 2050 年缺水的城市人口将增长到 24 亿。

（2）森林资源问题。据估计，为了保证人类及其他生物正常生产和生活的需要，世界森林面积一般不应少于 40 亿公顷，而从 1950 年至 1975 年，世界森林面积已从 50 亿公顷缩减到 26 亿公顷，平均每年有 1 100 多万公顷的森林遭到破坏。现有的森林面积仍在不断减少，并已造成水土流失、沙漠化扩张、气候变异和物种灭绝等一系列严重后果。

（3）土地资源问题。全世界沙漠化面积达到 40 多亿公顷，有 100 多个国家受其影响。据估计非洲有 40%，亚洲有 32%，拉丁美洲有 19%的非沙化土地受到沙漠化的威胁，我国是世界上荒漠化问题最为严重的国家之一。由于沙漠化的扩展，全世界每年损失土地达 600 多万公顷。另外，人口又在迅速增长，致使人均耕地面积由 1975 年的 0.32 公顷下降到 2000 年的 0.15 公顷左右。据联合国粮农组织估计，全世界 30%～80%的灌溉土地不同程度地受到盐碱化和水涝灾害的危害。

（4）能源资源问题。人类大规模的商品生产使能源消耗急剧增长，据《1996—1997 年度世界资源报告》，从 20 世纪 70 年代中期到 20 世纪 90 年代中期的 20 年中，世界能源消耗增长了 50%，到 2020 年，全球能源消耗还将比现在增长 50%～100%。尽管人类在不断地开拓新的能源，如核能、太阳能，但能源紧缺仍是制约社会经济发展的瓶颈。

2. 我国的资源状况

（1）水资源总量缺乏，水污染进一步加剧水资源缺乏。我国水资源并不丰富，被列为世界人均水资源缺乏的 13 个国家之一。自 20 世纪 70 年代后期，水资源缺乏或不合理利用日益突出，如今在一些地区已成为社会经济发展的制约因素。但是，我国水资源浪费严重，20 世纪 80 年代我国单位国民生产总值用水量分别为美国和日本的 15 倍和 31 倍，居世界首位。由于工业生产导致的污水排放，更是直接减少了可利用的水资源数量，导致我国水资源更加紧缺。

（2）森林资源匮乏，森林覆盖率低。大面积的林木砍伐，使植被遭到极大破坏，导致我国森林覆盖率只有 13.92%，人均森林面积不及世界的 1/6，而且分布不均匀。据一些生态环境专家设想，如果一个国家或地区森林覆盖率达到 30%以上，并均匀分布，就能基本上实现国土保安。为此我国制定了《森林法实施细则》，以确保森林免遭破坏，国土资源免受损失，维护生态平衡，保持经济的持续发展。

（3）耕地资源不足，人均耕地少。根据全国土地详查汇总，1990 年，我国耕地为 20.16 亿亩，人均耕地只有 1.66 亩，不及世界人均耕地 3.75 亩的 44%，人多地少、耕地资源不足是我国的基本国情，耕地问题已成为长期制约农业乃至国民经济发展的重要因素。近 10 年来，我国一方面因人口大量增加造成人均耕地明显减少，另一方面各项建设和事业发展及荒漠化导致耕地净减少十分突出。作为世界上荒漠化最为严重的国家之一，荒漠化对耕地的侵袭十分惊人，已经成为我国的心腹之患。耕地面积大规模的锐减，缩小了我国的生存和发展空间，造成了严重的经济损失，加剧了“三农”（农业、农民和农村）问题，严重威胁着国民经济的持续协调发展。

（4）化学资源、矿产资源和能源资料等存在结构性的短缺。除煤炭资源、化学资源较为丰富外，其余较丰富的多为经济建设需求量较小的金属和非金属矿藏，这是总体资源的结构性短缺的具体表现；我国石化能源中石油、天然气等优质能源所占比例偏低，煤等非优质理想能源所占比例过高，是同类资源的结构性短缺；我国铁、磷等矿产资源也较丰富，但多为贫矿，增加了开采成本或难度，存在着开发条件的结构性短缺。

8.2.3 资源保护

资源保护是指对自然资源的科学开发、综合利用、开源节流和再生利用工作。

1. 资源的科学开发

自然资源为商品生产、消费提供了物质来源，是社会经济发展的物质基础。为了促进社会经济的持续发展，为了顾及子孙后代的利益，必须进行资源的科学开发。在开发过程中，要对资源的开发计划进行深入细致的科学论证，既要考虑到地理、地质、技术、开采设施、运输条件和资金等因素，又要考虑到市场需求、资源保护等因素，既要考虑到眼前的经济利益，又要注重长远的生态环境效益，以提高资源开发的科学性。

2. 资源的综合利用

资源的综合利用一是指某种资源多种成分、多种用途的综合利用，二是指某一地域范围内多种资源的综合利用，它是由资源的多用性和区域性决定的。资源的综合利用有赖于各种资源自然性能的分析，以此为基础，探寻资源的各种功效，以充分发挥各种资源的使用价值。同时国家在资源利用方面要进行统筹规划，制定科学的商品标准和资源利用细则，以规范资源利用行为，这不仅有助于提高资源的利用率，缓解能源及其他短缺资源的供求矛盾，而且有利于减小环境污染，维护生态平衡。

3. 资源的开源节流

资源的开源节流必须由自然资源的有限性决定。社会经济发展急需的自然资源，特别是能源，大多数是有限的，因此在开发利用资源时，必须注重节约现有资源，提高其利用率，同时利用现代科学技术开辟新的资源领域，探寻新的可替代性资源。自 20 世纪 80 年代以来，我国经济增长所需的能源一半靠开发，一半靠节能，即使如此，我国单位产值的能耗仍是发达国家的 2～3 倍，可见节能的潜力很大。为此，我国除了在煤炭、石油、天然气等现有能源开发利用中要加强发明和利用适合我国国情的、有效的节能设备和技术以外，还应大规模地开发和利用水能、核能，并努力研究开发风能、太阳能、地热能、海洋能等可再生资源。

4. 资源的再生利用

许多资源可以再生利用，如废弃的纸、木、水、气、渣等。在资源的开发利用过程中，或多或少会有一些废弃物产生，弃之一来造成资源浪费，二来危及环境、危及人类生存，为了保护环境，节约资源，许多国家都十分重视废弃物的回收利用，通过现代科技的渗透，发挥人的能动性，变废为宝，化害为利，以造福人类。

【案例 8.2】　中国环境标志

1993 年 8 月，中国国家环保局正式颁布中国环境标志，中国环境标志是一种官方的产品证明性商标，图形中国环境标志图形由清山、绿水、太阳及十个环组成。环境标志的中心结构表示人类赖以生存的环境；外围的十个环紧密结合，环环紧扣，表示公众参与，共同保护环境；同时十个环的“环”字与环境的“环”同字，其寓意为“全民联合起来，共同保护人类赖以生存的环境。” 获准使用该标志的产品不仅质量合格，而且在生产、使用和处理过程中符合特定的环境保护要求，与同类产品相比，具有低毒少害、节约资源等环境优势。如图 8-3 所示为中国环境标志。

问题：查阅相关资料或网站，说出图 8-4 中国节能产品标志图、图 8-5 中国节水标志、图 8-6 中国香港环保标签等图形的含义。

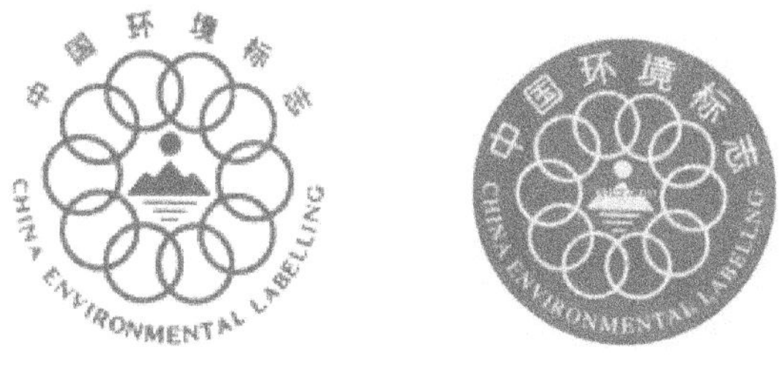

图 8-3　中国环境标志

图 8-4　中国节能产品标志

图 8-5　中国节水标志

图 8-6　中国香港环保标签

【案例 8.3】　我们的生存环境不容乐观

我们必须正视一个无法回避的事实——环境污染已直逼人类生存，请看如下一组惊人的数字：全世界每分钟损失耕地 40 公顷；全世界每分钟有 11 公顷土地沙漠化；全世界每分钟有 21 公顷森林消失；全世界每分钟有 4.8 万吨泥沙流入大海；全世界每分钟有 85 万吨污水排入江河大海…… 人类在发展自己的同时也在不断毁坏自己的生存环境，全球环境惨遭破坏，人类已陷入自我毁灭的险境。

我国经济发展前20年走的是一条西方传统工业文明发展的老路，而西方传统工业文明的发展道路必然要走向资源枯竭，必将要为争夺资源而不断冲突。如今中国45个主要矿种在14年后剩下6个，5年以后60%以上的石油要依靠进口，木材、铁矿等也统统要依靠进口。中国GDP占世界4%，却消耗了全球26%的钢、37%的棉花、47%的水泥。传统工业化需要的三大自然要素，一个是土地，一个是水，一个是矿产资源，中国已消耗大半。如今中国有三大污染：一是工业污染。我们现在拉动GDP增长的几乎是高污染、高能耗的产业，如造纸、电力、化工、建材等。二是城市污染。随着城市化迅速发展，城市空气污染严重。中国各地城市土地上的高楼大厦鳞次栉比，“上三路”都修的不错，而“下三路”几乎都不通。因排污管网不通，很多污水流不过去，那些建起来的污水处理厂就变成了形象工程。三是农村污染。这是我们治污工作中的软项。农村面临污染形势严重，别说治理，由于受体制限制，就连统计数据都算不出来。总体而言，两句话可概述我国目前的生存环境状况：第一，1.5亿亩土地受到污染，其中一部分是重金属污染，很难恢复；第二，1.5亿吨垃圾露天存放，农村的环保设施几乎等于零。如果没有生态文明，社会主义精神文明、政治文明、物质文明都将成为一句空话。

28年的改革开放，中国国力得以明显提升，创造了不少奇迹。中国的经济增长速度全世界第一，中国的外汇储备全世界第一，中国引进外资全世界第一。与此同时，中国的煤炭、石油、钢等能源消耗全世界第一，建材消耗全世界第一，原材料进口全世界第一。中国是工业用的木材纸浆纸产品全世界第二大市场，石油进口全世界第二，单位GDP能耗是发达国家的8到10倍，污染是发达国家的30倍，劳动生产率是发达国家的1/30。我们的化学需氧量排放是全世界第一，碳排放是全世界第二，预计很快就能成为第一。我们的江河水系70%受到污染，40%严重污染，流经城市的河段普遍受到污染，城市垃圾无害化处理率不足20%，工业危险废物化学物品处理率不足30%。3亿多农民喝不到干净的水，4亿多城市人呼吸不到洁净的空气，其中1/3的城市空气被严重污染。世界空气污染最严重的20个城市中，中国占了16个，一半多的城市空气不达标，山西省几乎全不达标。1/3的国土被酸雨覆盖，“逢水必污、逢河必干、逢雨必酸”已成为中国之痛。

（资料来源：空中驿站）

问题：从以上资料所列举的数据中，可以给我们哪些警示？作为政府、商品生产者、消费者各应当如何对待环境和资源危机？

本章小结

商品的生产和消费，带来严重的环境问题和资源问题。

保护大自然，维持生态平衡是当今人类面临的全球性的重大课题。

可持续发展强调环境与经济协调发展，追求人与自然的和谐，即经济发展应建立在生态持续能力上，并保证环境不对后代人的生存和发展构成威胁。

自然资源是商品生产和消费的最终物质与能量来源，是支撑人类社会发展的基本物质资料，是人类赖以生存繁衍的物质基础。

资源保护是指对自然资源的科学开发、综合利用、开源节流和再生利用工作。

绿色消费有利于生态环境保护和资源节约。提倡绿色消费模式，一方面是要减少消费环节的污染物和废弃物排放，追求消费品的节约及循环利用；另一方面，是要使消费者增加对绿色消费品的消费偏好，引导消费品生产企业在生产环节实现资源节约和对环境友好。发展绿色消费是生态文明建设的重要手段。

关 键 术 语

环境　资源　自然环境　自然资源　环境保护　资源保护　可持续发展

实 训 项 目

1. 通过因特网查询有关“滥砍滥伐”、“赤潮”或“荒漠化”等事件，并写出分析报告。

2. 调查当地化工企业或造纸企业或你认为对环境有污染的企业，分析其生产是否对环境造成污染。

复习思考题

1. 在现代化商品生产和流通过程中，如何合理利用和保护自然资源?
2. 试从可持续发展战略的高度分析商品经济发展与环境保护之间的关系。
3. 简述自然资源系统及其特性。

★第9章　日用工业品商品

【学习要点】

- 各种日用工业品的组成和特点
- 塑料制品、玻璃制品、搪瓷、陶瓷的种类、质量要求
- 玩具、箱包的分类及质量要求
- 洗涤用品、牙膏的种类及质量要求
- 化妆品的分类及质量要求
- 选用各种日用工业品的方法
- 各种日用工业品的保管、保养方法

【案例导读】　日用品的市场分类

日用工业品是指满足人们日常使用的工业产品，俗称日用百货。日用工业品是人们日常生活中不可缺少的一大类商品，其种类繁多。在商品流通领域，按照经营习惯一般包括以下几类。

（1）清洁用品：扫帚，刷，抹布，地拖，磨光用具，垃圾斗，垃圾铲，冰箱除臭剂，去污剂，锅具清洁用品，洗窗用具等。

（2）洗浴用品：肥皂，浴室海绵，浴室用垫，浴室用镜，肥皂托盘，洗发及护理用品，塞子，湿毛巾，浴帽，浴帘，毛巾，毛巾架，牙膏，牙刷等。

（3）护理用品：化妆品，梳子，唇膏，化妆袋，化妆扫，化妆镜，发刷，剃须用品，日用发刀剪，护肤用品，护齿用品，按摩用品，护甲用具，护足用具，香水等。

（4）一般家庭用品：雨伞，阳伞，民用手套，劳保手套，盆，桶，衣夹，衣架，洗衣篮，衣叉，钩，熨衣板，鞋架，鞋盒，鞋柜，烟具，打火机，温度计，CD架，废纸篓，储物柜，酒瓶架，购物手推车，其他家庭用品等。

（5）日用器皿：不锈钢器皿，玻璃器皿，搪瓷器皿，其他材料器皿等。

（6）餐桌及厨房用品：餐具，餐巾，餐布，刀叉，餐桌用蜡烛，餐桌装饰，开瓶器，瓶塞钻，开罐器，火锅器具，水壶，厨房及专业刀具，厨房用纸，去皮器，铝箔，过磅秤，磨刀器，净刀器，锅，铲，勺，核桃夹子等。

（7）箱包：日用箱，公文箱，包袋类，其他箱包及配件等。

（8）玩具类：婴儿玩具，电动或遥控及发条类玩具，动作类玩具，游戏益智类玩具，毛绒及布制玩具，玩偶，骑乘类玩具，玩具乐器，充气玩具，其他玩具及玩具零配件等。

……

由此可见，日用工业品种类繁多、用途广泛，其质量要求、经营特点、保管条件及使用要求等方面也有很大不同。本章将对其中常用的几类进行介绍。

9.1　塑料制品

9.1.1　塑料的组成和分类

1. 塑料的概念

塑料是一种以高分子的合成树脂为主要成分，在一定的温度和压力下塑制成型，当外力解除后，能在常温下保持形状不变的材料。塑料和合成橡胶、合成纤维是现代生活中不可缺少的三大合成材料。

2. 塑料的组成

塑料的组成有以下几种：

（1）合成树脂。合成树脂是以煤、石油、天然气以及一些农产品为主要原料，由具有一定条件的低分子化合物，通过化学或物理方法加工而成的高分子化合物。合成树脂中的大分子结构使其能在一定的温度下具有较好的黏结能力，能把塑料所有的组成成分黏结在一起，是塑料的黏结剂。合成树脂是塑料的主要成分，塑料中合成树脂的含量一般占总量的 40%～100%，是决定塑料工艺性质和性能特点的内在因素。

（2）塑料助剂。在塑料中加入一些塑料助剂的目的主要是为了改善加工性能、提高使用性能和降低成本等。助剂在塑料中所占比例较少，但对塑料制品的质量却有很大影响。不同塑料种类的塑料，因为成型加工方法和使用条件不同，所需助剂的种类和用量也不同。常见的塑料助剂有增塑剂、稳定剂、润滑剂、阻燃剂、发泡剂、着色剂、交联剂以及填料等。

① 增塑剂。增塑剂能增加塑料的柔软性、可塑性、韧性，降低塑料的流动温度从而提高塑料的流动性，并改善塑料的加工性能。常用的增塑剂有苯二甲酸酯类、类二酸酯类及樟脑等。

② 稳定剂。塑料在加工、储存和使用过程中，受到光、热、氧气等的作用易发生老化，塑料中加入稳定剂可以防止老化的发生，提高塑料制品的稳定性。主要用来防止热老化的，叫热稳定剂；主要用来防止氧化老化的，叫做抗氧剂；主要用来防止光老化的，叫做光稳定剂，它们统称为稳定剂。

③ 润滑剂。润滑剂是一类能改善塑料加热成型时的脱模和提高塑料制品表面的光洁度的物质。

④ 阻燃剂。阻燃剂是一类能提高塑料的着火温度，延缓塑料的燃烧速度或阻止燃烧的物质。

⑤ 发泡剂。发泡剂是一类能使塑料产生微孔的物质。这类物质多为随温度变化可气化或产生气体的化合物。

⑥ 着色剂。着色剂能改变塑料固有的颜色，美化塑料制品。

⑦ 交联剂。交联剂能使塑料中的大分子之间进行交联，形成网状，从而提高塑料的强

度，增强耐热、耐油、耐压缩等性能。

⑧ 填料。在塑料中加入填料的目的是降低成本，改善和提高塑料的性能。常用的无机填料有高岭土、滑石粉、玻璃纤维等；常用的有机填料有木粉、纸张、纤维素等。

3. 塑料的分类

（1）根据塑料受热加工时的性能可分为热固性塑料和热塑性塑料两大类。

① 热固性塑料。这种塑料在一定条件下受热加工成型时能发生不可逆的化学变化。其制品不能再行软化和重新加工，即使在更高的温度下，也不能熔化，只会炭化，它们的大分子为体型网状结构。常见的热固性塑料有酚醛塑料、脲醛塑料、密胺塑料等。

② 热塑性塑料。这种塑料在一定条件下受热加工成型时不发生根本性的化学变化，其制品可以再行软化和重新加工，它们的大分子为长链型或支链型结构。常见的热塑性塑料有聚乙烯、聚丙烯、聚氯乙烯、聚丙乙烯、有机玻璃、硝酸纤维素等。

（2）根据塑料性能和应用范围可分为通用塑料、工程塑料和特种塑料三大类。

① 通用塑料。通用塑料一般是指产量大、用途广、价格便宜的民用塑料，主要有聚乙烯、聚丙烯、聚氯乙烯、聚丙乙烯、酚醛塑料、脲醛塑料、密胺塑料等，占塑料总量的 80%。

② 工程塑料。工程塑料一般是指能代替金属材料制造机器零件和化工设备的工业用塑料。其机械性能、耐热性能等均优于普通塑料。其主要有聚碳酸酯、聚甲醛、聚酰胺、聚四氟乙烯、ABS 塑料等。

③ 特种塑料。特种塑料一般指具有特种功能（如耐热、自润滑等），应用于特殊要求的塑料，如耐热类塑料、耐腐蚀类塑料、降解类塑料、导电类塑料以及智能化塑料等。

（3）根据塑料的毒性分为有毒和无毒两大类。

（4）根据塑料树脂成分多少分为单一组分和多组分两大类。

（5）根据塑料的可燃程度可分为易燃性塑料、可燃性塑料和难燃性塑料三大类。

① 易燃性塑料遇明火剧烈燃烧，不易熄灭，如硝酸纤维素塑料等。

② 可燃性塑料遇明火燃烧，无自熄性，但燃烧速度较快，如聚乙烯、聚丙烯等。

③ 难燃性塑料在较强的明火中可以燃烧，离火后很快熄灭，如聚氯乙烯塑料、酚醛塑料等。

9.1.2 塑料的主要种类及其使用性能

1. 聚乙烯塑料（PE）

聚乙烯塑料具有质轻、无毒、无味、无臭、不易脆化、绝缘性好、化学稳定性强、有一定的透气性等特点。聚乙烯根据密度可分为高密度、中密度和低密度聚乙烯三种。

（1）高密度聚乙烯。其外观呈乳白色不透明状，比重为 0.9～0.96，使用温度可达 100℃，质地刚硬，耐热性、耐寒性都较好，抗拉强度高，适合制造较刚硬的塑料制品，如管道、中空容器、电绝缘制品等。

（2）中密度聚乙烯。其性能介于低密度聚乙烯和高密度聚乙烯之间，适合制造水桶、面盆、热水瓶壳等。

（3）低密度聚乙烯。其外观呈乳白色半透明状，比重为 0.91～0.92，使用温度在 80℃～100℃，具有较好的柔软性、耐冲击性和伸长率，适合制造较柔软的塑料制品，如奶瓶、杯子、薄膜等。

2. 聚氯乙烯塑料（PVC）

聚氯乙烯塑料色泽鲜艳、不易破裂、结构较紧密，比重高达 1.3 左右，耐腐蚀、耐老化、电绝缘性和气密性较好，机械强度高，硬度和刚性都比聚乙烯大，有较好的阻燃性。但聚氯乙烯耐热性差，遇冷易变硬发脆，使用温度最好在 40℃以下。聚氯乙烯耐光性也较差，聚氯乙烯塑料有硬质和软质两种。

（1）硬质聚氯乙烯塑料。其质地坚硬、机械强度高、耐水性好，能制成各种颜色、透明、半透明及带有珠光的制品，适合制造皂盒、梳子、文具盒及各种农用桶、勺等。

（2）软质聚氯乙烯塑料。其质地柔韧、有弹性、强度高、透光性及气密性好、不透水，是较好的农用薄膜。它适合制造雨衣、台布、窗帘、手提袋等，还适合制造发泡或不发泡的塑料鞋及人造革等制品。

3. 聚丙烯塑料（PP）

聚丙烯塑料是目前塑料中最轻的一种，外观呈乳白色半透明状，比重为 0.9～0.91，无毒、无味、有较好的强度、硬度、弹性，耐冲击、耐磨、耐腐蚀、耐热，绝缘性和气密性好，有较好的耐弯曲性能。使用温度可达 110℃并能长期使用而不变形，但其耐老化和耐寒性较差。它适合制造各种日用容器、家电外壳，尤其适合制造各种绳索。

4. 聚苯乙烯塑料（PS）

聚苯乙烯塑料属于硬塑料，硬度高、质轻、表面光滑、富有光泽，耐水、无毒、无味，具有较好的化学稳定性和电绝缘性，透光率仅次于有机玻璃。但脆性大、耐热性差，使用温度最高不能超过 95℃，否则会产生形变而损坏，适合制造各种纽扣、酒杯、玩具、梳子、牙刷柄、学生用尺、电器外壳等。

5. 有机玻璃（PMMA）

有机玻璃是一种性能良好而且较为贵重的热塑性塑料。其特点是质轻、强度好、脆性小、耐气候性好、透明度高，透光率可达 92%，外观优越，加入荧光剂可以制成荧光塑料，加入珠光剂可以制成珠光塑料。但其表面硬度低，耐磨性、耐热性差，使用温度超过 100℃时即发生软化变形，适合制造眼镜架、发夹、伞柄、纽扣、文具等。

6. 赛璐珞塑料（CN）

赛璐珞又称硝酸纤维素塑料，是日用塑料中唯一不用合成树脂为主要原料，而用天然纤维素为原料进行生产的塑料。其特点是质量轻、弹性特别好，是制造乒乓球最理想的原料。赛璐珞着色性好，可以制成各色透明或半透明的、夹色及带珍珠花纹的成品。它有樟脑味但无毒性，适合制造儿童玩具、发夹、灯罩、眼镜架等。但赛璐珞的化学稳定性较差，长期储存或常在日光下暴晒，容易使制品变色、老化、燃烧，当温度升高到 130℃时开始冒烟，到 170℃左右硝酸纤维素就会全部分解，同时突然起火。因此，在使用及保管中要特别注意安全。

7. 酚醛塑料（PF）

酚醛塑料俗称电木，有较好的耐热、耐寒性，不易燃烧，表面硬度高，电绝缘性、耐腐蚀性好，不易老化，对各种溶剂和油类的作用有较强的抵抗力。但其色泽较暗、脆性大、吸水性大，受潮后易发生霉变或产生裂纹而破碎。它适合制造纽扣、锅壶把手、电话机、台灯等。由于原料中的酚和醛都有毒性，不宜做盛放食品的容器和饮食用具。

8. 脲醛塑料（UF）

脲醛塑料俗称电玉，其色泽鲜艳，表面硬度大、光滑，耐热、耐寒、耐磨，电绝缘性好，耐油、耐弱碱和有机溶剂，但不耐酸，适合制造各色纽扣、瓶盖、装饰品及日用电器外壳等。

9. 密胺塑料（MF）

密胺塑料色泽多样，外观和手感如瓷器，表面硬度和耐冲击强度都比较高，无毒、无味、耐水、耐热、耐酸碱，能长期在 110℃左右使用。但密胺塑料不宜在日光下长期暴晒和硬碰重摔，以免影响外观色泽。其适合制造各种饮食用具、电器的绝缘零件等。

10. 聚酰胺塑料（PA）

聚酰胺塑料俗称尼龙塑料，白色半透明，无毒、无味、强度高，耐磨性较好，还可以自行润滑，耐油性也较好，但其耐酸性和耐光性较差。除用于纺织、机械外，还大量用于各类球网、拉链及刷子等。

11. 应用塑料

（1）泡沫塑料是一种内部具有无数微小气孔的塑料，具有质轻、隔热、吸音和缓冲等性质。泡沫塑料广泛用于隔音、绝热、保温、绝缘、防震等材料。

（2）人造革是用纤维和塑料结合在一起的复合材料，具有质地柔软、富有弹性、机械强度高、耐酸碱，易洗涤、色泽鲜艳等特点。人造革广泛用于制作服装、鞋帽、手套、沙发等覆盖用材料。

（3）合成革是在复合纤维针织布上或无纺布上涂覆聚氨酯微孔弹性体形成的复合材料，具有抗氧化、耐磨和耐油等特点。其机械强度、耐磨性和弹性都优于人造革，透气性和透湿性接近天然皮革。

12. 降解塑料

降解塑料是指塑料在加工、储存和使用过程中性能稳定，其制品的各项性能可以满足使用要求，完成使用寿命后，在微生物、光、氧或水等外界自然因素的作用下，塑料制品能迅速分解的一类高分子材料。降解塑料根据降解机理不同，可分为光降解塑料、生物降解塑料、光——生物降解塑料及水降解塑料等。

9.1.3　塑料制品的质量要求和鉴别

1．塑料制品的质量要求

塑料制品的种类繁多，结构和性质较复杂。日用塑料制品的质量要求主要是指对制品的外观和物理机械性质方面提出的要求，对于部分制品，还要考虑其化学性能或卫生性能的要求。

（1）塑料制品的外观质量要求。这是对制品的外形结构、表面缺陷等方面的要求。一般要求制品外形不应有翘曲缺角，尺寸要符合一定的偏差规定。装配制品的部件尺寸要相互配合得当，中空制品要厚薄均匀。制品的色泽要求鲜明，不应有变色、色调不匀、平光、银纹等现象。

塑料制品的表面缺陷和可能产生的外观疵点主要有裂印、水泡、杂质点、拉毛、起雾、肿胀、小孔、麻点等。

由于塑料制品的品种和加工方法等不同，各种塑料制品产生的表面缺陷和外观疵点也不同，具体可以按照各种塑料制品的产品标准的规定进行要求。

（2）塑料制品的内在质量要求。这是对制品物理机械性能的要求，由此来测定制品的适用性和耐用性。由于塑料制品的种类多、用途广，涉及日用塑料制品的性能指标主要有比重、拉伸强度、冲击强度、撕裂强度、硬度、耐热性、耐寒性、收缩性、透明性、透湿性、透气性、耐磨性及耐老化性等。对于某一具体塑料制品，应根据其类型和用途特点等来确定其内在质量要求。

（3）塑料制品的卫生安全性要求。这是对某些用途的塑料制品如食品袋、玩具等的特定要求。这些塑料制品必须无毒、无味等。

另外，还有塑料制品的防老化、环保等方面的要求。

2．选用塑料的适宜条件

（1）要求制品轻质。塑料材料的相对密度在 0.83～2.2 之间，泡沫塑料材料的相对密度更低。当制品特别强调轻重时，一般选用塑料或泡沫塑料。

（2）要求制品比强度高。比强度是材料的强度与材料的相对密度比值。在各种材料中塑料材料具有较高的比强度。

（3）要求制品的形状复杂。在各种材料中，塑料具有易加工的特点，适用于成型形状复杂的制品。

（4）要求制品的综合性能好。在各种材料中，塑料的综合性能好。

（5）要求制品具有自润滑性。很多塑料品种都具有优异的自润滑性。

（6）要求制品具有防震、隔热、隔音性能。塑料尤其泡沫塑料应同时具有防震、隔热、隔音性能。

3．塑料制品的鉴别

常用的塑料制品鉴别方法主要有外观鉴别法、相对密度鉴别法和燃烧鉴别法等。

（1）外观鉴别法。外观鉴别法主要是通过塑料的外观特征，如色泽、透明度、光滑度、手感、表面硬度及放入水中的现象等来判断和区分塑料的种类。

一看，先看制品的色泽、透明度。透明的制品有聚苯乙烯和有机玻璃等；半透明的制品有低密度聚乙烯、聚氯乙烯、纤维素塑料、聚丙烯和不饱和树脂等；不透明的制品有高密度聚乙烯、聚氨酯以及各种有色塑料。

二听，用硬质物品敲击时，各种塑料发出声音不同。聚苯乙烯敲击时声音清脆如金属声；有机玻璃敲击时声音发闷；聚氯乙烯硬制品敲击时声音发闷。

三摸，手摸各种塑料制品时，手感不同。聚乙烯手摸时有石蜡滑腻感，质地柔软、能弯曲；聚丙烯手摸时有润滑但无滑腻感，质地硬挺有韧性。

（2）相对密度鉴别法

各种塑料都有不同的相对密度。利用这一特性，可将不同种类的塑料直接投入具有一定相对密度的溶液中，以鉴别不同种类的塑料制品。各种通用塑料相对密度如表9-1所示。

表9-1　各种通用塑料的相对密度

塑料名称	相对密度	塑料名称	相对密度
聚丙烯	0.902	有机玻璃	1.18～1.19
低密度聚乙烯	0.901	醋酸纤维	1.22
高密度聚乙烯	0.941	聚氯乙烯	1.30
聚苯乙烯	1.01	酚醛塑料	1.34～1.45

（3）燃烧鉴别法。不同的塑料燃烧时，会产生不同的化学反应，表现出不同的反应状态。根据塑料燃烧时所产生的现象特征，可以鉴别塑料的种类。各种常见塑料燃烧时的现象特征如表9-2所示。

表9-2　塑料燃烧的现象特征

塑料名称	燃烧难易	离火后情况	气味	火焰特点	燃烧时变化状态
聚乙烯	易燃	继续燃烧	与烧蜡烛的气味	上端黄色、下端蓝色	熔融滴落
聚氯乙烯	难燃	离火即灭	刺激性酸味	尖部黄色、底部绿色有白烟	软化
聚丙烯	易燃	继续燃烧	石油味	上端黄色、底部蓝色有少量黑烟	熔融、滴落膨胀
聚苯乙烯	易燃	继续燃烧	特殊臭味	橙黄色、浓黑烟	软化、起泡
有机玻璃	易燃	继续燃烧	水果香味	浅蓝色、顶部白色	熔化、起泡
尼龙	可燃	缓慢熄灭	特殊烧羊毛焦味	蓝色、顶端黄色	熔融、滴落
赛璐珞	极易燃	继续燃烧	无味	黄色	迅速完全燃烧
电木	难燃	熄灭	苯酚臭味	黄色	颜色变深有裂纹
电玉	难燃	熄灭	甲醛刺激气味	黄色、顶端蓝色	燃烧处变白开裂
密胺	难燃	熄灭	甲醛刺激气味	淡黄色	膨胀有裂纹、燃烧处变白

【案例 9.1】　我国塑料制品市场需求现状

国内塑料制品市场未来需求主要集中在农用塑料制品、包装塑料制品、建筑塑料制品、工业交通及工程塑料制品等几个方面。

根据农业部的统计，我国园艺设施栽培所用地膜，加上氨化膜、青贮膜和缠绕膜的饲草用膜、塑料育苗容器、遮阳网、捕捞网具、泡沫塑料板材等，每年约需塑料制品 300 万吨。

此外，农用塑料节水器材的需求量也很大，每年需要各种塑料节水器，如各类管材与管件、灌水器、喷头、防渗用薄膜、土工编织布等 170 万吨。

塑料包装作为主要包装材料是必然趋势。我国目前水泥包装 50%以上使用复合编织袋，还有矿产品、合成树脂、原盐、食糖、棉花和羊毛等也大量使用塑料包装。

另外，我国粮食的小包装每年至少需要各种塑料基材 110 万吨。

食品、饮料、药品、洗涤用品、化妆品、化工产品等在我国迅速发展，它们对复合膜、包装膜、容器、周转箱、塑料托盘等包装制品有很大的需求。还有方便食品、乳制品、罐头、食品、味精、糖果、饼干等需要各种包装材料几百万吨。药品包装也有很大市场，综合起来，包装材料制品总需求量每年约为 550 万吨。

塑料建材主要包括塑料管、塑料门窗、建筑防水材料、隔热保温材料、装饰装修材料等，在建筑工程、市政工程、村镇建设以及工业建设中用途十分广泛。塑料建材不仅能替代木材、钢材等传统建材，而且还具有节能节材、保护生态等优越性。预计“十一五”期间塑料建材将保持 15%的年均增长速度。

工程塑料是目前塑料工业中发展最快的类别，随着我国经济的快速发展，其应用范围和数量不断增加。该领域的产品包括交通、运输业用塑料，电子、电气、信息产业用工程塑料等。

（资料来源：国家食品质量安全监督检验中心网站）

以上资料说明，塑料制品在生产、生活领域的应用极其广泛。

9.2　日用玻璃器皿

9.2.1　日用玻璃的材料

玻璃的材料主要有基本原料、助熔剂、着色剂、脱色剂、澄清剂和乳浊剂等。一般要求玻璃材料透明度好、表面光泽、光折射美丽、色调纯净，不易退色、风化，硬度适合雕刻加工等。

1. 日用玻璃的基本原料

在一切能形成玻璃的物质中，二氧化硅应用最广，常与其他的辅助材料按照不同的配比混合后熔成各种玻璃。玻璃的基本原料主要是二氧化硅，一般占到玻璃成分的 50%～70%。

2. 日用玻璃的助熔剂

玻璃的原料成分对玻璃的性质有很大影响，当二氧化硅含量较高时，就需要较高的熔化温度，加入助熔剂可以降低熔化温度以及使玻璃在不同温度下呈现各种软化状态，有利塑形操作和有效定型。

3. 日用玻璃的着色剂

玻璃的色彩是玻璃材料的一个重要特征，玻璃的颜色和光融合在一起，色光迸射、晶莹剔透，格外迷人。玻璃的色彩是因为着色剂的作用，在玻璃中加入不同种类着色剂，可以使玻璃对光线的吸收有不同的选择性而显示不同颜色。

4. 日用玻璃的脱色剂、澄清剂和乳浊剂

玻璃的脱色剂主要用于消除玻璃原料中的杂质给玻璃带来的不希望有的颜色，使玻璃呈现透明状。玻璃的脱色剂有化学脱色剂和物理脱色剂。

玻璃的澄清剂主要是指加入玻璃溶体中的物质，在高温下能气化或分解放出气体，以促进排除玻璃溶体中的气泡。

玻璃的乳浊剂主要是指使玻璃产生不透明效果的物质。乳浊剂在玻璃中可以析出结晶或不定型的胶体微粒，这些微粒与周围的玻璃折射率不同，使光线产生散射，从而使玻璃产生不透明效果。

9.2.2 日用玻璃制品的种类及特点

1. 日用玻璃制品的种类

（1）按用途可以分为玻璃板、玻璃杯、玻璃酒具、保温瓶、花瓶、镜子、果盘、灯具等。

（2）按加工成型的方法可以分为吹制品、拉制品、压制品等。

（3）按装饰方法可以分为喷花、刻花、印花、琢磨等。

2. 日用玻璃制品的特点

日用玻璃制品具有光泽好、透明度大、色泽鲜艳、易于洗涤和抗腐蚀性强等优点，另外，还具有原料来源多、制品易于成型、价格低廉等优点。目前，日用玻璃制品工业正在迅速发展，随着玻璃钢化技术的不断进步，一些耐热性好的烹饪器皿和餐具以及新的日用玻璃制品也在不断问世。

9.2.3 日用玻璃制品的质量要求

日用玻璃制品质量的基本要求主要有具有正确的规格和形状，必要的坚固性和耐热性，外观美观、图案清晰、卫生安全等。

1. 规格

日用玻璃制品的规格通常是从尺寸、重量、容量等方面来要求，根据不同的种类有不同的要求。

2. 结构

结构是指日用玻璃制品的形状、厚度以及主件和附件的配合情况。结构不良不仅影响美观，而且会造成使用不便，降低制品的坚固性和耐热性。一般要求要美观大方、周正规则、线条流畅等。

3. 色泽

（1）无色玻璃制品应透明、洁净而富有光泽。
（2）有色玻璃制品应色泽鲜艳、赏心悦目、深浅均匀。
（3）带有彩色图案和花样的玻璃制品，要求花纹清晰、形象逼真、色彩调和。

4. 耐温急变性

耐温急变性是决定玻璃杯和保温瓶等玻璃制品的重要指标。现行标准规定，将制品放于 1℃～5℃环境中静置 5 分钟，取出后立即投入沸水中而不炸裂则为合格品。

5. 耐水性

日用玻璃制品特别是盛水器皿，应有较强的耐水性， 在使用过程中容易失去光泽，发生失重现象，严重者会由于易溶物的溶入而对人体健康有害。

6. 外观疵点

外观疵点是目前划分玻璃制品的主要依据，较常见的外观疵点主要有以下几种类型。

（1）砂粒。砂粒是指玻璃体内所存在的透明或不透明粒状的物质，主要是由于个别未能熔化的石英砂或原料中含有难熔杂质造成的。砂粒的存在不仅会影响玻璃制品的美观，而且由于砂粒和玻璃的膨胀系数不一致，还会显著降低玻璃制品的耐温急变性。

（2）斑纹。斑纹是指存在于玻璃制品体内的完全不熔于玻璃熔体中的凝块，一般呈波浪状、山形状或滴形状等状态，有无色、黄色和绿色等多种颜色。斑纹会严重影响玻璃制品的美观，并且会形成玻璃成分和厚度的不一致，从而降低玻璃制品的耐温急变性。

（3）气泡。气泡是指玻璃体内的气泡包含物。小气泡的产生主要是由于制造时未能将产生的气泡完全排除；大气泡主要是由于空气卷入造成的。气泡除了影响美观外，大气泡还会降低玻璃制品的耐温急变性和坚固性。

（4）装饰疵点。装饰疵点主要有图案不准确、色彩不调和、研磨不平整、图色不牢靠等方面，从而影响玻璃制品的美观。

7. 卫生安全性

卫生安全性，主要是对于玻璃饮食用具的要求，标准规定，不得含有可溶于食品中的对人体健康有害的物质。

9.3　玩具和箱包

9.3.1　玩具

1．玩具的种类

（1）按所用原料玩具可分为塑料类玩具、毛绒类玩具、木制类玩具等。

（2）按玩具作用玩具可分为益智类玩具、休闲类玩具、陈设装饰类以及旅游纪念类玩具等。

（3）按年龄玩具可分为儿童玩具和成人玩具等。

（4）按使用性能玩具可分为发条类玩具、电动类玩具、电子类玩具等。

（5）按加工方法玩具可分为塑胶类玩具、填充类玩具、模型类玩具等。

2．玩具标准

（1）玩具标准体系总体简介。自 1986 年发布 GB 6675—1986《玩具安全》以来，我国共发布了多项国家标准和行业标准，建立了较健全的玩具标准体系。这些有关玩具的安全、质量标准对我国玩具行业的发展、技术水平的提升、产品安全质量的提高、保护儿童身心健康和扩大出口等起着不可忽视的、积极的促进与保障作用。

（2）GB 6675—2003《国家玩具安全技术规范》对玩具标准体系的重大影响。此标准的颁布实施，对 GB 5296.5—1996《消费品使用说明和玩具使用说明》、GB 9832—1993《毛绒、布制玩具安全与质量》、GB 14746—1993～GB 14749—1993《童车类玩具安全要求》及 QB 1557—1992《充气水上玩具安全技术要求》等均需进行相应的修订。

3．玩具的年龄组标识

年龄组标识是玩具的重要属性之一，是用来向顾客提供选择的指南。使用任何要求的玩具应标明最低的使用年龄，玩具的年龄组标识有各种各样的形式和表示方法，可以使用肯定或否定语气的句子，如“适合 6 岁以上儿童使用”、“不适合 3 岁以下儿童使用”等。

4．玩具的材料质量

玩具是由各种材料制成的，常见材料有塑胶、毛绒、金属和木材等。由于玩具的使用对象是儿童，因此，特别需要重视材料的清洁度，否则容易通过玩耍时的直接接触或吸吮等途径而对儿童造成伤害。所有材料目视检查应干净、无污染。

5．玩具的选择及使用

玩具是儿童日常生活中接触最多的物品，它也是孩子认知学习的入门，对孩子的心理发育和智力开发有重要的作用。一般在选购时应遵循以下原则。

（1）选择质量好的玩具，拒绝“三无”产品。玩具的材料应无毒无害且不易损坏和不宜过小。有毒涂料会对孩子造成慢性中毒，过小的玩具容易被孩子吞下，对孩子造成伤害。

（2）看使用说明。一看适用年龄范围，一般玩具都要在使用说明中标明该玩具的适用年龄范围；二看安全警示语，玩具隐含的一些危险性生产厂家会通过警示语做出提醒。如“打开包装后，请立即将包装塑料袋弃置”、“非救生用品，只能在浅水中使用”、“不适用于 3 岁以下儿童”等。购买及使用玩具时，一定要仔细阅读警示语，可避免误用玩具的危险发生；三看有效日期，有些产品规定在有效期内使用；四看使用方法，复杂的玩具，如儿童自行车、学步车、电脑学习机等，应有详细的使用方法及注意事项，在选购时应注意这一点；五看组装程序图。组装玩具不论是由成人组装抑或儿童自行组装的都应有组装程序图。

（3）自行检验。对玩具的边缘及棱角应手感目测一下是否锋利和尖锐。对固定在软体毛绒玩具上的小零件，应检查一下是否安装牢固。对玩具的整体结构进行检查，看是否存在不稳定的因素。童车产品，应注意其锁定装置或制动装置是否开关灵活有效。

（4）维护保养。一要看使用说明，一般需要维护保养的玩具，在使用说明中应标明维护保养的方法，尤其是复杂的玩具或婴儿玩具。婴儿玩具应注意是否有清洁或消毒的方法，例如是否可以水洗或高温消毒等；二要定期进行检查，对童车及三岁以下儿童使用的玩具，应特别注意进行定期检查，检查内容如紧固件（如螺丝钉）是否松动、童车的锁紧装置及制动装置有否失灵、毛绒玩具上的小零件（如眼睛、鼻子等）是否松脱、塑料玩具的外壳有否破裂以致引起其他危险的产生等；三要定期保养，充电玩具应注意过充导致的寿命减小及过热爆炸的危险。干电池用完应及时取出。童车应定期进行加润滑油防锈等保养工作，毛绒玩具应定期清洗，以减少细菌滋生等。

9.3.2　箱包

1. 箱包的种类

目前，我国箱包市场种类繁多，主要有旅行箱包、休闲箱包、运动箱包、商务箱包及专业箱包等种类。

（1）旅行箱包。旅行箱包主要有背包、衣箱、拉杆箱和滑轮式箱包等。

（2）休闲箱包。休闲箱包主要有手袋、腰包、背包和化妆包等。

（3）运动箱包。运动箱包主要有野营包、球类包和滑雪包等。

（4）商务箱包。商务箱包主要有公事包、电脑包和背包等。

（5）专业箱包。专业箱包主要有学生包、相机包和医用包等。

2. 箱包的质量要求

一般要求箱包的轮廓要清晰、两角对称、箱面均匀一致、结构合理，箱口安装牢靠、箱包里面要端正；箱包配件要与箱体相配套、协调，电镀层无焦痕、起泡、漏镀和划痕等现象，箱锁开启要灵活，拉链要滑顺，拉杆要顺畅等，箱包负重部位要牢固；箱包选材要合理，做工要精细结实，装饰要光洁明亮与面料颜色要协调等；产品标志要规范，按照国家有关规定应在产品及产品包装上注明产品名称、产品等级、材质、规格（型号）、厂名、厂址、联系电话、执行标准等信息。

3．箱包的选择和使用

选购箱包时应注意：一是选择大型超市、商场出售的知名企业生产的产品；二是注意产品标志；三是要考虑价格性能比等。

（1）挑选皮箱时要一看二查。一看是指查看外部轮廓，好的皮箱应外表饱满、端正，各部位无明显凹凸，箱盖与箱底合拢处无间隙，箱面无起泡、划痕、皱纹等现象，箱后允许有少量的皱纹；二查是指查看箱内布层是否平整滑洁，缝制时针脚是否均匀、缝迹是否整齐，箱外附件是否光洁无锈蚀，镶嵌是否牢固结实等。

（2）手提包、旅行包和坤包的挑选。其挑选时要一看款式造型是否美观潇洒、庄重大方；二看装饰是否光洁明亮；三看面料质量及做工是否精细结实；四看拉链色泽是否与面料相协调等。

9.4 洗涤用品

9.4.1 肥皂

1．肥皂的分类

肥皂是指用油脂与碱经过皂化作用制成的高级脂肪酸盐，并辅以各种原料而成的产品。

（1）根据肥皂的定义可分为：碱金属皂，如钠皂、钾皂；有机碱皂，如丝光皂；金属皂，它一般不溶于水，不能用于洗涤，主要用于工业。

（2）根据肥皂的硬度可分为：硬皂，主要是钠皂；软皂，主要是钾皂。

（3）根据肥皂使用领域可分为：家庭用皂和工业用皂。

2．肥皂的原料

肥皂的原料主要有油脂、合成脂肪酸、碱、辅助原料和填料等。

（1）油脂。油脂是制造肥皂的基本原料，包括植物油脂和动物油脂等。

（2）合成脂肪酸。它是以石蜡为原料经氧化制得的高级脂肪酸，目的是节约天然油脂。合成脂肪酸皂的质量不如天然的油脂皂。

（3）碱。制造肥皂的碱主要是氢氧化钠，其次是碳酸钠、碳酸钾、氢氧化钾。其作用是与油脂进行皂化反应而生成肥皂。

（4）辅助原料和填料。主要有泡花碱、碳酸钠、抗氧化剂、杀菌剂、松香、荧光增白剂、着色剂和香料等。

3．肥皂的品种及特性

（1）洗衣皂。洗衣皂通常也称为肥皂，主要用做洗涤衣物，也适用于洗手、洗脸等。肥皂的主要原料是天然油脂、脂肪酸与碱生成的盐。肥皂在软水中去污能力强，但在硬水中与水中的镁离子、钙离子生成不溶于水的镁皂、钙皂，去污能力会明显降低，还容易沉积在基质上，难以去除。另外，在冷水中其溶解性差。

（2）香皂。香皂是指具有芳香气味的肥皂。香皂质地细腻，主要用于洗手、洗脸、洗发、洗澡等。制造香皂要加入香精，香精性质温和，对人体无刺激，使用时香气扑鼻，并能去除机体的异味，用香皂洗涤衣物能使衣物保持一定时间的香气。

（3）透明皂。因其感官好，既可以当香皂用，又可以当肥皂用。其脂肪酸介于肥皂和香皂之间，采用纯正浅色的原料，如牛油、椰子油和松香油等，采用甘油、糖类和醇类等透明剂制作而成。

（4）药皂。药皂也称为抗菌皂或去臭皂。由于在制作过程中加入了一定量的杀菌剂，因而其对皮肤有消毒、杀菌、防止体臭等作用。药皂常用于洗手、洗澡等。

（5）液体皂。液体皂是近年来受到消费者欢迎的一个新品种。用于皮肤的液体皂呈中性，与人体皮肤 pH 值较接近，对皮肤、眼睛无刺激性，有泡沫和黏度，也有一定的去污能力。

4．肥皂的质量要求

（1）肥皂的感官质量指标。肥皂的感官质量指标主要有：在外观方面，洗衣皂应硬度适中、不发黏、不分离、不开裂，香皂应细腻均匀、无裂纹、气泡、斑点、剥离、冒汗等现象；在色泽方面，洗衣皂颜色应均匀洁净，香皂色泽应均匀稳定；在形状方面，洗衣皂形状应端正、收缩均匀，不得有歪斜、变形、缺边、缺角等现象，香皂可以压成各种形状，也不得有歪斜、变形、缺边、缺角及字迹模糊等现象；在气味方面，洗衣皂应无不良气味，香皂应具有各种天然或合成香料配成一定类型的持久香味。

（2）肥皂的理化质量指标。洗衣皂和香皂的理化质量指标如表 9-3 和表 9-4 所示。

表 9-3　洗衣皂的理化质量指标

项　　目	指　　标	
	I 型	II 型
干皂质量分数≥（W/%）	54	43
氯化物质量分数（以 NaCl 计）≤（W/%）	0.7	1.0
游离苛性碱质量分数（以 NaOH 计）≤（W/%）	0.3	0.3
乙醇不溶物≤（W/%）	15	/
发泡力（5 分钟）≥（ml）	400	300

表 9-4　香皂的理化质量指标

指标名称	优　级	一　级	二　级	三　级
总脂肪酸含量（%）	80	80	80	80
游离碱≤（%）	0.05	0.05	0.05	0.05
开裂≤（%）	2	3	4	5
糊烂≤（20±℃，mm）	2.0	2.0	3.0	3.0
脂肪酸凝固点（℃）	37.0～43.0	37.0～43.0	37.0～43.0	37.0～43.0
剖面白心气泡≤	1	2	3	4

（3）肥皂包装的质量指标。肥皂包装外观要求是图案清晰，字迹清楚，形状端正，色泽均匀，无不良异味。包装箱外部标志应有：商品名称和商标；干皂含量及每连（块）标准重量；每箱连（块）数、毛重、净重和体积；制造厂名及厂址；生产批号及生产日期；箱体牢固无挤压变形、破损以及无水渍、印迹。

5. 日用肥皂质量的鉴别

（1）优质肥皂的质量要求。外观图案字迹要清晰，形状要端正，色泽要均匀，香味定型而持久，不应有油脂酸败等异味，皂体表面应无显著斑点，不发黏，洗衣皂要不冒霜，香皂要不裂纹。

（2）劣质肥皂主要通过眼观、手摸、鼻嗅等方法来进行检验，质次现象主要有以下几个方面。

① 三夹板：指皂块断面有裂层，轻轻扭动易裂成三块的现象。

② 软烂黏板：指用手轻轻一捏即塌陷。

③ 冒霜：指肥皂出现一层白粉或针状结晶，像一层白霜。

④ 冒汗：指肥皂体表面冒出一滴滴“水珠”的现象。

⑤ 开裂和糊烂：指香皂由于放在积水的皂盒中，接触了水分，而发生了糊烂现象，经水浸泡后，糊烂的地方再干燥，便产生了开裂现象。

⑥ 变色：指一块洁白的香皂或色泽鲜艳的香皂，在放置一段时间后，出现泛黄、发黑或光泽暗淡的现象。

6. 肥皂的保管

肥皂应储存于干燥通风的仓库内，避免受冻、受热、暴晒，堆放应垫高离地面20厘米以上，以免受潮，纸箱堆垛最高不超过15箱，防止压坏底层纸箱，每垛间隔20厘米左右。肥皂运输时，必须轻装轻卸，有遮盖物，并要求防止受潮、受冻和暴晒。

9.4.2 合成洗涤剂

1. 合成洗涤剂的组成成分

合成洗涤剂主要是由表面活性剂和各种辅助剂按一定比例配置而成的。

表面活性剂是一种能在低浓度下，降低溶剂表面张力的物质。表面活性剂是洗涤剂的主要成分，它的分子结构中含有亲水基团和亲油基团，加入很少量即能显著降低溶剂的表面张力，改变体系界面状态，从而产生润湿或反润湿、乳化或破乳化、起泡或消泡、增溶等一系列作用。

辅助剂，是指在去污过程中能增加洗涤剂作用的辅助原料。它们可以使洗涤性能得到明显改善或降低表面活性剂的使用量，是洗涤剂的重要组成部分。

2. 合成洗涤剂的分类

合成洗涤剂的用途广、品种多，它有许多分类方法，具体如下所述。

（1）按使用领域分类，合成洗涤剂可分为家庭用洗涤剂和工业用洗涤剂两大类。

① 家庭用洗涤剂。用量大，占合成洗涤剂总量的 80%以上。

② 工业用洗涤剂。其主要用于纺织印染行业中原料、织物等清洗，金属表面油物、涂料的清洗等。

（2）按使用目的分类，合成洗涤剂可分为衣用洗涤剂、发用洗涤剂、皮肤用洗涤剂、厨房用洗涤剂、卫生设备洗涤剂等。

① 衣用洗涤剂。它主要包括一般洗涤剂、干洗剂、织物柔顺剂和各种面料洗涤剂等。

② 发用洗涤剂。它属于化妆品类，主要用于洗涤和调理头发。

③ 皮肤用洗涤剂。皮肤用洗涤剂主要有沐浴液、洗面奶、洗手液及口腔清洗剂等。皮肤用洗涤剂有一部分属于化妆品类。

④ 厨房用洗涤剂。它主要有餐具、蔬菜、瓜果清洗剂，冰箱、冰柜清洗剂，炉具、灶具清洗剂等。

（3）按物理形状分类合成洗涤剂可分为块状洗涤剂、液体洗涤剂、粉状洗涤剂和膏状洗涤剂等。

（4）按污垢洗涤难易分类合成洗涤剂可分为重垢型洗涤剂和轻垢型洗涤剂两种。

① 重垢型洗涤剂是指产品中含有大量的多种助剂，用来去除难以脱落的污垢。

② 轻垢型洗涤剂是指产品中含很少或不含助剂，去除容易脱落的污垢。

（5）按使用原料分类合成洗涤剂可分为使用天然原料的洗涤剂和使用人造原料的洗涤剂。

3. 合成洗涤剂的主要品种

（1）洗衣粉。洗衣粉主要用于清除衣物上的污垢，它由表面活性剂、离子交换剂、抗再沉积剂、荧光增白剂、碱性助剂、填充剂等组成，有的产品还加入漂白剂、酶和香精、色素等。洗衣粉根据视比重的不同，分为普通型和浓缩型。普通型洗衣粉适合于手洗和机洗，而浓缩型洗衣粉碱性稍高，适合于洗衣机使用。近年来，由于洗衣粉中的三聚磷酸钠随洗涤废水和生活污水一起排入河流湖泊，部分湖泊水的富营养化程度加快，所以洗衣粉标准中又分成有磷和无磷两类，其中无磷洗衣粉适合于禁磷地区使用。除了上述区别外，衡量洗衣粉能力的指标有去污力、表面活性剂和助洗剂含量、洗衣粉在水中的酸碱度（pH值）、多次洗涤后衣服上的灰分含量等。去污力是洗衣粉的重要指标。

（2）液体洗涤剂。由各种表面活性剂组成，有些产品还加入一些辅助剂和溶剂等。

① 餐具洗涤剂，是厨房中常用的一种典型的轻垢型液体洗涤剂。它是开发最早、数量很大的一种液体洗涤剂。按照功能可分为单纯洗涤和消毒洗涤两种。它由两种以上表面活性剂组成，有重金属和甲醇含量等卫生要求。餐具洗涤剂根据表面活性剂含量可分为高、中、低三档。国内的产品，表面活性剂含量居中，在 15%～20%之间。

② 织物柔软剂。有些衣物在洗涤后会失去原有的柔软性，发硬、发直，手感和外观都变得很差。它的主要作用是降低纤维间的静摩擦系数，赋予纤维柔软的手感。棉织物柔软剂大都含阳离子表面活性剂，它们与天然织物有较好的结合力，使织物柔软丰满；合成纤维柔软剂含烷基酰氨基的疏水化合物。

③ 衣料用液体洗涤剂。主要用来除去油脂和类似油脂的污垢，其无辅助剂的液体洗涤剂，表面活性剂含量高；含有助剂的液体洗涤剂，则表面活性剂含量低。

（3）洗衣片剂。洗衣片剂是近年来发展较快的一种新型产品，它是由粉状洗涤剂与成片辅助剂混合后压制而成的，具有超浓缩、用量少、去污强、使用和携带方便等特点。

4. 合成洗涤剂的质量要求

（1）感官质量指标。感官质量指标主要有色泽和气味、稳定性、流动性和吸潮结块性等指标。

色泽和气味，粉状洗涤剂要求白净，不得混有深黄色或黑色，添加色料的，其色泽应均匀一致；液体洗涤剂要求清澈透明，不浑浊；浆状洗涤剂浆料应均匀，无结晶和分层现象。各种洗涤剂气味应正常无异味。稳定性是指洗衣粉在外界条件影响下，有无泛红变臭等变质现象。流动性和吸潮结块性，粉状洗涤剂要求具有较好的流动性和较小吸潮结块性。

（2）理化质量指标。表面活性剂的含量，以百分比表示，其含量高低关系洗涤剂类型和去污力的大小；皂化物含量越小越好；pH 值要求丝毛用洗涤剂呈中性，棉麻用洗涤剂呈碱性；去污力和生物降解率越大越好；合成洗涤剂中成分应对人体无害、对皮肤刺激性小、对环境无公害等。

对餐具洗涤剂，国家标准 GB 9985 中规定：甲醇含量≤1 毫克/千克，砷含量≤0.05 毫克/千克，重金属含量（以铅计）≤1 毫克/千克，不得检出荧光增白剂，活性物含量≥15%，pH 值≤10.5 等指标。

GB/T13171—2004《洗衣粉》有关规定：技术要求包括材料要求，即各类型洗衣粉应使用生物降解度不低于90%的表面活性剂，不得使用四聚丙烯烷基苯磺酸盐、烷基酚聚氧乙烯醚。理化性能，即各类型洗衣粉的理化性能应符合如表 9-5 所示的规定。

表 9-5　各类型洗衣粉的理化性能指标

项　　目	含磷洗衣粉（HL）		无磷洗衣粉（WL）	
	HL-A 型	HL-B 型	WL-A 型	WL-B 型
外观	不结团的粉状或粒状，如有结团，但用手轻压结团即松散，视为合格			
表观密度≥（g/cm^3）	0.3	0.6	0.3	0.6
总活性物含量≥（%）	10		13	
总五氧化二磷（P_2O_5）含量（%）	≥8.0		≤1.1	
游离碱（以 NaOH 计）含量≤（%）	8.0	10.5		
pH 值≤（0.1%溶液，25℃）	10.5	11.0		

使用性能，即各类型洗衣粉的使用性能应符合表 9-6 所示的规定。各类型洗衣粉经检测后符合新标准要求的在洗衣粉品牌的包装上要打上国标“GB”标志。

表 9-6　各类型洗衣粉使用性能指标

项　　目	含磷洗衣粉（HL）	无磷洗衣粉（WL）
全部规定污布（JB-01、JB-02、JB-03）的去污力≥（1）	标准粉去污力	
相对标准粉沉积灰分比值≤	2.0	3.0
（1）试验溶液浓度：标准粉为 0.2%，HL-A 型和 WL-A 型试样为 0.2%，HL-B 型和 WL-B 型试样为 0.1%		

（3）包装质量要求。小包装箱不得松动或鼓盖，必须放平码齐。小包装箱上应有标志：产品名称、类别型号、商标图案、厂名厂址、性能及保管说明。大包装上应有标志：产品名称及牌号、净重及内装小包装袋数、厂名厂址、装箱日期、箱体体积、以及“防止受潮”“轻装轻放”等。

洗衣粉包装上通常有数字型号和文字两种性能标志。

① 表示性能的数字型号标志一般是以表面活性剂含量来表示其型号。例如，30 型表示其表面活性剂含量为 30%，属于高档洗衣粉，可以洗涤毛料和丝绸；20 型表示其表面活性剂含量为 20%，属于低档洗衣粉，可以洗涤棉麻织物等。

② 表示性能的文字标志主要分为高泡型、低泡型、漂白型、加酶型和增艳型。

5. 合成洗涤剂质量感官鉴别

（1）优质洗涤剂感官鉴别。粉状洗涤剂洁白，无深黄色和黑褐色粉末；着色洗涤剂，颜色应浅淡均匀；液体洗涤剂清彻透明，无浑浊，浆状洗涤剂，浆实均匀，无结晶和分层现象，各种洗涤剂无异味不发黏或结块，流动性好，吸潮结块性小，便于使用、包装和保管。

（2）劣质洗涤剂感官鉴别。小包装袋上的商标或图案模糊，无生产厂名，类别型号、性能及使用保管说明。隔袋观察粉粒泛红色，或粉中混有黑色，深黄色粉粒，用手轻搓洗衣粉袋，感到颗粒不均，甚至黏结成团，取少量粉粒放在倾斜面上，不会自由滑下，同时把其放在冷水或温水中，长时间不溶化。液体洗涤剂倒出液体时，过稀或过稠，对光观察有分层和沉淀物。

9.4.3　牙膏

1. 牙膏的作用

（1）具有摩擦和洁齿作用。在刷牙时加上牙膏，牙面的污物则容易洗刷，因为牙膏中含有摩擦剂可增强摩擦力，洁净剂有较好的洁净作用，所以能增强刷牙的机械去污作用，从而清洁牙齿。

（2）具有消除口臭作用。牙膏既有助于去污，又含有芳香剂，有助于消除部分口臭，起到口腔清爽的作用 。

（3）具有预防蛀牙、保持牙齿健康作用。

（4）具有抑菌、灭菌作用。牙膏中所含洁净剂有一定灭菌作用，而药物牙膏中加入的某些药物通常也具有抑菌、灭菌作用。

（5）具有美观作用。通过牙膏的清洁、抛光作用，可以保持牙面清洁、美观。

2. 牙膏的组成

牙膏的成分主要包括摩擦剂、洁净剂、胶粘剂、防腐剂、芳香剂和水。另外，为了加强预防龋齿及牙周病的作用，还可在普通牙膏的基础上加入一定比例的氟化物或其他某些药品，制成氟化物牙膏及其他的药物牙膏。

（1）摩擦剂。在牙膏中的含量最多，一般为 25%～60%，决定牙膏去垢能力的主要是摩擦剂，它依靠机械摩擦力把牙垢刷除。摩擦剂要有一定的摩擦作用，但又不能损伤牙面及牙周组织，在药物牙膏中，还要求不能与牙膏中的药物发生作用。

（2）洁净剂。其具有降低表面张力的作用，能疏松牙面沉积物和乳化牙垢，有助于加强刷牙的机械去污能力，它在牙膏中的含量为 2%。此外，表面活性剂在刷牙时产生泡沫，便于清洁牙面。

（3）润湿剂。又称保湿剂，其含量为 20%～40%，可保持牙膏体的水分，防止牙膏体干燥变硬。

（4）黏合剂。它是稳定膏体和避免水分挥发的胶体物质，通过扩散、膨胀和吸水而形成黏性液体，使牙膏的固体和液体保持均匀性。

（5）芳香剂。即各种香精，其含量大约为 2%，芳香剂除能使牙膏产生芳香气味外，还具有杀菌能力。加入牙膏中可使刷牙者感到爽口舒适，并有助于减少口臭。

（6）水。水也是牙膏的组成之一，其含量为 15%～50%。

（7）其他成分。为了防止牙膏变质，保持膏体性能稳定，需在牙膏中加入适量的防腐剂和稳定剂。此外还加入适量的甜味剂，可使刷牙者口感舒适，易于接受。为了加强牙膏对龋病及牙周病的预防作用，还可在牙膏中加入适量氟化物或其他药物等。

3. 牙膏分类及主要品种

目前，市场上销售的牙膏主要有两大类：普通牙膏（洁齿牙膏）和药物牙膏。

（1）普通牙膏。其主要成分包括摩擦剂、洁净剂、润湿剂、防腐剂、芳香剂，具有一般牙膏共有的作用。如果牙齿健康情况较好，选择普通牙膏即可。

（2）药物牙膏。近年来发展很快，品种较多，按其功能主要有以下几种。

① 防龋齿药物牙膏。其特效成分可降低口腔内乳酸对牙釉的侵蚀，使牙齿的牙釉具有耐酸、坚硬、抗磨等性能，对“蛀牙”有防治作用。含氟牙膏，具有防龋齿功能，但含氟牙膏会有副作用，使用不当可能导致氟牙症，儿童不易使用含氟牙膏。

② 消炎止血药物牙膏。主要防治牙周炎、牙龈出血等口腔疾病。牙周炎、牙龈炎的症状一般是牙龈出血，牙周沟加深，牙周组织发炎、萎缩，致使牙根松动，咀嚼无力。使用消炎止血药物牙膏，主要是抑制牙结石和菌斑的形成，或能改变有机物牙齿的附着能力。这类牙膏使用的药物主要有草珊瑚、两面针、田七等。

③ 脱敏药物牙膏。主要防治牙齿对冷、热、酸、甜等出现过敏性的疼痛。这类牙膏的有效成分被牙釉、牙本质吸收，能降低牙体硬组织的渗透性，提高牙组织的缓冲作用，增加牙周组织的防病能力，达到脱敏效果。防酸牙膏、脱敏牙膏均属此类。

此外，还有适合不同消费者需要的消除牙结石药物牙膏、加酶药物牙膏、防感冒牙膏等各类牙膏。

4. 牙膏的质量要求

牙膏的质量要求主要有感官要求、理化指标和卫生指标。

（1）感官要求。主要有色泽一致；膏体湿润、均匀、细腻；香味应“香、甜、清、爽”，口感好；香表示香味纯正，甜指果味香精气味，清是清凉，指添加了薄荷香精的清凉感，爽指香精无杂味、爽口。软管端正、管尾封轧应牢固整齐，帽盖螺纹应与软管紧密配合，软管图案和字迹清楚，套色整齐，色泽鲜明。小包装纸盒图案印刷清晰，套色准确，盒身挺直端正，清净不得破坏。中包装纸盒及大箱应干燥、尺码内外大小配合。

（2）理化指标。理化指标主要有稠度、挤膏压力、泡沫量、pH 值、稳定性等。

① 稠度。它反映了膏体的性状，一般要求要适度。如果太稀，说明牙膏胶体破坏了，牙膏横卧放后，膏体会自动流出管外，既不卫生又影响质量；但稠度过大，牙膏不易分散，在口腔中刷不开而脱落，也影响使用效果。

② 挤膏压力。实际上指的是一个使用指标，它反映了膏体黏稠情况，也反映了所使用的牙膏软体的软硬程度，挤膏压力过大不易将膏体挤出，太小同样存在膏体太稀的问题。

③ 泡沫量。它是了解发泡去污效果的一个重要指标，一般来说泡沫量高比较好，易去除口腔污垢，但不宜太高，否则漱口时不易漱净，会残留一些表面活性剂的遗味，对口腔有一定的刺激。

④ pH 值。它指的是膏体酸碱度，过高过低都对口腔有刺激作用。我国大多数牙膏产品的 pH 值为偏碱性。

⑤ 稳定性。其试验是将牙膏放在−8℃的冰箱内 8 小时后取出，再放入 50℃恒温培养箱内 8 小时后取出，在室温下放置 4 小时，开盖观察膏体是否正常，从中可以反映出膏体配方的合理性，原料的品质和加工工艺的情况。

（3）卫生指标。其最关键的卫生指标是安全性，因为牙膏直接进入口中，如果卫生指标不符合要求的话将直接影响人们的身体健康。卫生指标包括细菌总数、大肠菌群、绿脓杆菌、金黄色葡萄球菌、重金属铅的含量、砷的含量。

5. 牙膏质量感官鉴别

（1）取制造批次不同的牙膏各二三支，首先试挤，看是否发硬挤不出或稍一挤膏体便大量涌出，过分稀薄而不成条状，以及膏条上有很多类似小蜂窝的孔洞等不正常现象。质量良好的牙膏，应能很自然地挤出，并要求为正常的圆条状，在阳光反射下察看应细腻、光滑、色白和结净、无杂质和发黑现象。

（2）用薄的毛边纸一张，将不同批次的牙膏，分别挤出，排列在纸上成行，一方面相互对比各行的色泽和条形，再从纸的背面察看，挤有牙膏的地方有无渗水情况，并察看其渗水程度。如渗水程度越少，色泽越光亮的，膏体混合适度，品质好，牙膏挤在纸上时，小细胞现象越少越好。用手指将挤在纸上的膏条，轻轻摊开来，表现越均匀越细腻的越好。

（3）将牙膏挤出管少许，以舌舔之，香味纯正，无刺舌碱性和酸性等使人感觉不快的气味为好。

9.5　化妆品

化妆品是指以涂搽、喷洒或其他类似的方法，散布于人体表面任何部位（皮肤、毛发、指甲、口唇、口腔黏膜等），以达到清洁、消除不良气味、护肤、美容和修饰目的的日用化学工业产品。

9.5.1 化妆品的分类及作用

1. 化妆品的分类

（1）按使用目的可将化妆品分为清洁用化妆品、基础化妆品、美容化妆品、香化用化妆品、护发和美发用化妆品等。

清洁用化妆品主要有皮肤用的香皂、药皂、透明皂和清洁霜等；毛发用的香波、洗发膏和护发素等；指甲用的脱膜剂、角质层除去剂等。

基础化妆品主要有皮肤用的化妆水、乳液、化妆油和面膜等；头发用的生发水、发油和发乳等；指甲用的指甲磨光剂、指甲膏和底涂剂等。

美容化妆品主要有皮肤用的白粉、胭脂、眼影膏和眼线等；头发用的香发蜡、发油、发乳和染发剂；指甲用的指甲油和指甲上光油等。

（2）按使用部位不同可将化妆品分为黏膜用化妆品、头发用化妆品、指甲用化妆品、口腔用化妆品等。

（3）按用途不同可将化妆品分为特殊用途化妆品、非特殊用途化妆品等。

特殊用途化妆品主要包括祛斑类、防晒类、烫发类、染发类、育发类、脱毛类、健美类、美乳类和除臭类化妆品。

除以上用途的其他类化妆品，都称为非特殊用途化妆品。

（4）按产品形态不同可将化妆品分为液态化妆品、固态化妆品等。

（5）按产品酸碱性不同可将化妆品分为酸性化妆品、碱性化妆品。

酸性化妆品含有酸性成分，使化妆品呈酸性，能够起到收敛皮肤、抑制汗液和皮脂分泌的作用。

碱性化妆品含有碱性成分，使化妆品呈碱性，具有软化皮肤、提高皮肤含水量、使有效成分容易渗透的作用。

（6）按原料来源不同可将化妆品分为天然化妆品、合成化妆品。

天然化妆品是指以自然界植物、水果等提取物为原料制成的化妆品。它又分为纯粹天然化妆品和相对天然化妆品。在人工化妆品还没有问世前，人们就已经直接用一些水果、蔬菜或其他食品来保养皮肤，因此，人们称它们为天然化妆品，即我们现在称为的纯粹天然化妆品。相对天然化妆品是指相对于含有多种工业化学成分的人工化妆品而言，主要采用的是天然原料，但在其制造过程中需要加入香料和防腐剂等。当今已经进入“绿色”时代，天然化妆品越来越受到人们的青睐。

合成化妆品是指由各种不同作用的原料经过配置加工而成的产品。因为价格低廉，在保证使用安全可靠的合成原料的前提下，合成化妆品仍在化妆品市场上占据主要地位。

2. 化妆品的作用

（1）清洁作用。化妆品能祛除皮肤、毛发、口腔、牙齿上面以及人体其他部位在分泌和代谢过程中所产生的不洁物，如牙膏、洗发水、洁面乳等。

（2）保护作用。化妆品能使皮肤和毛发光滑、柔软、富有弹性，如奶液、发乳、护发素等。

（3）营养作用。化妆品能补充皮肤和毛发所需的营养，增加人体组织的活力，减少皮肤皱纹和防止脱发，如珍珠霜、营养面膜、生发水等。

（4）美化作用。化妆品能美化容颜、散发香气、增加人体魅力，如唇膏、发胶、口红、香水等。

（5）防治作用。化妆品能预防和治疗皮肤、毛发和口腔牙齿疾病，如雀斑霜、祛臭剂和药物牙膏等。

9.5.2　化妆品的主要原料及成分

化妆品是由各种原料经过配方加工而成的复杂混合物，其原料分为基质原料和辅助原料两种。

1．油脂与蜡

油脂与蜡是膏霜、奶液、发乳和发蜡、唇膏等化妆品的基质原料。

（1）植物油脂。用在化妆品中的有椰子油、蓖麻油、橄榄油和山茶油等。

（2）动物油脂。用在化妆品中的有从羊毛中提取的羊毛脂和用蜂房制成的蜂蜡等。

（3）矿物油和蜡。用在化妆品中的有液体石蜡和凡士林等。

另外，化妆品还用到人工合成的油脂和蜡类。

2．粉体

粉体的吸附性强、遮盖力大，它是香粉、爽身粉、胭脂、眼影粉和牙膏的主要原料。化妆品中所用的粉体主要有滑石粉、高岭土、钛白粉和氧化粉等。

3．胶质

胶质类原料主要是水溶性的高分子化合物。它们遇水会膨胀形成凝胶。在化妆品中被用做胶合剂、增稠剂、悬浮剂和助乳化剂。胶质分为有机和无机两种。

（1）有机胶质。有机胶质主要有淀粉、树胶、果胶和菜胶等。

（2）无机胶质。无机胶质主要有膨润土和氧化硅等。

4．溶剂

溶剂是冷霜、雪花膏、花露水、香水、指甲油和洗发水等膏状、浆状和液状化妆品的主要成分。化妆品的主要溶剂有水、醇类、酮类和苯类等。

5．载体

载体是一些有机化合物，其主要作用是加强化妆品对人体皮肤的渗透性，延长化妆品中有效物的活性时间。

6. 香料

香料是能散发出令人愉快香气的物质。各种香料经过调配混合而成香精，化妆品的香气就是生产时加入一定量的香精所产生的。香料可分为天然香料、单离香料和合成香料。

（1）天然香料是指从花、果、叶、枝、根、皮、树胶和树脂等植物的组织和分泌物中提取的香料，又称精油。

（2）单离香料是指用物理和化学方法从天然香料中分离出的单体化合物。

（3）合成香料是指用化学方法将多种化学原料人工合成结构明确的单体香料。合成香料目前已有4 000多种，其中经常用到的有700多种。

7. 防腐剂和抗氧化剂

防腐剂和抗氧化剂是防止化妆品变质的原料。防腐剂可以防止微生物的生长，抗氧化剂可以防止油脂酸败。

9.5.3 化妆品主要品种

1. 膏霜类化妆品

膏霜类化妆品是一种常见的护肤用品，主要作用是保护皮肤健康，增进容貌美观等。按其乳化性质可分为W/O型即油包水型和O/W型即水包油型两种。按其形状也可分为两种：一种是呈半固体状态不能流动的固态膏霜如雪花膏、润肤霜、冷霜等；另一类是呈液体状态能流动的液态膏霜如各种奶液，主要品种有以下几种。

（1）雪花膏。它是大众最熟悉的护肤佳品。它是一种水包油型乳剂，色洁白似雪花，故而得名。它没有油腻性，滋润而不黏滞，用起来舒适、滑爽。其中的水分蒸发后在皮面留下一层薄膜，这可阻断表皮与外界的接触，防止有害物质的侵袭。涂雪花膏后，皮肤白皙，耐寒留香，皮面能保持一定的湿润度而不会粗糙开裂。雪花膏中还可添加种种营养物质和有治疗作用的药物如高级营养性品种，含银耳、珍珠粉水解液、蜂王浆、人参、花粉、牛奶等，这些添加物中的一些低分子量活性物质易随乳剂一起吸收入皮肤，保持皮内水分，使皮肤滑润，促进微血管扩张，增强细胞活力，延缓衰老；药效雪花膏，又称药效化妆品，它是将有治疗功效的种种药物配入雪花膏，以治疗有碍美容的皮肤病，如玉容霜治褐斑、雀斑霜治雀斑、粉刺霜治粉刺（痤疮）等。

（2）润肤霜。它和雪花膏相比水分低些而油分多些，用后等于在皮肤上涂了一层薄膜，因而提高皮肤对风寒的抵抗力，保护和修饰皮肤，使之细嫩。如在睡前涂抹后，面部按摩5分钟，可加速血液循环而使面部红润。润肤霜中的低分子量和低黏度原料渗入皮肤后，使细胞获得营养而增强活力。年长者皮内胆固醇和氨基酸含量降低，用之更有益。还可添加某种药物成为疗效润肤霜，如治疗褐斑的黄芪霜、玉容霜。

（3）冷霜。它为油包水乳剂，护肤脂、香脂等都属此类，油性比雪花膏、润肤霜都大，能护肤、润皮，防干、防裂。由于含较多油脂，搽用后水分渐挥发，遗留油脂薄膜，使皮面不能直接接触外界冷空气，因而保持皮肤水分，防干裂，滋润皮肤。分离出来的水分蒸发时散热使皮肤有清凉感。严寒干燥季节用之较雪花膏好。

（4）奶液即蜜类。主要有润肤类如清洁蜜、润肤蜜、杏仁蜜、柠檬蜜等。此类制品质地细腻，黏度如蜜，一般以白色、花香味为主。微酸性者使用后皮肤滑润，减少或消除细皱纹；皮肤干燥粗糙者浴后用之最有效。水包油型者，搽后留薄膜，护皮，不腻，自感舒适，凉爽。四季可用，早晚洗脸后搽面，配合按摩，效果更佳。

2．防晒类化妆品

防晒化妆品就是在产品中加入能够吸收或散射紫外线的物质，以达到保护皮肤的目的。防晒化妆品剂型也有多种，如乳液、膏霜、油剂、水剂、棒、凝胶及气雾剂等。主要品种有防晒营养霜、防晒膏和防晒液等。其中防晒营养霜是一种既能保护皮肤和防御日晒，又能营养皮肤的保护膏霜。

SPF 值即日光防护指数或防晒指数，代表了防晒化妆品实际防晒功效，它是建立在人体测定的基础上，根据中波紫外线照射皮肤，产生红斑的情况，而计算出的一个量化指标（经防护的皮肤出现的红斑所需的最小照射剂量，或最短时间与未经防护皮肤出现红斑所需的最小照射剂量或最短时间的比值）。SPF 值越高，防护功效越长。

卫生部发布了《防晒化妆品防晒指数（SPF 值）测定方法》，该方法已成为国际上的标准模式。明确在中国对防晒化妆品的检测只能是“人体法”，明确了防晒产品防晒效果的标识：SPF 值低于 2 时不标识防晒效果，SPF 值在 2～30 之间产品标签标识 SPF 值，高于 30 且减去标准差后仍大于 30 的 ，可在产品标签上标识 SPF30＋。

3．香水类化妆品

香水具有芬芳浓郁的香气，其基本成分是酒精和香精，香水其实是香精的酒精溶液。香水可以因酒精和香料的浓度不同而分成几个等级，一般来说，香水有香精、香水、淡香水、古龙水、清淡香水五个等级。不同等级的香水其持久性不同。目前市面上销售的以淡香水（EAU DE TOILETTE）和香水（EAU DE PAEFUM）为主，通常情况下均把这里的淡香水和香水通称为香水，也有把香水称为香氛的。具体如表 9-7 所示。

表 9-7　香水的等级表

种　类	香　精	香　水	淡 香 水	古 龙 水	清 淡 香 水
持续时间	5～7 小时	5 小时以内	3 小时	1～2 小时	1 小时以内
香精浓度	15%～30%	10%～15%	5%～10%	2%～5%	2%以下
酒精浓度	70%～85%	80%以上	80%	80%	80%以下

4．香波类化妆品

香波以表面活性剂为主体复配而成，除清洁人的头皮和头发外，还具有另外一些功能，如洗后头发感觉良好，易于梳理（干梳和湿梳），刺激性小，能保护头发，促进头发的新陈代谢，消除头屑，抑制皮脂的过分分泌等。

洗发香波根据物态可分为膏状、液状、粉状和冻胶状等，根据外观可分为透明型和乳浊型，依据功效可分为普通香波、药用香波（如去头屑）、调理香波、专用香波（如婴儿香波）等。按香波的标准有优级品、一级品和合格品之分。

头发有油性、干性和中性之区分。一般供油性头发使用的香波，其表面活性剂含量较高，脱脂能力较强。干性头发使用的香波，其表面活性剂含量相对较低，或通过增减调理剂来加以调节，以达到合适的洗涤效果。

透明液体香波。透明液体香波是最大众化的一个香波品种。它去污适中，泡沫丰富，使用方便，透明澄清，表面活性剂含量通常在10%～25%之间。

珠光香波。它是在透明香波的基础上加入珠光剂制成的产品。它的黏度比普通透明香波大。

调理香波。除了具有清洁头发的功能外，还有改善头发的梳理性，防止静电产生，提供光泽和柔软感。

婴儿香波。由于小孩的皮肤比较娇嫩、敏感，因此香波中使用的原料刺激性要低，洗发时即使流入眼睛，刺激性也很低。

5. 定型和染发类化妆品

（1）摩丝，泡沫状定发型的化妆品。它能使头发乌黑光亮，手感光滑，容易梳理。主要成分是水溶性高分子化合物，作用是在头发表面形成很薄的高分子膜，增加头发的刚性，使发型富有立体感，不易变形。

（2）染发剂。基本要求是染色时不影响皮肤，不损害头发结构，染色要迅速，色彩鲜艳且牢固。它的种类繁多，一般染发剂可分为三类：植物染发剂、半持久性染发剂和持久性染发剂。

6. 剃须化妆品

剃须化妆品是专供男性剃须时使用的化妆制品。包括剃须皂、剃须膏、剃须前洗液和剃后洗液等。剃须膏是剃须前用于泡胀、软化胡须，使之易于刮剃的化妆品产品，能减轻皮肤与剃刀口间的摩擦，防止表皮损伤。剃须膏主要成分有表面活性剂、消毒剂、清凉剂等。目前，国产剃须膏有泡沫剃须膏和无泡剃须膏两种。

（1）泡沫剃须膏。泡沫剃须膏是柔软均匀的乳膏，有适当的稠度，用软管装储。其特点是具有丰富的泡沫，易附着在皮肤上，不容易干燥，无刺激、不引起皮肤过敏反应。主要原料有硬脂酸、椰子油、氢氧化钾、氢氧化钠、中性皂、甘油、丙二醇、水、香精和薄荷脑等。在剃须膏所用薄荷脑为香精，既可赋予清凉感，又具有收敛、麻醉和杀菌防腐的作用。

（2）无泡剃须膏。无泡剃须膏又称免刷剃须膏，其特点是使用时不用刷子涂敷，涂完后不起泡。配方与雪花膏基本相同，软化胡须的功能很好。它与泡沫剃须膏相比，避免了使用刷子涂抹起泡的麻烦，使用方便。

9.5.4 化妆品质量要求

化妆品最基本的要求就是任何化妆品不能妨碍人体皮肤的分泌、排泄及呼吸等生理作用，保持皮肤原有的 pH 值，并尽可能避免过度干燥或油腻引起对皮肤的伤害。为了确保化妆品的质量，我国先后颁布了化妆品卫生质量的国家标准《化妆品卫生标准》、《化妆品卫生化学标准检验方法》、《化妆品微生物标准检验方法》《化妆品卫生规范》等。化妆品质量要求主要有以下几个方面。

1. 化妆品包装及标签的要求

化妆品的包装材料应无毒、清洁，包装应整洁美观、封口严密不泄漏。直接印在化妆品容器上或用标签粘贴在容器上的产品说明以及文字、图表和绘图等形式的其他有关说明都必须符合规定。化妆品标签除标有产品名称外，还应注明厂名、厂址、生产企业卫生许可证编号，小包装或说明书上应该注明生产日期和有效期限。特殊用途的化妆品还应注明批准文号。对含药物的化妆品或可能引起不良反应的化妆品还应注明使用方法和注意事项等。

（1）化妆品标签必须标注的内容有产品名称、生产企业名称与地址、内装容物、日期、许可文号、安全警告和使用指南等。

（2）化妆品标签说明书不得标注的内容有不得标注适应症；不得宣传疗效、暗示疗效；不应有夸大和虚假的宣传内容，非特殊用途化妆品不得宣传特殊功效；不得使用医疗用语，或易与药品混淆的用语；产品的名称禁止使用消费者不易理解的专业术语及地方方言；虚假、夸大和绝对化的词语，如“特效”、“高效”、“奇效”、“广谱”、“第×代”、“王”、“神”、“皇”等；庸俗或带有封建迷信色彩的词语；已经批准的药品名等。

2. 感官质量要求

化妆品感官质量要求主要表现为色泽、气味、形状等方面的要求。由于化妆品的种类繁多，感官质量要求也有不同。一般来讲，色泽上要求无色固状、粉状、膏状及乳状化妆品应洁白有光泽，液状应清澈透明，有色化妆品应色泽均匀一致、无杂色；气味上要求化妆品必须具有芬芳的香气，香味可根据不同的化妆品呈不同的香型，但必须持久、无强烈的刺激性；形状上要求固状化妆品应软硬适宜，粉状化妆品应粉质细腻，膏状化妆品应稠度适当、质地细腻，液状化妆品应清澈均匀、无颗粒杂质等。

3. 卫生安全性要求

化妆品的卫生安全性要求化妆品没有异臭，对皮肤和黏膜没有刺激和损伤，无感染性，使用卫生安全。《化妆品卫生规范》中规定了化妆品禁用的物质，有 421 种化学物质和 75 种动植物来源的物质禁止用做化妆品的原料或化妆品的组成成分；在《化妆品卫生规范》中还规定了化妆品中限用的物质，如规定了对汞、铅、砷和甲醇等有害物质的限量，汞的限量为 1 毫克/千克、铅的限量为 40 毫克/千克、甲醇的限量为 2 000 毫克/千克；限用的防腐剂有 55 种（类）；限用的着色剂共计 157 种等。

另外，特殊用途的化妆品质量要求既要符合化妆品的要求，又要符合药品的规定。进口化妆品必须经国家商检部门检验，合格者方准进口。

9.5.5 化妆品的选用和保管

1. 化妆品的选用

（1）应根据各自的年龄、皮肤和发质选用相应的化妆品。少年儿童的皮肤娇嫩，应选用无刺激性、少油的营养性雪花膏与蜜类护肤品或儿童专用化妆品；青年女性的皮肤细嫩，可选用蜜类及粉质霜类护肤品；中老年人皮肤干燥，可选用脂类化妆品，使皮肤滋润，并有抗寒、防裂作用。皮肤的性质可分为干性、油性、中性。干性皮肤的人适用于面脂、雪花膏、乳液、珍珠霜等，切忌使用粉状化妆品；油性皮肤的人可用粉状化妆品或水状化妆品，不可用冷霜等油状化妆品，否则会使皮肤的新陈代谢受阻，引起粉刺等；中性皮肤的人可用含维生素 A、维生素 B1、维生素 B6 等营养型化妆品。发用类化妆品应根据各自的发质来确定。

（2）应根据不同季节、时间选用相应的化妆品。春夏季温度高，皮脂腺分泌较旺盛，毛孔张开，容易吸收，为了防止吸收过量，选用的产品不宜太过油腻，油脂及油溶性成分应该较少，以防止太油腻而生出粉刺等，可选用水包油型化妆品。秋冬季温度低，毛孔紧闭，皮脂腺分泌较少，应选用油脂较多的产品，以帮助营养的吸收，选用油包水型化妆品。春秋季节风沙较大，则可选用奶液类的油性护肤品；一般白天应选用日霜，晚上应选用晚霜等。

（3）选购化妆品应看其标志，产品的外包装上应注明产品名称、厂名、厂址、生产日期、保质期、产品执行标准号、生产许可证号及卫生许可证号。进口化妆品和特殊用途的化妆品应慎用。一般要除检查外包装上是否有卫生许可证批件号外，还应仔细阅读产品的使用说明和注意事项。

（4）新品牌在使用前应试用。一般是用少许化妆品涂在耳根等部位，经 48 小时或者是在手腕内侧皮肤上连续试用 3 天，如感到皮肤出现不适，则不宜使用该品牌。

（5）在使用化妆品时应注意卫生，防止使用过程中的二次污染。

2. 化妆品的保管

（1）防晒。强烈的紫外线有一定的穿透力，容易使油脂和香料产生氧化现象和破坏色素，因此，化妆品应避光保管。

（2）防潮。潮湿的环境易于微生物的繁殖，使化妆品发生变质，因此，化妆品应放在通风干燥处保管，相对湿度不超过 80%为宜。

（3）防冻。温度过低会使化妆品中的水分结冰，乳化体遭到破坏，从而失去化妆品的效用，还会对皮肤产生刺激。适宜温度是 5～30℃。

（4）合理摆放。化妆品应放在清洁卫生的地方，搬运时轻拿轻放、堆码不宜过高或挤压，防止化妆品受到污染。

（5）化妆品储存期限一般不宜超过一年，要先进先出。

【案例 9.2】　化妆品发展趋势

据赛迪发布的 2006 年度中国日用化工市场研究报告显示，2006 年中国日化市场规模达 1 373 亿元，比上年增长 13.1%。赛迪顾问行业研究中心有关专家表示，化妆品市场占比略有上升，洗涤用品、口腔清洁用品市场则略有下降，美发、美容用品以及护肤品等细分市场增长速度较快。报告预测，未来几年，中国日用化工用品将持续稳步增长，2007 年至 2009 年的年均复合增长率保持在 13.4%左右，比国际整体市场增速要快，预计 2009 年整体市场可达到 2 000 亿元。国内化妆品市场潜力巨大，行业整合在所难免。

就化妆品工业来说，据不完全统计，2006 年化妆品制造工业总销售额约为 1 100 亿元，同比 2005 年 960 亿元，增长 12%左右（产品结构占有的份额约为护肤品的比例约为 40%，销售额约为 440 亿元；美容类产品的比例为 15%，其市场销售额约为 165 亿元；洗护发产品和香水市场比例为 40%左右，销售额约 440 亿元。其他化妆品约占 5%左右）。在中国化妆品发展史上第一次突破销售额 1 000 亿元大关。

根据中国海关总署统计，2006 年进口化妆品总量为 1.84 万吨，同比上年增长 20.51%。进口额为 3.08 万美元，同比上年增长 27.93%。近几年中国化妆品行业出口情况见表 3。2006 年化妆品出口总量为 15.5 万吨，同比上年增长 23.08%，出口额为 8.12 亿美元，同比上年增长 27.3%。

总体看来，中国的化妆品市场整体生产快速发展，效益持续增长；出口创汇增长加快，进口数额快速回升；化妆品产品质量良莠不齐；美容化妆品市场将持续升温，防衰老化妆品备受青睐，绿色化妆品市场方兴未艾，运动化妆品市场悄然兴起，儿童化妆品市场有待开发，男用化妆品市场潜力巨大。化妆品的安全性、功能性、天然性、环保性是未来发展的一个重要特点。

（资料来源：编者根据相关资料整理）

【案例 9.3】　日用品热点品牌

在“品牌世家”网站上，列举出了目前日用品最热点的品牌：宝洁、联合利华、隆力奇、丝宝、心相印、金纺、谭木匠、迪彩、舒肤佳、温雅、兰诺、科特斯、金佰利、美标、恒安、屈臣氏、吉列、飞利浦、潘婷、新秀丽、力士、派克、都彭、沙宣、费拉格慕、万宝龙、维达、玫琳凯、威尔 · 永锋、美加净、海飞丝、飘柔、高露洁、润妍、立白、佳洁士、纳爱斯、六神、安尔乐、夏士莲、洁婷、拉芳、满婷、舒蕾、欧乐-B、超人、强生、汰渍。

（资料来源：品牌世家网）

问题：在以上品牌的日用品中，试指出其主要代表性产品的种类是什么？并指出哪些品牌是民族品牌？面对全球知名的企业纷纷进入中国市场抢夺市场份额，民族品牌企业应如何应对？

本 章 小 结

塑料制品在人们生活中越来越重要，塑料是以合成树脂为主要原料的高分子化合物，由于树脂种类不同，其制品的性能特点以及用途也不同。塑料制品的种类繁多，结构和性质较复杂，日用塑料制品的质量要求主要是指对制品的外观和物理机械性质方面提出的要求，对于部分制品，还要考虑其化学性能或卫生性能的要求。

日用玻璃制品具有光泽好、透明度大、色泽鲜艳、易于洗涤和抗腐蚀性强、原料来源多、制品易于成型、价格低廉等优点。由于玻璃化学组成复杂，其制品的物理机械性能、化学性能及光学性能等也有所不同。日用玻璃制品质量的基本要求主要有：具有正确的规格和形状，必要的坚固性和耐热性，外观美观、图案清晰、卫生安全等。

箱包由于所用原料、款式、加工及使用等方面不同，其种类主要有旅行箱包、休闲箱包、运动箱包、商务箱包以及专业箱包等。不同种类的箱包，其质量要求也有所不同，在选购和使用时应注意区分。目前我国玩具产品主要以儿童为主，也有部分成人玩具。玩具因种类不同其质量要求也不同，但对儿童玩具安全方面的要求较为严格，我国也有相关标准规定。在选用儿童玩具时应遵循相应的原则进行，以保证儿童的身心健康。

洗涤用品中的肥皂和合成洗涤剂是人们日常生活必需品，因其组成、加工等不同，种类非常繁多，性质特点及质量要求也各不相同，主要从用途、配方、感官指标、理化指标及环保等方面进行要求。

牙膏也是人们日常生活必需品，主要有普通牙膏和药物牙膏等种类，其质量要求主要有感官指标、理化指标及卫生指标等方面。目前市场上药物类牙膏品种较多，应根据质量要求和消费者需要进行选用较为科学。

化妆品已成为人们日常生活中不可缺少的用品，因其原料、组成、性能及作用等不同，化妆品种类越来越多，最基本的种类是护肤类化妆品，香水、香波及各种特殊、药用等化妆品也非常繁多，化妆品质量主要从感官指标、理化指标及卫生指标等方面进行要求。在选用时应根据各自的年龄、皮肤和发质、不同季节、时间等进行相应选择，同时应注意化妆品的保管要求。

关键术语

塑料　合成树脂　热固性塑料　热塑性塑料　合成洗涤剂　表面活性剂　化妆品

实训项目

【实训1】　鉴别塑料袋的毒性

目前，塑料袋应用的范围十分广泛，而对食品进行包装的塑料袋，我们尤其要注意它的质量。塑料袋一般是由两种塑料薄膜制成：一类是由聚乙烯、聚丙烯和密氨等原料制成的；另一类则由聚氯乙烯制成。前者无毒，后者有毒，不能包装食品。塑料袋有无毒性可用下列简便方法鉴别。

水中检测法。首先把塑料袋放入水中，无毒塑料袋放入水中后，可浮出水面，而有毒塑料袋则不向上浮。

手触检测法。用手触摸塑料袋，有润滑感者无毒，否则有毒。

抖动检测法。用手抓住塑料袋一端，用力抖一下，发出清脆声者无毒，反之则有毒。

火烧检测法。可以把塑料袋剪去一条边，用火烧，有毒的不易燃烧，无毒的遇火容易燃烧。

请结合实物进行鉴别实训。

【实训 2】　学会区分陶瓷制品的陶器和瓷器

瓷器的坯质具有半透明性，烧结充分、结构致密、坚固，机械强度高，断面光亮、无气孔、不吸水。瓷器的比重比陶器大，坯质呈白色，一般不施白釉。因此，陶器与瓷器有以下区别：洁白、质坚、半透明。凡是具有以上三点者为瓷器，不具有者为陶器。

请结合陶瓷实物进行鉴别实训。

复习思考题

1．判断题

（1）化妆品是保护和美化皮肤的日化商品。（　　）

（2）化妆品标签说明书允许使用如“特效”、“高效”、“奇效”等词语。（　　）

（3）合成洗涤剂主要成分是表面活性剂。（　　）

（4）肥皂表面出现一层白粉或针状结晶象一层白霜时，属于正常现象。（　　）

（5）日用陶瓷制品和搪瓷制品所用原料相同，加工工艺不同。（　　）

（6）聚苯乙烯敲击时声音发闷、不清脆。（　　）

2．选择题

（1）能在低浓度下降低溶剂表面张力的物质是（　　）

A．助洗剂　　B．表面活性剂　　C．辅助剂　　D．合成洗涤剂

（2）易发生老化的高分子材料是（　）

A．塑料　　B．玻璃　　C．不锈钢　　D．陶瓷

（3）属于清洁用的化妆品有（　　　）

A．生发水　　B．奶液　　C．香波　　D．面膜

（4）属于热固性塑料的是（　　）

A．聚乙烯　　B．聚氯乙烯　　C．有机玻璃　　D．密胺塑料

（5）属于热塑性塑料的是（　　）

A．聚乙烯　　B．酚醛塑料　　C．脲醛塑料　　D．密胺塑料

3．思考题

（1）简述塑料制品的主要品种及性能特点。

（2）简述日用玻璃器皿的种类及特点。

（3）简述箱包玩具的质量要求及选购。

（4）简述洗衣粉的主要品种及质量要求。

（5）简述牙膏的质量要求及选用。

（6）简述化妆品主要品种的性能特点及选用保管。

4．案例解析

化妆品是与人体皮肤直接接触的日用工业品，直接影响人们的生活与健康。好的化妆品能清洁、保护皮肤和头发，修饰改善人的精神面貌，往往能在人的心理性、生理性和物理性等方面的影响下起一定满足作用，给人以美的享受。

目前，消费者片面追求化妆品功效和疗效是化妆品消费的最大误区。不少消费者并不真正了解化妆品，对其危害也认识不足，盲目追求被吹得天花乱坠的化妆品，以满足时尚的虚荣心，这是踏进了误区的主要原因。根据特殊用途化妆品的定义，育发化妆品、健美化妆品的作用均定位为“有助于”，祛斑化妆品定位为“减轻”。健美化妆品不是减肥产品，育发化妆品不是生发的产品，祛斑化妆品不是治疗黑斑的产品。目前，国家对特殊用途化妆品的审批和认证的主要依据是产品的卫生安全性，对其功能性并不做评价。化妆品包括特殊用途化妆品，决不具有预防和治疗疾病的功能，也不得宣传治疗作用，这是化妆品和药品的根本区别。

（资料来源：保健品化妆品监管网）

问题：如何正确认识化妆品，以及如何理性消费化妆品？

★第 10 章　服　　装

【学习要点】

- 服装的功能与分类
- 服装标准内容与服装检验方法
- 分析服装色彩与造型
- 区分服装材料、选购服装及正确保养服装

【案例导读】

张小姐是一家合资企业的主管，属于高级白领阶层，收入颇丰。几年来，不知不觉中她已经购买了各种面料、各种款式、各种色彩的服装两大衣柜，但是每天早晨上班前还是为如何穿衣感到头疼，衣柜满满的，却总感觉没啥可穿的。其实许多人都有张小姐这样的感受，究竟出了什么问题呢?

衣食住行，衣者为先，衣是人们的基本生活需要。从整个世界范围来看，在物质生活日益丰裕的条件下，人们对服装消费从实用角度考虑的同时，已越来越将其作为一种文化享受，也就是说，人们已把服装视为反映个性、品位、名誉、身份、地位和财富的标志。面对 21 世纪的中国，随着综合国力和人民生活水平的逐步提高，人们对服装的认识发生了巨大变化，人们越来越注重自己的生活消费品位，而服装则是人们直观表达自身个性、修养与层次的第一手段。因此，人们在选购服装时，不完全像选购其他商品一样，主要已不再是注重其使用价值，而是在于标明自我的价值观念，于是服装的品牌、款式已经成为人们购买服装的首选，对服装的原料、设计、制作也提出了很高的要求。

10.1　服装的功能及分类

10.1.1　服装的功能

所谓服装，就是指包裹人体各部位的物体的总称，既包括各种装饰品，又包括人体的着装状态。人类的生活离不开服装，服装的最基本功能为实用功能。但是随着人类文明的不断进步，服装概念内涵的不断丰富，服装的社会、文化生活的功能也得到丰富和强化，服装可以帮助人们表达身份、地位、工作性质以及文化修养、审美观念和兴趣爱好等，如审美功能、标志功能等也逐步被人们所重视。

1. 实用功能

服装的实用功能主要体现在防暑隔热、防寒保暖、适应气候变化、适应人体活动和耐用方面等基本功能。服装能帮助人体保持正常生理状态，起到保护人体的安全、不受或少

受外界伤害的作用。同时服装在穿着时要能满足人们活动的要求，要能经受外来物理、化学和微生物等的作用，满足耐用方面的功能。

2. 美化功能

李白《清平乐》一词中有“云想衣裳花想容”之句，是用艺术想象创造的诗的形象。还有俗语“人要衣装，佛要金装”，则是用比喻手法显示的通俗道理，同样是说明服装审美功能的重要性。服装可帮助表达人们的民族传统、文化修养、审美观念及反映个人的爱好、情趣、性格等。服装的美要通过服装材料、款式及色彩等材质体现，但完整的服装之美应是服装材质美和着装者状态美的一种完美结合。

3. 标志功能

服装的标志功能是指通过服装的外观形态来区分着装者的身份、地位、工作性质等。近年来，职业装发展很快，如职业时装、职业制服、工装和防护服等，是融标志性、功能性、时尚性、实用性于一体，具有行业特点和职业特性，能体现团队精神和服饰文化的标志性服装，充分体现了服装的标志功能。

10.1.2 服装的分类及特点

服装的种类很多，由于服装的基本形态、品种、用途、制作方法、原材料的不同，各类服装也表现出不同的风格与特色，变化万千，十分丰富。不同的分类方法，导致人们平时对服装的称谓也不同。目前，大致有以下几种分类方法。

1. 根据服装的经营习惯分类

（1）西服。西服也称西装，目前已成为国际通行的男士礼服。西服外形有棱有角、线条锐利整齐、尺寸严谨，使人显得苗条精悍。西服有两件套、三件套和单上装等多种组合，又有单排扣与双排扣、平驳头等不同款式。为活动方便，西服还设有背开衩、旁开衩等。

（2）旗袍。旗袍是我国富有民族特色的女装，旗袍造型简洁，线条流畅明快，表现了东方女性的含蓄、典雅之美。日常穿用可选用花素全棉府绸或涤棉细布制作的旗袍，既朴素又大方。选用小花、素格、细条丝绸制作的旗袍，可表现出温柔、稳重的风格。选用织绵缎、丝绒制作的旗袍，是迎宾、赴宴最华贵的服装，集庄重典雅于一身。近年来，蜡染、扎染、手绘等工艺用于旗袍，更使旗袍步入高档时装的行列。

（3）中山装。中山装是在孙中山先生倡导下产生的服装，是我国具有代表性的服装。其优点很多，主要是造型均衡对称，外形美观大方，穿着高雅稳重，活动方便，行动自如，保暖护身，既可作礼服，又可作便装。

（4）夹克衫。夹克衫是我们现代生活中最常见的一种服装，由于它造型轻便、活泼、富有朝气，所以为广大男女青少年所喜爱。

（5）大衣。目前市场上大衣的种类非常多，款式也不断变化。大衣选料一般要求具有厚实、挺括、柔软及保暖等特点。

（6）羽绒服。羽绒服是一种新型防寒服装，以逐渐取代了传统的棉衣。羽绒服要求保暖层应由纯羽绒构成，无鸡撕绒、混合绒和碎绒；蓬松度高，用手捏紧制品，再松开，可迅速复原，有较好的弹性；柔软度好，手感柔软，无梗毛触碰感，无粒状、粗糙等异样感觉；拍打羽绒服时，空气中无浮尘，无异味从羽绒层中逸出；从面料上看不到跳纱、疵点和漏绒，有较好的防水、防绒、透气和柔软、滑爽、挺括等特点；款式应新颖、端庄、大方，有鲜明的时代感和穿着个性。

2. 根据服装的基本形态分类

依据服装的基本形态与造型结构进行分类，可分为体形型、样式型和混合型三种。

（1）体形型。体形型服装是符合人体形状及结构的服装，起源于寒带地区。这类服装的一般穿着形式分为上装与下装两部分。上装与人体胸围、项颈、手臂的形态相适应；下装则符合腰、臀、腿的形状，以裤型、裙型为主。裁剪、缝制较为严谨，注重服装的轮廓造型和主体效果。如西服类多为体形型。

（2）样式型。样式型服装是以宽松、舒展的形式将衣料覆盖在人体上，起源于热带地区的一种服装样式。这种服装不拘泥于人体的形态，较为自由随意，裁剪与缝制工艺以简单的平面效果为主。

（3）混合型。混合型服装是寒带体形型和热带样式型混合的形式，兼有两者的特点，剪裁采用简单的平面结构，但以人体为中心，基本的形态为长方形，如中国旗袍、日本和服等。

3. 根据服装的穿着组合分类

按穿着组合分类，大致有以下几种分类。

（1）整件装。上下两部分相连的服装，如连衣裙等，因上装与下装相连，服装整体形态感较强。

（2）套装。上衣与下装分开的衣着形式，有两件套、三件套、四件套。

（3）外套。穿在衣服最外层，有大衣、风衣、雨衣、披风等。

（4）背心。穿至上半身的无袖服装，通常短至腰、臀之间，为略贴身的造型。

（5）裙。遮盖下半身用的服装，有一步裙、A 字裙、圆台裙、裙裤等，裙的变化较多。

（6）裤。从腰部向下至臀部后分为裤腿的衣着形式，穿着行动方便。裤有长裤、短裤、中裤等几种。

4. 根据服装的穿着位置和用途分类

服装分为外衣和内衣两大衣。内衣紧贴人体，起护体、保暖、整形的作用；外衣则由于穿着场所不同，用途各异，品种类别很多。服装又可分为社交服、职业服、运动服、生活服、舞台服等。

（1）社交服。所谓社交服就是舞会、夜总会、宴会等场合所着服装的总称，又可称“派对服”。随着生活水平和文化修养的提高，国际交往的发展，社交服已被越来越多的人所接受。派对服分下午装、傍晚鸡尾酒派对和晚餐正装或夜礼服。派对服随着时间场合的变化而变化。

（2）职业服。职业服是既能用于表明职业特征，又用于工作的服装。职业服装，是各行各业工作者为适应工作需要而穿着的服装。一般将其分为职业时装、职业制服、职业工装、职业防护服四大类。职业时装是各阶层的职业人士缘于个人的喜好、性格差异而选择的在职业领域穿着的服装，它在体现职业装庄重、大方、得体等特征的同时，更多地反映了着装者的审美观与文化观。

（3）运动服。运动服包括职业运动服和休闲运动服。

职业运动服是指运动员和裁判员在训练和比赛时穿着的服装。其特点是简练、舒适及美观等，既能适合不同的运动特点，又能起到保护作用。

休闲运动服是指大众化、多样化的运动服装，适合大众运动时穿着。它具有色彩鲜艳、品种繁多、款式富有变化等特点。

（4）生活服。生活服一般分为外出服和家居服。

外出服是指闲暇户外活动时穿着的各式服装。它在穿着时能自由搭配，可以体现穿着者的个人修养及品位。

家居服是指在家庭环境中穿着的服装。其特点是舒适、方便、随意和温馨。

5. 根据服装面料与工艺制作分类

根据服装面料与工艺制作来分类，服装一般可分为中式服装、西式服装、刺绣服装、呢绒服装、丝绸服装、棉布服装、毛皮服装、针织服装、羽绒服装等。

6. 其他分类方式

除上述一些分类方式外，还有些服装是按性别、年龄、季节、特殊功用等方面进行分类。

如按性别分类有男装、女装；按年龄分类有婴儿服、儿童服、成人服；按季节分类有春秋装、夏装和冬装等；按特殊功用分类有耐热的消防服、高温作业服、不透水的潜水服、高空穿着的飞行服、宇航服、高山穿着的登山服等；按服装的厚薄和衬垫材料不同来分类有单衣类、夹衣类、棉衣类、羽绒服、丝棉服等。

10.2 服装的材料

服装材料、款式和工艺是服装的三大要素，服装材料在服装的制作中又是最基本的物质条件，发挥重要的作用。服装材料可分为服装面料和服装辅料两大类。服装面料是体现服装立体特征的材料，服装辅料则是指服装面料以外的一切辅助性材料。服装材料的种类繁多，主要有纤维制品、皮革制品和杂制品等。

10.2.1 服装面料

作为服装的要素之一，面料不仅可以诠释服装的风格和特性，而且直接左右着服装的色彩、造型的表现效果。在服装大世界里，服装的面料五花八门，日新月异。服装面料是指用来制作服装的材料，是由各种纺织纤维经过纺织形成的不同织物。

1. 纺织纤维的种类

纺织纤维是构成面料的基本材料，主要分为两大类：天然纤维和化学纤维。

（1）天然纤维是自然界原有的或经人工培植的植物上、人工饲养的动物上直接取得的纺织纤维，是纺织工业的重要材料来源。天然纤维的种类很多，大量用于纺织的天然纤维主要有棉、麻、毛、丝四种。

① 棉纤维是我国纺织工业的主要原料，它在纺织纤维中占有很重要的地位。我国是世界上的主要产棉国之一，目前，我国的棉花产量已进入世界最前列。我国棉花的种植几乎遍布全国，其中以黄河流域和长江流域为主。棉花按品种分为细绒棉（又称陆地棉）纤维一般长度为 25 毫米至 35 毫米，我国目前种植的棉花大多属于此类；长绒棉（又称海岛棉）纤维细而长，一般长度在 33 毫米以上，我国种植主要以新疆为主。

棉纤维的主要物理和化学性质有：棉纤维长度是指纤维伸直时两端间的距离，是棉纤维的重要物理性质之一。棉纤维的长度主要由棉花品种、生长条件、初加工等因素决定。棉纤维长度与成纱质量和纺纱工艺关系密切，棉纤维长度长，整齐度好，短绒少，则成纱强力高，条干均匀，纱线表面光洁，毛羽少；纤维的成熟度是指纤维细胞壁的加厚程度，即棉纤维生长成熟的程度，它与纤维的各项物理性能密切相关。正常成熟的棉纤维，截面粗、强度高、转曲多、弹性好、有丝光、纤维间抱合力大、成纱强力也高；棉纤维是多孔性物质，其吸湿性较好；棉纤维耐无机酸性弱，棉纤维耐碱性较强。

② 麻纤维是指从各种麻类植物取得的纤维，包括一年生或多年生草本双子叶植物皮层的韧皮纤维和单子叶植物的叶纤维。韧皮纤维又称茎纤维，是由植物茎部韧皮部分形成的纤维，主要有苎麻、亚麻、黄麻、大麻等。叶纤维是指从植物叶子获得的纤维，如剑麻、蕉麻等。麻纤维强度大、散热性好、耐酸但不耐碱。

苎麻是我国特产，又称“中国草”。 苎麻纤维刚性大、伸长小、强度高、吸湿快、散湿快、透气性好，制成衣物后硬挺、滑爽。

亚麻在我国黑龙江省大量种植。亚麻强度与苎麻相近，比苎麻柔软、比棉纤维硬挺，亚麻纤维外表面平滑，其织物挺直，但弹性差，起皱后不易回复。

③ 毛纤维细度是评价羊毛品质的重要指标，其粗细差异较大，最粗的可达 240 微米，最细的只有 70 微米，在同一只羊身上，以肩部的毛最细，体侧、颈部、背部的毛次之，前颈、臀部和腹部的毛较粗，喉部、小腿下部、尾部的毛最粗。羊毛的吸湿性是天然纤维中最强的、弹性较好、也具有较好的保暖性能，羊毛纤维耐酸而不耐碱。毛纤维主要品种的感官特征如表 10-1 所示。

表 10-1　毛纤维主要品种的感官特征

毛纤维品种	感 官 特 征
羊毛	纤维较长、有卷曲、光泽柔和、蓬松温暖、弹性好
山羊绒	纤维细软、光泽柔和、手感轻、软、滑、暖
马海毛	纤维长硬、表面光滑、有光泽、纤维卷曲、有大弯曲波形

④ 蚕丝主要由丝素和丝胶组成，它们都是蛋白质。丝素蛋白质呈纤维壮，不溶于水。在桑蚕丝中丝素含量约占蚕丝总量的 70%～80%。丝胶含量约占 20%～30%。蚕丝的长度可达数百米至上千米；蚕丝的强度大于羊毛而接近棉，蚕丝的伸长率小于羊毛而大于棉，蚕丝的弹性恢复能力也小于羊毛而优于棉；蚕丝的耐光性较差；蚕丝在酸碱作用下能被水解破坏，尤其对碱的抵抗能力更差，遇碱即膨化水解。干燥的蚕丝相互摩擦或揉搓时发出特有的清晰微弱的声响，称为丝鸣，丝鸣成为蚕丝独具的风格特征。

（2）化学纤维是指用天然或合成的聚合物为原料，经过化学方法和机械加工制成的纤维。根据所用原料的不同，化学纤维可分为再生纤维和合成纤维。

常规化学纤维主要是指再生纤维和合成纤维。再生纤维是采用天然聚合物为原料，经过化学方法和机械加工制成的、与原聚合物在化学组成上基本相同的纤维。如黏胶纤维、醋酯纤维、铜铵纤维等；合成纤维是指煤、石油和天然气等制得的低分子化合物为原料，经过人工合成与机械加工而制成的纤维。如聚丙烯腈纤维（腈纶）、聚丙烯纤维（丙纶）、聚酯纤维（涤纶）、聚酰胺纤维（锦纶）等。

差别化纤维是指在原来纤维组成的基础上进行物理和化学的改性处理，使性能上获得一定程度改善的纤维。

功能性纤维主要是指对能量、质量、信息具备储存、传递和转化能力，对生物、化学、声、光、电以及磁等具有特殊功能的纤维。

高性能纤维是指具有高强度、高模量、耐高温、耐腐蚀、耐燃烧等特性的纤维，是近年来高分子纤维材料领域迅速发展的一类特种纤维。

化学纤维主要种类的感官特征如表 10-2 所示。

表 10-2 化学纤维主要种类的感官特征

纤维种类	感 官 特 征
涤纶	强力大、弹性好、手感爽挺、有金属光泽、吸湿性差
腈纶	蓬松温暖、干爽光滑、毛感较强
丙纶	强力较大、手感生硬、光滑、相对密度小、吸湿性很差
氨纶	弹性好、伸长度大
氯纶	手感温暖、易产生静电、弹性和色泽较差
维纶	形态与棉纤维相似、但不够柔软、弹性差

2．服装面料的分类

（1）按加工方法分类，服装面料可分为机织物、针织物、皮革及毛皮材料。

机织物也称梭织物，是采用经纱、纬纱相交织而成的织物。机织物按组织不同可以分为平纹组织物、斜纹组织物和缎纹组织物等。

针织物是由纱线成圈相互串编结而成的织物。针织物按生产方法不同分为经编和纬编两大类。

皮革及毛皮材料是指取自动物毛皮，如小牛皮、羊皮、貂皮等的服装面料。

（2）按原料品种分类服装面料可分为天然纤维织物和化学纤维织物。

天然纤维织物主要有以植物种子为原料的棉织物；以植物韧皮纤维为原料的麻织物；以动物毛发为原料的毛织物；以动物腺分泌液为原料的丝织物。

化学纤维织物主要有人造纤维织物，如黏胶、富纤等；合成纤维织物，如涤纶、锦纶等。

3. 服装面料的主要种类及特点

（1）棉织物。它是指各类棉纺织品的总称，多用来制作时装、休闲装、内衣和衬衫。其优点是轻松保暖、柔和贴身，吸湿性、透气性、卫生性较好；其缺点则是易缩、易皱，外观上不大挺括美观，在穿着时必须时常熨烫。棉布主要种类有原色棉布、色织棉布、花布、色布四大类。

原色棉布主要有普通布面、细布、粗布、帆布、斜纹坯布、原色布等。

色织棉布是指把纱或线先经过染色，后在机器上织成的布，如条格布、被单布、绒布、线呢、装饰布等。

花布是指印染上各种各样颜色和图案的布，如平纹印花布、印花斜纹布、印花哔叽、印花直贡等。

色布主要有硫化蓝布、硫化墨布、士林蓝布、士林灰布、色府绸、各色卡叽、各色华呢等。

（2）麻织物。它是以大麻、亚麻、苎麻、黄麻、剑麻、蕉麻等各种麻类植物纤维制成的一种布料。一般被用来制作休闲装、工作装，目前也多以其制作普通的夏装。它的优点是强度极高、吸湿、导热、透气性甚佳。它的缺点则是穿着不甚舒适，外观较为粗糙，生硬。麻织物主要种类有苎麻布、亚麻布、毛麻花呢、涤麻花呢等。

（3）丝织物。又称丝绸，它是以蚕丝为原料纺织而成的各种丝织物的统称。与棉布一样，它的品种很多，个性各异。它可被用来制作各种服装，尤其适合用来制作女士服装。它的优点是轻薄、合身、柔软、滑爽、透气、色彩绚丽，富有光泽，高贵典雅，穿着舒适，享有“纤维皇后”的美称。它的不足则是易生折皱，容易吸身、不够结实、退色较快。

绚丽多姿的中国丝绸，历史悠久，饮誉世界。丝绸品种由于组织结构的变化、提花和素织的交替，以及到了现代与各类化纤纱丝的交织等处理方法，使其品种异常繁多，主要有以下分类。

按照加工方法不同丝织物可分为机织物、编织物和无纺织物等。

按原料不同丝织物可分为全真丝织物、人丝织物、柞蚕丝织物、合纤长丝织物及其交织物等。

按用途不同丝织物又可分为衣着用绸、装饰用绸、工业用绸、医药用绸和国防用绸等。

按组织不同丝织物可分为平纹织物、斜纹织物、缎纹织物等普通组织织物和特殊的绉织物、绒织物、纱罗组织织物等。

按组织规格不同丝织物可分为绫、罗、绸、缎、绡、纱等。

按品种不同丝织物可分为：绫、罗、绸、缎、纱、绢、绡、纺、绨、绉、葛、呢、绒、锦、绣十五大类。其中纱、罗、绢、纺、绸、绨、葛等为平纹织物，锦与缎比较肥亮，呢和绒比较丰厚，纱及绡比较轻薄。

（4）毛织物。又称为呢绒或毛料，它是对用各类羊毛、羊绒织成的织物的泛称。它通常适用于制作礼服、西装、大衣等正规、高档的服装。毛织物外观光泽自然，颜色莹润，手感舒适，质量范围广，品种风格多。用毛织物制作的衣服挺括，防皱耐磨，手感柔软，高雅挺括，富有弹性，保暖性及吸湿性强。它的缺点主要是洗涤较为困难，不太适用于制作夏装。毛织物可分为精纺呢绒、粗纺呢绒和长毛绒三类。

精纺呢绒用精梳毛纱织制。所用原料纤维较长而细，梳理平直，纤维在纱线中排列整齐，纱线结构紧密。精纺呢绒的经纬纱常用双股36～60公支的毛线。品种有花呢、华达呢、哔叽、啥味呢、凡立丁、派力司、女衣呢、贡呢、马裤呢和巧克丁等。精纺呢绒大多质地较薄、呢面光纹路清晰，光泽自然柔和、漂光，身骨挺括、手感柔软而弹性丰富。紧握呢料后松开，基本无皱折，即使有轻微折痕也可在很短时间内消失。

粗纺呢绒用粗梳毛纱织制。因纤维经梳毛机后直接纺纱，纱线中纤维排列不整齐，结构蓬松，外观多茸毛。粗纺呢绒的经纬纱通常采用单股4～16公支的毛纱。品种有麦尔登、海军呢、制服呢、法兰绒和大衣呢等。粗纺呢绒大多质地厚实、呢面丰满、色光柔和，呢面和绒面类不露纹底。纹面类织纹清晰而丰富、手感温和、挺括而富有弹性。

长毛绒是经纱起毛的立绒织物。在机上织成上下两片棉纱底布，中间用毛经连接，对剖开后，正面有几毫米高的绒毛，手感柔软，保暖性强。其主要品种有海虎绒和兽皮绒。

（5）皮革。它是经过鞣制而成的动物毛皮面料。它多用以制作时装、冬装。皮革可以分为两类：革皮，即经过去毛处理的皮革；裘皮，即处理过的连皮带毛的皮革。

皮革的优点是轻盈保暖，雍容华贵。它的缺点则是价格昂贵，储藏、护理方面要求较高，故不宜普及。用做皮革服装的皮革，主要是绵羊皮、山羊皮、牛皮、猪皮，另外还有一些稀有动物皮，如鹿皮、袋鼠皮等。一般绵羊皮的粒纹细致，手感柔软，高档绵羊皮有丝绸一样的感觉；牛皮的纤维紧密，强度高，通常压上荔枝花纹；猪皮的花纹清晰，结实耐用。

（6）化学纤维织物。化学纤维是利用天然的高分子物质或合成的高分子物质，经化学工艺加工而取得的纺织纤维总称。按原料和生产的方法分为再生纤维与合成纤维两大类。它们共同的优点是色彩鲜艳、质地柔软、悬垂挺括、滑爽舒适。它们的缺点则是耐磨性、耐热性、吸湿性、透气性较差，遇热容易变形，容易产生静电。它适合制作各类服装。

再生纤维是化学纤维中最大生产的品种，它是利用含有纤维素或蛋白质的天然高分子物质如木材、蔗渣、芦苇、大豆、乳酪等为原料，经化学和机械加工而成，如人造棉、人造丝、人造毛、虎木棉、富强棉等都属于再生纤维。

合成纤维也是化学纤维中的一大类，它是采用石油化工工业和炼焦工业中的副产品。如涤纶、锦纶、腈纶、维纶、丙纶、氯纶等都属于合成纤维。

（7）混纺织物。它是将天然纤维与化学纤维按照一定的比例，混合纺织而成的织物，可用来制作各种服装。它的长处是既吸收了棉、麻、丝、毛和化纤各自的优点，又尽可能地避免了它们各自的缺点，而且在价值上相对较为低廉，所以大受欢迎。如涤棉布、涤毛华达呢等。

4．服装面料的选择

（1）服装面料的选择原则。随着科学技术的进步和人们生活水平的不断提高，人们对服装面料的要求也越来越高。概括起来有装饰性、时新性、实用性、风俗性和经济性等。

（2）服装面料的选择要求。主要分为中式服装面料的选择、西装面料的选择以及特定服装面料的选择等。中式服装面料的选择是多式多样，有棉、麻、毛、丝、化纤、混纺、革裘等，面料来源十分广泛。西装面料的选择因正规西装和非正规西装而对面料的要求不同。特定服装面料主要是指民族装、军装、特殊服装等对面料的特殊要求。

10.2.2 服装辅料

服装辅料是指在服装中除了服装面料以外的一切辅助性材料的总称。服装辅料主要包括填料、里料、衬料、纽扣、拉链、线、花边以及商标、标签等。服装辅料对服装起着辅助和衬托的作用，在服装中辅料与面料共同构成服装，并共同实现服装的功能。现代服装特别注意辅料的作用以及与面料的协调搭配，辅料对现代服装的影响力也越来越大，成为服装材料不容忽视和低估的重要部分。

1. 填料

填料是指秋冬服装中的填充物，在夹里与面料之间起保暖作用。用来作服装填料的有动物纤维、植物纤维和化学合成纤维功能性填料等，如驼毛、驼绒、丝绵、羽绒、裘皮、棉花、腈纶、定型棉、中空涤纶棉等。

2. 里料

里料是指在服装加工过程中，用来制作服装夹里的料子，通常又称里子或夹里。一般用于中高档服装、有填料的服装以及面料需要加强支撑的服装。其作用是使服装坚牢挺括、美观服装、增加厚度、提高保暖性及穿着光滑方便等。里料的种类繁多，主要有美丽绸、纺绸、袖里绸、尼龙纺、羽纱、软缎及近年来流行的针织经编网眼布等。

3. 衬料

衬料是位于面料与里料之间的服装材料，可以是一层或几层，通常又称衣衬。衬料是服装的骨骼和支撑，对衬托体形、完善服装造型有重要作用。衬料主要包括衬布与衬垫两种。

（1）衬布。衬布指在服装衣领、袖口、袋口、裙裤腰、衣边及西装胸部加贴的衬料。一般含有胶粒，通常称为黏合衬。衬布主要有有纺衬布（梭织与针织）与无纺衬布两大类。各种衬布与面料黏合后要具有柔软、舒适、挺括、保形性好、洗后不变形的特点，又能充分体现各类服装的个性风格。

（2）衬垫。衬垫是指在肩部为了体现肩部造型使用的垫肩及胸部为增加服装挺括饱满风格使用的胸衬均属衬垫材料，一般没有胶。衬料是服装的骨骼，能够增强服装的强力，并使服装饱满美观；另外衬布的使用还可以增强服装的可缝纫性能，易于缝纫操作。

4. 其他辅料

服装其他辅料如拉链、纽扣、线带等也是服装必不可少的组成部分，这些辅料在满足服装性能的同时，朝着高科技、功能性、保健性和绿色环保的方向发展。

10.3 服装标准

服装标准是服装生产、检测、销售以及选购时的依据和法规。服装标准涉及服装的原料、设计、生产加工，成衣的检验、安全、使用说明、规格系列等方面的内容。

10.3.1 服装质量标准的主要种类及内容

1. 服装的号型标准

服装的号型标准是为了适应服装生产的工业化、销售市场的规范化以及方便消费者而制定的服装规格尺寸统一标准。中国的服装号型标准已制定了多年，但真正的推广始于 1992 年。服装号型的实行及推广应用，无论是对服装单位的服装设计和生产还是对消费者购买成衣都起着极大的统一规范和指导作用。服装生产单位可以以号型标准为依据来确定服装的部位尺寸和推档档差，生产出符合人体体型的服装。而消费者则可以方便地挑选出适合自己体型的服装。

服装号型标准包括男子标准、女子标准以及儿童标准，它是依据大量人体体型的测量和数据的统计分析进行制定的，并根据人群体型的变化每隔数年需修订一次。新修订的服装号型标准已于 1998 年 6 月 1 日起开始实行。

（1）服装号型的定义。服装的号是指人体的身高，以厘米为单位，是设计和选购服装长短的依据。服装的型是指人体的上体胸围和下体腰围，以厘米为单位，是设计和选购服装肥瘦的依据。

（2）服装体型分类。服装体型是以人体的胸围与腰围的差数为依据来划分的，并将人体体型分为四类，并用 Y、A、B、C 表示。其中，A 为一般体型，B 为微胖型，C 为胖体型，Y 为胸大腰细体型。四种体型划分的依据如表 10-3 所示。

表 10-3 体型划分依据

单位：厘米

体型分类代号	Y	A	B	C
男子胸围与腰围落差	22～17	16～12	11～7	6～2
女子胸围与腰围落差	24～19	18～14	13～9	8～4

（3）号型标志。按照标准要求，服装上必须标明号型，套装中的上、下装分别标明号型。号型的表示方法为号与型之间用斜线分开，后接体型分类代号。例如，上装 160/84A，其中 160 为身高、代表号，84 为胸围、代表型，A 为体型分类；下装 160/68A，其中 160 为身高、代表号，68 为腰围、代表型，A 为体型分类。

（4）服装号型系列。号型系列是服装批量生产中规格制定和购买成衣的参考依据。号型系列以各体型中间体为中心，向两边依次递增或递减组成。服装规格亦以此系列为基础按需要加放松量进行设计。身高以 5 厘米分档组成号系列；胸围以 4 厘米分档组成型系列；

腰围可以 4 厘米或 2 厘米分档组成型系列。身高与胸围、腰围搭配分别组成 5.4 或 5.2 号型系列。

（5）服装号型应用。由于每个消费者的身体尺寸与服装号型划分的档次不一定完全吻合，这就存在靠档的问题。作为消费者，应了解自己的号型和体型类别，也就是正确测量一下自己的净身高、净胸围和净腰围，再用胸围减去腰围，确定自己的体型类别。选购服装时则应选择与自己的号型相近的服装。若无与自己号型完全一致的服装时，可根据服装特点向上或向下靠档。例如，目前女上装常采用的号型系列为 155/80A、160/85A、165/88A 等，若您的实际号型为 163/85A，就必须向 160/84A 靠或 165/88A 靠，从而挑选到合体的服装。

根据我国人体信息数据库的调查显示，不同地区人群的身高、腰围、胸围等体型的均值有显著差异。我国原有的服装号型已不能满足人体体型变化的需要，服装号型可能在以后修订标准时将从原先的 4 种增加到 7 种。此研究为量身定制，完善服装号型以及为特殊体型的人量体裁衣提供了理论依据。

2. 服装的产品标准

（1）服装产品标准的内容。服装产品标准的内容有主题内容与使用范围；引用标准；号型规格；技术要求；检验方法；检验工具；检验规则；标志、包装、运输及储存等。其中技术要求和检验方法是服装检验的依据和手段，检验后按检验规则进行等级判定。由此可见，服装产品标准的主要内容是技术要求。

（2）服装产品标准中技术要求的一般内容有：材料规定；成品主要部位规格允许偏差规定；成品理化性能规定；对条对格规定；外观疵点规定；缝制规定；外观质量规定；整烫规定。另外还对拼接、色差、纬斜、商标位置等方面都做出了规定。

3. 服装使用说明标准

（1）服装使用说明标准的主要内容包括：商标和制造单位；服装号型规格；采用原料成分及必要时还应标明特殊辅料的成分；产品的特殊使用性能，如阻燃性、防蛀及防缩等；洗涤条件，包括说明能否水洗、水洗的方法及水温；洗涤剂的选择、脱水方法、能否干洗及干洗剂的选择；熨烫说明；储藏条件、方法等。

（2）服装使用说明基本图形及含义，GB 8685—1988《纺织品和服装使用说明的图形符号》对此有明确的规定。

4. 服装的基本安全标准

纺织产品在印染和后整理等过程中要加入各种染料和化学药剂，可能会含有或产生对人体有害的物质。当有害物质残留在纺织品上并达到一定量时，就会对人的皮肤乃至身体健康造成危害。以染色剂为例，一种含偶氮的染料，在阳光下能分解还原成一种有毒的物质，这种物质有致癌作用。

GB 18401—2003《国家纺织产品基本安全技术规范》将纺织品分为 A、B、C 三类，分别是婴儿用品、直接接触皮肤的产品和非直接接触皮肤的产品。在《国家纺织产品基本安全技术规范》规定了下列五项指标。

（1）可分解芳香胺染料。这类染料在人体正常代谢所发生的生化反应条件下，可能分解出致癌芳香胺。《国家纺织产品基本安全技术规范》中明确规定任何纺织品都不得使用可分解芳香胺染料。

（2）游离甲醛。含甲醛的织物在穿着时，部分水解产生的游离甲醛会释放出来，损害人体，刺激皮肤，引发呼吸道炎症，引发多种过敏症。

（3）pH 值。人体皮肤表面呈弱酸性以防病菌侵入。如纺织品的 pH 值过高，不仅刺激皮肤，还可使病菌易侵入皮肤。

（4）色牢度。色牢度不佳时，染料会从纺织品转移到皮肤上，在细菌的生物催化作用下发生还原反应，诱发癌症或引起过敏。

（5）异味。任何与产品无关的气味，或虽与产品有关，但气味过重，表明纺织品上有过量的化学品残留，可能危害健康。《国家纺织产品基本安全技术规范》列出的异味包括霉味、高沸程石油味（如汽油、煤油味）、鱼腥味、芳香烃味、香味五种。

10.3.2 服装质量特性

1. 适应性

适应性是指服装产品适应外界环境变化的能力。外界环境包括生产环境、流通环境、消费环境、生态环境和社会环境等方面。

（1）适应生产环境。服装适应生产环境表现为服装设计可操作性强，裁剪方法科学省料，缝纫适应机械化流水线生产，减少手工操作，工艺流程便于计算机管理。

（2）适应流通环境。服装适应流通环境表现为服装的包装方法适合现代化运输储存和陈列展销需要。

（3）适应消费环境。服装适应消费环境表现为服装规格合体性和方便保养性。

（4）适应生态环境。服装对生态环境的适应性主要表现为，服装对气候的适应性以及对环境保护的影响。

（5）适应社会环境。服装对社会环境的适应性主要表现为，服装对于社会公德、人的道德规范、行为准则应具有积极意义的贡献。

2. 审美性

审美性是指服装的美学质量满足消费者审美要求的程度，它是一种整体美，主要包括内在美、外在美和流行美。

（1）内在美。服装的内在美是指服装蕴涵的文化内涵，服装应通过其形式美的构成要素，在视觉舒适的基础上，创造出一种意境，给人带来精神美感。

（2）外在美。服装的外在美是指服装的客观化美感，它主要通过造型、色彩、肌理、装饰和工艺等手段来表现。

（3）流行美。流行美是一种客观存在的社会现象，是指在一定时间、一定空间，为一定人群所接受认同，并相互追随模仿的新兴事物。

3. 舒适性

舒适性是指人体着装后，服装具有满足人体要求并排除任何不舒适因素的性能。服装的舒适性表现在触觉舒适性、温湿度舒适性和运动舒适性几个方面。

（1）触觉舒适性。服装的触觉舒适性主要表现在服装与皮肤接触时的粗糙感、温暖感和阴凉感等触觉感受。

（2）温湿度舒适性。服装的温湿度舒适性是有服装面料的保暖性、导热性、通气性等因素决定的。

（3）运动舒适性。从服装的运动舒适性看，由于人体运动的多方向、多角度和大弯度性，要求服装有一定的延伸性，能自由地依顺人体活动。

4. 卫生安全性

服装的卫生安全性是指服装保证人体健康和人身安全所应具备的性质。

（1）卫生无害性。由于服装材料在加工和染色过程中要使用多种化学物质，可能对皮肤产生刺激，所以对服装要求卫生无害。

（2）阻燃性。纺织材料在一定条件下都能燃烧，但其燃烧程度有很大差别。羊毛衣料属于接近阻燃，安全性较大。

（3）带电性。服装材料是不导电的，但当人体活动时，由于皮肤与衣服之间以及衣服与衣服之间相互摩擦产生静电，服装的带电性与衣料纤维种类有关。

5. 耐久性

服装的耐久性是指在一定使用条件下保持功能持续稳定的能力。服装的耐久性分为结构耐久性和材质耐久性两个方面。

6. 经济性

服装的经济性是指合理的产品寿命周期费用。对消费者而言经济性是指购买服装所需费用的合理程度。

10.3.3　服装的质量标志

1. 商标

服装商标实际上就是服装的牌子。它是服装生产企业、经销企业专用于本企业生产的服装上的标记。其形式有文字商标、图形商标，以及文字和图形相结合的组合商标。商标又是服装质量的标志，服装作为一种商品，必须订有标志该服装的相应商标。

2. 吊牌

吊牌是对服装进一步说明的标志。服装吊牌的国家标准规定如下。

（1）标签上必须有制造者的名称、地址，进口产品必须标明原产地以及代理商、进口商的中国注册名称和地址。

（2）标签上必须有产品名称，名称真实，符合国家标准。

（3）标签上必须有产品的型号和规格，标志必须符合国家标准。

（4）产品所采用的原材料的成分和含量。

（5）标签上必须标明产品的洗涤方法，有符号和简单明了的文字说明。

（6）产品的使用期限，以及使用和储藏的注意事项。

（7）产品所执行国家标准编号。

（8）产品的质量等级和产品质量检查合格证。

（9）所有的服装类商品必须有耐久性标签，牢固地缝制在商品上，色牢度好，不怕洗涤、热烫，文字清晰、醒目，位置在常规的地方，便于顾客寻找。

3. 使用说明标志

使用说明标志是指在成品服装或服装包装上以不同方式标注的使用说明及图形符号，是服装质量标志的重要组成部分。服装成品的使用说明一般应包括品名、厂名厂址、号型、面、里、衬、填充料成分及含量百分比、洗涤方法（保管说明）、产品采用的标准编号、质量等级、合格证等内容。其中号型标志、成分及含量标志、洗涤方法标志应缝合在产品上。使用说明标志能指导消费者根据服装原料，采用正确的洗涤、熨烫、干燥、保管方法。

4. 质量认证标志

按照规定的程序，由具备有资格的认证机构对企业的质量体系进行审核，并对相关产品进行检验，以证明企业能够持续稳定的生产符合特定的标准或技术条件的产品，并取得认证证书和认证标志使用权。凡是使用认证标志的产品，实际上是向消费者提供的一种明示担保，表明产品质量是符合规定标准的。但质量认证不是所有服装生产企业都能通过和履行的，因此，质量认证标志是推荐性质量标志。服装的主要质量认证标志有纯羊毛标志、麻纺标志和高档丝绸认证标志等。

5. 安全要求标志

自2005年1月起，所实施的服装产品的强制性国家标准《国家纺织产品基本安全技术规范》，使新纺织产品有了更多的安全指标的要求。生产企业符合该规范的服装，要标明“GB 18401—2003”的标志。没有取得相关安全标志的服装将要被禁止销售。

【知识链接10.1】 服装的主要质量认证标志

1. 纯、新羊毛标志

国际羊毛局（IWS）是国际标准化组织之一，成立于1937年。所制定的羊毛织品标准，被世界公认。1960年颁布的“纯羊毛标志”被世界上越来越多的国家采用。凡佩挂“纯羊毛标志”的羊毛织品，除原料必须是纯、新羊毛织成外，织品本身的染色牢度、起球性等技术指标，也要达到国际羊毛局（IWS）制定的标准。

纯羊毛标志（WOOLMARK）始用于1964年。其图案是以羊毛盘旋，中心构成尖角为特征，盘旋的毛线取意于纺织原料来源取之不尽以羊毛团的柔软连绵。混纺羊毛标志（WOOLBLENDMARK）是 1971 年对含羊毛 60%以上的混纺产品设计的。凡纯毛制品和含羊毛 60%以上的混纺产品，达到国际羊毛局制定的品质标准要求，而核准使用上述两种羊毛标志。它的应用范围包括男女服装、地毯、家庭用品、毛毡等各种工业和消费产品。

图 10-1 纯新羊毛标志和混纺羊毛标志

纯羊毛标志是优质和纤维含量的承诺。它是国际著名商标，证明您所购买的针织服装是用纯新羊毛制作。“纯”象征着用 100%羊毛；“新”指羊毛制品中不使用再生毛。这一点极为重要，因为再生毛的品质受到破坏，由再生毛生产的产品绝不能挂纯羊毛标志。

按国际羊毛局（IWS）标准，纯新羊毛含羊毛大于 95%；国内标准要求纯新羊毛含羊毛大于 93%，就可判定为纯羊毛织品。纯新羊毛标志和混纺羊毛标志如图 10-1 所示。

2. 麻纺标志

麻纺产品以其吸湿、透气、抑菌、防霉、抗静电、屏蔽紫外线以及穿着舒适和绿色环保等优良特性，近年来越来越被消费者所接受。

“麻纺标志”是一种标在产品或其包装上的标签，是产品的“证明性商标”，它表明该产品不仅质量合格，而且在麻纤维成分含量、甲醛含量等方面均符合纺织品特定的要求，并以标志图形的形式告知消费者产品符合“麻纺标志”产品要求。“麻纺标志”是目前国际麻纺行业唯一的品质保证标志，带有“麻纺标志”的产品与同类产品相比，更具有高可信度。

图 10-2 麻纺标志

“麻纺标志”对规范我国麻纺产品质量，保护和引导消费，均发挥着积极的作用。“麻纺标志”只能用于通过认证的产品上。“麻纺标志”适用于含麻量 100%的纯麻产品和含麻量 30%以上的混纺产品，产品范围包括纱线、机织面料、针织面料、服装服饰、装饰品这 5 大类 42 小类麻纺产品。

麻纺标志如图 10-2 所示。“麻纺标志”由一束回旋的线形束条和一个回转 45 度的正方形图案组成。线形束条寓意为麻纤维；正方形寓意为规则、规矩、规范。“绿色”是麻产业代表色，为表示对麻产业保护，整个商标图案使用了绿色。绿色的商标图案，有回归自然、返璞归真的韵味，使麻纺产品在自然美与卫生保健的现代消费时尚上更具引导性。整个商标图案体现麻纺织品纹理自然的特点。

3. 高档丝绸标志

高档丝绸标志是中国丝绸协会在国家茧丝绸协调办公室领导和支持下所推出的能够证明为高品质高品位丝绸产品的、经中国国家工商行政管理局商标局注册的一种证明性商标。它的推出标志着中国丝绸开始走向以最终产品和品牌来推动行业发展的轨道，也是中国由

“丝绸大国”向“丝绸强国”转变的重要起步举措。高档丝绸标志于 2002 年 12 月 6 日正式获得国家商标局批准并注册。

作为纯天然蛋白质纤维的丝绸，素有“纤维皇后”和“人体第二肌肤”美称，不仅具有高贵、飘逸的外观，更具有护肤、保健的内在品质，符合当今绿色消费的潮流。高档丝绸标志由中、英文字和图案组合而成。中文：高档丝绸；英文：HIGH QUALITY SILK；图案由蚕、茧、丝、绸抽象构成，给人以一种典雅高贵和回归自然的和谐生机。标志图案分为两种：一种以绿色为主调的，用于 100%蚕丝含量纯真丝绸产品；另一种以黄蓝色为主调的，用于 70%蚕丝及以上含量的混合丝绸产品。高档丝绸标志图案如图 10-3 所示。

（以绿色为主调，用于 100%蚕丝含量的纯真丝产品）

（以黄蓝色为主调，用于 70%及以上蚕丝含量的混合丝绸产品）

图 10-3　高档丝绸标志图案

高档丝绸标志的使用范围以最终产品为主，面料及原料产品暂不使用。使用标志的产品主要包括：使用经以上特定品质检测认定后的面料制成的梭（针）织丝绸服装、头巾、领带、床上用品和其他丝绸制成品。

使用标志产品的主要品质特征是，其面料必须达到以下三个方面的特定品质。

一是成分含量：蚕丝含量为 100%或 70%及以上。

二是内在质量：达到现行国家标准或行业标准的优等品指标。

三是生态环保：达到国际环保纺织协会的《Oeko-TexStandard 100》生态纺织品标准和我国的 GB/T 18885—2002《生态纺织品技术要求》国家标准中的直接接触皮肤类生态环保指标。

使用标志的产品，除面料外，其他产品的加工质量（如缝纫等）和辅料质量（如里料、拉链、纽扣、装饰物等）及内、外包装材料，应由申请企业确保达到相应产品现行国家或行业标准中的优等品指标以及生态环保指标，并符合国际上现行的环保要求。

10.4　服装质量检验

服装质量检验是指借助一定的手段和方法，通过对服装质量指标项目的测试，并将测试结果同规定要求（质量标准或合同要求）进行比较，由此做出合格或优劣与否的判断过程。服装质量检验是质量管理的重要环节，也是满足用户要求的手段。

10.4.1　服装质量检验的分类

1. 按生产过程分类

按生产过程可将服装质量检验分为：入库检验、样板检验、裁剪检验、半成品检验和成品检验。

（1）入库检验是指面料、辅料或部件入库时的检验。

（2）样板检验是指对制好的基准样板、生产样板和辅助样板进行复核检验。

（3）裁剪检验是指开裁前的检验和验片。

（4）半成品检验是指在成衣生产过程中各个环节的质量检验。

（5）成品检验是指对服装成品进行检验。

2. 按检验目的和作用分类

按检验目的和作用可将服装质量检验分为：生产检验、验收检验和第三方检验。

（1）生产检验是生产企业为及时发现生产中的不合格品，防止不合格品流入下道工序，确保出厂的产成品达到标准要求而进行的质量检验。

（2）验收检验是买方为杜绝不合格品进入流通、消费领域，防止自身和消费者利益受到侵害所进行的质量检验。

（3）第三方检验是由上级行政主管部门、质量监督与认证部门以及消费者协会等第三方，为了维护消费者或买卖双方利益所进行的质量检验。

3. 按受检对象分类

按受检对象可将服装质量检验分为：单件产品检验和批产品检验。

4. 按检验数量分类

按检验数量可将服装质量检验分为：全数检验和抽样检验。

5. 按检验方法分类

按检验方法可将服装质量检验分为：外观检验和理化检验。

10.4.2　服装质量检验的主要内容

1. 外观质量检验

产品整洁、平伏，折叠端正，左右对称，各部位熨烫平整，无漏烫，无死褶，产品无线头、无纱毛，各部位符合标准要求。线与面料相适应，包括色泽、质地、牢度、缩水率等方面，两者应大致相同，以能保证服装的内在质量与外观质量为准。纽扣的色泽应与面料色泽相称。

2．规格尺寸检验

服装号型设置，必须按“服装号型系列”标准的有关规定进行。规格尺寸以标准所允许的公差范围为限。

3．色差检验

色差规定是对原料的要求，即对衣服面料的要求。服装产品的色差检验，其工具是借用“色牢度退色样卡”。该样卡是原纺织工业部制定的国家标准之一。样卡用五对灰色标样组成，分为五个等级。五级代表退色牢度最好，色差等于零，四级至一级代表退色相对递增的程度，一级表示最严重。

4．疵点检验

服装成品的疵点可以分为：原料疵点、尺寸偏差及其他。疵点按其对服装质量的影响大小又可分为次要疵点、主要疵点和重要疵点。次要疵点可被接受，主要疵点必须进行修补或当做次品出售，重要疵点只能作为次品出售。

5．缝制质量检验

服装缝制质量检验项目主要有：缝制密度检验；面料对格、对条检验；拼接范围检验，以及扣眼、扣位是否对齐；衣里是否平服与面料搭配是否松紧适度等方面检验。

6．理化性能检验

服装成品理化性能检验项目主要有：干、水洗收缩率；干、水洗后起皱级差；主要缝接部位强力；复黏合衬剥离强度；面料耐洗色牢度等。

10.4.3 服装质量检验的方法

1．感官检验

感官检验经常用于服装的色泽检验、手感检验、外观疵点检验等。在用视觉检验色泽时要求光线均匀柔和，常用北光或特制的日光灯，借助光线也非常容易检验服装的外观疵点。织物的弹性、保暖性等都可以通过手感来辨别。

2．仪器、仪表检验

使用仪器、仪表检验比较准确，常用的仪器有显微镜、厚度仪、密度仪、气流仪等。服装的强度、伸长率、及穿着特性都可以有仪表测得。仪器还能模仿人的感觉，检验服装的色泽、疵点数等，提高准确度。

3．化学分析法检验

化学分析法可以检验服装的组成和性能，定性和定量分析材料的成分和含量。化学分析法还可以测试材料的耐化学性能，如水解性、耐酸碱性等。

【知识链接 10.2】 生态纺织品

生态纺织品的概念：生态纺织品即采用对周围环境无害或少害的原料，合理利用原料并对人体健康无害的产品。

生态纺织品要求：产品质量符合纺织品要求；企业污染物排放符合国家地方规定的排放标准。

生态纺织品的技术指标：（1）产品不经过有氯漂白处理；（2）产品不得进行防霉蛀和阻燃整理；（3）产品中不得添加五氯苯酚和 2，3，5，6－四氯苯酚；（4）产品中不得有霉味、汽油味及有毒的芳香胺气味；（5）不含禁用的偶氮燃料等；（6）产品中甲醛、可提取重金属含量等应保证其限值。

摩黛尔（Model）纤维是一种绿色的再生纤维，原料来自大自然的木浆，直接将木浆纤维素溶解在有机溶剂中，然后纺丝，整个过程无污染，是世界 21 世纪的环保纤维。产品具有比纯棉更好的吸湿性和蚕丝般的光泽，富有弹性。

高科技的天然彩棉目前在生态纺织品内衣领域已被开发利用。其采用的棉花在吐絮时，棉纤维自然形成色彩，在整个种植过程中不使用化肥、农药，纺织无须染色等化学工艺处理，整个生产过程也不添加任何化学成分。使用天然彩棉织成的内衣穿着舒适柔软、色泽柔和。

不含荧光增白剂的内衣，非常适合儿童，穿着时对肌肤无刺激，色泽柔和自然、质地柔软。

10.5 服装的色彩与造型

10.5.1 服装色彩

1. 服装色彩的基础知识

色彩是服装构成的重要因素，色彩使我们的服饰世界五彩缤纷、情感洋溢、生机勃勃。服装的色彩往往成为观赏者的第一印象，展示穿着者的个性和审美。服装色彩在服装的整体效果中占有重要地位。

1）色彩的名词术语

主要有基础色、流行色、对比色、相关色和无关色等。

基础色，可以和所有的颜色成功地调配。暖天气里的基础色是米黄色和白色；冷天气里的基础色是黑色和蓝色。

流行色，凡是基础色如红、黄、绿、蓝等，都可以调配出流行色。每个流行季节都有各种流行色。流行色是不断变化的，其流行期限一般为一年。

对比色，是用于对比和强调，它可以是任意颜色，而不是基础色。

相关色，是指在成分上有相同的颜色。如橘黄和紫有共同的红；紫和绿有共同的蓝等是相关色。

无关色，是指颜色间无共同色，被认为是补足色。

2）色彩三要素

色彩三要素主要是指色相、纯度和明度。

色相也称为色别或色性，是指颜色所呈现出来相貌以及彼此间的区别。简单地讲，就是色彩的种类和名称，如红、橙、黄、绿、青、蓝、紫，以及它们之间的差别。

纯度也称为灰度或鲜艳度，是指色彩的纯净度及饱和度即颜色的纯粹程度。以太阳光谱为标准即最鲜，黑、白、灰为0级即最低纯度。因此，纯色一旦加入灰色或其他色，其纯度定会降低。纯色中红色最高，绿色最低。

明度也称为亮度或深浅度，是指色彩的明亮程度。以白色为10级即最亮，黑色为0级即最低明度。因此，纯色一旦加入白色，其明度提高；加入黑色，其明度降低。纯色中以黄色明度最高，蓝、紫色最低。

2. 服装色彩配比原则

服装色彩配比原则，主要有以下几种。

（1）调和风格。调和风格是指单纯色或共用同一色相要素的色彩或色相中相近似的色彩等组合配比而成的服装风格。简单地讲，就是整体服色被统一在一个基本色调中，给人单纯含蓄、和谐柔美的感觉。但若搭配不当易显得呆板模糊。

（2）对比风格。它是指色相中色距较大的色彩所组合而成的服装风格，给人热情明快、精神振奋的感觉。但若搭配不当，易显得简单幼稚、粗俗原始。

（3）无彩风格。它是指无彩色系，以黑、白、灰为主色调，适当加入其他色彩配比而成的服装风格，给人端庄大方及明确的现代感。

（4）金属风格。金属风格是指以光泽色系为主色调，适当加入其他色彩配比而成的服装风格，给人奢华雍容、引人注目的感觉。但若搭配不当，易显得幼稚庸俗。

3. 服装色彩与人的体型、肤色和心理

（1）服装色彩与人的体型。服装色彩与人的体型有密切关系。从体态上来进行服装色彩语言的表达，主要利用色彩视错觉来考虑具体的人体体态，采用适当的服装色彩，使其与着装后的人的精神气质构成一种整体美感。在选择服装色彩时，针对胖型的人应避免采用扩张感强的高明度色，如雪白、鲜黄、橘红等，应使用统一色彩。而体型瘦小的人，宜穿着扩张感强的明亮色调，使比例得到相对调整，产生视觉上的美感。

（2）服装色彩与肤色。在服装设计过程中，肤色也是服装色彩中不可忽视的条件色。服装色彩的美，是人体着装后默契配合而形成统一美感的一种状态。在设计时，必须对人的肤色与服装色进行整体的的构思。正确地运用服装配色，还能起调节肤色、发色，达到衬托健美肤色和掩饰那些因苍老而粗糙肤色的作用。考虑肤色与服装色彩的协调和美感时，注意拉开两者颜色之间的明度差、纯度差、色度差的距离，即拉开对比度。总之，在配色时，应掌握好服色和肤色的协调关系。

（3）服装色彩与心理、性格。服装设计的色彩在体现人们的年龄、性格、消费心理上各自有所不同。在年龄心理上的反映差异非常大。如青年人对色彩要求鲜艳、明快、活泼、

对比强，以适应他们那种单纯、直观、活泼的心理要求。中年人对色彩要求漂亮而引人注目，要柔和含蓄、鲜明而不俗气、高雅而又大方。老年人对色彩的要求是稳重、含蓄、漂亮、高雅。在考虑服装配色时，也应对不同穿着对象的个性进行具体分析，以达到色彩个性和人个性相协调。同时，色彩运用得当，又能使人的精神面貌更健康。例如，性格开朗的人，宜穿白色或暖色系的高明度、低彩度的服装，不适宜穿黑色和寒色系的低明度、低彩度的服装；性格温和的人，适宜穿柔和而彩度较低、中明度的服装，却不宜穿高明度、高彩度的服装；理智的人，适宜选用柔和的冷色或黑色、白色，不宜选用温暖而强烈的色。

服装色彩虽然以色彩学的基本原理为基础，然而它毕竟不是纯粹的造型艺术作品，与服装的面料、质地、图案、款式等相关联，另外，还与穿着者、环境、光源等相关联，服装色彩具有自己独特的功能性。

10.5.2 服装造型

服装造型是由服装的外部轮廓线和服装的内部分割线以及领、袖、口袋、纽扣和附加饰物等局部的组合关系的一种视觉形态。它和一切艺术品的造型一样，既要有实用性，又要有审美性。服装造型对人体既依附又可以改善和提高人体形象。从服装造型的构成上看，通过视觉符号点、线、面以及体的关系，形成服装造型。

1. 点、线、面和体要素

（1）点是构成服装造型的基本要素。在服装造型中，常常表现在服装的装饰功能上，如服装上衣的纽扣、胸针等，点的形态在服装造型上是多种多样的。

（2）线也是构成服装造型的重要要素。在服装造型中，线是面与面相交的地方，如交线、轮廓线、装饰线和分割线等，是线把衣服的领、袖、前片和后片等连接起来，也是线使服装造型表现出人体的曲线。

（3）面是服装造型的又一重要要素。人们把造型中点和线以外的二维空间均称之为面。服装上运用的面有平面、曲面、有规则形状的面和不规则形状的面等。面的形状不同，视觉效果也就不同。

（4）体是由面与面的组合而构成的，具有三维空间的概念。不同形态的体具有不同的个性，同时从不同的角度观察，体也将表现出不同的视觉形态。一方面服装的设计要符合人体的形态以及运动时人体的变化的需要，另一方面通过对体的创意性设计也能使服装别具风格。

2. 服装造型与年龄、职业

（1）服装造型与年龄的关系。它主要表现在年龄的不同，服装造型也不同。一般婴儿的服装造型应具有干净、宽大、舒适和保暖的特点；幼儿的服装造型应具有易穿脱、适合生长的余量、穿着安全、舒适的特点；学童的服装造型应具有结实耐穿、舒适合体、利于运动等特点；青年人的服装造型应具有简洁明快、活泼奔放、比例匀称、方便舒适等特点；中老年的服装造型应具有美观大方、穿着合体等特点。

（2）服装造型与职业的关系。它主要表现在职业和角色的不同，服装造型也不同。职业装的造型要具备实用性、象征性和审美性等特点。

10.6 服装的选购与保养

10.6.1 服装的选购

1. 注意查看产品的使用说明

使用说明（即产品标志）是一种向消费者传达产品性能、质量状况、使用方法等信息的工具，服装产品使用说明由扣在服装上的吊牌和缝在服装产品上的标志组成。吊牌上要注意查看该服装的生产者或销售者的单位及地址、质量等级状况、标注的产品名称及产品现状，当前一般服装产品质量划分为优等品、一等品、合格品。重点查看缝在服装产品上的三个标志。

（1）查看型号规格是否表达清楚，并与穿着者的体型是否相适应。对于丝绸服装，轻薄型服装最好选择稍宽松些，以防止使用时缝迹部位爆裂或纱线滑移；对于弹力服装和束身服装选择时要模拟穿着时以不产生压抑感为前提。

（2）查看服装布料（面料、里料、填充料等）采用的材质组成描述是否清晰齐全。因为不同材质的服装具有不同的性能、价值。一般内衣或贴身穿用的服装材质最好选用纯棉或棉混纺的材质，纯棉产品穿着舒适透气，不宜选购纯化纤之类的内衣产品（如纯涤纶）。

（3）查看服装有无洗涤方法的信息，这是指导用好服装的关键。因不同风格、特性的服装在使用、洗涤、维护性处理上是有所区别的，处理得当的话能使服装在较长的时期内保持外观美观并经久耐穿。

2. 手摸、眼看服装的外观质量

消费者要根据需要、穿着的经验，所标注的材质、质量等级等性能对服装进行验收，查看标注的内容与货品的真实现状是否相符。主要从面料的手感、布面的瑕疵、色差、污渍，缝制、拉链、纽扣的牢固程度进行观察。

（1）外观上，看面料有无明显织疵；看服装各部位有无明显色差；看条格有无明显不对称；看配件有无变质和不牢固；看黏合衬部位有无起泡、脱胶、渗胶。

（2）缝制上，看领子是否服帖对称；看肩部是否平服；看袖子是否圆顺；看下摆是否顺直；看前后衣片是否起吊。

3. 注意服装的穿着安全

服装面料在印染和后整理等过程中需加入各种染料、助剂、整理剂等，尤其棉、麻、丝面料的服装产品，穿用时易起皱，尺寸稳定性较差，所以现在有些服装经过免烫、防皱、防缩等特殊工艺整理，以达到在一定时期内洗后免熨的效果。但在这些整理中所用的整理剂，可能会对人的皮肤，乃至人体健康造成不同程度的危害，所以，一般对选购回来的服装及标明免烫、防皱、防缩之类的服装产品，尤其是直接接触皮肤的衣服，穿用前最好水

洗一次（标注干洗的服装除外）。

4．高档服装的质量鉴别方法

（1）观察衣片下摆是否平行，袖窿深浅是否得当。鉴别方法是扣住上衣的第一粒纽扣，保持自然姿态面对镜子观察左右衣片，若两侧门襟止口相互重叠平行，下摆与地面平行，就可判定衣服基本合格。

（2）观察两门襟长度及胸部是否合格，前胸部应饱满、圆顺，女装前胸部应呈锥形体。

（3）检查服装是否有全衬，挺胸衬及下截衬，是否有里袋及垫肩。

（4）观察衣服的前身、后背的面料纹路、纱向是否歪斜；兜和盖的面料纱向是否一致；斜料是否左右对称；面料衬布、线、锁口线的色泽是否一致。

（5）高档服装的质量标志一般要有品名、厂名、厂址、号型和注册商标，特别要注意认准名牌厂家的注册商标。

【案例 10.1】　天然材质不一定就安全

选购衣服，考虑最多的当然是颜色、款式和材质，但你是否想过有些服装也会像某些家装材料一样成为“杀手”呢？大多数消费者认为，棉、毛、丝、麻等原料制成的服装便是“安全”的生态纺织品，而业内专家认为这实际上是一种消费误区。因为即使是纯天然原料，在染色、制衣等加工过程中，如果使用的染料或助剂不当，对服装也会造成污染，有害人体健康。北京市纺织产品质量检测中心的专家指出，纺织品中甲醛是因印花或染色而带入服装中的，穿着和使用甲醛含量高的纺织品，会通过呼吸道或皮肤的接触引发呼吸道炎症或皮肤炎症。一些企业为降低成本，在产品制作过程中使用甲醛含量极高的廉价助剂，对人体是十分有害的。因此，专家提醒，选购带有环境标志的服装尤其是内衣对消费者的健康非常重要。目前，国际对纺织品的质量要求中明确禁用的有 20 种含有对人体或动物致癌物质的染料、3 种致癌染料及 20 种可引起过敏反应的染料；对服装中的甲醛含量和增白剂含量更有明确的规定，在纺织品制造过程中禁止对人体和环境有害物质的使用。

根据以上资料，试分析纺织品是否越白越好？买回的纺织品（尤其是内衣）能立即穿着吗？为什么？应该如何处理？

10.6.2　服装的保养

为使服装的功能得以充分发挥，平时必须做好服装的保养工作，因此应了解服装的保管保养知识，如污垢种类、去污方法、洗涤程序、服装整烫、服装保管等方面的内容。

1．服装的污垢和去污

1）服装的污垢

服装在人们穿着使用的过程中，必然会粘上污垢。脏衣服如不换洗，不但影响服装的外观，而且会影响服装的弹性、透气性、保暖性和降低服装的牢度。污垢分解会产生有害于人体的成分，并为细菌及微生物提供繁殖的条件，从而危害人体健康。污垢按照来源不同可分为两种：一是身体污垢（体内及皮肤的分泌代谢物和排泄物，如汗液等）；二是体外的污垢（人们生活和工作环境以及各种活动所致如砂土、墨水、油污等）。污垢按照性质不同可分为三种：水溶性污垢、油溶性污垢和固体微粒污垢。这些污垢常以混合状态黏附在服装上，最难洗掉的是油溶性污垢。

2）服装的去污

服装有了污垢就必须进行清洗，不同的织物其洗涤方法、要求会有所不同。

（1）洗涤方法。一般分为干洗和湿洗两种。干洗又称化学清洗法，即利用化学洗涤剂经过清洗、漂洗、脱液、烘干、脱臭、冷却等工序，最后达到去除污垢的目的。湿洗即水洗，又分为手工洗和洗衣机洗，湿洗相对干洗要简单。干洗和湿洗各有特点，应根据衣物的原料种类、服装的类型、颜色、织物的组织结构等因素进行选择。

（2）洗涤要求。棉织物耐碱性强，不耐酸，抗高温性好，可用各种肥皂或洗涤剂进行洗涤。洗涤前可放在水中浸泡几分钟，但不宜过久，以免颜色受到破坏。贴身内衣不可用热水浸泡，以免使汗渍中的蛋白质凝固而黏附在服装上和出现黄色汗斑。用洗涤剂进行洗涤时最佳水温为40℃～50℃。漂洗时，可掌握“少量多次”的办法，即每次清水冲洗不一定用许多水，但要多洗几次。每次冲洗完后应拧干再进行第二次冲洗，以提高洗涤效果。同时应在通风阴凉处晒晾衣服，以免在日光下暴晒，使有色织物退色。

麻纤维织物刚硬，抱合力差，洗涤时要比棉织物轻些，切忌使用硬刷和用力揉搓，以免布面起毛。洗后不可用力拧绞，有色织物不要用热水泡烫，也不宜在阳光下暴晒，以免退色。

丝绸织物洗前可先在水中浸泡一会儿，但浸泡时间不宜过长。忌用碱水洗，可选用中性肥皂或皂片中性洗涤剂。浴液以微温或室温为好。洗涤完毕，轻轻压挤水分，切忌拧绞。应在阴凉通风处晾干，不宜在阳光下暴晒，更不宜烘干。

羊毛织物不耐碱，故要用中性洗涤剂或皂片进行洗涤。羊毛织物在30℃以上的水溶液中会收缩变形，故洗涤时水温度不宜超过30℃。通常用室温（25℃）水配制洗涤剂水溶液。洗涤时切忌用搓板搓洗，即使用洗衣机洗涤，应选择轻洗，洗涤时间也不宜过长，以防止缩绒。洗涤后不要拧绞，用手挤压除去水分，然后沥干。用洗衣机脱水时以半分钟为宜。应在阴凉通风处晾晒，不要在强日光下暴晒，防止织物失去光泽和弹性以及引起强力的下降。

黏胶纤维织物缩水率大，湿强度低，水洗时要随洗随浸，不可长时间浸泡。黏胶纤维织物遇水会发硬。洗涤时要轻洗，以免起毛或裂口。用中性洗涤剂或低碱洗涤剂。洗涤时水温度不能超过45℃。洗后，把衣服叠起来，挤掉水分，切忌拧绞。洗后忌暴晒，应在阴凉或通风处晾晒。

涤纶织物先用冷水浸泡，然后用一般合成洗涤剂洗涤，洗涤时水温不宜超过45℃。领口、袖口较脏处可用毛刷刷洗。洗后，漂洗净，可轻拧绞，置阴凉通风处晾干，不可暴晒，不宜烘干，以免因热生皱。其他化纤织物也可按此方法进行洗涤。皮革服装不能直接浸入水中洗涤。只能用软布或软刷蘸水后，在皮革表面擦去污垢。阴干后，最好涂上一层石蜡，再用软布擦匀。另外，在衣服洗涤去污过程中，注意识别衣服上的洗涤标志，服装使用说明基本图形符号如图10-4所示。

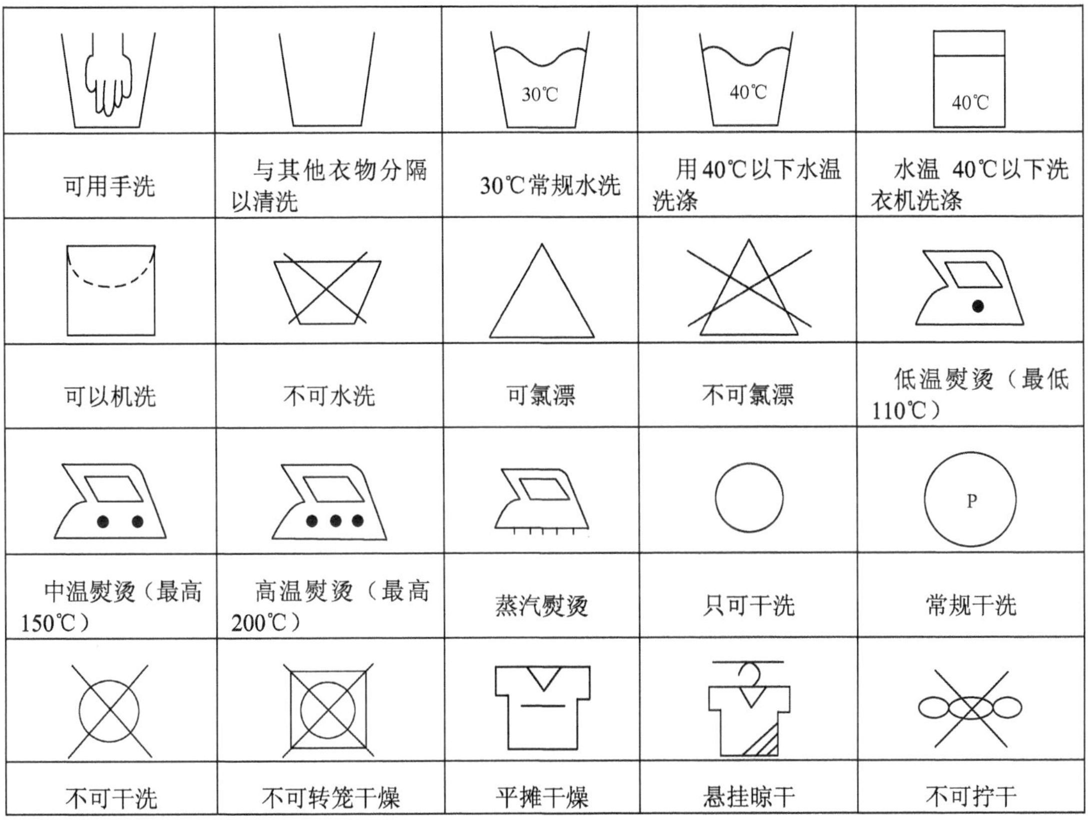

图 10-4　服装使用说明基本图形符号

2．服装变质的识别以及服装的保管

为使服装充分体现耐用方面的功能，必须进行妥善保管，通过保管可以减少服装发脆、变色等现象的产生。

（1）服装发脆、变色。其原因有：虫害的作用和衣服的发霉；整理剂和染料因日光及水分的作用，发生水解和氧化等现象，如硫化染料染色时释放出的硫酸，会使纤维发脆；衣服残留物对纤维的影响，如残留氯的氧化作用；由于空气的氧化作用而使织物发黄，如丝绸织物和锦纶织物的变黄；由于整理剂如荧光增白剂的变质而使织物发黄；在保管环境下由于光或热的作用而使织物发黄；由于染料的升华而导致染色织物退色；由于油剂的氧化和残留溶剂的蒸发而导致织物变色等。

（2）服装变质的识别。服装变质对服装的使用影响较大，其检查和鉴别方法有很多，比较简便的方法是"看、摸、闻、听"等。看就是用目光查看服装外观色泽中是否有风渍、水斑、油污、霉迹、发黄、变色或其他不正常的外观损伤；摸就是抚摸衣物是否有发热、潮黏、僵硬等情况；闻就是闻其气味是否有霉味、酸味等异味；听主要是从撕裂织物时发出的响声判断是否变质，正常的衣物声音比较清脆，变质的衣物声音比较沉闷。

（3）各类服装的保管。对于服装的保养、洗涤及换季后的收藏，只有采用科学合理的方法，才能防止服装发霉变质，虫蛀破损，褶皱变形，保持面料的服用性能（包括外观、手感、舒适性等）并延长服装的使用寿命。在保管过程中要考虑不同面料的不同影响因素，采取相应的保管措施如下。

棉麻服装的保管一定要注意防潮防霉。收藏前应洗净、晾干，深浅颜色要分开存放。收藏的场所如衣柜和聚乙烯袋等应干燥，里面可放樟脑（用纸包上，不要与衣料直接接触），以防止衣服受蛀。

呢绒服装收藏前应洗净（干洗）、熨烫、晾干，宜放在干燥处。毛绒或毛绒衣裤混杂存放时，应该用干净的布或纸包好，以免绒毛玷污其他服装。最好每月透风 1～2 次，以防虫蛀。各种呢绒服装以悬挂存放在衣柜内为好。放入箱里时要把衣服的反面朝外，以防退色风化，出现风印。

化纤服装以平放为好，不宜长期吊挂在柜内，以免因悬垂而伸长。若是与天然纤维混纺的织物，则可放入少量樟脑丸（不要直接与衣服接触）。

皮革服装过分干燥，容易折裂，受潮后则不牢固，因此皮革服装既要防止过分干燥，又要防湿，皮革服装不宜在雨、雪天穿用。收藏前宜阴凉，不可暴晒。收藏时以挂藏为宜，并放置用纸包好的樟脑丸。如果皮衣面上发生了干裂现象，可用石蜡填在缝内，用熨斗烫平。如果衣面发霉，可先刷去霉菌，再涂上皮革专用剂。

3. 服装的熨烫

衣服在穿着过程中，有些部位经常发生弯曲、折叠，使衣服的不同部位产生不同的形变或褶纹，因此，经常需要在穿着前和洗涤后进行熨烫。熨烫的作用是使服装平整、挺括、折线分明、合身而富有立体感。熨烫是指在不损伤服装的服用性能及风格特征的前提下，对服装在一定的时间内施以适当的温度、湿度（水分）和压力等工艺条件，使纤维结构发生变化即热塑变形。熨烫简单地讲就是给服装热定型。熨烫的基本工艺条件是温度、湿度和压力。

（1）温度。构成服装衣料的各类纤维都具有热塑性，服装的热塑定型和热塑变性，必须通过温度的作用才能实现。温度越高，定型效果就越好，但各种服装材料的熨烫温度，应低于其危险温度（分解温度和熔化点），以免损伤服装的外观及性能。构成衣料的各种纤维由于其耐热性能不同，所能承受的温度也是不同的。各种面料的熨烫温度如表 10-4 所示。

表 10-4 各种面料的熨烫温度

织物纤维	熨烫温度（℃）	危险温度（℃）	织物纤维	熨烫温度（℃）	危险温度（℃）
棉	150～180	240	涤纶	140～160	210
麻	155～185	240	锦纶	120～140	170
毛	120～150	210	腈纶	115～130	180
丝	100～120	150	维纶	120～140	170
丝胶	120～150	220	丙纶	85～100	130
醋酸	120～140	160			

（2）湿度。衣料遇水后，纤维会被润湿、膨胀、伸展，这时服装就易变形和定型，但湿度应控制在一定范围，太大太小都不利于服装定型。不同的纤维其吸湿的效果不同，应

合理掌握。

一般熨烫的方式分干热熨烫和湿热熨烫两种。干烫是用熨斗直接熨烫，主要用于遇湿易出水印（柞丝绸）或遇湿热会发生高收缩（维纶布）的服装的熨烫，以及棉布、化纤、丝绸、麻布等薄型衣料的熨烫。有时对于较厚的大衣呢料和羊毛衫等服装，先用湿烫，然后再干熨，这样可使服装长久保持平挺。化纤衣料的熨烫可采用干热熨烫，也可采用湿热熨烫。

（3）压力。一定的整烫压力有助于克服分子间、纤维纱线间的阻力，使衣料按照人们的要求进行变形或定型。随着压力的增大，服装的平整度，褶裥保持性均有增加。由于压力增大，纱线与织物被压扁，面料的厚度变薄，对比光泽度也增大。但压力过大会造成服装的积光。

一般服装的整烫压力应随服装的材料、造型、折裥等要求而定。对于裤线、折裥裙的折痕和上浆衣料，压力应大些。对于灯芯绒等起绒衣料，压力要小或熨反面。对长毛绒等衣料则应用蒸汽而不宜熨烫，以免使绒毛倒伏或产生积光而影响质量。

熨烫是一种物理运动，要达到预定的质量要求，就必须通过温度、湿度、压力和时间等因素的密切配合。另外，还应注意熨烫的顺序：上衣要先熨烫衣领、衣袖和后正身，然后再正面熨烫前身、袖口、下摆等；裤子要先熨烫裤脚，再熨烫裤腰；熨烫深色衣服，必须在正面垫上湿布，以免起亮光。

【案例 10.2】　保暖内衣不是概念内衣，保暖率是关键指标

纳米内衣、发热内衣、毛线内衣、维生素内衣、珍珠粉内衣……面对各色各样的内衣广告，不少消费者心生疑惑：什么样的内衣更保暖？近日，工商部门提醒消费者，对当前市场上流行的各种内衣新名词，消费者要把握保暖率等关键性指标，而不要轻信“概念”。

日前，消费者小姜向工商 12315 中心投诉称，她在一家商店购买了一件毛线内衣，购买时店家宣称该内衣的“毛线”由特殊工艺制成，保暖性特别强。但小姜穿后却发现，毛线内衣严重掉毛，穿上令皮肤很不舒服。还有不少消费者反映，一些内衣打着各种“新概念”的幌子，不仅没有特殊的保暖功能，反而存在价格偏高等问题。

事实上，有些概念与“保暖”并没有直接联系，如纳米是否真有保暖功能，目前没有权威的定论；今年比较流行的发热内衣与保暖内衣的发热和保暖机理并不相同。而日前国家质检总局对内衣质量的检查也表明，内衣的保温率并不尽如人意。据悉，国家质检总局共抽查了 9 个省市 89 家企业生产的 90 种产品，发现不合格内衣产品的主要问题是 pH 值超标、纤维含量与明示标识不符、保暖率不合格等。

年复一年的保暖内衣大战让消费者始终摸不着头脑，那么什么才是衡量内衣保暖性能的标准？根据我国《针织保暖内衣纺织行业标准》，保暖内衣产品的保暖率不得低于 30%。因此消费者在挑选保暖内衣时除一般的手感、价格等因素外，保暖率也是衡量内衣质量好坏的一个重要标准。

今年流行的发热内衣是利用内衣中的发热纤维，主动产生热量。通常发热内衣的包装盒上张贴有黄底黑字的发热内衣标识，该标识明示了发热纤维名称、发热效果和添加比例。凡是加贴发热内衣标识的产品，其生产厂家都需按照“发热纤维发热度不低于 5℃、含量不低于 5%”的标准设计、制造，并到中国针织工业协会检测备案。

（资料来源：中华服装网）

本章小结

所谓服装，就是指包裹人体各部位的物体的总称，既包括各种装饰品，又包括人体的着装状态。服装主要功能是实用功能，审美功能、标志功能等也逐渐被人们所重视。服装的种类很多，由于服装的基本形态、品种、用途、制作方法、原材料的不同，各类服装也表现出不同的风格与特色，变化万千，十分丰富。不同的分类方法，导致人们平时对服装的称谓也不同。

服装材料、款式和工艺是服装的三大要素，服装材料在服装的制作中又是最基本的物质条件，发挥重要的作用。服装材料可分为服装面料和服装辅料两大类。服装面料主要有棉织物、麻织物、丝织物、毛织物、皮革、化纤织物及混纺织物等，各种织物有着各自不同的纺织特性，根据服装的要求选择相适应的服装面料。服装辅料主要包括填料、里料、衬料、纽扣、拉链、线、花边以及商标、标签等， 服装辅料对服装起着辅助和衬托的作用，在服装中辅料与面料共同构成服装，并共同实现服装的功能。现代服装特别注意辅料的作用以及与面料的协调搭配，辅料对现代服装的影响力也越来越大，成为服装材料不容忽视和低估的重要部分。

服装标准是服装生产、检测、销售以及选购时的依据和法规。服装标准涉及服装的原料、设计、生产加工，成衣的检验、安全、使用说明、规格系列等方面的内容。服装质量标准主要有服装号型标准、服装产品标准、服装使用说明标准及服装基本安全标准等，并有相应的服装质量标志，通过服装质量标志可以区分和识别服装质量相关信息等。

服装质量检验的形式有很多种，服装质量检验的主要内容有外观质量检验、规格尺寸检验、色差检验、疵点检验、缝制质量检验及理化性能检验等，通过服装质量检验可以对服装质量做出判定。

服装造型是由服装的外部轮廓线和服装的内部分割线以及领、袖、口袋、纽扣和附加饰物等局部的组合关系的一种视觉形态。从服装造型的构成上看，通过视觉符号点、线、面以及三者的关系，形成服装造型。从总体上讲，一种服装造型被创造出来，实际上就是一种服装款式。服装的款式随服装造型的不同而千变万化，主要有旗袍、中山装、西服等。另外，服装造型与年龄、职业等都有着密切的关系。

色彩是服装构成的重要因素，服装色彩在服装的整体效果中占有重要地位。色彩三要素，主要是指色相、纯度和明度。按一年有四季来划分，由此产生四个色彩季节型：春季型、夏季型、秋季型、冬季型，服装色彩对人心理也有一定的影响。在服装搭配时应注意服装色彩配比原则，注意与服装的面料、质地、图案、款式等相适应，另外，还与穿着者、环境、光源等相适应。

服装的选购与保养也非常重要，可以指导消费。由于服装所用面料和辅料等方面的不同，其保养的方法也不同，要注意选择相适应的保养方法。

关键术语

服装　天然纤维　化学纤维　再生纤维　合成纤维　呢绒　精纺呢绒　粗纺呢绒　机

织物 针织物 麻织物 混纺织物 服装号型 生态纺织品 色彩三要素

综 合 实 训

【实训 1】 纺织纤维的感官鉴别

通过人的感觉器官即手感、目测的方法对纤维或纺织品进行鉴别。眼看即看纤维或织品的外观，如纤维的光泽、粗细、长度、弯曲形状；手摸即用手测试纤维或织品的柔软、弹性、平滑或粗糙、凉爽或温暖、厚薄等。

（1）棉花。纤维有天然捻曲，纤维较短，手感柔软，弹性比较差；织品布面光泽柔和自然，手感柔软但有些发涩，弹性较差，用手紧攥布料并迅速放开后有明显皱痕，有的棉布尚存在棉结杂质。

（2）羊毛。纤维的弹性好，通常呈卷曲（毛波）状态，手触有温暖之感；精纺呢绒呢面平整，织纹清晰，光泽自然柔和、鲜艳，有油润感。手感柔软，富有弹性，手捏呢料松开后能较快恢复原状，不留折痕；粗纺呢绒呢面的绒毛细密丰满，质地紧密厚实，手感柔润不糙，身骨挺而不板，有弹性，手触摸呢面有温暖感觉。

（3）蚕丝。手感柔软、富有光泽，纤维细长，手触有寒冷的感觉；绸面光泽柔和明亮，色泽鲜艳均匀，外观轻柔飘逸，手感柔软细腻弹性好，用手攥紧后迅速放开后有少量的折痕，手触摸绸面有凉感和拉手感觉。

（4）人造丝（棉型、毛型）。其强力低，易拉断，浸水后更易拉断，断处整齐，但有散乱的纤毛物；织品的光泽虽明亮，但不如真丝织品光泽柔和，手感柔软滑爽但不挺括，有松弛绵软感。织品的色泽艳丽，用手攥紧并迅速放开后皱折多且明显，并难以恢复原状。湿态的织品较干态时手感粗硬且强度小，穿用时易起毛、变形，并产生皱折。

（5）合成纤维。其一般强力、弹性较好，手感光滑，但不够柔软。织品表面平整光洁，织品的强度高、弹性好、手感滑爽，但尚欠柔软，湿态强度较高，拉断纤维时所需的力较大，与干态时无大差异。涤纶织物光泽均匀、手感挺爽，用手攥紧并迅速放松后无皱痕；锦纶织物有蜡状手感，用手攥紧衣料并迅速放松后虽有皱痕但能缓慢恢复原状；腈纶织物色泽较鲜艳，但不如纯毛呢绒自然柔和，毛型感较强，手感较柔软，触摸膨松、有温暖感，重量较毛织物轻，悬垂性稍差。

（6）混纺织品。涤棉布布面光泽较棉布明亮，平整常见的光洁，外观挺括，弹性比棉布好，手攥布料折痕不明显，并能较快恢复至原状；毛粘混纺呢绒呢面光泽不柔和，色泽鲜明度较差，手感较柔软，但有疲软感，不够挺括，手攥紧后松开有折痕，恢复原状慢；毛涤混纺呢绒呢面光泽较明亮，但不如纯毛织物自然柔和，外观挺括，弹性好，手攥紧后不留折痕，但柔软性和毛型感较纯毛或毛腈呢绒差，手感有板硬的感觉；毛腈混纺呢绒呢面色泽较鲜艳，但不如纯毛呢绒自然柔和，手感较柔软，触摸膨松、有温暖感，重量较纯毛织物轻，悬垂性稍差。

问题：请结合实物进行感官鉴别实训？

【实训 2】 纺织纤维的燃烧鉴别

纤维的化学组成不同，对热和燃烧的反应特征也不同，主要表现在临近火焰、在火焰中、离开火焰后、气味、灰烬特征五个方面。在织品边缘抽出几根经纱、纬纱作为试样，在火焰上点燃，观察在火焰上燃烧时的变化状况，根据散发出来的气味、燃烧后的灰烬和剩余物的变化状况，以及硬度和脆性等各种特征，来分析纤维种类。常见纤维的燃烧现象如表10-5所示。

表10-5 常见纤维的燃烧现象

纤维种类	燃烧的难易	火焰状况	气味和颜色	受热后变形情况
棉纤维	遇火即燃，速度快	黄色	稍有灰白烟和烧纸的气味	烧焦灰烬细软呈深灰色
麻纤维	遇火即燃，速度快	黄色	烧纸的气味	烧焦灰烬细软呈灰白色
羊毛纤维	遇火先卷缩，燃烧速度较棉快，燃烧后纤维起泡，不延燃	橘黄色	烧蛋白质的味道	灰烬多呈不成型黑褐色形状，用手一压即碎成散粉末
纤维种类	燃烧的难易	火焰状况	气味和颜色	受热后变形情况
蚕丝纤维	遇火先卷缩，燃烧速度较羊毛快，燃烧后纤维起泡，不延燃	橘黄色	烧蛋白质的味道	灰烬呈褐色小球状物
黏胶纤维	燃烧速度比棉快	黄色	烧纸气味	灰烬呈灰或浅灰色

问题：请结合实物进行燃烧鉴别实训。

复习思考题

1. 判断题

（1）各类纤维中，耐光性最好的是蚕丝。（　　）

（2）亚麻是我国特产，又称“中国草”。（　　）

（3）色彩三要素主要是指色彩的鲜度、纯度和明度。（　　）

（4）服装的卫生安全性主要是指卫生无害性、阻燃性和舒适性。（　　）

（5）服装的号是指人体的身高，是设计和选购服装长短的依据。（　　）

2. 选择题

（1）合成纤维中问世最早，最耐磨且耐碱不耐酸的纤维是（　　）

A. 丙纶　　B. 涤纶　　C. 腈纶　　D. 锦纶

（2）棉纤维具有良好的保暖性是因为（　　）

A. 成分吸湿　　B. 耐热性好　　C. 具天然拈曲　　D. 具中空结构

（3）在各类纤维中有合成羊毛之称的是（　　）。

A. 涤纶　　B. 锦纶　　C. 腈纶　　D. 氨纶

（4）羊毛纤维除具有天然形成的毛波，其耐低温性极好，不耐虫蛀，还具有（　　）

A. 可塑性　　B. 耐碱不耐酸　　C. 缩绒性　　D. 耐酸不耐碱

（5）吸湿性最好的天然纤维是（　　）

A. 棉花　　B. 麻　　C. 蚕丝　　D. 羊毛

3. 复习思考题

（1）服装是如何分类的？如何挑选服装？
（2）服装所用的面料有哪些？其特点如何？
（3）与服装质量相关的标准有哪些？
（4）服装造型和服装色彩对服装有何意义？
（5）简介服装号型知识及其实际应用。
（6）如何搞好服装的保养工作？

4. 案例解析

天气逐渐转冷，保暖内衣的销量日涨。不少商家推出“发热内衣”，成了市场的新宠。不少品牌都推出了“发热内衣”。这种“发热内衣”的价格比一般的保暖内衣要高出不少，一般在 400 元左右。一位销售员介绍：“这种内衣与普通的保暖内衣不同，保暖内衣只是通过不透气来保暖，但这种内衣是用发热纤维生产的，可以自动发热。”所有销售人员众口一词向顾客推销，“即便是在零下十几摄氏度的条件下，这样的内衣穿起来都会让人感到非常暖和。”在一些“发热内衣”的宣传广告上，这种内衣甚至具备了“激活身体颈、肩、背部十几个穴位的血液循环，能有效地舒缓肩背部酸疼，辅助治疗颈椎痛、肩周炎、支气管哮喘等疾病”的作用。对于“发热内衣”到底能否发热，消费者很难辨别。

（资料来源：绍兴纺织网）

问题：请运用相关的服装商品知识对案例进行分析。

★第11章 食　　品

【学习要点】

- 食品营养物质的种类及生理功能
- 茶、饮料、乳制品、酱油、食醋、饮料酒等的主要成分和种类
- 食品质量的鉴定方法
- 保健食品、无公害食品、绿色食品、有机食品的概念及相关规定

【案例导读】　“2007年中国产品质量十件大事”发布

中国国家质检总局发布了国家质检总局主办、有关专家评选出的“2007年中国产品质量十件大事”。

（1）4月23日，中共中央政治局就农业标准化和食品安全工作进行集体学习。胡锦涛总书记对农业标准和商品安全问题的重要讲话为今后这两项工作指明了方向。

（2）7月25日，国务院成立产品质量和食品安全领导小组，吴仪副总理任组长。此举体现了我国政府解决产品质量和商品安全的决心，具有非常重要的现实意义。

（3）7月26日，国务院发布《国务院关于加强食品等产品安全监督管理的特别规定》。表明了中国政府治理产品质量和食品安全中主要问题的决心，也为质量安全监督管理提供了更有针对性、可操作性和更有力的制度保证。

（4）7月27日，全国质量工作会议在北京召开，温家宝总理出席会议并发表重要讲话，明确了当前和今后一个时期质量工作的六项重点。

（5）8月23日，我国开展为期4个月的产品质量和食品安全专项整治，要达到12个100%的目标，建立两个链条、一个体系和一个网络。这是我国政府在新的历史条件下，打的一场维护人民群众生命健康和切身利益、维护中国产品信誉和国家形象的特殊战役。

（6）美泰玩具召回事件。事件的成功解决维护了“中国制造”的形象、尊严，表明了我国政府坚决反对借质量问题行贸易保护之实，希望通过加强国际间的友好磋商、交流来同各国共同提升质量安全水平的决心。

（7）8月17日，我国首次发布《中国的食品质量安全状况》白皮书。通过客观翔实的数据和无可辩驳的论据，让世界各国全面了解中国食品安全的真实状况，表明了中国政府负责任的态度。

（8）8月31日，我国食品、玩具召回制度相继出台。自此，不安全食品和存在缺陷的儿童玩具将由各自的生产者负责消除危害和隐患。标志着我国的产品质量责任追究体系进一步完善，消费者的权益得到更加有力的保障。

（9）10月31日，国务院讨论并原则通过《食品安全法(草案)》。该法草案针对当前商品安全监管中的薄弱环节，对食品卫生安全制度做出了重要的补充和完善。

（10）11月26日至27日，国际食品安全高层论坛在北京举行。论坛通过了《关于食

品安全的北京宣言》，标志着国际社会共同应对食品安全进入一个新的开端。

（资料来源：经济日报 2008 年 1 月 8 日）。

从“2007 年中国产品质量十件大事”中可以看出，有 7 件是关于食品安全方面的，可见食品安全的重要性。食品安全问题是一个世界性问题，不是中国所独有。

思考分析：我国存在哪些食品安全问题？

11.1 食品营养知识

人类为了维持生命，必须从外界获取营养。能够供应人体正常生理功能所必需的成分和能量的物质称为营养素。含有营养素的物料称为食物或食料。食物是人体生长发育、更新细胞、修补组织、调节机能必不可少的营养物质，又是产生热量保持体温、进行体力活动的能源。为了适应人们的饮食习惯和爱好，工厂利用各种动物、植物、食物为原料，经过不同的加工处理，制成形态、风味、营养价值不同的加工品。经过加工制作的食物统称为食品。

食品中含有的营养素有糖类、脂肪、蛋白质、膳食纤维、维生素、无机盐、水七大类。供给人体能量的蛋白质、糖类、脂肪称为三大营养素。有一些人体不能合成，或合成速度较慢，不能满足肌体的需要，必须由外界供给，这些小分子物质称为必需营养素，如必需氨基酸、必需脂肪酸、维生素、无机盐和水等。水和空气一般不作为食物，但也是人体在新陈代谢过程中不可缺少的物质。

11.1.1 糖类

糖类是由碳、氢、氧三种元素组成的。绝大多数分子中的氢原子数是氧原子数的二倍，与水分子的氢氧元素个数之比相同，所以糖类又称为碳水化合物。

1. 糖类的生理功能

（1）提供能源。糖类是供给热能的营养素中最主要和最经济的一种，每克糖在人体内约放出 17 000 焦热量，与蛋白质的产热量相同，而其价格远比蛋白质低。肌体的生理代谢和劳动所消耗的能量，主要靠糖类来补充和维持。

（2）构成机体组织。所有的神经组织和细胞及体液中都含有糖类，如神经组织中含糖脂，细胞膜中含有糖蛋白，肝脏内含有肝糖原，肌肉中含有肌糖原，血液中含有葡萄糖，核糖和脱氧核糖又参与核酸的组成等。肌体内糖原不足时，会引起心慌、头昏、浑身出冷汗、昏厥等症状。

（3）抗生酮作用。如果在饮食中糖类和维生素 B_1 供给不足，则体内脂肪酸在氧化过程中会因不能完全氧化成二氧化碳和水而产生酮体（丙酮、β-羟丁酸、乙酰乙酸），酮体聚集过多会使人体酸中毒。只有当糖类充足时方能使脂肪酸被彻底氧化分解。所以，脂肪在体内的正常代谢必须有糖类的存在，糖类的这一作用被称为抗生酮作用。

（4）解毒作用。肝糖原不足时，动物对四氯化碳、酒精、砷等有害物质的解毒作用明显下降。另外某些药物如吗啡、水杨酸和磺胺类等排泄时，需与葡萄糖的氧化产物葡萄糖醛酸结合形成复合物并排出体外从而解毒。因此，人患肝脏疾病时可适当多吃一点单糖和双糖，促进肝细胞的再生，增强肝脏的解毒功能。

2. 食物中重要的糖类

1）单糖

单糖是分子结构最简单而且不能再水解的糖类。单糖一般为结晶体，有甜味，若蔗糖的甜度为 100，则果糖为 173，葡萄糖为 74，半乳糖和麦芽糖约为 32。单糖都具有还原性，易溶于水，不经消化过程即可直接被人体吸收利用。常见的单糖主要有葡萄糖、果糖和半乳糖，它们的分子式是 $C_6H_{12}O_6$，属于同分异构体。

（1）葡萄糖。葡萄糖是略带甜味的易溶于水的白色粉状结晶，其广泛存在于植物体中，尤以葡萄和各种成熟的水果中的含量为最大，蜂蜜中也含有很多。人体中的葡萄糖主要来源于淀粉的水解，血糖即是血中的葡萄糖。血糖浓度保持相对恒定对机体各部分功能的正常发挥有很重要的意义。人体脑、神经等组织和器官在低血糖时表现得最为敏感。

（2）果糖。果糖是易溶于水的黄白色结晶，吸湿性强，甜度大。果糖的代谢一般不受胰岛素的制约，糖尿病人可适量食用果糖。果糖的来源主要是水果和蜂蜜，尤以蜂蜜中含量最多，这也是蜂蜜较甜的原因。绵白糖甜度高于蔗糖是因为加入了 2.5%葡萄糖和果糖的转化糖。

（3）半乳糖。半乳糖在自然界中很少以游离态存在，一般以双糖和多糖的形式存在，如乳糖和琼胶等。半乳糖与葡萄糖结合成乳糖的形式存在于乳汁中，半乳糖是被人体吸收最快的单糖，它可以促进对钙的吸收，是婴儿生长发育的重要营养物质。

2）双糖

双糖是由两分子单糖脱去一分子水缩合而成的化合物，多为结晶体，易溶于水，一般不能直接被人体吸收，必须经过酶的水解作用生成单糖后，才能被人体吸收利用。与人体关系密切的双糖有蔗糖、麦芽糖和乳糖，它们也是同分异构体，分子式为 $C_{12}H_{22}O_{11}$。

（1）蔗糖。蔗糖广泛存在于植物的根、茎、叶、花和果实内，尤其在甘蔗和甜菜中含量最多。成品蔗糖即白糖是易溶于水、有甜味的白色晶体。蔗糖在稀酸或酶的作用下水解为一分子葡萄糖和一分子果糖。工业上用甜菜或甘蔗制成蔗糖。

（2）麦芽糖。麦芽糖在动、植物体中含量很少，但植物种子发芽时在酶的作用下分解淀粉生成麦芽糖，尤其以大麦芽中含量较多，因而得名。麦芽糖在酸或酶的作用下水解为两分子葡萄糖。

（3）乳糖。乳糖是哺乳生物乳汁中的主要成分，通常人乳约含 7%，牛、羊乳约含 5%。乳糖难溶于水，甜味较小，在酸或酶的作用下水解为一分子葡萄糖和一分子半乳糖。乳糖对婴儿的营养意义很大，它既能保持肠道中的正常菌类的生长又能促进钙的吸收，所以，在婴儿食品中可添加适量的乳糖。但随着年龄的增长，人体中的乳糖酶会迅速减少，因此，成年人不宜多食乳糖含量多的食品。

3）多糖

多糖是由若干个单糖分子脱去水缩合而成的高分子化合物。多糖一般无甜味，不能形成结晶，无还原性，在酸或酶的作用下水解为单糖。常见的多糖有淀粉、糊精等。

（1）淀粉。淀粉分直链淀粉和支链淀粉两种，尽管两者都是由葡萄糖组成的，但前者的分子由α-1，4 糖苷键结合而成，后者由α-1，4 糖苷键和α-1，6 糖苷键两种键连接而成。淀粉酶将淀粉水解为葡萄糖后被人体吸收进入血液循环，但这一过程需要一定的时间，血糖水平上升较慢，且不易达到极限，因此，机体不会突然出现血糖过多的现象。所以，人们食用含淀粉多的食物后不会发生饮食性糖尿病，并且在任何情况下均能较好地适应。人类活动所需要的能量主要由粮食中的淀粉提供。

（2）糊精。糊精也是由多个葡萄糖分子组成的，其来源于淀粉，一般通过用液化型淀粉酶或稀酸处理淀粉得到。通常，糊精的分子大小约为淀粉的 1/5。糊精在人体内被酶分解为葡萄糖后被吸收利用。糊精易溶于水，而且在食品中具有很强的保水性。所以，在食品制作中常用它来增稠、稳定或保水，从而使食品感官性状良好有利于人体消化吸收。

3. 糖类的供给量及来源

糖类的供给量由人体工作强度决定，一般每人每天约需 400～500 克，重体力劳动者可适当增加。糖类一般占每日总供热量的 60%～70%，这主要取决于人们的饮食习惯和经济条件。

糖类的主要来源是谷类和根茎类食品，如粮食和薯类中含大量的淀粉和少量的单糖、双糖。各种糕点、糖果及食糖也含有大量的糖类。蔬菜、水果中含有少量单糖、双糖。

11.1.2 脂类

脂类是人体重要组成部分，又是食品中三大营养素之一。脂类包括脂肪和类脂两大类。脂肪分为动物性脂肪和植物性脂肪两部分。含饱和脂肪酸较多，在常温下呈固态称为脂；不饱和脂肪酸含量高，在常温下呈液态称为油。脂肪一般由碳、氢、氧三种元素组成。植物中提取的脂肪大部分为油；动物中提取的脂肪大部分为脂。脂肪一般由一分子甘油和三分子脂肪酸缩合而成。类脂包括卵磷脂、胆固醇、脂蛋白等。

1. 脂类的生理功能

（1）供能和储能作用。脂肪是一种热能较高的营养素，每克脂肪约提供 38 000 焦的热能，所以，富含脂肪的食物产热量大，由于脂肪的胃排空时间较长，多食脂肪含量多的食物能有较强的饱腹感。存在于人体内的脂肪又作为储存能量的仓库，因为作为热能来源的糖类在体内的储存量仅几百克，而体内的脂肪却有几千克或更多。

（2）构成体脂及保护机体作用。脂类是构成体内多种细胞的重要成分，中性脂肪主要以油滴状的微粒存于细胞浆中，而绝大部分脂类存在于脂肪组织即体脂中，约占体重的 10%～20%。类脂中的胆固醇及磷脂等与蛋白质结合构成多种膜，如细胞膜、核膜和线粒体膜等，这些生物膜中的类脂约占体重的 5%。体脂主要分布于皮下和内脏周围，能减缓机械冲击的作用，从而保护机体的各种组织和器官。内脏周围脂肪组织对脏器还起着固定作用，过度消瘦的极易导致内脏下垂，如肝、胃、肾下垂等。皮下脂肪不易导热，可防止热量散失而保持体温，这也是胖人比瘦人耐寒的原因之一。

（3）供给人体必需的脂肪酸，调节人体生理机能。必需脂肪酸是指人体不能自身合成，对人体生命活动不可缺少的，必须由食物脂类供给的脂肪酸，如亚油酸。必需脂肪酸主要来源于植物油，它既是组织细胞的成分之一，又参与体内代谢。

（4）溶酶作用。在维生素中，维生素 A、D、E、K 必须溶解在脂肪中方能被人体吸收，而且脂肪中也常含有脂溶性维生素，这种脂溶性维生素会伴随脂肪的吸收而被吸收。脂肪摄取量不足，会引起脂溶性维生素的缺乏症。

2. 食物中重要的脂类

（1）脂肪。脂肪不溶于水，比水轻。脂肪在酸、碱或酶的作用下水解为脂肪酸和甘油。脂肪酸有若干种，一般分为两类：一类为饱和脂肪酸（有低级和高级饱和脂肪酸之分）；另一类为不饱和脂肪酸。脂肪的物理性质与其所含脂肪酸的种类有关。含不饱和脂肪酸较多的脂肪熔点低，在常温下呈液态，如各种植物油。含不饱和脂肪酸较少而含高级饱和脂肪酸较多的脂肪熔点高，在常温下多呈固态，如猪、牛、羊的脂肪。

（2）卵磷脂和胆固醇。卵磷脂是一种在动、植物中分布最广的甘油酯，植物的种子，动物的卵、神经组织中都含有卵磷脂，而在蛋黄中含量最多，因而得名。卵磷脂作为乳化剂协助胆固醇的代谢，防止内脏脂肪堆积过多。卵磷脂在体内水解时可产生磷脂酸和胆碱，它对人体内信息的传递和储存有着重要的意义。卵磷脂常用做食品的乳化剂、抗氧化剂和营养添加剂，其制品可由精炼植物油的副产品获得。

胆固醇。胆固醇是人体的重要组成成分，它不仅参与血浆蛋白的合成，也是细胞膜的重要成分，还可转化为胆汁酸盐、肾上腺皮质激素、性激素等许多具有重要生理功能的化合物。人体内的胆固醇大部分由糖类和脂肪代谢合成，少量需要从食物中供应。当人体内胆固醇超过正常的数值，就会使血浆胆固醇过量而沉积，容易引发动脉硬化、冠心病、高血压等疾病。胆固醇主要来源于动物性食品，植物性食品胆固醇含量极少。植物性食品中含有的植物固醇，如谷固醇、豆固醇和麦角固醇等，它们可抑制胆固醇的吸收。多食含必需脂肪酸和卵磷脂的食品也能使血浆胆固醇减少。在饮食中增加维生素 C 和膳食纤维，对降低血液中胆固醇有较好的效果。一般认为每日胆固醇摄入量为 300～500 毫克。

3. 脂类的供给量及来源

脂类的来源主要是烹调用油，包括植物油和动物油，每天 50 克，即可满足人体的需求。

11.1.3 蛋白质

蛋白质是生命的基础物质，人类的生长、繁殖都离不开蛋白质。蛋白质的原意就是第一重要的物质。在食物提供的三大营养素中，唯有蛋白质含有氮元素，所以说蛋白质是人体中氮元素的唯一来源。它既保证了食品的营养价值，又在食品的色、香、味、形等方面起着重要作用。

1. 蛋白质的组成与结构

蛋白质是由碳、氢、氧、氮等多种元素构成的，氮的含量约占蛋白质干物质的 16%。组成蛋白质的基本单位是氨基酸。根据氨基酸在人体内是否需要从食物中直接获取分为必需氨基酸和非必需氨基酸。必需氨基酸是指人体需要，但不能合成，或者合成的数量不能满足肌体的需要，而且需要量较大，必须从食物供给的氨基酸。必需氨基酸包括赖氨酸、色氨酸、亮氨酸、蛋氨酸、异亮氨酸、苏氨酸、苯丙氨酸、缬氨酸八种，组氨酸也是婴儿的必需氨基酸。

如果一种或几种必需氨基酸含量不足，使其他氨基酸也不能充分利用，限制了食物氨基酸转换成肌体蛋白质的过程，这一种或几种必需氨基酸称为限制氨基酸。如面、米中的赖氨酸，大豆、花生中的蛋氨酸，玉米蛋白中的色氨酸、赖氨酸等。以谷类为基础的婴幼儿食品中，应添加适量的赖氨酸，促进婴幼儿生长发育，保持体内氮素的平衡。

蛋白质分为完全蛋白质和非完全蛋白质两大类。凡是所含必需氨基酸种类齐全、数量充足、比例适当又符合于合成人体蛋白质需要的蛋白质称为完全蛋白质。如蛋类、乳类、瘦肉类、鱼虾类和大豆类等食品中的蛋白质都属于完全蛋白质。凡是必需氨基酸品种不齐全的蛋白质称为不完全蛋白质。如果以此为蛋白质的唯一来源，则会使肌体中氮素平衡被破坏，影响健康。如玉米、豌豆、肉皮、蹄筋等食品中的蛋白质都属于不完全蛋白质。

为了提高对蛋白质的利用程度，通过食物混合，使各种食物蛋白质互相补充含量不足的必需氨基酸，从而提高混合食物蛋白质的营养价值，被称为蛋白质的互补作用。应提倡食品种类多样化，防止偏食，应注意荤素搭配，粮豆混食，粗细混合，粮菜兼食等。蛋白质互补可以提高蛋白质利用率 10%以上，还有提高食品口感、健脑强身、有利于废物排泄、调理胃肠功能等作用。

2. 蛋白质的生理功能

（1）创建肌体、修补组织。蛋白质和核酸是生命活动中最重要的物质基础，是塑造一切细胞和组织的重要组成成分。儿童在生长发育期间，即处于肌体的创建时期，此时蛋白质的供给起着决定性的作用。缺乏蛋白质会影响儿童发育，使婴儿变成“大头娃娃”。同时，人体又不间断地进行着新陈代谢，人体内的蛋白质每天约有 3%进行更新，肝脏内蛋白质每 10 天更新一次，肌肉蛋白质每 180 天更新一次。并随时可能出现因损伤和疾病等造成的组织蛋白的分解，这些都需由蛋白质来补充修复。

（2）构成人体重要物质，调节生理机能。蛋白质在人体内构成一些重要物质，如激素、酶、抗体、血红蛋白、肌肉蛋白、血浆蛋白和遗传物质等，对人体具有特殊的调节作用。激素是由分散全身各处的一些内分泌腺，如脑垂体、甲状腺、肾上腺、胰岛和性腺等分泌的特殊蛋白质。激素能加速或抑制人体的代谢过程，从而影响特定的生理功能。人体中新陈代谢的化学反应绝大多数是由酶催化的，酶的催化效率极高，可催化体内生物化学反应。机体对外界的一些有害因素具有一定的抵抗力，对感冒、传染性肝炎、痢疾等引入的病毒、细菌，机体可产生一定的抗体，使人体获得免疫力，减轻或消除病原体对人体的毒害作用。血红蛋白对氧的运输作用使机体全身各组织细胞充分获氧，以维护各种功能。机体的一切机械运动都与肌肉蛋白有关。血浆蛋白对维持血液正常的胶体渗透压从而使血液保持一定量的水而正常运转。另外，核蛋白及其相应的核酸又是遗传的重要物质基础。

（3）提供能量。每克蛋白质在体内氧化约产生 17 000 焦的能量，所以，机体消耗的热能也有一部分是由蛋白质供给的。但一般不将蛋白质作为热能的主要来源，因为长期的高蛋白膳食既不经济又不易被消化，还会因其代谢过程中产生的含氮废物如尿素、尿酸、肌酸、氨等给肝脏和肾脏带来负担，因此，不提倡为供能而过多摄取蛋白质。

3. 蛋白质的供给量及来源

蛋白质的食物来源有两个途径：一类是动物性食品，如蛋、奶、鱼、肉等；另一类是植物性食品，如豆制品、粮食、薯类等。每日需要摄取约 80 克蛋白质，其中，植物蛋白质占 60%，动物蛋白质占 40%，就能满足人体的需求。

11.1.4 膳食纤维

不能被人体消化吸收的多糖类和木质素统称为膳食纤维。膳食纤维可分为不溶性食物纤维和可溶性食物纤维两大类。不溶性食物纤维主要有纤维素、半纤维素和木质素。可溶性食物纤维素主要有果胶、树胶、琼脂、羧甲基纤维素、活性多糖类等。

1. 膳食纤维的生理功能

不溶性膳食纤维不能被人体消化吸收，对人体没有直接营养作用，但在人体新陈代谢中有着重要意义。膳食纤维可以促进肠道蠕动，减少有害物质与肠壁的接触时间，尤其是果胶类吸水膨胀后，有利于粪便排除，可以预防便秘、直肠癌，痔疮及下肢静脉曲张；促进胆汁酸的排泄，抑制血清胆固醇及甘油三酯的上升，可以预防动脉粥状硬化和冠心病等心血管疾病的发生；能促进人体胃肠吸收水分，延缓葡萄糖的吸收，改善耐糖量，增加饱腹感，可以作为糖尿病人的食品和减肥食品；改善神经末梢对胰岛素的感受性，降低对胰岛素的要求，可调节糖尿病人的血糖水平；减少胆汁酸的再吸收，预防胆结石的形成。

可溶性食物纤维中的活性多糖类在人体生理上有许多特殊功能，如刺激抗体的产生，增强人体的免疫功能；一些活性多糖具有抗肿瘤活性，对癌细胞具有很强的抑制作用；延缓衰老；抗疲劳作用；降血脂抗血栓、保肝、抵抗放射性物质的破坏及增加白细胞含量等功能。

2. 常见的膳食纤维

（1）纤维素。纤维素存在于所有的植物细胞壁中，其分子也是由许多葡萄糖分子连接而成的，但它是以β-1，4 糖苷键结合形成的，由于人体中水解纤维素的酶活力较低，所以，人不能消化纤维素。但大肠中的细菌可分解纤维素，并代谢产生一些低级脂肪酸、乳酸和气体（如 H_2、CO_2、CH_4 等），这些代谢物很少被人体利用。

在一般的烹饪和食品加工中，纤维素的结构不会被破坏，若在高温、高压和稀酸存在的条件下，其可水解为葡萄糖。

（2）半纤维素。半纤维素与纤维素共存于植物的细胞壁中，而半纤维素常存于木质化部分。通常把用 17.5%的 NaOH 溶液提取的多糖统称为半纤维素。半纤维素被稀酸水解生成的单体有葡萄糖、果糖、半乳糖、阿拉伯糖、木糖、鼠李糖及糖醛酸等。半纤维素包括均一多糖和混合多糖两部分，两者都不能被人体消化吸收，但都与纤维素一样可被肠道微生物分解。

3．膳食纤维的来源

膳食纤维的来源有谷物纤维、豆类纤维、水果蔬菜、微生物纤维、植物胶、多聚糖等。

11.1.5 维生素

维生素是维持人体正常功能所必需的一类低分子有机物。维生素存在于天然食物中，它们在机体内不提供能量，机体摄入极少的数量即可满足正常的生理需要，但绝对不可缺少；体内合成的量较少所以必须由食物供给。

维生素的分类通常分为脂溶性和水溶性两大类。脂溶性的主要有维生素 A、D、E、K 等；水溶性的有维生素 B、C 等。

1．脂溶性维生素

（1）维生素 A。维生素 A 的生理功能：参与调节视网膜感光物质——视紫质的合成，维持正常视觉，缺乏时易患夜盲症；维护上皮组织的健康，增强抗病力，缺乏时使皮肤、黏膜等上皮组织细胞萎缩、角化甚至坏死；促进机体蛋白的合成，加速生长发育，缺乏时会导致肌肉及内脏器官萎缩、体脂减少，发育缓慢，容易感染疾病。

维生素 A 的食物来源：各种动物肝脏、鱼肝油、乳类、禽类、绿色及黄色蔬菜水果等。如果摄入过量则会发生厌食、过度兴奋、头发稀疏、肝肿大、肌肉僵硬和皮肤瘙痒等，仅通过普通膳食一般不会引起摄入过量现象。

（2）维生素 D。维生素 D 的生理功能：促进肠道对钙、磷的吸收，有利于钙化，维护骨骼、牙齿的正常结构与功能。缺乏时，儿童易引起佝偻病，成人易引起骨质软化，尤其是孕妇和乳母更易发生。

维生素 D 的食物来源：各种动物肝脏、禽蛋等，奶类含量较少，以奶为主食的婴儿，补充适量的维生素 D 对其生长发育有利，但不可过量。成人经常接受日照就是取得维生素 D 的最好来源。如果摄入过多维生素制品则会引起血钙过高、血管及其他器官不必要的钙化。

（3）维生素 E。维生素 E 的生理功能：调节性腺功能、维持正常发育等作用；具有抗氧化及抗衰老作用。

维生素 E 的来源：小麦、黄豆、豌豆、玉米油、绿色蔬菜、肉、蛋、奶。

（4）维生素 K。维生素 K 的生理功能：促进肝脏合成凝血酶原，促进血凝。

维生素 K 的来源：绿色蔬菜中最为丰富，蛋黄、豆油、猪肝中含量也较高。

2．水溶性维生素

（1）维生素 B1。维生素 B1 的生理功能：作为辅酶参与糖的代谢；维护胃肠功能帮助消化；维护心脏和脑组织的正常结构和功能。缺乏时出现多发性神经炎、肌肉萎缩及水肿等脚气病。

维生素 B1 的来源：谷类、豆类、酵母、动物内脏等。

（2）维生素 B2。维生素 B2 的生理功能：它是肌体内许多重要辅酶的组成成分，这些辅酶是活细胞进行氧化反应所必需的物质，对促进生长，维持健康有益。缺乏时易患口角溃疡、舌炎、角膜炎、视觉不清、白内障等疾病。

维生素B2的来源：动物内脏、蛋黄、奶类、酵母、豆制品、粗米面、蔬菜、水果等。

（3）维生素C。维生素C的生理功能：作为供氢体和受氢体参与氧化还原反应；促进胶原蛋白合成，有利于细胞间质的形成；促进抗体的形成，增加抗病力；帮助机体解毒。缺乏时出现伤口、溃疡不易愈合，毛细血管受损、通透性增大、引起皮下及肌肉出血等坏血症症状。

维生素C的来源：维生素C广泛存在于蔬菜、水果中，新鲜的绿色蔬菜和酸味水果中含量更为丰富。

11.1.6 矿物质

食品经高温（550℃～600℃）燃烧后，在不挥发的残留物中存在的各种元素统称为矿物质。在人体中存在的几十种元素中，除碳、氢、氧、氮四种元素以外的元素都属于矿物质，这些元素除了少量参与有机物的组成外，大多数都以无机盐的形式存在。矿物质约占体重的 4%～5%，体内含量在 0.01%以上的元素称为常量元素，如钙、磷、硫、氯、钠、钾、镁7种元素；含量低于0.01%的元素称为微量元素，如铁、锌、铜、碘、锰、钼、钴、硒、铬、镍、锡、硅、氟、矾14种元素。矿物质是人体必需的营养素，只能从食物、水及食盐中获取。

1．矿物质的生理功能

矿物质是构成肌体的重要成分；可以调节渗透压维持体内酸碱平衡；参与体内的生物化学反应；维持神经和肌肉细胞的正常兴奋性。

2．食物中重要的矿物质

（1）钙。钙是人体中含量最多的矿物质，成人体内约含1 200克，占体重的1%～2%。人体的钙99%存在骨骼和牙齿中，1%存在于软组织、细胞外液及血液中。钙是构成骨骼和牙齿的重要成分；能调节心脏、神经、肌肉的兴奋性，当血钙含量低时，易引起心跳加快，出现神经兴奋性增强导致手足抽搐即“抽风”症状；当血钙含量高时，则会引起心脏、呼吸衰竭；钙对许多酶有激活作用；钙还参与血液的凝固。当儿童缺乏钙时易患佝偻病，老人则易患骨质软化症。

食物中钙的来源以奶类制品最好，含量高且易被吸收，虾皮、海带、芝麻酱、豆制品也含有较多的钙。食物中草酸、植酸、过多的脂肪和粗纤维不利于钙的吸收，补钙时应补充适量的维生素D、食醋、乳酸、氨基酸帮助钙的吸收。成人每天摄入量为800毫克，儿童和孕妇摄入量为1 200毫克。

（2）碘。碘在人体内含量为20～50毫克，其中20%存在于甲状腺中。碘在人体内主要是参与甲状腺的生成，调节三大营养素的合成与分解代谢，促进生长发育，提高神经系统的兴奋性等。当碘缺乏时易得甲状腺肿大疾病，碘过量会引起碘中毒。

碘的来源主要由饮水、食物和食盐获得，成人每天摄入量为150微克，儿童略少，孕妇、乳母略高。食物中海产品含碘较多的有海带、紫菜、海鱼虾等。

（3）铁。成人体内约含铁 3～5 克。身体中约 2/3 的铁参与血红蛋白的组成，对氧气和二氧化碳的正常运输具有重要作用。铁还参与细胞色素酶、过氧化氢酶的组成，调节氧化还原反应，维持正常代谢。缺乏时会出现缺铁性贫血。成年男子每天需 12～15 毫克，成年女子每天需 18～20 毫克，孕妇、乳母略高，儿童略低。

人体内铁的来源：一是体内衰老的或被破坏的含铁细胞中的铁可被反复利用；二是由食物摄取，主要来源肝、肾、蛋黄、瘦肉、豆类、补铁调味品、粮食和蔬菜水果等。

（4）锌。人体含锌约为 1.4～2.3 克，约为铁的一半。锌主要存在于骨骼、皮肤、毛发中，头发中的含锌量一般用来测量体内锌的营养水平。锌是许多酶组成的一部分，锌参与核酸和蛋白质的合成，促进生长发育，增强免疫功能，调节胰岛素的活性，维持正常味觉，促进伤口愈合。体内缺乏锌时，会造成少年性发育不良，生长缓慢，味觉障碍和伤口愈合缓慢等症状。10 岁以上的儿童至老年人每天摄入量为 15 毫克。

锌的来源主要由动物性食品提供。肉类、水产类含锌量较高。植物性食品中豆类较高，谷类次之，蔬菜含量较低。

（5）硒。硒在人体内含量为 14～21 毫克。硒主要存在于人的心、肝、肾、指甲、头发等部位。硒参与多种酶的催化反应，对保护细胞膜，维护人体心肌的功能有较大作用。缺乏时容易患“克山病”。7 岁以上儿童至老年人每天摄入量为 50 微克。

硒主要来源于海产品、动物内脏、肉类、豆类、谷类等。蔬菜、水果含量较低。

11.1.7 水

水是构成人体的重要组成成分，其含量约占体重的 2/3，成人每天与外界有 2～2.5 升的水交换以维持体内水平衡。

1. 水的生理功能

食品中的营养成分只有在水溶液中才能被人体吸收；作为润滑剂减小体内摩擦；作为载体运输营养物质和代谢产物；血液中的水分随循环调节体温。因此，人的生命活动都离不开水，水的重要性在特定情况下胜过其他营养素。

2. 水的来源

人体中的水 50%来自液体食品如饮水、饮料、汤汁、稀饭等，40%来源于固体食品如饭、菜、水果等，10%由糖类、蛋白质、脂肪进行生物氧化产生。

【知识链接 11.1】 食品质量安全准入制度（“QS”标志）

我国自 2004 年 1 月 1 日起实行食品质量安全准入制度。

食品质量安全准入制度就是，为保证食品的质量安全，具备规定条件的生产经营活动、具备规定条件的食品才能允许生产销售的监管制度。

食品市场准入标志由“质量安全”英文（Quality Safety）字头“QS”和“质量安全”中文字样组成。标志主色调为蓝色，字母“Q”与“质量安全”四个中文字样为蓝色，字

图 11-1 食品市场准入标志

母“S”为白色。食品市场准入标志的式样、尺寸及颜色都有具体的制作要求。食品市场准入标志（“Q S”标志）如图 11-1 所示。

食品质量安全市场准入制度包括以下三项具体制度：

（1）对食品生产企业实施生产许可证制度。对于具备基本生产条件、能够保证食品质量安全的企业，发放《食品生产许可证》，准予生产获证范围内的产品；未取得《食品生产许可证》的企业不准生产食品。这就从生产条件上保证了企业能生产出符合质量安全要求的产品。

（2）对企业生产的食品实施强制检验制度。未经检验或经检验不合格的食品不准出厂销售。对于不具备自检条件的生产企业强令实行委托检验。这项规定适合我国企业现有的生产条件和管理水平，能有效地把住产品出厂安全质量关。

（3）对实施食品生产许可制度的产品实行市场准入标志制度。对检验合格的食品要加印（贴）市场准入标志——“QS”标志，没有加贴“QS”标志的食品不准进入市场销售。这样做，便于广大消费者识别和监督，便于有关行政执法部门监督检查，同时，也有利于促进生产企业提高对食品质量安全的责任感。

11.2 茶、饮料

11.2.1 茶叶

茶叶、可可、咖啡是世界性的三大饮料。而茶叶又是不具有副作用的保健饮料。我国产茶历史悠久，茶区幅员辽阔，2003 年世界茶叶年产量为 315 余万吨，印度年产量为 86 万吨，我国年产量为 80 万吨列世界第二位。

1．茶叶的化学成分

茶叶的化学成分十分复杂，主要有茶多酚、咖啡碱、芳香油、糖类、蛋白质、氨基酸、矿物质、维生素、水分等。

（1）茶多酚。茶多酚是具有涩味的一种多酚类的混合物，由儿茶素、黄酮、花青素、酚醛缩合而成。茶多酚有降低血脂，抑制粥状动脉硬化；降低血糖；抗氧化，抗衰老；杀菌消炎；抗突变等功效。茶多酚是容易被氧化的化合物，红茶的颜色和滋味就是茶多酚氧化聚合的结果，新鲜嫩叶含有的茶多酚高于老叶。

（2）咖啡碱。咖啡碱为白色针状的晶体，无臭味，而稍有苦味。咖啡碱有促进中枢神经兴奋、健心利尿、帮助消化、解毒等功效。新鲜嫩叶含有的咖啡碱高于老叶。

（3）芳香油。它是赋予茶叶香气的主要成分，是由醛类、酮类、酯类、醇类组成的柠檬黄色的油状物组成的。芳香油容易挥发，所以，新茶香气优于陈茶。

（4）氨基酸。高级茶多于低级茶，绿茶含量最高。氨基酸有强心、利尿、松弛血管的作用。

（5）维生素。茶叶中含有较丰富的维生素 C，它能防止坏血病，促进脂肪氧化，降低胆固醇；还含有维生素 A、B、D、E 等。

2. 茶叶种类

我国茶叶种类繁多，按茶叶加工方法，茶叶可分为绿茶、红茶、青茶、花茶、黑茶和其他茶六大类。

（1）绿茶。绿茶是我国茶叶中产量最大的一种，约占世界绿茶产量的 70%，花色品种之多也居世界之首，我国绿茶以香浓、味醇、形美、耐冲泡闻名，深受消费者欢迎，每年的出口量约为 5 万多吨。根据加工方法分为炒青、烘青、晒青、蒸青。

绿茶的加工工序为：鲜叶→杀青（炒或蒸）→搓捻→干燥（炒干、烘干或晒干）→绿毛茶。

绿茶的品质特点是：干茶色绿，味道清香，鲜醇爽口，浓而不涩，其冲泡后清汤绿叶。杭州“西湖龙井”就以“色绿、香郁、味甘、形美”四绝著称。其他如江苏的“洞庭碧螺春”、安徽的“黄山毛峰”、福建的“天山烘绿”、湖北的“恩施玉露”等都是绿茶中的名品。

（2）红茶。红茶是我国茶叶产量中较大的一种，其中工夫红茶以做工精细而闻名，畅销国内外。

红茶为发酵茶，即茶叶中的茶多酚在酶的作用下发生了氧化，其加工工序为：鲜叶→萎凋→揉捻→发酵→干燥。

红茶的品质特点为：干茶色泽乌黑油润，冲泡后汤色红艳明亮，叶底红亮，香味如甜花香或蜜糖香。

红茶包括小种红茶，如福建的“正山小种”具有红汤红叶，味似桂圆汤的特点；工夫红茶，如云南的“滇红”、安徽的“祁红”、福建的“闽红”等都有条索紧细、香气纯正、滋味醇厚、叶底呈古铜色的特点；碎红茶，具有汤色明亮，味“强、浓、香、鲜”的特点。

（3）青茶。青茶又称乌龙茶，属半发酵茶类。它是介于红茶与绿茶之间的茶类。

青茶的加工工序为：晒青→摇青→凉青→杀青→初揉→初烘→包揉→复烘→烘干。

青茶的品质特点为：干茶外形条索粗壮，色泽青灰有光，茶汤橙黄清澈，香味浓郁，滋味浓爽。

青茶包括闽北青茶，在青茶中，“武夷岩茶”，采制技术最为精细，质量也最好，具有外形粗壮、紧实，色泽油润，红点明显，不带梗，香味浓而持久，叶底红色比例多于铁观音的特点；闽南青茶，如“安溪铁观音”，具有条索粗壮、色泽黑绿乌亮、汤色金黄、滋味浓厚、入口微苦而后转甜的特点；广东青茶，如潮安的“凤凰单丛水仙”，具有条索卷曲紧密而粗壮、色泽青褐、汤色黄绿、滋味爽醇的特点；台湾青茶，如“乌龙白毫”，呈铜褐色，具有汤色橙红、滋味醇和的特点。

（4）花茶。花茶是中国特有的茶类，属再制品。它是用成品茶作原料，加入鲜花窨制而成。花茶的品种很多，产地主要集中在江苏、福建、浙江、安徽等省，都是以鲜花的名称来命名，主要有茉莉花茶、珠兰花茶、玉兰花茶、玳玳花茶等。

花茶的品质特点是香气鲜灵，浓郁清高，滋味浓醇鲜爽，汤色清澈、淡黄、明亮，叶底细嫩、匀净、明亮。

（5）黑茶。黑茶又称紧压茶，是用较粗老的原料，长时间堆积发酵而成的，是藏族、蒙古族、维吾尔族等少数民族人们日常生活的必需品。

黑茶一般经杀青→揉捻→捂堆→干燥等工序压制而成。黑茶根据形状分为砖茶、饼茶、圆茶、方茶等。

黑茶的品质特点是：色泽黑褐油润，汤色橙黄或橙红，香味纯正不苦涩，叶底黄褐粗大。黑茶的品种主要有：湖南黑茶、湖北老青茶、四川边茶、滇桂黑茶，其中以云南普洱散茶和方茶最为出名，销往海内外。

（6）其他茶类。其他茶类包括白茶、黄茶、袋泡茶、速溶茶等。

白茶。白茶是我国的特产，因采摘的细嫩、叶背多白茸毛的芽叶，加工时不炒不揉，晒干或烘干，使白茸毛完整保留而得名。其主要产于福建省的福鼎、政和、松溪和建阳等县。白茶的品质特点是：毫色银白，具“绿装素裹”之美感，芽头肥壮，汤色黄亮，滋味鲜醇，叶底嫩匀。白茶的主要品种有银针、白牡丹、贡眉、寿眉等。

黄茶。黄茶也属我国的特产，因在制茶过程中将茶叶进行闷堆渥黄而得名。黄茶的品质特点是：黄叶黄汤，多数叶芽细嫩显毫，香气浓醇。黄茶的品种主要有湖南的“君山银针”、“北港毛尖”，四川的“蒙顶黄芽”和安徽的“霍山黄芽”等。

袋泡茶。袋泡茶是在散茶的基础上发展起来的，其特点是冲饮方便，清洁卫生，泡茶时可以避免茶叶漂浮，也适合国外加糖、加奶的习惯，如大兴安岭的“北芪神茶”。

速溶茶。速溶茶是比较新型的茶饮品，它是用茶汁经浓缩干燥制成的。其特点是冲饮方便，冷热水均可冲饮，饮后杯中无茶渣。在加工过程中常加入各种香料、果料和某些对人体有益的成分。

3．茶叶的特性与保管

1）茶叶的基本特征

茶叶具有吸湿性、吸附异味性和陈化性三个基本特性。

茶叶中的一些成分如糖类、蛋白质、茶多酚、果胶质等有机成分都是一些亲水性的。茶叶干燥后形成多孔性组织使茶叶具有较强的吸附性，能够吸收水分和其他气味。茶叶吸收水分会使茶叶含水量增加，降低茶叶品质。茶叶如吸收异味，香气和滋味就大大降低，严重的还会失去饮用价值。茶叶一般都以新茶质量最好。茶叶在存放过程中，挥发性的芳香油会慢慢消失，色泽变暗、变深，茶味淡薄，茶中的茶多酚和可溶性固形物含量也明显下降，这种现象称为茶叶陈化。茶叶陈化会使茶叶的品质不断降低。存期越长，茶叶陈化的程度越严重。

2）茶叶的保管方法

仓库保管。仓库保管适宜长期储存。储藏方法不当会影响茶叶的质量，所以储藏时应注意以下四点：第一，地势要较高，排水容易；第二，仓库门窗力求严密，与外界有较好的隔绝，仓库周围没有恶劣的气味；第三，温度不得超过30℃，相对湿度在65%以下；第四，防霉、防虫、防鼠害。

零售保管。在零售现场，应把小包装的茶叶放在干燥、清洁和具有一定封闭性条件的容器内，将容器堆放在干燥、无异味的场所，并防止日晒。高档茶叶应放在密闭的铁皮罐中存放，抽氧充氮，避光冷藏保管。即预先将茶叶水分干燥至 4%～5%，装入不透气、不透光的容器中，进行抽氧充氮密封，并存放在专用的茶叶冷库中。用此法保管茶叶 3～5 年仍可保持茶叶的色、香、味，而不会发生茶叶陈化。

4．茶叶的感官鉴别方法

1）茶叶质量的外形鉴定

茶叶质量的外形鉴定包括条索、嫩度、色泽、净度四项指标，主要反映原料鲜叶的老嫩程度和制茶工艺是否恰当。

条形茶叶的外形称为条索。观察茶叶条索的紧松、曲直、匀整、轻重，条索紧细的质量好，条索粗大轻飘的质量差。

各类茶外形特征为：红茶、绿茶、花茶以条索紧细、圆直、均匀、质量重者为好，粗松开口者较差；扁形茶以扁平、挺直为好；青茶以条索肥壮、紧细、质重、均匀者为好；黑茶要求外形符合规格要求，块形完整，表面、边角整齐光滑，不龟裂，不掉面，不残缺，厚薄均匀，无茶梗露出，压印端正清晰。

茶叶嫩度的感官鉴定。嫩度是指茶叶芽头多少、叶质老嫩、条索的光润度和峰苗的比例，芽头多、叶质细嫩、峰苗多为好，粗松、叶质老则质量较差。其鉴定主要依靠手指触觉，其方法是将浸泡过的湿叶倒在盘子上排平，柔软、肥厚、细嫩、细紧的为最好，粗老、粗松、瘦薄的为最差。

茶叶色泽的感官鉴定。色泽是指茶叶的颜色和光泽，凡是色泽调和一致，明亮光泽、油润鲜活的茶叶较好，色泽较杂，枯暗无光则质量较差。

茶叶净度的感官鉴定。净度是指茶叶中杂质含量的多少。茶叶中的杂质有两类，一是茶类杂质（梗、籽、片、末等）；二是非茶类杂质（杂草、树叶、泥沙、石子、等）。正品茶叶中不允许夹有任何杂质，副品茶叶中不能含有非茶类杂质。

2）茶叶的内质鉴定

鉴定茶叶的内质时，先从审茶盘中不同部位称取 3～5 克的茶样，在 150 毫升杯中，用沸水冲泡 5 分种，然后将茶水倒进审茶碗中，叶底先留在杯中。打开杯盖，先嗅杯中的香气，再看汤色、品尝滋味，最后看茶叶的嫩度、色泽和均度。

茶叶香气的鉴定。香气是指用嗅觉来评审香气的纯正度、强弱和持久度，以及是否有烟、焦、霉味或其他异味。鉴定的方法是：不要把杯盖完全打开，半开半掩，闻后仍旧盖好。首先是热嗅，主要嗅香气的高低，分辨是新茶还是陈茶，有无烟熏气味或霉味。其次是温嗅，主要辨别香气的强弱，有无特殊的香气。第三是冷嗅，主要看香气能否持久，有无异味等。如高级红茶要具有甜香，细嫩鲜叶制成的绿茶要有栗子香，青茶则两者兼而有之，花茶香气则要求纯正、持久、鲜灵。

茶叶汤色的鉴定。汤色是指茶叶内含物被开水冲泡出的汁液所呈现的色泽。茶叶的汤色主要取决于茶多酚和叶绿素的变化。经过发酵的茶叶，茶多酚受不同程度的氧化聚合而产生数量不等的茶红素、茶黄素和茶褐素。红茶的汤色以红鲜明亮者优，绿茶的汤色以碧绿清澈者优，青茶以橙黄明亮者优，花茶以浅黄明亮者优，沱茶、方普洱茶则以黄亮者优。

茶叶滋味的鉴定。滋味是指茶叶经热水冲泡后，大部分可溶性有效成分进入茶汤形成的味道。茶叶的滋味是茶多酚、咖啡碱、氨基酸、糖等多种成分的综合反应，另外茶叶的香气也与滋味密切相关。鉴定茶叶滋味主要辨别茶汤滋味的浓淡、强弱、鲜爽、醇和、甜苦等。鉴定的方法是：从茶碗里舀一匙茶汤送入口中，不要直接咽下，用舌头在口腔内打转 2～3 次后，再吐出，质量好的茶叶，其滋味入口后稍有些苦涩之感，但很快就有回甜清爽的感觉。质量好的花茶醇厚甘甜与绿茶相似，因鲜花香气明显，滋味更加鲜爽；黑茶则以醇厚者为优。

茶叶的叶底鉴定。叶底是指浸泡后的茶叶。它能反映茶叶原料的老嫩、色泽、均度。质量好的红茶，其叶底细嫩、多芽、红艳，具铜板色明亮。质量好的绿茶，叶底细嫩、整齐，叶肉厚而柔软，有明亮的橄榄色。质量好的青茶叶底为绿叶红镶边，其叶脉、叶缘部分为红色，其余为绿色，叶肉厚软。花茶叶底类似，以黄绿均匀者为优。

3）新茶与陈茶的鉴别

茶叶外观：新茶干硬疏松，色泽新鲜，陈茶紧缩暗软。

茶叶叶片：新茶比较干燥，手指捻动变成粉末，陈茶软而重，不易捻碎，茶叶含水量超过 10%就失去了饮用价值。

茶叶茶梗：新茶茶梗一折即断，陈茶不易折断。

茶叶汤色：新茶汤色澄清而香气足，陈茶汤色变褐，香味差。

11.2.2 饮料

饮料是指以水为基本原料，采用不同的配方和制造方法生产出供人们直接饮用的液体食品。饮料除给人提供水分外，饮料中含有糖、酸、乳及各种氨基酸、维生素、无机盐、果蔬汁等营养成分，对人体所需的营养素起到补充作用。2003 年全国年产量为 2 000 余万吨。

1．饮料的分类

饮料一般可以分为含酒精饮料、无酒精饮料和其他饮料三类。

1）含酒精饮料

它属于发酵饮料，是用蔗糖、面包和啤酒花经酒精酵母发酵制得，其酒精含量在 1%以下，含有少量糖的饮料。它既有一般清凉饮料的性质，又有发酵饮料的特点，这种饮料除清凉爽口、消暑解渴、提神助兴外，还有特殊的风味和香气，并具有多种有益的功能，如各种格瓦斯等。

2）无酒精饮料

无酒精饮料又称清凉饮料、软饮料。目前市场上销售的饮料品种繁多，通常可以分以下几类。

（1）碳酸饮料。是用人工配制并充二氧化碳气而成的饮料，通常称为汽水。其主要原料是水、甜味剂、酸味剂、香精、着色剂和二氧化碳等。根据含糖量分为可溶性固形物含量不低于 9.0%，并不添加任何甜味剂的全糖碳酸饮料；可溶性固形物含量不低于 4.5%，允许添加甜味剂的低糖碳酸饮料。碳酸饮料分为果味型、果汁型、可乐型和低热量型。

果味型汽水是以食用香精为主要赋香剂以及原果汁含量低于 2.5%碳酸饮料。这类汽水营养价值不大，只起到清凉解渴的作用，属于普通汽水，如橘子汽水、柠檬汽水等。

果汁型汽水是原果汁含量不低于 2.5%碳酸饮料。采用各种鲜果汁为原料，与蔗糖、柠檬酸等配制而成。它具有水果特有的色、香、味，营养丰富。如杨梅汽水、橙汁汽水、菠萝汽水、混合果汁汽水等。

可乐型汽水是指含有焦糖色素、可乐香精、水果香精或类似可乐果、水果香型的辛香和果香混合香气的碳酸饮料，具有枣红色泽和特有的香味，属于浓香型汽水，如可口可乐、百事可乐、非常可乐等。无色可乐可不含焦糖色素。

低热量型汽水是以甜味剂全部或部分代替糖类的各型碳酸饮料，其热量每 100 毫升不高于 75 千焦。

（2）果蔬汁饮料。果蔬汁饮料的主要原料是果蔬汁，取自新鲜水果和蔬菜，一般可以分为天然果蔬汁、带肉果蔬汁、浓缩果蔬汁几类。

天然果蔬汁是指新鲜果蔬经过压榨处理后直接得到的原汁，它不加任何其他成分。

带肉果蔬汁是指含有均匀细致果肉的一类饮料，它是将新鲜果肉经打浆、磨细，并经过一系列的处理后得到的。

浓缩果蔬汁是以原果汁为原料，一般不加糖或加少量食糖浓缩而成。目前生产的果蔬汁以柑橘汁、苹果汁、番茄汁、红豆汁和浆果类果蔬汁为最多。混合型果蔬汁优于一种果蔬汁。

（3）保健饮料。保健饮料是一种以增进人体健康为宗旨的饮料。根据保健饮料的性质和效用，可以分为强化饮料、疗效滋补饮料、运动饮料、花粉饮料四类。

（4）矿泉水饮料。它是从地下水脉涌出的，含有无机盐和游离二氧化碳的泉水，含无机盐在 1 000 mg/L 以上，或含游离二氧化碳在 250 mg/L 以上，包括天然矿泉饮料和人工矿泉饮料。中国矿泉的分类是：按温度分为冷泉（常温）、温泉（40℃左右）、热泉（70℃以上）。按化学成分可分为碳酸泉、硫酸泉、氡泉、氟泉、铁泉、其他泉。

（5）固体饮料。它是将各种原料调配、浓缩、干燥而成，或将各种原料粉碎、混合后呈固体的饮料。它不能直接饮用，需用水冲调后才可饮用，主要品种有麦乳精、橘子精、菠萝精等。

3）其他饮料

（1）乳性饮料。以牛奶作原料加入配料可制成乳性饮料，如果汁牛奶、巧克力牛奶等。

（2）冷饮。它是用乳类、蛋、糖、稳定剂等原料配置、冷冻而成，如冰激凌、雪糕、冰棍等。

（3）乳酸饮料。它是以牛乳、羊乳的脱脂乳等为原料，将其杀菌后接入乳酸菌，经发酵而制成的具有特殊风味的乳制品。它的营养价值高于一般饮料，如酸乳、活性乳等。

（4）蛋白饮料。它是用植物蛋白、微生物蛋白制成的饮料。其蛋白含量在 2.5%以下，如豆乳、果汁豆乳等。

2．饮料的质量鉴别

（1）从标签内容判断质量。饮料产品标签上应注明的品名、生产日期、保质期、主要原料辅料和生产厂名、厂址等；判定该饮料是否在保质期内。如已超出保质期，则质量无保证，不宜购买；判断该饮料是否名副其实，例如，果蔬原汁含量、乳饮料应标明非乳脂固形物含量、植物蛋白饮料应标明植物蛋白固形物含量、天然矿泉水则应标明矿化成分表和规定指标。

（2）从外观上判断质量。果味型汽水不应出现絮状物；塑料瓶装与易拉罐汽水手捏不软、不变形；罐装饮料如发现“胖听”，则说明饮料内微生物繁殖产生大量气体，不宜饮用；各种包装饮料均不应有渗漏现象；果茶之类饮料及其他一些饮料，如太黏稠、太鲜红或颜色异常，表明增稠剂和色素过量。

（3）从气味和味道判断质量。各种饮料都有其相应的香气和滋味，无异味，无刺鼻感。

（4）从实质判断质量。果味饮料应清澈透明，无杂质，不浑浊；果汁饮料因加入果汁和乳浊香精，会有浑浊感，但应均匀一致，不分层，无沉淀和漂浮物；固体饮料不应有结块、潮解和杂质。

11.3 酱油、食醋

酱油是一种红棕色、氨基酸含量较高、营养价值丰富的复合调味品，是餐桌上不可缺少的佐餐食品。目前世界年产酱油约为800万吨，我国年产酱油约450万吨，居世界首位，广式酱油已占到全国产量的40%，出口量的50%。

食醋是以淀粉质为主要原料，在微生物的作用下，经过一系列生物化学反应的一种复杂的生物化学过程，酿制的含有醋酸、乳酸、糖、氨基酸等成分的调味品。我国年产食醋约为100万吨，人均消费0.9千克，仅是日本人均消费量的1/9。食醋除具有杀菌、防腐作用之外，还具有保健和美容作用。经常饮用食醋可预防感冒，对治疗高血压、冠心病等均有疗效。

11.3.1 酱油

1．酱油产品分类

1）按生产原料分类

欧美等一些国家以食用不经发酵的蛋白质水解液为主；中国大部分工厂以豆粕和大豆为主要原料；南方大豆缺乏的地区，也用豌豆、葵花子饼、花生饼、棉子饼等代用原料；广东、福建等地以海产小鱼或小虾为原料；也有以牛奶蛋白质酿制的酱油。

2）按加工方法分类

（1）酿造酱油。以大豆或脱脂大豆、小麦或麸皮为原料，经过微生物发酵制成的具有色、香、味的液体调味品。

（2）改制酱油。改制酱油也称花色酱油或配制酱油，是以酱油为原料，再配以辅料制成。它具有辅料的特殊风味，如虾子酱油、蘑菇酱油、五香酱油、云南甜酱油等。

（3）配制酱油。以酿造酱油为主体，与酸水解植物蛋白调味液、食品添加剂等配制而成的液体调味品。

3）按物理状态分类

（1）液体酱油。酱油呈液体状态。

（2）固体酱油。把液体酱油配以蔗糖、精盐、助鲜剂等原料，用真空低温浓缩的方法加工定型制成。

（3）粉末酱油。它是将酱油直接干燥而制成的。

固体酱油和粉末酱油均具有运输方便、便于储存的优点。

4）按酱油的颜色分类

（1）浓色酱油。浓色酱油又称老抽，颜色呈深棕色或棕褐色。

（2）淡色酱油。浓色酱油又称白酱油、生抽，颜色为淡黄色，供一部分出口和加工特殊食品用。

5）根据成品中含盐量分类

（1）含盐酱油。在生产过程中加入食盐而酿造的酱油。

（2）忌盐酱油。为肾病患者的特殊需要而制成的渗析膜减盐酱油，食盐含量只有普通酱油的 1/2，保存时注意防霉变质。

2．酱油的感官质量鉴别

酱油的质量因原料的种类、配方、酿造工艺不同而有所差别。

（1）色泽。优质酱油：色泽为红褐色，鲜艳，有光泽，不发乌。劣质酱油：无光泽、发乌，一般多为添加色素过多所致。

（2）体态。优质酱油：体态澄清，浓度适当，无沉淀物，无霉花、浮膜。劣质酱油：浓度较低，其黏稠度较小，因此流动稍快。存放很久后摇动瓶子时，酱油变浑浊，有沉淀，有霉花浮膜。

（3）气味。优质酱油：具有酱香或酯香等特有的芳香味，无其他不良气味。劣质酱油：无酱油的芳香或香气平淡，且有焦糊、酸败、霉变和其他令人厌恶的气味。

（4）滋味。优质酱油：味道鲜美适口而醇厚，柔和味长，咸甜适度，无异味。劣质酱油：有苦、涩、酸等不良异味和霉味，醇味薄，没有酱香味。

11.3.2　食醋

1．食醋的分类

1）根据生产原料分类

用高粱为原料的山西老陈醋；以糯米为原料的镇江香醋；用大米为原料的江浙玫瑰米醋；以白酒为原料的丹东白醋；用糯米、红曲、芝麻为原料的福建红曲老醋；以凤梨或香蕉为原料的凤梨醋或香蕉醋等。

2）按酿制工艺分类

（1）固态发酵食醋：以粮食及其副产品为原料，采用固态醋酸发酵而成的食醋。例如，老陈醋是以高粱为主要原料，以大曲为发酵剂，采用固态醋酸发酵，经陈酿而成的食醋。

（2）麸醋是以麸皮为主要原料，以醋曲为发酵剂，采用固态发酵工艺酿制而成的食醋。

（3）液态发酵食醋则是以粮食、糖类、酒类、果类为原料，采用液态醋醪发酵酿造而成的食醋。

3）按加工方法分类

（1）酿造食醋。它单独或混合使用各种含有淀粉、糖的物料或酒精，经微生物发酵酿制而成的液体调味品。

（2）改制食醋。它是以食醋为原料，再配以辅料制成。它具有辅料的特殊风味，如蒜汁醋、姜汁醋等。

（3）配制食醋。它以酿造食醋为主体，与冰乙酸、食品添加剂等混合配制而成的调味食醋。

4）按食醋的颜色分类

（1）浓色陈醋。它是经烤醅、陈酿，颜色呈深棕色或棕褐色的食醋。

（2）米醋。它是以淀粉质为原料经发酵酿制淡黄色的酸性调味品。

（3）白醋。它是以酒精为原料，经醋酸菌作用制成的食醋。

5）根据成品中含酸量分类

（1）高度食醋。其醋酸含量高于5.0g/100mL的食醋。

（2）低度食醋。它醋酸含量高于3.5g/100mL，低于5.0g/100mL的食醋。

2. 食醋的感官质量鉴定

（1）色泽。优质食醋：呈琥珀色，棕红色或白色。劣质食醋：色泽不正常，发乌、无光泽。

（2）体态。优质食醋：液态澄清，无悬浮物和沉淀物，无霉花浮膜，无醋鳗、醋虱或醋蝇。劣质食醋：液态浑浊，有大量沉淀，有片状白膜悬浮，有醋鳗、醋虱或醋蝇。

（3）气味。优质食醋：具有食醋固有的气味和醋酸气味，无其他异味。劣质食醋：失去了固有的香气，具有酸臭味、霉味或其他不良气味。

（4）滋味。优质食醋：酸味柔和，稍有甜味，无其他不良异味。劣质食醋：有刺激性的酸味，涩味、霉味或其他不良异味。

3. 酿造醋与配制醋的鉴别

酿造醋是以淀粉质（高粱、糯米、大米等）为主要原料，经发酵酿制成醋，再经过滤消毒而成。酿造醋液体浓稠，色泽清澈，无沉淀。酿造醋含有乙酸乙酯，乳酸乙酯等多种发酵香味成分，营养丰富，醋香浓郁，气味柔和。酸中带甜，口味醇和。

配制醋是用食用冰醋酸加水配制而成的，液体稀薄，有透明感，色泽暗红，因为掺有香精，香精味浓，有较强的刺激性酸味，回味稍有苦味。

4. 优质食醋介绍

山西老陈醋是以优质高粱为主要原料，经蒸煮、糖化、酒化等工艺，再以高温快速醋化，温火焙烤和夏日晒、冬捞冰陈酿而成。其具有色泽黑紫，液体清亮，酸香浓郁，食之绵柔，醇厚不涩，越陈越香，久放不腐的特点。

镇江香醋是以优质糯米为主要原料，经酿酒、制醅、淋醋、晒露四大工艺酿制而成。镇江香醋呈深褐色，色泽光亮，香气芬芳，口味酸而不涩，香而微甜，浓稠醇厚。它具有“色、香、酸、醇、浓”的特点。

四川麸醋是以麸皮、小麦、大米为主要原料，用泉水做溶剂，配以多种中药发酵而成。

麸醋色泽黑褐，酸味浓厚，酯香浓郁，稍带鲜味，是一种风味独特的调味品。

福建红曲醋是选用优质糯米、红曲、芝麻为原料，液体发酵，三年陈酿而成。其具有色泽棕黑，酸而不涩，酸中带甜，芝麻香气浓郁的特点。

11.4 饮料酒

11.4.1 酒的分类

目前，我国的酒品分类主要有以下几种方法。

（1）按酿制方法可以分为蒸馏酒、发酵酒和配制酒。

蒸馏酒是指以糖或淀粉质为原料，经糖化、发酵、蒸馏而制成的酒，如我国的白酒，国外的白兰地、威士忌酒等。其特点是酒度较高，刺激性较强。

发酵原酒或称压榨酒，它是指含糖或淀粉原料经糖化（或不经过糖化）、发酵后直接提取或用压榨法制成的酒，如啤酒、葡萄酒、果酒等，其特点是酒度较低，刺激性较小，并具一定的营养价值。

配制酒是指将白酒或食用酒精与一定比例的糖料、香料、中药等配制而成的酒，如竹叶青、五加皮、虎骨酒等，其特点是酒内含有一定的糖粉和固形物，有一定的药用价值。

（2）按酒精含量的不同可分为高、中、低度酒三种。

高度酒的酒精度在 40 度以上，如高度白酒、白兰地等。

中度酒的酒精度在 20～40 度之间，如低度白酒和配制酒。

低度酒的酒精度在 20 度以下，如葡萄酒、果酒、啤酒、黄酒等。

（3）按经营习惯可分为白酒、黄酒、啤酒、葡萄酒、果酒、配制酒、进口酒等。

11.4.2 酒的主要品种

1. 白酒

白酒又称烧酒、白干。它是以高粱、玉米等含淀粉较多的粮食或薯类为原料，以酒曲为糖化剂，用蒸馏法制成的高度酒。酒精含量一般在 40 度以上。白酒在酒类中占有重要位置，具有独特风格，酒液澄清透明，香气宜人，口味醇厚柔绵，甘润清冽，回味悠久。白酒中的主要成分是水、酒精以及少量的脂类、高级醇类、醛类、甲醇等。

（1）白酒按其香型不同又可分为清香型、浓香型、酱香型、米香型和复香型白酒。

清香型又称汾香型，其酒气清香芬芳、醇厚绵软、酒味纯正、余味爽净，以山西汾酒为代表，其他如西凤酒，衡水老白干等。

浓香型又称窖香型，其酒气芬芳浓郁、绵柔甘冽、香味协调、回味悠久，以四川五粮液为代表，其他如剑南春、古井贡酒、洋河大曲等。

酱香型又称为茅香型，它酱香突出、幽雅细致、回香绵长、酒体醇厚，以贵州茅台酒为代表，其他如郎酒、武陵酒等。

米香型蜜香清柔、入口绵甜、回味怡畅，以桂林三花酒为代表，其他如广西全州湘山酒、黑米酒等。

复香型又称兼香型、其他香型，即兼有两种以上香型的白酒风格，如董酒、老龙口酒、白沙液等。

（2）白酒按发酵状态又分为固态白酒、半固态白酒、液态白酒。

固态白酒是采用固态糖化、固态发酵及固态蒸馏的传统工艺酿制而成的白酒。

固态白酒分为大曲酒、小曲酒、麸曲酒、混曲酒及其他糖化剂酒。大曲酒是以大曲为糖化发酵剂酿制而成的白酒；小曲酒是以小曲为糖化发酵剂酿制而成的白酒；麸曲酒是以麸曲为糖化剂，加酵母发酵酿制而成的白酒；混曲酒是以大曲、小曲或麸曲等为糖化发酵剂酿制而成的白酒；其他糖化剂酒是以糖化酶为糖化剂，加酿酒酵母发酵酿制而成的白酒。

半固态白酒是采用固态培菌、糖化，加水后，于液态下发酵、蒸馏的传统工艺酿制而成的白酒。

液态白酒是主要采用液态糖化、液态发酵、液态蒸馏而制成的白酒。

【知识链接 11.2】 中国名优白酒简介

（1）茅台酒。产于贵州仁怀县茅台镇。茅台酒为国酒，是酱香型白酒的代表。茅台酒具有“酱香突出，幽雅细腻，酒体醇厚，回味悠长”的特殊风格，酒液清亮，醇香馥郁，香而不艳，低而不淡，闻之沁人心脾，入口荡气回肠，饮后余香绵绵。茅台酒最大的特点是“空杯留香好”，即酒尽杯空后，酒杯内仍余香绵绵，经久不散。茅台酒在历次国家名酒评选中，都荣获名酒称号。茅台酒还是许多重大的外事活动的见证人，因而被誉为“国酒”、“外交酒”。

（2）五粮液酒。产于四川宜宾。该酒由高粱、大米、糯米、小麦和玉米五种谷物为原料酿制而成，相传创始于明代。五粮液酒属于浓香型白酒，具有“香气悠久，味醇厚，入口甘美，入喉净爽，各味谐调，恰到好处”的特点。在大曲酒中，以酒味全面著称。该酒四次被评为国家名酒。

（3）泸州老窖特曲酒。产于四川泸州曲酒厂。泸州老窖特曲作为浓香型大曲酒的典型代表，以“醇香浓郁，清冽甘爽，饮后尤香，回味悠长”的独特风格闻名于世。1915年曾获巴拿马国际博览会金质奖，历届国家评酒均获“国家名酒”的称号。

（4）古井贡酒。产于安徽亳州古井镇。据当地史志记载，该地酿酒取用的水，来自南北朝时遗存的一口古井，明代万历年间，当地的美酒又曾贡献皇帝，因而就有了“古井贡酒”这一美称。古井贡酒属于浓香型白酒，具有“色清如水晶，香醇如幽兰，入口甘美醇和，回味经久不息”的特点。

（5）剑南春酒。产于四川省绵竹县。此酒以高粱、大米、糯米、玉米、小麦为原料，小麦制大曲为糖化发酵剂。剑南春属浓香型大曲酒，酒质无色，清澈透明，芳香浓郁，酒味醇厚，醇和回甜，酒体丰满，香味协调，恰到好处，清冽净爽，余香悠长。

（6）郎酒。产于四川省古蔺县。郎酒以高粱和小麦为原料，用纯小麦制成的高温曲为糖化发酵剂，引郎泉之水，其酿造工艺与茅台酒大同小异。人称“山泉酿酒，深洞储藏；泉甘酒洌，洞出奇香”。郎酒系酱香型大曲酒，呈微黄色，清澈透明，酱香突出，酒体丰满，空杯留香长，以“酱香浓郁、醇厚净爽、幽雅细腻、回甜味长”的独特风格著称。

（7）西凤酒。产于陕西凤翔城西柳林镇。西凤酒属于清香型白酒，其幽雅浓郁的酒香，在我国名白酒中独树一帜。西凤酒的传统工艺是以大麦、豌豆、高粱为原料，采用传统的老五甑工艺技术，酿出的新酒经“酒海”储存后科学勾兑而成。西凤酒清澈透明，香气清芬，酒味醇厚，绵软甘润，饮后醇甜，芳香长久。

（8）汾酒。产于山西汾阳县杏花村酒厂。作为我国白酒类的名酒，山西汾酒可以说是我国历史上最早的名酒。汾酒属于清香型白酒。汾酒酒液纯净，甜润醇香，清香味浓，回味悠长而无刺激性。

（9）董酒。产于贵州遵义城郊董公寺。1929 年至 1930 年由程氏酿酒作坊酿出董公寺窖酒，1942 年定名为“董酒”。董酒的香型既不同于浓香型，也不同于酱香型，而属于兼香型白酒。该酒的生产方法独特，将大曲酒和小曲酒的生产工艺融合在一起。董酒酒液晶莹透明，香气扑鼻，清爽醇香。

（10）三花酒。产于广西桂林。三花酒属于米香型白酒。酒液晶莹透明，蜜香清雅，入口香醇，清冽甘爽，回味甜醇，饮后满口留香。

（11）洋河大曲酒。产于江苏省泗洋县洋河镇洋河酒厂。洋河大曲酒属于浓香型大曲酒，系以优质高粱为原料，以小麦、大麦、豌豆制作的高温火曲为发酵剂，辅以闻名遐迩的“美人泉”水精工酿制而成，形成了“甜、绵、软、净、香”的独特风格。

（12）竹叶青酒。竹叶青酒属于配制酒，以优质汾酒为母酒，加配十余种名贵滋补药材而成，酒质甘醇，酒色金黄，清雅芳香。适量久饮，可以疏气、活血、润肝、健脾。促进肠道双歧杆菌增殖，改善肠道菌群，润肠通便，增强人体免疫力，曾连续三届被评为国家名酒。

2. 啤酒

啤酒是以大麦为主要原料经过糖化、加入酒花，再经过发酵酿制的原汁酒，是酒类中酒精含量最低的酒，酒度一般在 3.5 度左右。啤酒中含有大量的二氧化碳，同时还含有多种营养成分如糖类、蛋白质、氨基酸、维生素等，素有“液体面包”之称。其主要特点是：营养丰富，且营养成分易被人体消化吸收，发热量高，可健脾开胃，增进食欲。

（1）啤酒根据其麦汁浓度的不同可分为：低浓度、中浓度和高浓度啤酒三种。

低浓度啤酒。其发酵前麦汁的浓度通常只有 6～8 度，酒精含量约为 2%（重量计），较适合于夏天作为清凉饮料，它的稳定性差，需注意控制保存温度和保存期。

中浓度啤酒。其麦汁浓度为 10～20 度之间，尤以 11～12 度为最普遍，酒精含量在 3.5%（重量计），这是啤酒中产量最多的品种。

高浓度啤酒。其麦汁浓度在 14～20 度之间，酒精含量在 4.9%～5%之间，这种啤酒的稳定性较好，适宜储存和远销。

（2）根据啤酒颜色的深浅可分为黄啤酒和黑啤酒。

黄啤酒或称浅色啤酒，颜色呈浅黄色，口味较清爽，酒花香气较突出。这是啤酒中最主要的品种。

黑啤酒或称深色啤酒，颜色呈咖啡色，富有光泽，是用焦香麦芽作为原料，麦汁浓度较高，发酵度较低，固形物含量较高，口味比较醇厚，有明显的麦芽香。

（3）根据啤酒杀菌与否可分为鲜啤酒和熟啤酒。

鲜啤酒也称为生啤酒或扎啤。未杀菌，味道鲜美，营养价值高，桶装或散装适宜地产地销，但稳定性较差，保存期短。

熟啤酒。经过杀菌处理即为熟啤酒。其稳定性较好，一般可保存 60 天以上，装瓶或装罐的熟啤酒可保存半年以上。

（4）特种啤酒。在原辅材料或生产工艺方面有某些重大改变，使其改变了上述啤酒原有的风味，成为独特风格的啤酒。

干啤酒。其原麦汁浓度为 10%左右，实际发酵度在 72%以上，成品色泽浅、苦味轻、口味爽净、低糖低热量的啤酒，含糖量一般为 0.5%～1.5%。

低醇啤酒。其酒精度为 0.6%～2.5%的啤酒。

小麦啤酒。它是以小麦麦芽为主要原料（占总原料的 40%以上）酿制的啤酒。

浑浊啤酒。在成品中含有一定量活酵母，有一定浑浊度的啤酒。

冰啤酒。它是在酿制过程中经过冰晶化处理的啤酒。

3. 葡萄酒

葡萄酒是用葡萄为原料经压榨和发酵酿制的低酒精发酵酒。酒度一般为 7～24 度。葡萄酒具有天然色泽和水果香气，同时还具有酒的醇香。葡萄酒的主要成分有酒精、水、糖类、有机酸、无机物质、含氮物质、果胶质和各种维生素人体不可缺少的营养成分；葡萄酒中的微量元素参与人体的代谢；葡萄酒中含有少量的铁，具有补血作用；含有的肌醇、烟酸、多酚等成分，可以软化血管，对心血管患者很有好处。

葡萄酒的种类很多，一般按下列方法分类。

（1）按酒液色泽不同，可分为红葡萄酒、白葡萄酒和淡红葡萄酒（淡红、桃红、橘红等）。

红葡萄酒是用红色或紫色葡萄为原料，采用皮肉混合发酵法制成。其含糖量较高，酸度较低，酒味甜美微酸。

白葡萄酒是用黄绿色葡萄或红皮白肉的葡萄汁为原料，一般采用皮肉分离发酵而成。其含糖量较低，酸度稍高，酒味酸甜适口，醇厚芬芳。

（2）按含糖量不同，可分为干葡萄酒（含糖 4%以下）和甜葡萄酒（含糖 4%～14%）。

干葡萄酒味酸，清怡爽口。甜葡萄酒有明显的甜味。在国外还有半干葡萄酒、半甜葡萄酒之分。

（3）按瓶中压力分为平静葡萄酒、起泡葡萄酒。

平静葡萄酒。在 20℃时，二氧化碳压力小于 0.05 兆帕斯卡的葡萄酒。

起泡葡萄酒。在 20℃时，二氧化碳压力等于或大于 0.05 兆帕斯卡的葡萄酒。

（4）按添加剂的种类不同又可分为以下几类。

起泡葡萄酒。在其中人工加入二氧化碳，则称为加气起泡葡萄酒。

利口葡萄酒。在葡萄原酒中加入白兰地、食用精馏酒精或葡萄酒精以及葡萄汁、浓缩葡萄汁、含焦糖葡萄汁等，酒精度为 15%～22%的葡萄酒。

加香葡萄酒。以葡萄酒为酒基，浸泡芳香植物（或添加浸提物）而成的，酒精度为 11%～

24%（体积分数）的葡萄酒。

（5）按饮用时间分为餐前葡萄酒、佐餐葡萄酒、餐后葡萄酒。

餐前葡萄酒，也称开胃酒。如味美思及干雪利葡萄酒。

佐餐葡萄酒，在吃饭时饮用，通常由一般葡萄酿制而成。

餐后葡萄酒。其酒度和糖度均较高，与甜点心一起饮用。

（6）按葡萄来源不同，分为家葡萄酒、山葡萄酒。

家葡萄酒以人工培植的葡萄酿制而成。

山葡萄酒以野生山葡萄酿制而成。

4．黄酒

黄酒又称料酒，是以糯米、黍米、玉米等含淀粉类粮食为主要原料，经酒药、麦曲糖化、发酵而酿成的低酒精压榨酒。酒精含量一般在 11～20 度左右。黄酒是我国最古老的一类饮料酒，因其多数品种呈黄色，故名为黄酒。黄酒以其酒度适中、营养丰富、品质优异、风味独特而驰名中外。其主要成分有酒精、水、糖分、糊精、高级醇、氨基酸、维生素等。

根据酿酒原料、工艺及成品风格的不同可分为江南黄酒、福建黄酒、北方黄酒三大类；按照黄酒的糖分不同可分为干型黄酒、半干型黄酒、甜型黄酒、半甜型黄酒、浓甜型黄酒五种。

黄酒的主要品种有以下几种。

（1）绍兴加饭酒。酒精度为 16%，糖度为 1%属于半干型黄酒。因在生产时增加糯米饭而得名。绍兴加饭酒酒液黄亮有光，香气芬芳馥郁，滋味鲜甜醇厚，久藏不坏。越陈越香，当地又把它称做“老酒”，是绍兴黄酒的代表。

（2）福建陈缸酒。产于福建省龙岩县龙岩酒厂。酒精度为 15%，糖度为 27%，属于甜黄酒。酒液呈鲜艳透明的红褐色，有琥珀的光泽，香气醇郁芬芳，糖度高却无甜型黄酒的黏稠感，饮后余香绵长，经久不息。该酒的香气是由红曲香、药曲香、米酒香在酿造过程中形成的混合香。

（3）即墨老酒。酒精度为 12%属于甜型黄酒，是用山东盛名的黍米酿制而成的。酒液黑褐而略带紫红，晶明透亮，浓厚挂杯，饮用香馥醇和，甘甜爽口，无刺激感，饮后微苦而有余香。

5．果酒

以新鲜水果或水果汁为原料，经全部或部分发酵酿制而成的，酒精度为 7%～18%的发酵酒。果酒都以果实名称命名。我国的果酒都属于甜酒型，酒度一般为 14～15 度，主要有山楂酒、橘子酒、苹果酒、杨梅酒、海棠酒、草莓酒、梨酒、黑豆蜜酒、桑椹酒等。

6．配制酒

配制酒是以发酵酒、蒸馏酒或食用酒精为酒基，加入可食用的辅料或食品添加剂，进行调配、混合或加工制成的，已改变了其原酒基风格的饮料酒。

根据加入的香料和药料的不同，我国配制酒可以分为露酒和药酒两大类。

（1）露酒。用白酒或食用酒精、葡萄酒或黄酒做酒基，与一定比例的天然果实、鲜花、香料糖料、食用色素等配制而成，如红果酒、玫瑰酒、青梅酒等。

（2）药酒。用食用酒精、葡萄酒或黄酒浸泡各种药材配制而成。酒度在 20～40 度之间，具有一定的滋补和疗效功能，种类很多，如竹叶青、人参酒、虎骨酒、枸杞酒等。

【知识链接 11.3】　国际著名酒品

（1）白兰地（Brandy）。白兰地最早起源于法国，是以新鲜水果（主要是葡萄）或果汁为原料，经发酵、蒸馏、储存、调配制成的蒸馏酒，酒精度为 38～44 度。可分为葡萄白兰地，水果白兰地等。白兰地品质最好者首推干邑。干邑是法国南部城市"Cognac"的音译，该地区出产的白兰地称为干邑白兰地，有"白兰地之王"的美称。

（2）威士忌（Whisky）。"威士忌"一词源自凯尔特人古语中的"uisge beatha"，意为"生命之水"。以麦芽、谷物为原料，经糖化、发酵、蒸馏、储存、调配而成的，酒精度为 40～44 度，琥珀色，微辣，醇香的蒸馏酒，可分为麦芽威士忌、谷物威士忌、调配威士忌等。苏格兰威士忌以其口感、香味享誉世界，是全球销量最高的威士忌。

（3）伏特加（Vodka）。又称俄得克。以谷物、薯类或糖蜜等为原料，经发酵、蒸馏制成食用酒精，再经过特殊工艺精制加工制成，酒精度为 38～40 度，价格低，杂质少，酒味纯正的蒸馏酒。常见的伏特加品牌有波尔斯卡亚、哥萨克、斯米诺夫等。

（4）朗姆酒（Rum）。又称老姆酒，原产古巴。以甘蔗或糖蜜为原料，经发酵、蒸馏，在橡木桶储存陈酿至少两年，酒精度为 45～55 度，色泽淡黄，香型独特的蒸馏酒。口味纯净清澈，适合与各种软饮料搭配。可直接加冰块饮用，但也大量用于调酒。酒色越深，表示年份越久。

（5）金酒（Gin）。又称杜松子酒。用大麦、玉米为原料制成食用酒精，浸泡杜松子，经蒸馏而成。酒精度为 40 度，具有杜松子的香气，无色透明，略带酸味。最初酿造这种酒是为了预防疟疾，它具有健胃、解热、利尿的功效。但后来它逐渐超越了医疗用途，成为一般民众喜爱的饮品。

11.4.3　酒的感官鉴定方法

1. 啤酒的感官鉴定

（1）透明度。酒液透明，无悬浮物。

（2）气味与口味。有酒花的香气和爽口苦味。如果有明显的酸味、馊味、铁腥味、老熟味、浓重甜味及其他异味为不合格产品。

（3）泡沫。细腻洁白，消失缓慢，有密集泡沫产生。如果倒入杯中后，泡沫消散很快，泡沫粗黄，不挂杯为不合格产品。

2. 葡萄酒的感官鉴定

（1）色泽。应具有天然色泽，清亮透明，不浑浊。
（2）香气。应有天然的水果香气，陈酒还具有浓郁的酯香，不应有其他杂味。
（3）滋味。酸甜适口，口感醇厚，软润爽口。

3. 白酒的感官鉴定

（1）色泽。无色，透明，无悬浮物和沉淀物。
（2）香气。酒液醇香，芳香扑鼻，饮后回味无穷。
（3）滋味。酒液味道醇厚，不苦酸，无怪味，无强烈刺激味。

【案例 11.1】　历届国家评酒会议

自建国以来，共进行了五次国家级的名酒评选活动，其目的是加快技术进步，提高酒的质量。参加评选的除了这些代表国家最高水平的名酒外，还有国家评定的优质酒。

第一次全国评酒会于 1952 年在北京召开，由中国专卖实业公司主持，共评出 8 种国家级名酒，其中白酒 4 种，黄酒一种，葡萄酒类 3 种。

第二次全国评酒会于 1963 年在北京召开，由轻工业部主持，并首次制定了评酒规则，共评出国家级名酒 18 种。其中白酒 8 种，黄酒 2 种，啤酒 1 种，葡萄酒类 6 种，露酒 1 种。

第三次全国评酒会于 1979 年在辽宁大连举行，由轻工业部主持，共评出 18 种国家名酒。

第四次全国评酒会于 1984 年在山西太原举行，由中国食品协会主持，共评出国家名酒 28 种。

第五次全国评酒会于 1989 年在安徽合肥市举行，从白酒中评出 17 种国家名酒。其他酒类未评。

（资料来源:中国餐饮运营网）

问题：请说出最后一次评比出的国家名酒和国家优质酒的产品名称、注册商标、企业名称和香型。并思考与分析为什么在 1989 年以后国家级的名酒评选活动不再举行？

11.5　乳制品

乳是具有高营养价值、价格低廉的天然食物。乳及乳制品中的营养素对儿童、老、弱、病残人均有很重要的生理学意义，对提高整个人类身体素质具有重要意义。因此，我国提倡每人每天饮用一杯奶。2004 年我国鲜乳产量约为 1 800 余万吨。

11.5.1　鲜乳的化学成分（以牛乳为例）

1. 水分

牛乳中的水分通常为 87%左右，最高可达 90%，最低量为 80%，牛乳的水分是牛乳中其他成分的分散介质。母牛产犊后 7 天以内的乳称初乳，初乳有特殊气味，干物质中以蛋白质和无机盐含量较高，且含多量的免疫球蛋白和维生素，营养价值丰富。

2．乳脂肪

从乳中分离出来的脂肪称为白脱油或黄油、奶油，乳及乳制品之所以具有美好的风味和广泛的用途均与乳脂肪密切相关。乳中脂肪通常在 3.5%左右，但由于牛的种类和品种的不同，有一定的差异。乳脂肪含有 20 种以上脂肪酸，必需脂肪酸含量较多，营养价值高。

3．蛋白质

乳中的蛋白质按其存在状态可分为溶解的和悬浮的两大类，乳中的蛋白质含量为 3%～4%，其中酪蛋白占 2.8%左右，白蛋白占 0.5%左右，球蛋白占 0.1%左右。牛乳蛋白质是由 20 余种氨基酸组成，是一种完全蛋白质。

4．乳糖

乳糖是乳汁中特有的最稳定成分，在普通的牛乳中，其含量通常为 4%～6%。乳糖是由半乳糖和葡萄糖组成的，乳糖不溶于水，乳糖可溶于乳汁的水分中。婴儿消化道内缺乏乳糖酶，当饮用牛乳时，发生腹泻症状，称为“乳糖不耐症”，故应提倡母乳喂养。

5．无机盐类

乳中所含的无机盐类为 0.7%左右，主要有钙、钾、钠、磷、硫等。牛乳中可溶性钙约占总钙的 30%以上，是补钙的最佳食品。

6．维生素

牛乳中含有人体所需要的多种维生素，其中维生素 A 和 B 高于一般食品，除维生素 C 外，大多数热稳定性较高。牛乳维生素 D 含量较少，若作为婴儿食品应予强化。

7．酶类

乳中含有过氧化酶、还原酶、淀粉酶、乳糖酶、磷酸酶等酶系。

8．其他物质

乳中还有磷脂、胆固醇、色素、气体、免疫体等。

11.5.2 乳制品的分类

1．奶粉

奶粉是以新鲜牛奶为原料，经消毒杀菌，在一定真空度下浓缩干燥而成的淡黄色粉状制品。与鲜乳相比，它具有耐储存，携带、运输、食用方便等特点。奶粉在鲜牛奶供应不是很便利的时候，作为牛奶的替代品，在人们的生活中占有很重要的地位。如今，鲜牛奶供应越来越便利，奶粉这种商品逐渐发展成一种功能性的营养品。奶粉的主要种类有以下几种。

（1）全脂奶粉。仅以牛乳或羊乳为原料，经浓缩、干燥制成的粉状产品。它基本保持了牛奶的营养成分，适用于全体消费者，但最适合于中青年消费者。

（2）脱脂乳粉。仅以牛乳或羊乳为原料，经分离脂肪、浓缩、干燥制成的粉状产品。牛奶脱脂后加工而成，口味较淡，适于中老年、肥胖和不适于摄入脂肪的消费者。

（3）调味奶粉。仅以牛乳或羊乳（或全脂乳粉、脱脂乳粉）为主料，添加调味料等辅料，经浓缩、干燥（或干混）制成的、乳固体含量不低于 70%的粉状产品。

（4）特殊配制奶粉。它适于有特殊生理需求的消费者，这类配制奶粉都是根据不同消费者的生理特点，去除了乳中的某些营养物质或强化了某些营养物质（也可能二者兼而有之），故具有某些特定的生理功能，婴儿奶粉、中老年奶粉、低脂奶粉、糖尿病奶粉等。

（5）婴幼儿奶粉。一般来说，婴儿是指年龄在 12 个月以内的孩子，幼儿是指年龄在 1～3 岁的孩子，因此这种奶粉一般分阶段配制，分别适于 0～6 个月、6～12 个月和 1～3 岁的婴幼儿食用，它根据不同阶段婴幼儿的生理特点和营养要求，对蛋白质、脂肪、碳水化合物、维生素和矿物质五大营养素进行了全面强化和调整。

婴幼儿奶粉的特点：由于消费者的特殊性，婴幼儿奶粉和普通奶粉有着不少不同之处。由于婴幼儿的消化系统发育尚不完全，不能直接食用牛乳或普通奶粉，所以婴幼儿奶粉调整了蛋白质、脂肪及乳糖的比例，使其适合于婴幼儿的消化与吸收。同时，婴幼儿奶粉中还添加多种营养物质，使之能够满足不同生长时期婴幼儿的营养需要。例如，添加 DHA 等不饱和脂肪酸可促进婴幼儿脑细胞生长发育。另外，婴幼儿奶粉针对婴幼儿不同的生长阶段其营养配方均不相同，只有正确地购买合适的产品才能达到最好的营养效果。

婴儿奶粉的分类如下。

① 婴儿配方乳粉Ⅰ。以新鲜牛乳（或羊乳）、白砂糖、大豆、饴糖为主要原料加入适量的维生素和矿物质，经加工制成的供婴幼儿食用的粉末状产品。产品标签按《特殊营养食品标签》的规定外，还应标明："婴儿最理想的食品是母乳，在母乳不足或无母乳时可食用本产品；6 个月以上婴儿食用本产品时，应配合添加辅助食品。"

② 婴儿配方乳粉Ⅰ、Ⅲ。新鲜牛乳或羊乳（或乳粉）、脱盐乳清粉（配方Ⅱ）、麦芽糊精（配方Ⅲ）、精炼植物油、奶油、白砂糖为主要原料，加入适量的维生素和矿物质，经加工制成的供 6 个月以内婴儿食用的粉末状产品。产品标签按《特殊营养食品标签》的规定外，还应标明："婴儿最理想的食品是母乳，在母乳不足或无母乳时可食用本产品；6 个月以上婴儿食用本产品时，应配合添加辅助食品"。

③ 较大婴儿和幼儿配方粉。以牛乳（或羊乳）及其加工制品，或（和）谷物、豆类及其加工制品为主要原料，加入适量的维生素、矿物质和其他辅料，经加工制成的供婴幼儿食用的产品。较大婴儿和幼儿配方粉是适于 6 个月至 36 个月龄婴幼儿食用的补充食品。产品标签按《特殊营养食品标签》的规定外，还应标明："婴儿最理想的食品是母乳，在母乳不足或无母乳时可食用本产品。须配合添加辅助食品。"还应注明产品的类别"较大婴儿和幼儿配方粉"及适用年龄（月龄）"6 个月至 36 个月"。

（6）学生奶粉。强化补充 DHA（不饱和脂肪酸）、牛磺酸、钙、镁、锌、铁等物质，并添加双歧杆菌增殖因子，调节胃肠机能，富含低聚果糖、β-胡萝卜素，钙质、铁质及叶酸、牛磺酸等，有效促进小学生的智力及骨骼发育。

（7）产妇奶粉。奶粉参照中国人每日所需要营养标准，合理强化孕妇、产妇必需的铁、锌、钙、维生素D、维生素C、维生素E、叶酸等多种维生素和微量元素。

（8）中老年奶粉。中老年奶粉调整了脂肪、蛋白质和碳水化合物的比例，并强化了维生素和微量元素等营养强化剂，具有中老年保健作用。专为中老年人所设计的奶粉，最突出的特点是降低脂肪含量的同时，添加了多种不饱和脂肪酸，使奶粉中饱和脂肪酸、不饱和脂肪酸与多不饱和脂肪酸的比例合理化。除此以外，奶粉中还添加了包括钙、维生素D_3、维生素A和维生素E在内的多种营养成分。

2. 炼乳

炼乳是鲜奶的浓缩制品，是以鲜牛奶为原料经杀菌消毒、蒸发、浓缩、冷却而得到的黏稠状浓乳。

炼乳分甜炼乳（加糖炼乳）和淡炼乳（不加糖炼乳）两种，以甜炼乳销量最大。在原料牛乳中加入15%～16%的蔗糖，然后将牛乳的水分加热蒸发，浓缩至原体积的40%左右时，即为甜炼乳；浓缩至原体积的50%时，不加糖者为淡炼乳。

3. 奶油

奶油也称奶酪、黄油、白脱油，其分为鲜制奶油、酸制奶油、连续式机制奶油、重制奶油等几种。奶油是由鲜乳中分离出的乳脂肪，经成熟、搅拌、压缩所制成的乳制品。它是一种高脂肪性（含脂肪80%以上）食品，发热量高，同时还含有维生素A、D、E等，既是西餐的配料，又是制造糖果、糕点的原料。

11.5.3 乳及乳制品的感官质量要求

1. 鲜乳

（1）色泽。生鲜乳的色泽应为乳白色或略带微黄色，不得有红色、绿色或其他颜色。如果奶液发白，稀薄，不易挂杯，取一滴放在玻璃片上，乳滴不成形，易流散，是掺水奶。

（2）气味和滋味。刚挤出的牛乳中含有糖类和挥发性脂肪酸，因而略带甜味，并有乳的特有香气。

（3）组织。鲜乳应均匀，不分层，无沉淀、无凝块、无杂质。鲜乳上有水状物析出的是陈奶。鲜乳煮开后表面有奶皮（乳脂）的是好奶，表面呈豆腐花状的是变质牛奶。

2. 奶粉

（1）气味和滋味。正常的奶粉应具有消毒牛乳的香味，无其他杂味，凡气味中带有苦味、腐败味、发霉味、化学药品和石油产品气味等，一律为不合格品。

（2）组织状态。正常奶粉应呈干燥的粉末状，无凝块或团块。袋装奶粉用手指捏住包装袋来回摩擦纯奶粉质地细腻，发出“吱吱”声，掺假奶粉由于掺有白糖、葡萄糖等成分，颗粒较粗，发出“沙沙”声。

（3）色泽。正常的奶粉应呈浅乳黄色，而且色泽均匀一致。如果出现显著黄色或淡白色可能是原料乳不新鲜或掺入蔗糖过多所致。

（4）冲调性。将奶粉倒入 25℃的水中，水面上的奶粉很快润湿并下沉，完全溶解，无团块和沉淀者为优品。掺假奶粉不经搅拌即能溶解或发生沉淀，没有天然乳汁的香味和颜色，如果掺入白糖、菊花精和炒面等，明显特征是有结晶、无光泽，呈白色或其他不自然颜色，颗粒大，在冷水中不经搅拌也能很快溶解或沉淀。

3. 炼乳

（1）气味和滋味。味甜而纯，有明显的牛乳滋味，无外来的气味和滋味。有不纯正的滋味和较重异味的为劣质炼乳。

（2）组织状态。黏度适中，黏稠度以很易从刮铲上流下为准，质地均匀一致，口尝时感觉不到乳糖结晶的存在，整个炼乳中不得有气泡存在。凝结成软膏状，冲调后脂肪分离明显为劣质炼乳。

（3）色泽。炼乳整体色泽应均匀一致，白中略带乳脂的色泽。如果呈肉桂色或淡褐色则为劣质炼乳。

4. 奶油

（1）色泽。合格品的颜色均匀一致，呈微黄色。色泽不均匀，表面有霉斑，表层有水分析出者为劣质奶油。

（2）盐分。正常、均匀、一致，盐粒未能溶解则会形成砂状奶油。

（3）稠度。具有一定的稠度和适当的可塑性与延展性。

（4）组织状态。切断面应细致均匀，当液态油较多而脂肪结晶少则形成黏性奶油。

（5）风味。芳香纯正，如果出现“鱼腥味”则是磷酸酯水解生成三甲胺造成的，应进行灭菌。

（6）水分。切断面应无水珠。

【案例 11.2】　安徽阜阳劣质奶粉致婴儿死亡事件

2003 年 4 月至 10 月，一些营养成分严重不足的伪劣奶粉充斥安徽阜阳农村市场，导致一百多名食用伪劣奶粉的婴儿变成“大头娃娃”（由于患病婴儿四肢短小，身体瘦弱，脑袋尤显偏大，被当地人称为“大头娃娃”），其中多为 3～5 个月的婴儿。其中死亡的多达五六十名。

劣质奶粉所含蛋白质含量极低，根本不能满足婴儿的生长需要，长期食用会导致婴儿营养不良，停止生长，严重的甚至越长越轻、越小，直至心、肝、肾等器官功能衰竭而死亡。按照国家卫生标准，婴儿一段奶粉的蛋白质含量应不低于 18%，二、三段为 12%～18%，而这些奶粉的蛋白质含量最低的只有 0.37%，大多数只有 2%、3%，钙、磷、锌、铁等含量也普遍不合格。这些劣质奶粉因脂肪、蛋白质和碳水化合物等基本营养物质不及国家标准的三分之一，被人们称为“空壳奶粉”。

（资料来源：编者根据新闻报道整理）

问题：查找以上案例的详细资料，分析市场上出现劣质奶粉的原因。查阅奶粉的相关标准，指出奶粉的质量指标有哪些？

11.6 保健食品、转基因食品

11.6.1 保健食品

保健食品是食品的一个种类，它具有一般食品的共性，能调节人体功能，适于特定人群食用，不以治疗疾病为目的食品。保健食品具有食品的营养性、安全性和感官特性，具有食品的形态可按通常的方法取食；具有明确的生理调节功能目标，如免疫调节功能、减肥功能、抑制肿瘤功能、调节血糖血脂功能；使用时需要按说明规定的人群食用；经过一定程序，经卫生部审查后方可生产的食品。

保健食品应具备的特点：功效成分明确、含量可以进行测定、作用机理清楚、研究资料完备、临床效果明显。

1．保健食品的分类

（1）营养保健食品。含有较全面的营养素，或是易于消化吸收，提高人体营养水平，或是增强机体免疫功能，对一般健康人群或亚健康人群起到保健作用的食品。它包括营养素补充保健食品，如氨基酸补充食品、维生素补剂、微量元素补剂等。

（2）专用保健食品。以特殊生理需要（孕妇、儿童）或特殊工种需要的人群为食用对象的保健食品。如婴儿保健食品、孕妇保健食品、抗衰老保健食品、特殊工种保健食品等。

（3）防病保健食品。以防病抗病为目的，供给健康异常的人食用的保健食品。如抗肿瘤保健食品、调节血液（血脂、血糖、血压）保健食品、改善骨质疏松保健食品等。

2．保健食品的功效成分

能通过激活酶的活性或其他途径，调节人体机能的物质称为功效成分。它是保健食品的物质基础。

保健食品功效成分包括的物质有以下几种。

（1）含有活性多糖和膳食纤维两种糖的多糖类。

（2）含有功能性单糖（果糖）、功能性低聚糖（水苏糖、棉子糖、低聚果糖、低聚木糖等）、多元糖醇（木糖醇、甘露醇、麦芽糖醇等）功能性的甜味剂。

（3）含有多不饱和脂肪酸（亚油酸）、磷脂（卵磷脂、脑磷脂等）的功能性油脂。

（4）含有清除引起衰老、诱发恶性肿瘤的自由基清除剂，如非酶类清除剂（维生素 E、C 等），酶类清除剂（超氧化物歧化酶、过氧化氢酶等）。

（5）含有维生素 A、C、E 等调节人体机能的维生素。

（6）含有清除自由基、降低血压、提高肌体免疫功能的活性肽（谷胱甘肽、降血压肽、促进钙吸收肽等）和活性蛋白质（免疫球蛋白、抑制胆固醇蛋白）。

（7）含有改善肠道环境，提高人体机能的活性乳酸菌。

（8）含有构成人体成分，防止疾病的人体必需的矿物质。

3．保健食品的功能

（1）营养功能。保健食品是由食品原料组方，含有调节人体生理功能的营养素的特殊食品。保健食品不一定要求营养全面，具有特殊功效即可，大量的营养素还需要从普通食品中摄取，保健食品只起到补充作用，通过营养素的合理调配和功效成分的调节，就能达到增进健康，防病抗病的目的。

（2）感官享受功能。保健食品是食品的一种，为了增加人们对食品的享受，要注重食品的色、香、味、形。

保健食品的颜色应根据主要原料的颜色而定，人们往往根据食品的习惯颜色挑选食品，如果颜色发生改变，消费者会怀疑其质量。面粉、粉条中添加的漂白剂（吊白块其化学成分为甲醛次硫酸氢钠）使食品颜色变白；鲜姜用硫黄熏，可以使鲜姜颜色诱人，饱满，但对人体都是有毒害作用的。

香气和口味是消费者挑选保健食品的重要的因素之一。有一些保健食品是用动物提取物生产的，具有腥味，儿童和老年人很难接受。保健食品是不能含有中草药味、涩味、酵母味、臭味等异味，生产时可以用调节食品的甜酸度、用特殊的加工工艺除去异味。

保健食品的形态分为固态和液态，形状分为粉状、粒状、乳状、膏状等。粉状食品粗细要均匀；粒状食品粒度大小要一致；乳膏状不能有分层和沉淀现象。

（3）生理调节功能。保健食品至少应具有调节人体机能作用的某一种功能，适用于特定人群食用，但不以治疗疾病为目的的特殊食品。保健食品的功能是通过科学实验证明，并由卫生部指定的有资格的保健食品功能学评价单位完成。保健食品的生理调节功能性，能充分调动人体自身的免疫功能，增强机体活力，达到强身健体、促进发育、抵抗感染、预防疾病、延缓衰老的效果。

4．保健食品的选购

（1）只有在包装上带有保健食品标志和卫生部批准文号的保健食品，才可购买。

（2）标签内容是否齐全，包括保健作用和适用人群、食用方法和适宜食用量、功效成分及含量等 10 余项内容。

（3）保健食品不是治病药物，是食品，但不能代替普通食品。

（4）检查是否有不准加入的成分。

（5）在医生和专家指导下，按标签说明食用。

5．保健食品产品说明书与标签

（1）保健食品标志和说明书必须遵循的基本原则。

① 保健食品名称、保健作用、功效成分、适宜人群和保健食品批准文号必须与卫生部颁发的《保健食品批准证书》所载的内容相一致；应科学、易懂、不迷信、不误导、不虚假、不能有治疗疾病效果的说明。

② 保健食品标志不得与包装容器分开，标志内容标示于包装物的相应版面内，文字、图形、符号要清晰、醒目、直观，以规范汉字为主要文字，计量单位必须采用国家法定的计量单位。

（2）保健食品标志与产品说明书的标示内容及其标示要求。保健食品名称必须采用表明保健食品真实属性的专用名称；保健食品标志与保健食品批准文号；净含量及固形物含量；配料表；功效成分；保健作用；适宜人群；食用方法；保质期、生产日期；储藏方法；执行标准；企业名称与地址等。

6. 保健食品保质期

保质期制定原则。必须确保产品的质量，不得由于变质影响食品的安全性和功能性，要有一定的安全系数；保质期不能太短，应尽量延长食品的货架期。

影响保健食品保质期的因素较多，如产品本身的性质和特点；产品的包装形式；灭菌方法；储存条件等。

保健食品的保质期应和相应的普通食品保质期相同。

【知识链接 11.4】　保健食品与药品的鉴别

根据《食品卫生法》的规定，保健食品的定义为“表明具有特定保健功能的食品”，即适宜于特定人群食用，具有调节机体功能，不以治疗为目的的食品。根据《保健食品管理办法》规定，所有保健食品面市前要经过卫生部审批，在卫生部认定的检验机构进行功能性试验、毒理试验及稳定性试验，取得保健食品批准证书后才能投放市场；而药品是适用于病人用做治疗的物品。

鉴别保健食品与药品的最好方法是从产品的包装标签上去鉴别。保健食品的产品标签必须有保健食品标志和保健食品批准文号。保健食品标志为天蓝色的俯视人像，位于标签左上角，批准文号在标志下方或并排，并为上、下两行，上行为“卫食健字（××）第××号”，下行为“中华人民共和国卫生部批准”，在说明书或广告中没有疗效宣传，在标志上只能标出已批准的保健作用。药品的标志有“（　）药准字……字”，“（　）药健字……号”等批准证号。如图 11-2 所示为保健食品标志。

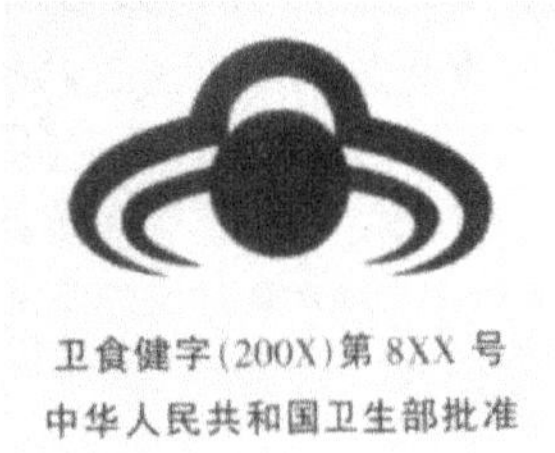

图 11-2　保健食品标志

审批门槛高低不同。药品的配方必须通过严格的药理、病理和毒理检查与多年的临床实验观察，经国家批准后，方可投入生产和投放市场。保健品不需要经过医院临床实验观察便可生产和投放市场。药品有明确的不良反应说明。而属于食品的保健品则无须经过严格的药理、病理和毒理检查、多年的临床实验观察和审查过程，因此没有明确的治疗作用和明确的不良反应说明。

质量控制标准不同。药品必须在药厂中进行生产，药厂的生产能力、技术条件、车间的空气洁净度、无菌标准、原料质量等，必须符合国家药品食品监督管理局对药品的质量控制要求，国家都要求所有的生产药品必须达到药品生产质量管理标准（GMP）。而保健品是可以在食品厂里加工生产的，其生产标准比药品低得多。

质量控制内容不同。作为药品，不但在生产过程中有着严格的标准，在生产后，也要对产品进行从外观到内在含量等各方面检查。而保健品则仅在检查细菌、污染物等卫生指标合格后即可上市销售。

11.6.2 转基因食品

转基因食品又称基因改性食品。它是利用分子生物学技术，将某些生物（包括动物、植物及微生物）的一种或几种外源性基因转移到其他的生物物种中去，从而改造生物的遗传物质使其有效地表达相应的产物（多肽或蛋白质），并出现原物种不具有的性状或产物，以转基因原料加工成的食品就是转基因食品。

转基因食品在销售时要标明是转基因食品或用转基因食品为原料制成的食品。转基因食品的主要营养构成与非转基因食品并没有区别，都是由蛋白质、糖类和脂肪等物质组成的。转基因食品会使食品的氨基酸、糖类、脂肪及其他微量成分的种类及构成高分子物质的排列顺序有所变化，这些变化并不影响人类的饮食机构，也不会对人体健康带来负面影响。

1. 在食品领域应用的基因工程技术

（1）植物性食物。主要培养延缓成熟、耐极端环境、抗虫害、抗病毒、抗枯萎等性能作物，提高生存能力；培育不同脂肪酸组成的油料作物、多蛋白的粮食作物等以提高作物的营养成分。其主要品种有小麦、玉米、蔬菜、水稻、土豆、番茄等。

（2）动物性食物。转基因在动物的生产中主要以提高动物的生产速度、瘦肉率、饲料转化率，增加动物产奶量和改善奶的组成成分为主要目标。其主要应用于猪、鱼类、牛等。

（3）微生物食物。改造有益微生物，生产适用酶，提高酶产量和活性。其主要有转基因酵母、食品发酵用酶。

2. 转基因食品按功能分类

转基因食品按功能分类可分为增产型、控熟型、高营养型、保健型、新品种型和加工型。

3. 国外转基因食品的研究与发展

2000 年全球转基因食品作物种植面积达 4 420 万公顷，比 1996 年增加了 25 倍，其中美国占 68%、阿根廷占 23%、加拿大占 7%、中国占 1%、其余 1%在其他 9 个国家。到 2010 年将增至 6 000 万公顷。

转基因作物品种相对集中，主要涉及大豆、棉花、油菜和玉米。转基因大豆占到世界大豆种植面积的 36%、棉花占 16%、油菜占 11%、玉米占 7%，阿根廷、美国、巴西的大豆大部分都是转基因食品。

我国转基因食品的研究起步晚，但发展速度很快。1999 年 3 月“转基因水稻”通过鉴定，现已经有多项转基因技术应用在食品上。

转基因技术可以增加粮食的产量，培养动物的优良品系，提高动植物的抗病性，改善食品的性状和营养品质，优化食品加工工艺。对解决施放农药、化肥造成的污染有重要意义。所以，转基因食品发展前景十分广阔。

11.7 无公害食品、绿色食品、有机食品

11.7.1 无公害食品

无公害食品是指产地环境、生产过程和产品质量符合国家有关标准和规范的要求，经认证合格获得认证证书并允许使用无公害农产品标志的未经加工或者初加工的食用农产品。无公害农产品定位是保障基本安全、满足大众消费。是政府为保证广大人民群众饮食健康的一道基本安全线。

根据农业部、国家质检总局联合制定的《无公害农产品管理办法》，无公害农产品认证分为产地认定和产品认证，产地认定由省级农业行政主管部门组织实施，产品认证由农业部农产品质量安全中心组织实施，获得无公害农产品产地认定证书的产品方可申请产品认证。

图 11-3 无公害农产品标志

无公害农产品标志是加施于获得无公害农产品认证的产品或者其包装上的证明性标记，标志的标准颜色由绿色和橙色组成，如图 11-3 所示。无公害农产品标志图案主要由麦穗、对钩和“无公害农产品”字样组成，麦穗代表农产品，对钩表示合格，金色寓意成熟和丰收，绿色象征环保和安全。

11.7.2 绿色食品

绿色食品的含义并非指绿颜色的食品，它是指符合环保要求，对生态无害，不含剧毒农药和对人体有害化肥的蔬菜、水果及各种食用后不影响人体健康的食品。简单地说，它是无污染、安全、优质、营养类食品的统称。

绿色食品是由农业、畜牧、水产、食品加工、环境保护、营养、食品、卫生等多个学科相结合的产物。它的开发融科研、原料生产、加工包装、技术检测、储运销售等方面横跨多部门、多行业，涉及多个学科，是一项系统工程。

1. 绿色食品标准制定

为了保证绿色食品产品无污染、安全、优质、营养的特性，开发绿色食品有一套较为完整的质量标准体系。绿色食品标准以全程质量控制为核心，由以下六个部分构成：绿色食品产地环境质量标准；绿色食品生产技术标准；绿色食品产品标准；绿色食品包装标签标准；绿色食品储藏、运输标准；绿色食品其他相关标准，如“绿色食品生产资料”认定标准、“绿色食品生产基地”认定标准等。

绿色食品标准建设是绿色食品产品开发和质量监控的技术基础。绿色食品标准体系的建设和完善，不仅提高了绿色食品产业的科技水平，而且促进了绿色食品产品的开发。

2. 绿色食品标志

绿色食品标志商标作为特定的产品质量证明商标，已由中国绿色食品发展中心在国家工商行政管理局注册，从而使绿色食品标志商标专用权受《中华人民共和国商标法》保护，这样既有利于约束和规范企业的经济行为，又有利于保护广大消费者的利益。

绿色食品商标已在国家工商行政管理局注册的有以下四种形式，如图 11-4 所示。

图 11-4　绿色食品标志

绿色食品标志是经中国绿色食品发展中心注册的质量证明商标，按国家商标类别划分的第 29、30、31、32、33 类中的大多数产品均可申报绿色食品标志，如第 29 类的肉、家禽、水产品、奶及奶制品、食用油脂等；第 30 类的食盐、酱油、醋、米、面粉及其他谷物类制品、豆制品、调味用香料等；第 31 类的新鲜蔬菜、水果、种子、活生物等；第 32 类的啤酒、矿泉水、水果饮料及果汁、固体饮料等；第 33 类的含酒精饮料。新近开发的一些新产品，只要经卫生部以“食”字或“健”字登记的，均可申报绿色食品标志。经卫生部公告的既是食品又是药品的品种，如紫苏、菊花、白果、陈皮、红花等，也可申报绿色食品标志。药品、香烟不可申报绿色食品标志。按照绿色食品标准，暂不受理厥菜、方便面、火腿肠、叶菜类酱菜的申报。

3. 绿色食品标志管理

绿色食品标志管理，即依据绿色食品标志证明商标特定的法律属性，通过该标志商标的使用许可，衡量企业的生产过程及其产品的质量是否符合特定的绿色食品标准，并监督符合标准的企业严格执行绿色食品生产操作规程、正确使用绿色食品标志的过程。

（1）中国绿色食品发展中心对企业的监督管理。标志专职管理人员对企业每年至少进行一次的监督检查；指定定点的食品监测机构、环境监测机构对企业使用标志的产品及其原料产地生态环境质量进行抽检，抽检不合格者取消其标志使用权，并公布于众；消费者和媒体对市场上的绿色食品都有监督的权利；在出口产品上使用绿色食品标志时，必须经中国绿色食品发展中心许可，在中心备案；中心及时提供绿色食品的新标准，并在技术、信息方面给企业以支持。

（2）获得绿色食品标志使用权的企业应尽的责任。第一，企业必须严格履行《绿色食品标志许可使用合同》，按期交纳标志使用费，对于未如期交纳费用的企业，中国绿色食品发展中心有权取消其标志使用权，并公布于众。第二，绿色食品标志许可使用有效期为 3 年。若欲到期后继续使用绿色食品标志，须在使用期满前 3 个月重新申报。未重新申报者，视为自动放弃使用权，收回绿色食品证书，并进行公布。第三，企业应积极参加各级绿色食品管理部门的绿色食品知识、技术及相关业务的培训。第四，企业应执照中国绿色食品发展中心要求，定期提供有关获得标志使用权的产品的当年产量，原料供应情况，肥料、农药的使用种类、方法、用量，添加剂使用情况，产品价格，防伪标签使用情况等内容。第五，获得绿色食品标志使用权的企业不得擅自改变生产条件、产品标准及工艺、企业名称、法人代表等变更须及时报发展中心备案。

11.7.3 有机食品

有机食品在不同的语言中有不同的名称，国外最普遍的叫法是 Organic Food，在其他语种中也有称生态食品、自然食品等。联合国粮农和世界卫生组织（FAO/WHO）的食品法典委员会（CODEX）将这类称谓各异但内涵实质基本相同的食品统称为“Organic Food”，中文译为“有机食品”。有机食品是目前最高安全级的食品。这里所说的“有机”概念不是化学上的概念，而是指采取一种有机的耕作和加工方式。有机食品是指来自于有机农业生产体系，根据有机认证标准生产、加工，并经独立认证机构认证的农产品及其加工产品。其包括粮食、蔬菜、水果、奶制品、畜禽产品、蜂蜜、水产品、调料等。有机食品标志采用人手和叶片为创意元素，含义一是一只手向上持着一片绿叶，寓意人类对自然和生命的渴望；二是两只手一上一下握在一起，将绿叶拟人化为自然的手，寓意人类的生存离不开大自然的呵护，人与自然需要和谐美好的生存关系。有机食品概念的提出正是这种理念的实际应用。人类的食物从自然中获取，人类的活动应尊重自然的规律，这样才能创造一个良好的可持续的发展空间。有机食品标志如图 11-5 所示。

图 11-5　有机食品标志

有机食品与其他食品的区别主要体现在如下几个方面。

（1）有机食品在其生产加工过程中绝对禁止使用农药、化肥、激素、抗生素、食品添加剂等人工合成物质，并且禁止使用基因工程技术及该技术的产物及其衍生物；而其他食品则允许有限的使用这些物质，且不禁止基因工程技术的使用。如绿色食品对基因工程技术和辐射技术的使用未作规定。

（2）有机食品生产和加工过程中必须建立严格的质量管理体系、生产过程控制体系和追踪体系，因此一般需要有转换期。从生产其他食品到生产有机食品需要 2～3 年时间的转换期，而生产其他食品（包括绿色食品和无公害）则没有转换期要求。

（3）有机食品必须通过合法的有机食品认证机构的认证。数量控制方面，有机食品的认证要求定地块、定产量，而其他食品没有如此严格的要求。

因此，生产有机食品要比生产其他食品难得多，需要建立全新的生产体系和监控体系，采用相应的病虫草害防治、地力保持、种子培育、产品加工和储存等替代技术。

【知识链接 11.5】　有机产品

除有机食品外，目前国际上还提出有机产品的概念，通常是指按照有机认证标准生产并获得认证的有机食品和其他各类产品，如有机纺织品、皮革、化妆品、林产品、家具以及生物农药、肥料等有机农业生产资料。

我国《有机产品认证管理办法》规定，有机食品实行统一的标志，包装上标有中文“中国有机产品”字样和相应英文（Organic）的才是符合国家标准的有机食品。对于有机配料含量等于或者高于 95%的加工产品，可以在产品或者产品包装及标签上标注“有机”字样；有机配料含量低于 95%且等于或者高于 70%的加工产品，可以标注“有机配料生产”字样；如果是有机配料含量低于 70%的加工产品，只能在产品成分表中注明某种配料为“有机”字样。

《有机/有机转换产品标志国家标准》（GB/T 19630.3—2005）已于 2005 年 4 月 1 日起实施，该标准规定了有机/有机转换产品标志的认证与使用等。标志图案由外围圆形、中间的种子及其周围环形三部分组成，如图 11-6 所示。

图 11-6　有机/有机转换产品标志

圆形形似地球，象征和谐、安全，圆形中的文字中英文结合，表示中国有机产品与世界同行，利于消费者识别。

中间类似种子的图形代表生命萌发之际的勃勃生机，象征有机产品是从种子开始的全过程认证，同时昭示有机产品就如同刚刚萌发的种子，正在中国大地上茁壮成长。

种子图形周围圆润自如的线条象征环形的道路，与种子图形构成汉字“中”，体现出有机产品根植中国，有机之路越走越宽。同时，处于平面的环形又是英文字母“C”的变体，种子形状也是字母“O”的变形，意为“China Organic”。

绿色代表环保、健康，表示有机产品给人类的生态环境带来完美和协调。橘红色代表旺盛的生命力，表示有机产品对可持续发展的作用。转换产品标志中的褐黄色代表肥沃的土地，表示有机产品在肥沃的土地上不断发展。有机产品标志分为两种，一般来说一个农场在申请有机产品认证后，要有 1～3 年的转换期才能正式获得有机产品认证，在这 1～3

年内农场要完全按照有机认证标准要求进行生产，但其产品不能叫有机产品，只能叫“有机转换产品”，只能使用相应的有机转换标志。

目前我国有机认证的范围主要包括：（1）未加工的农作物产品、畜禽以及未加工的畜禽产品；（2）用于人类消费的农作物、畜禽的加工产品；（3）饲料、配合饲料以及饲料原料；（4）水产养殖及其产品；（5）纺织品；（6）肥料和植物保护产品；（7）蜜蜂和蜂产品；（8）野生植物产品。

【知识链接 11.6】 无公害农产品、绿色食品、有机食品的关系

我国是幅员辽阔、经济发展不平衡的农业大国，在全面建设小康社会的新阶段，健全农产品质量安全管理体系，提高农产品质量安全水平，增加农产品国际竞争力，是农业和农村经济发展的一个中心任务。为此，国家确立了“无公害食品、绿色食品、有机食品三位一体，整体推进”的发展战略。因此有机食品、绿色食品、无公害食品都是农产品质量安全工作的有机组成部分。

无公害农产品、绿色食品、有机食品都是经质量认证的安全农产品；无公害农产品是绿色食品和有机食品发展的基础，绿色食品和有机食品是在无公害农产品基础上的进一步提高；无公害农产品、绿色食品、有机食品都注重生产过程的管理，无公害农产品和绿色食品侧重对影响产品质量因素的控制，有机食品侧重对影响环境质量因素的控制，三者的关系如表 11-1 所示。

表 11-1 无公害农产品、绿色食品、有机食品的关系

分类 内容	无公害农产品	绿色食品	有机食品
目标定位	规范农业生产，保障基本安全，满足大众消费	提高生产水平，满足更高需求、增强市场竞争力	保持良好生态环境，人与自然的和谐共生
质量水平	中国普通农产品质量水平	达到发达国家普通食品质量水平	达到生产国或销售国普通农产品质量水平
运作方式	政府运作，公益性认证；认证标志、程序，产品目录等由政府统一发布；产地认定与产品认证相结合	政府推动、市场运作；质量认证与商标转让相结合	社会化的经营性认证行为；因地制宜、市场运作
认证方法	依据标准，强调从土地到餐桌的全过程质量控制。检查检测并重，注重产品质量		实行检查员制度。国外通常只进行检查；国内一般以检查为主，检测为辅，注重生产方式

本章小结

食品商品的营养成分是选择食品的首要指标，食品商品中的糖类、脂肪、蛋白质、膳食纤维、维生素、矿物质、水等成分是决定食品商品内在质量的基础，营养素的缺乏会导致疾病的发生。茶叶中的成分和生产方法决定了茶叶质量和品种，饮茶除补充体内的水分以外，还是强身健体的保健饮料。酱油与食醋是餐桌上常用调味品，了解优质调味品的种类及营养成分，对提高膳食质量有较大的帮助。饮料酒的消费逐渐由高浓度蒸馏酒，向低浓度、营养化饮料酒转变，啤酒、葡萄酒消费量逐年增加。鲜乳已成为常用的食品，乳脂肪、乳蛋白、乳糖是人体吸收最好的三大营养素食品之一，乳制品是人体补充钙素的最好来源。保健食品、转基因食品、无公害农产品、绿色食品、有机食品是新的食品类型，国家对其生产过程管理和质量安全认证有严格的规定，发展前景较好。食品营养知识和食品质量的基本要求是本章的难点。学习过程中要联系生活实际，有针对性的进行学习或理解，掌握好本章内容。

关键术语

营养成分 绿茶 红茶 青茶 花茶 黑茶 茶叶陈化 酿造酱油 改制酱油 配制酱油 酿造食醋 配制食醋 碳酸饮料 果蔬汁饮料 保健饮料 矿泉水 固体饮料 蒸馏酒 发酵酒 配制酒 清香型 浓香型 酱香型 米香型 复香型 大曲酒 小曲酒 红葡萄酒 白葡萄酒 干葡萄酒 甜葡萄酒 黄啤酒 黑啤酒 生啤酒 熟啤酒 配制酒 全脂奶粉 脱脂乳粉 炼乳 奶油 保健食品 无公害农产品 绿色食品 有机食品

实训项目

1. 识别各类食品的标签中所标注的项目内容。
2. 茶叶的种类鉴别和新茶与陈茶的鉴别。
3. 区分各种不同香型的白酒。

复习思考题

1. 食品中的主要营养成分有哪些？
2. 糖类的生理功能及单糖、双糖的主要特点是什么？
3. 简述脂类的生理功能。
4. 说明蛋白质的生理功能及组成成分。
5. 什么是人体必需氨基酸？人体必需氨基酸有哪几种？
6. 膳食纤维在人体内的作用有哪些？
7. 简述维生素的分类及生理功能。
8. 水和矿物质在人体内的作用是什么？

9．试述茶叶的化学成分和种类，如何鉴定茶叶的质量。
10．简述饮料的分类及饮料质量鉴定方法。
11．简述酱油、食醋的分类方法和酱油、食醋质量的鉴别方法。
12．简述饮料酒的分类及保管方法。
13．简述鲜乳的化学成分，乳制品的鉴定方法。
14．说明保健食品的分类、选购应注意问题。
15．绿色食品的申请及绿色食品标志的管理要求有哪些？

★第 12 章　家用电器商品

【学习要点】

- 家用电器的分类、安全方面的标准和要求
- 主要类别家用电器的分类、基本结构、主要性能特点、质量要求等
- 选购、调试、使用及保养方法等基本技能

【案例导读】　最受关注的家电品牌榜

2007 年 2 月，百度风云榜发布《家电行业报告》。通过跟踪百度 2006 年关于家电产品的全年统计数据，从品牌价值、消费倾向、娱乐偏好及信息获取方式等几大方向上全面透视中国家电市场。

最受关注品牌榜家电品牌的关注度排行榜

1. 海尔　2. TCL　3. 三星　4. 松下　5. 飞利浦　6. 西门子　7. 步步高　8. 美的　9. 海信　10. 索尼

十大空调品牌关注度排行榜

1. 格力　2. 海尔　3. 美的　4. 大金　5. 志高　6. 海信　7. 奥克斯　8. 春兰　9. 远大　10. 科龙

十大电视机品牌关注度排行榜

1. 海信　2. 创维　3. 康佳　4. 长虹　5. TCL　6. 海尔　7. 三星　8. 厦华　9. 松下　10. 索尼

十大洗衣机品牌关注度排行榜

1. 海尔　2. 小天鹅　3. 西门子　4. 松下　5. LG　6. 三星　7. 荣事达　8. 小鸭　9. 日立　10. 伊莱克斯

十大冰箱品牌关注度排行榜

1. 海尔　2. 西门子　3. 新飞　4. 美菱　5. LG　6. 三星　7. 海信　8. 松下　9. 伊莱克斯　10. 小天鹅

十大厨卫家电品牌关注度排行榜

1. 海尔　2. 格兰仕　3. AO 史密斯　4. 华帝　5. 老板　6. 樱花　7. 美的　8. 三星　9. LG　10. 方太

五大家电卖场关注度排行榜

1. 国美电器　2. 苏宁电器　3. 大中电器　4. 永乐电器　5. 五星电器

五大小家电品牌关注度排行榜

1. 飞利浦　2. 亚都　3. 松下　4. 三洋　5. 九阳

（资料来源：百度搜索风云榜）

从以上的家电品牌排行榜中，至少我们可以得出如下结论：家用电器在人们的生活中越来越重要；中外品牌家电群雄角逐市场，家电行业竞争激烈；多品种、多品牌的家电为

我们提供了更加广泛的选择余地。

12.1 家用电器基本问题

12.1.1 家用电器的分类

1. 家用电器的概念

家用电器是指用于家庭和类似家庭使用条件的日常生活用电器。一般认为凡是进入家庭，以电作为动力的产品统称为家电。可包含两大类：第一类为家庭服务产品，这类产品又称为传统家电、白色家电，如空调、冰箱、洗衣机，也包括厨卫家电，如微波炉、电饭煲、洗碗机、消毒碗柜等，还有小家电，如电吹风、电须刨、电搅拌器等；第二类为家庭娱乐产品，这类产品又称为黑色家电，如电视、音响、收录机、音视频放送机（CD、VCD、DVD）、电子玩具等。

2. 家用电器的分类

家电一般按用途大致可划分以下九类产品。

（1）空调器具。其主要用于调节室内空气温度、湿度以及过滤空气之用，如电风扇、空调器、加湿器、空气清洁器等。

（2）制冷器具。它利用制冷装置产生低温以冷却和保存食物、饮料，如电冰箱、冰柜等。

（3）清洁器具。清洁器具用于清洁衣物或室内环境，如洗衣机、吸尘器等。

（4）熨烫器具。其用于熨烫衣服，如电熨斗等。

（5）取暖器具。它通过电热元件，使电能转换为热能，供人们取暖，如电加热器、电热毯等。

（6）保健器具。其用于身体保健的家用小型器具，如电动按摩器、负离子发生器、周林频谱仪等。

（7）整容器具。如电吹风、电动剃须刀等。

（8）照明器具。如各种室内外照明灯具、整流器、启辉器等。

（9）家用电子器具。它是指家庭和个人用的电子产品。它不仅门类广，而且品种多。我国主要有：音响产品，如收录机等；视频产品，如黑白电视机、彩色电视机、录像机、VCD、DVD等；计时产品，如电子手表、电子钟等；计算产品，如计算器、家用电脑等；娱乐产品，如电子玩具、电子乐器、电子游戏机等；其他家用电子产品，如家用通信产品、电子稳压器、红外遥控器、电子炊具等。

12.1.2 家用电器的安全标准

家用电器产品安全标准，是为了保证人身安全和使用环境不受任何危害而制定的，是家用电器产品在设计、制造时必须遵照执行的标准文件。严格执行标准中的各项规定，家用电器产品的安全才有可靠的保证。

安全标准涉及的安全方面，分为对使用者和对环境两部分。

1. 对于使用者的安全

（1）防止人体触电。严重触电会危及人身安全，如果一个人身上较长时间流过大于自身的摆脱电流（IEC 报告，60 千克体重成年男子为 10 毫安，妇女为 7 毫安，儿童为 4 毫安），就会摔倒、昏迷和死亡。防触电是产品安全设计的重要内容，要求产品在结构上应保证用户无论在正常工作条件下，还是在故障条件下使用产品，均不会触及到带有超过规定电压的元器件，以保证人体与大地或其他容易触及的导电部件之间形成回路时，流过人体的电流在规定限值以下。据统计，每年我国因触电造成死亡人数均超过 3 000 人，其中因家用电器造成触电死亡人数超过 1 000 人。因此，防触电保护是安全标准中首先应当考虑的问题。

（2）防止过高的温度。过高的温度不仅直接影响使用者的安全，而且还会影响产品其他安全性能，如造成局部自燃，或释放可燃气体造成火灾；高温还可使绝缘材料性能下降，或使塑料软化造成短路、电击；高温还可使带电元件、支撑件或保护件变形，改变安全间隙引发短路或电击的危险。因此，产品在正常或故障条件下工作时应当能够防止由于局部高温过热而造成人体烫伤，并能防止起火和触电。

（3）防止机械危害。家用电器中像电视机、电风扇等，儿童也可能直接操作。因此对整机的机械稳定性、操作结构件和易触及部件的结构要特殊处理，防止台架不稳或运动部件倾倒。防止外露结构部件边棱锋利、毛刺突出，直接伤人。还要能保证用户在正常使用中或作清洁维护时，不会受到刺伤和损害。例如产品外壳、上盖的提手边棱都要做成圆角，电视机、收录机的拉杆天线顶端要安装一定尺寸的圆球，用来保证既清楚可见，不易误刺伤人，又能传递不致压刺伤人的压力。

（4）防止有毒有害气体的危害。家用电器中所装配的元器件和原材料很复杂，有些元器件和原材料中含有毒性物质，它们在产品发生故障，发生爆炸或燃烧时可能挥发出来。常见的有毒有害气体有一氧化碳、二硫化碳及硫化氢等，因此，应该保证家用电器在正常工作和故障状态下，所释放出的有毒有害气体的剂量要在危险值以下。

（5）防止辐射引起的危害。辐射会损伤人体组织的细胞，引起机体不良反应，严重的还会影响受到辐射人的后代。家用电器中电视机显像管可能产生 X 射线，激光视听设备会产生激光辐射，微波炉会产生微波辐射，这些都会影响到消费者的安全，因此在设计这些产品时应使其产生的各种辐射泄漏限制在规定数值以内。

2. 对于环境的安全

（1）防止火灾。起火将严重危及人们生命财产安全。据统计，北京市每年平均因家用电器引发火灾 66 起。由于使用劣质“热得快”，造成触电、火灾时有发生。由于劣质电热毯引发火灾每年达 700 起，烧毁民居、商店损失达数千万元。因此家用电器的阻燃性防火设计十分重要。在产品正常或故障甚至短路时，要防止由于电弧或过热而使某些元器件或材料起火，如果某一元器件或材料起火，应该不使其支撑件、邻近元器件起火或整个机器起火，不应放出可燃物质，防止火势蔓延到机外，危及消费者生命财产安全。

（2）防止爆炸危险。家用电器有时在大的短路电流冲击下会发生爆炸，电视机显像管受冷热应力或机械冲击产生爆炸。安全标准要求，电视机显像管万一发生爆炸，碎片不能伤害在安全区内的观众，安全区是指正常收看位置（最佳收看距离约为屏幕高度的 4～8 倍），以及离电视接收机更远的地区。

家用电器的使用寿命是由其设计寿命决定的。各种家用电器的功能、使用环境和使用率不同，决定了它们的使用寿命各有差异。除设计、工艺和材料等因素外，使用寿命受实际使用环境的影响。恶劣的使用环境和不正确操作，会影响家用电器的局部或整机使用寿命，如受潮或经常骤冷骤热，强烈震动等都对家用电器使用寿命产生影响。

当一件家用电器接近使用寿命时，由于整体老化会不断出现故障，从安全和经济角度，应尽早弃旧更新。

由于家用电器是关系到安全的产品，必须首先制定和贯彻实施安全标准，以保证产品质量，切实保护广大消费者人身和财产安全，还要将我国家用电器产品打入国际市场，促进对外贸易。我国各类家用电器均参照国际电工委员会（IEC）出版物制定了安全标准，如 GB 4706.1—1998《家用和类似用途电器的安全通用要求》，对各类家用和类似用途电器安全通用要求做出了规定。在该标准基础上，根据各类家用电器的性能，制定不同的安全特殊要求标准，达到保护用户使用安全的目的。如 GB 4706 .1～GB 4706. 49《家用和类似用途电器的安全特殊要求》中所含的一系列标准，就是根据电熨斗、食物搅拌器、电水壶、电炒锅、自动电饭锅、真空吸尘器、电热毯、电热垫、电热褥、电动剃须刀、电推剪、电动按摩器、快热式电热水器、储水式电热水器、家用电冰箱和食品冷冻箱、电烤箱、面包烘烤器、华夫烙饼模、皮肤及毛发护理器、电池驱动电动剃须刀、电动机、压缩机、电池充电器、液体加热器、微波烹调器、室内加热器、洗衣机、洗碟机、电风扇和调速器、吸排油烟机、电磁灶等家用和类似用途电器的安全，制定的该产品安全特殊要求标准。这一系列标准都是针对某一特定产品的特殊安全要求，结合一定时期内，各个产品的具体使用情况，对通用安全标准中有关章、条、款、项的内容进行补充、增加和更换。凡在特殊安全标准中未做补充、增加和替换的章、条、款、项，应该执行通用安全标准中相应的章、条、款、项的规定，即安全特殊要求必须与通用要求配合使用。

12.1.3 家用电器的基本安全要求

家用电器都是在通电后才能工作，而且大多数家用电器使用的都是 220 伏交流电，属于非安全电压。此外，有的家用电器，例如电视机本身会产生 1 万伏以上的高压，人体一旦接触这样高的电压，发生触电，就会有生命危险。还有的家用电器中某些元器件存在着爆炸危险，如显像管等。所谓安全性就是指人们在使用家用电器时免遭危害的程度。因此，安全性是衡量家用电器的首要质量指标。在上述的国家标准 GB 4706 .1—1998《家用和类似用途电器的安全通用要求》中，要求家用电器必须有良好的绝缘性能和防护措施，以保护消费者使用的安全。例如，规定了防触电保护，过载保护，防辐射、毒性和类似危害的措施。上述标准还规定了家用电器的设计和制造，应保证在正常使用中安全可靠地运行，即使在使用中可能出现误操作，也不会给使用者和周围环境带来危害。

家用电器安全防护分为两大类：一类是按防触电保护方式分；另一类是按防水程度分。

1. 几个基本概念

为阐明家用电器五种防触电保护方式，先介绍几个基本概念。

（1）基本绝缘。施加于带电部件对电击提供人基本防护的绝缘。它是指在电器中的带电部件上，用绝缘物将带电部件封闭起来，对防触电起基本保护作用的绝缘，如套有绝缘材料的铜、铝等金属导线。从结构上，这种绝缘都置于带电部件上，直接与带电部件接触。

（2）附加绝缘。在基本绝缘万一损坏时，为对电击提供保护而另外施加于基本绝缘的独立绝缘，如电热毯电热丝外包覆的塑料套管。

（3）双重绝缘。由基本绝缘和附加绝缘构成的绝缘系统。同时具有基本绝缘和附加绝缘起防触电保护作用的绝缘，一旦基本绝缘失效时，由附加绝缘起保护作用。如电视机电源线就采用双重绝缘。

（4）加强绝缘。在 GB 4706.1 规定的条件下，提供与双重绝缘等效的防电击等级，而施加于带电部件的单一绝缘。它提供的防触电保护程度相当于双重绝缘，但它是一种单独的绝缘结构，可以由几个不能像基本绝缘或附加绝缘那样单独试验的绝缘层组成。

2. 按防触电保护方式分类

（1）0 类电器。依靠基本绝缘防止触电的电器。它没有接地保护，在容易接近的导电部分和设备固定布线中的保护导体之间，没有连接措施。在基本绝缘损坏的情况下，便依赖于周围环境进行保护的设备。一般这种设备使用在工作环境良好的场合。近年来对家用电器的安全要求日益严格，0 类电器已日渐减少，老式单速拉线开关控制的吊扇是 0 类电器。

（2）0 Ⅰ类电器。至少整体具有基本绝缘和带有一个接地端子的电器，电源软线中没有接地导线、插头上也没有接地保护插脚，不能插入带有接地端的电源插座。老式国产波动式电动洗衣机大多是 0 Ⅰ类电器。只备有接地端子，而没有将接地线接到接地端子上，使用时由用户用接地线将机壳直接接地。

（3）Ⅰ类电器。除依靠基本绝缘进行防触电保护外，还包括一项附加安全措施，方法是将易触及导电部件和已安装在固定线路中的保护接地导线连接起来，使容易触及的导电部分在基本绝缘失效时，也不会成为带电体。例如，国产冰箱都是Ⅰ类电器。

（4）Ⅱ类电器。不仅仅依赖基本绝缘，而且还具有附加的安全预防措施。一般采用双重绝缘或加强绝缘结构，但对保护接地是否依赖安装条件，不作规定。例如，国产电热毯大多是Ⅱ类电器。

（5）Ⅲ类电器。这类电器是依靠隔离变压器获得安全特低电压供电来进行防触电保护的。同时在电器内部电路的任何部位，均不会产生比安全特低电压高的电压。

国际电工委员会（IEC）出版物中的安全特低电压，是指为防止触电事故而采用特定电源供电的电压系列。这个电压的上限值，在任何情况下，两个导体间或任一导体与地之间，均不得超过交流电（50～500 赫兹）有效值 50 伏。

我国规定安全特低电压额定值等级为 42 伏、36 伏、24 伏、12 伏、6 伏，当电器设备采用了超过 24 伏的安全电压时，必须采取防止直接接触带电体的保护措施。目前使用的移动式照明灯多属Ⅲ类电器。

3. 按防水保护程度分类

按防水保护程度可将电器可分为普通型器具、防滴型器具、防溅型器具、水密型器具、家用电淋浴器、快速式电热水器。部分房间用空调器属于防溅型电器，吸尘器有普通型、防溅型电器两种，部分电热毯也有做成水密型电器，标志为IPX0～IPX7。

12.1.4 家用电器的安全供电

家用电器供电是单相三线制低压供电系统，引入家庭的是其中一根相线和零线，这种系统采用保护接零措施是行之有效的方法。要使这种接零保护措施可靠的前提之一，是零线要重复接地。国际电工委员会（IEC）规定，在从专用配电变压器至建筑物入口处的一段线路中，工作零线和保护零线可以公用，并在入户前要接在建筑物的接地体上，进户后另拉一条保护零线，即将零线分为工作零线和保护零线，新建建筑物都应采用这种保护接零方法，并选用符合国际标准规定的电气装置，电流强度在10安培以下应选用扁三极插头（座）。

对大多数民用旧建筑，零线没重复接地，也没另设一根保护零线，有人采用将家用电器外壳接向自来水管、暖气管等自然接地体上的保护接地方法。（注意：千万不可接在煤气管上，否则有可能发生爆炸!）由于水管连接处常有铅油、麻线等物填充，使接地电阻超过允许值（4欧姆）。当家用电器中电源有一相碰壳时，因接地电阻较大，熔断器不能熔断，会使金属外壳长期带电，潜伏使用者触电的危险。因此，在接零系统中不应单纯采用这种保护接地措施，将这种保护接地方法与漏电保护器合用，能有效地防止触电事故，当有微小漏电流时，漏电保护器能使电路在0.1秒内切断。在上述保护接地中，虽然自来水管等接地体接地效果有时并不好，但只要有较小漏电流产生，都能使漏电保护器动作，迅速切断电源。漏电保护器在国外已普遍采用，我国制定了有关规程和国家标准，即将普遍推广，使我国家庭的安全用电得到保证。

我国为解决民用建筑配电方式与家用电器用电安全要求不相适应的矛盾，决定在新建民用建筑内实行单相三线制供电方式，并在旧建筑物加固、大中修和改造翻建时，加设专用保护线，将原有单相两线制改为单相三线制配电线路。同时，积极推广漏电保护器。生产和销售的漏电电流动作保护器必须保证质量及安全可靠，符合GB 6829—1995《剩余电流动作保护器的一般要求》，经认证合格后，供电部门才准于安装使用。

12.1.5 家用电器的电磁兼容

由于家用电器大量普及，造成电磁环境日益恶化，各种家用电器在工作时产生的电磁骚扰日益严重。所谓电器兼容就是家用电器在工作时产生的电磁干扰值要有一定的限制，至少不能超过无线电通信设备和长途电信设备，以及其他仪器设备按规定用途正常运行的允许水平；另一方面家用电器对外界电磁骚扰具有足够的内在抗扰度，使其能按预定条件正常运行。为此，在国内外家电产品标准中对由于低频传导、低频辐射、高频传导、高频辐射以及静电放电等现象产生的电磁骚扰都规定了发射限制及相应的抗扰度要求。在国际贸易中，电磁兼容和电器安全认证已经作为准入市场的两个必要的先决条件，如欧盟宣布从 1997 年 1 月 1 日起，凡未通过电磁兼容和电器安全认证，未获取 CE 标志的电工、电子产品不准进入欧盟市场。

控制和减少电磁污染，已成为全球保护环境的重要内容之一，而提高电子设备承受电磁干扰的能力已成为电子设备设计、开发、生产、使用和维护中关注的焦点之一。为此，国际电工委员会（IEC）中的电器设备（包括网络）电磁兼容技术委员会（TC77）及国际无线电干扰特别委员会（CISPR）于 20 世纪 90 年代陆续发布了一系列电工电子产品的电磁兼容标准，许多国家都直接引用或转化为本国或行业标准并在电工电子设备生产、使用中广泛采用。为使电工电子产品具备良好电磁兼容性，各工业发达国家还广泛采用了电磁兼容认证制度。

我国是电工电子设备的生产大国，也是销售大国，在我国实施电工电子产品的电磁兼容认证是抵制劣质电工电子产品进口，维护消费者合法权益的需要，也是提高我国电工电子设备在国际市场上竞争力的保证。国家质量技术监督局于 1999 年 10 月成立了中国电磁兼容认证委员会，下设中国电磁兼容认证中心，并于 2000 年 3 月对国内生产彩电、冰箱、电脑的 40 家企业开展了首批电磁兼容认证。对以强制性国家标准为检测依据的，实施电磁兼容安全认证，对以推荐性国家标准为检测依据的进行电磁兼容合格评定，凡认证、评定合格的产品，可加贴 CEMC 合格标志。国家质量技术监督局还发布了实施电磁兼容认证的第一批产品目录，包括声音和电视广播接收机及有关设备；声音和电视信号的电缆分配系统设备与部件；信息技术设备；家用和类似用途电动工具；电热器具；电动工具及类似电器；电源；照明电器；车辆、机动船和火花点火发动机的驱动装置；金融及贸易结算电子设备；安防电子产品；低压电器等。

12.2　电热器具

12.2.1　电熨斗

1. 电熨斗的基本结构

各种类型的电熨斗，基本结构是一致的，主要由底板、电热元件、压板、罩壳、手柄及电源线等组成。电熨斗的外形及结构如图 12-1 所示。

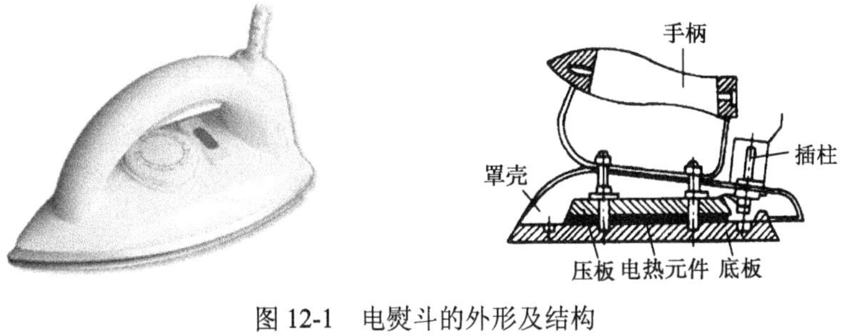

图 12-1　电熨斗的外形及结构

（1）电热元件。电熨斗的电热元件为云母板片状电热元件和金属管状电热元件两种。云母板片状电热元件由云母板片状骨架和缠绕其上的镍铬电热丝组成，电热丝两端与固定在云母板上的两个铜接片相接。云母板片状电热元件置于底板与压板之间的空腔中，上下铺垫有云母板，通电发热后，能将热量传给底板与压板。金属管状电热元件为密闭式电热元件。其电热丝与空气隔绝，不易氧化，故使用寿命较长，它通常装在铸铁底板的槽里或直接铸进铝合金底板里。

（2）底板。电熨斗的底板由铸铁（或铝）铸成，经机械加工后再经镀铬处理，因而表面平整光滑。底板与压板都有一定重量，因而压力大，热容量大，断电后冷却缓慢，在一段时间内能保持一定温度。

（3）压板。压板的材料与底板相同。它把电热元件紧密压合在底板上。如果电热元件直接铸在底板上，则压板通常不用。

2. 电熨斗的种类

电熨斗品种繁多，各具特色，一般按功能可分为普通型电熨斗、调温型电熨斗、蒸汽型电熨斗和蒸汽喷雾型电熨斗四种类型。

（1）普通型电熨斗。普通型电熨斗是最简单的一种电熨斗，它具有结构简单，价格便宜的优点，是各种电熨斗的基础。但其最大的缺点是温度不易掌握，当达到使用温度时只能拔下电源插头切断电源，使用者若经验不足或稍有不慎，极易烫坏织物。另外，其热惯性较大，使用时必须经过较长时间才能热起来，而停止使用后，需较长时间才能冷却，热量损失较大。因此，在城市中，普通型电熨斗已逐渐被后继型号替代。普通型电熨斗的功率在300～1 000瓦之间。

（2）调温型电熨斗。调温型电熨斗的结构与普通型电熨斗相似，只是在普通型基础上增设了一对金属片调温器，从而使底板温度可依据质料与需要在60℃～250℃之间随意可调，并保持在设定温度不变。所以它既能熨烫耐温较低的化纤衣料，又能熨烫耐温较高、质地厚实的毛、棉、麻织物，使用简便，且安全省电。调温型电熨斗的功率通常在300～1 000瓦之间。

（3）蒸汽型电熨斗，又称为喷汽电熨斗。它在调温型电熨斗的基础上，增设了喷汽装置。在使用过程中，它利用底板热量使水汽化，并通过底板小孔向下喷出，使熨烫织物充分湿润。这样，既可免除熨烫前人工喷水或铺垫湿布等麻烦，又提高了熨烫质量。

蒸汽电熨斗采用金属管状电热元件，弯成“V”字形后直接铸在铝合金底板中。底板底面喷涂有一层耐热耐磨防黏涂层，使用中不黏织物推动轻滑。底板上开有直径为2毫米的小孔5～35个，作为蒸汽喷口。

（4）蒸汽喷雾型电熨斗。蒸汽喷雾电熨斗是在蒸汽电熨斗基础上，增设喷雾装置而成的。使用时，可向前方喷出雾状冷水，使厚衣料或熨烫时需要较大温度的织物得到充分的水分，提高熨烫效果。蒸汽喷雾型电熨斗是目前流行的，也是比较理想的电熨斗。

3. 电熨斗的选购

（1）功能的选择。目前市场销售的电熨斗中，蒸汽喷雾型电熨斗最为先进，但其结构复杂，出故障的机会也多，价格较贵；普通型电熨斗虽工艺较成熟，价格较低，但不能控制温度，不适应当前人们穿着织物种类繁多而需不同温度熨烫的要求，将有被淘汰的可能；调温型电熨斗价格适中，使用省时省电，能满足不同织物熨烫的要求。所以，一般家庭购买调温型电熨斗比较经济实惠。

（2）功率的选择。从省电的角度考虑应选功率大的电熨斗。因考虑到家庭电表的负荷小，一般来说选用功率在 500 瓦左右的调温型电熨斗较为合适。若每次熨烫衣料较多，使用功率为 700 瓦的较为理想。

（3）外观质量检查。电熨斗要求外形美观、操作方便、电镀光亮、无锈点、起皮、划痕、坑等缺陷，各部分应结合牢固，拿起用力摇动应无松动感，无响声。

（4）通电检查。通电后，可用试电笔接触外壳，判断是否漏电，合格产品用手轻轻触摸金属部分应无麻感。指示灯显示应正常。

4．电熨斗的使用与维护

（1）电熨斗是功率较高的电器，最好是不要和其他耗电量较大的用电器具如电饭锅、电烤箱、电取暖器等同时使用。

（2）新买或久未使用的电熨斗，插上电源后应用试电笔试其外皮，检查是否漏电，若手头无试电笔，可用手背轻触其金属外壳，没有麻电感觉时，方可正常使用。

（3）电熨斗通电后，使用者不得远离，以防忘记造成升温过高而发生着火事故。使用普通电熨斗尤其要注意，应做到人走电断，确保安全。

（4）在熨烫间歇暂不使用时，应将电熨斗竖起放置，勿平放工作台上。

（5）熨烫完毕，应断开电源，待底板自然冷却至室温后，再将导线绕好，将熨斗装盒存放于干燥通风处，不得使之受潮。

（6）用完调温型电熨斗后，要将调温旋钮转到“冷”或“关”的位置；蒸汽喷雾型电熨斗则要排净并烘干水箱内剩余水分。

（7）使用蒸汽喷雾型电熨斗时，其水箱用水最好是蒸馏水，若没有，可使用白开水，不得用一般自来水，否则，会因自来水结垢堵塞喷汽孔而影响正常使用。

（8）应及时清除电熨斗外表的污物。底板产生黑斑时，勿用利器刮，防止破坏电镀层，应用湿布沾上牙粉或牙膏，慢慢擦拭锈斑，待擦净后，再涂上一层蜡，通电，蜡熔化后再擦，即可除去黑色锈斑。

12.2.2　电饭锅

1．电饭锅的分类

（1）按装配方式不同分类，电饭锅可分为整体式电饭锅和组合式电饭锅。

整体式电饭锅。整体式电饭锅从外形上看，其锅体和发热座是一个整体，只是锅体内的内锅可以取下。市场上销售的普通保温电饭锅多为此类。整体式电饭锅又分为单层、双层、三层三类。这种结构目前为国际流行式样，耗电小，热效率高。

组合式电饭锅，又称分体式电饭锅。它由锅体和发热座两部分组成，使用时锅体放在发热座上，平时可方便地取下。它结构简单，价格便宜，但热效率较低，耗电量较大。

（2）按锅体内部气体压力不同分类，电饭锅可分为常压电饭锅和压力电饭锅两种。

常压电饭锅。常压电饭锅是指锅体内部的压力能经常地保持在常压下。平时所说的电饭锅，若未特别指明，均指此类。

压力电饭锅。压力电饭锅是指除了具有保温功能以外，还兼有高压锅的功能，较常压电饭锅易熟、省时、省电。压力电饭锅又可分为低压、中压和高压电饭锅三类。

（3）按电热元件的数量不同分类，电饭锅可分为单发热盘式电饭锅和多发热盘式电饭锅。

单发热盘式电饭锅。即在电饭锅的底板上安装一个发热盘，普通电饭锅多为此类，用这种电饭锅做出的米饭容易造成上软下硬的现象。

多发热盘式电饭锅。除了在电饭锅的底板上安装有一个主发热盘外，还在锅的侧壁或顶盖上安装副发热板，这种电饭锅做出的米饭均匀可口。

（4）按时间控制方式不同分类，电饭锅可分为保温式电饭锅和定时启动型自动电饭锅。

保温式电饭锅。即普通型电饭锅，指接通电源后即开始工作，煮完饭后，若当时不吃，锅内的食物温度下降到 60℃左右时，通过锅内的自动温度控制装置，启动电饭锅，使锅内食物保持在 60℃～80℃之间。

定时启动型自动电饭锅。这种电饭锅，增加了一个定时装置，只要将米水放好，便可在 24 小时内人为确定任一时刻自动启动做饭，饭好后能自动断电，并能自动保温。

除以上种类的电饭锅外，目前市场上还有电脑控制式电饭锅、双层保温外壳电饭锅、可调节功率型电饭锅、不粘锅底电饭锅等新品种。

2. 电饭锅的结构

电饭锅由外壳、内胆、锅盖、电热盘、磁钢限温器、保温器、按键开关、指示灯、电源插座和蒸层附件等组成，如图 12-2 所示为自动保温式电饭锅结构及外形示意图。

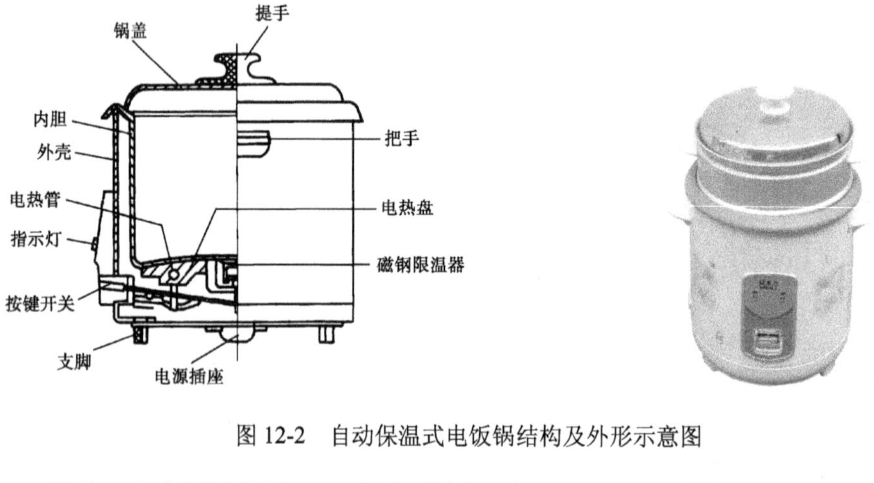

图 12-2　自动保温式电饭锅结构及外形示意图

（1）锅盖。即电饭锅的盖子，采用不锈薄钢板冲压成型，其特点是表面美观光洁、永不生锈，中央安装豪华型提手。将锅盖盖入内胆，防止蒸汽外泄，有保温作用。

（2）外壳。它是连接和支撑电热盘、按键开关、电源插座的壳件。通常采用冷轧薄钢板制成圆筒形，内外表面经静电喷漆处理，其外表面烤印有各种花卉类或细线条状的装饰图案，既提高防锈性能又增加美感。外壳与内胆构成双层结构，不仅可防止使用者触及内胆引起灼伤，而且保温效果好。

（3）内胆。也称内锅，是电饭锅煮饭的容器，采用食用铝板整体拉伸成型。内胆底部为凹球面，使之与电热盘紧密吻合，从而提高热效率。内胆内表面刻有放米量和水量的刻度。有些内胆涂有一层聚四氟乙烯涂层，防止煮饭产生黏底、焦糊。

（4）电热盘。它是电饭锅的主要部件，其结构由铝盘和电热管两部分组成。铝盘采用铝分合金浇铸，再经机械加工而成。其盘面与内胆底部吻合，以提高热效率。电热管采用环形电热元件铸于铝盘之中，由于被铝合金包围起来，因此不易氧化，绝缘性能好，使用寿命长。不足的是，其损失后维护困难，需更换整块电热盘。

（5）磁钢限温器。磁钢限温器安装在电热盘的中央，由永久磁钢和感温磁钢组成，是用来控制煮饭温度的一种装置。

（6）保温器。保温器是一种双金属片控温元件，它由膨胀系数不同的两种金属片压轧而成。常温下，双金属片平直；当温度上升到设定温度时，膨胀系数大的金属片被膨胀系数小的金属片拉成弯曲，使动触点与静触点断开，切断电源。当温度下降时，双金属片弯曲度减小，逐渐恢复原来状态，触点又闭合，再次接通电源。如此反复动作，从而达到自动保温的目的。

保温器在保温温度通常设定在 60℃～80℃之间，电饭锅出厂前，已调整准确，用户不必再做调整。

3. 电饭锅工作原理

保温式自动电饭锅的工作原理是将电能通过电热元件转化为热能，利用控温元件达到控温和保温的目的。具体过程是：电饭锅接通电源，按下按键开关，开关触点接触，电热盘通电发热，不断将热量传给内胆，使温度逐渐上升，当温度升到 65℃时，保温器工作，常闭触点断开，由于磁钢限温器仍然接通电源，电路仍导通，电热盘继续发热。直到饭熟水干后，温度上升到 103℃时，磁钢限温器工作，自动切断电源，电热盘停止发热，电饭锅转入保温状态。当温度降至 65℃以下时，保温器触点自动闭合，电热盘又通电发热。由于保温器设定的温度为 65℃，因此温度上升至 65℃时自动断电。如此反复上述过程，使电饭锅内食物的温度保持在 65℃左右。

4. 电饭锅的选购

（1）规格的选择。电饭锅的规格是按额定功率划分的。选择多大功率的电饭锅，要根据经济条件、人口多少确定，如表 12-1 所示。

表 12-1　电饭锅的规格

规　格（瓦）	容　量（升）	煮　饭　量（千克）	适用人数参考
400	2	0.6	3 人以下
500	3	1	2～4 人
700	4	1.4	5～8 人
800	5.5	1.9	6～10 人
1 000	7	2.5	10～14 人
1 500	8.5	3.1	12～16 人

（2）电热盘和内胆。电热盘和内胆底的配合面必须相吻合，否则将严重影响电饭锅的使用性能。电热盘和内胆的工作表面应有较高的光洁度，不应有孔眼、凹凸不平、明显砂痕、氧化腐蚀斑点等缺陷。

（3）自动开关。自动开关固定在电热板的中央，并稍凸出，拿掉内锅即可看见。选购时，用手按压，应有一定弹性，这样才能确保电热板表面与内锅表面紧密接触。

（4）电气性能。选购时，可通电并按下按键开关进行试验，此时黄色指示灯应亮，电热板有微热。要特别注意锅体和电源引线是否有漏电现象。

（5）其他方面。外壳表面应光洁平整、无划痕和脱漆现象；锅盖无扭曲碰伤，并与内胆和外壳的密封良好；电源线、量杯、蒸架、使用说明书、保修卡等齐全无损；电源线应接插灵活，不宜过紧或过松。

5. 使用注意事项

（1）电饭锅内锅不宜直接洗米，如直接洗米，应将内锅外壁及底部水分及时擦干；清洗内锅时，应避免碰磕锅底，若锅底发生变形，则影响与电热盘的黏合性能；盛饭时最好用塑料匙或木铲，不用利器为好，以防止内锅划伤。

（2）在煮饭过程中，尽量少搬动电饭锅，如要搬动，应先拔下电源插头。

（3）每次使用前应检查内锅与电热盘的黏合情况，内锅与电热盘之间不得有水点、尘土、砂粒、饭粒等杂物，保证二者黏合良好。

（4）电饭锅不宜煮酸性、碱性较强的食物；不宜在潮湿及有腐蚀性气体的环境中使用。

（5）接通电源后指示灯亮，按下按键开关，电饭锅开始煮饭，饭熟后按键开关自动跳起。煮饭时不宜开盖，按键开关跳起后最好不立即食用，应利用加热盘继续焖 10 分钟左右，这样的米饭将会更好吃。

（6）为保证安全，要将电饭锅上的电源线先插好，然后再与室内电源插座（最好设专用的）相连接，不要把电饭锅的电源插头接在灯头或台灯的分电插座上，否则会因电饭锅的功率过大而使电线发热，造成触电、起火等事故。

（7）严禁空烧。

12.2.3 微波炉

1. 微波炉的功能和特点

家用微波炉具有再加热功能，即已经煮熟的食品、牛奶等凉了以后需要加热，可以使用微波炉；具有煎、煮、焖、蒸、烩、炒、烘、烤等多种食物烹饪方式，且省时节能保持食物原汁原味；能迅速解冻食品，并保持解冻后食物组织的成分和鲜嫩；能对食物进行消毒灭菌，如对毛巾、文具的消毒杀菌等。

家用微波炉的主要优点有以下几方面。

（1）加热效率高。由于微波炉的加热方式是在微波作用下，使食物极化并快速翻转“摩擦”生热，避免了采用热传导方式加热，因此，加热时间短、效率高。如蒸熟一碟排骨只需 5 分钟，煮熟一只 1 千克的鸡只需十几分钟。

（2）二次加热效果好。由于微波炉加热时间短，只需几分钟或几十秒钟即可，且保持菜肴原有的新鲜、美味和色彩，不用对食物搅拌，能保持食物原有的形态，故对已做好的饭菜用微波炉再加热，非常方便。

（3）节省电能。采用微波炉做饭，三四口人的家庭，一天用电量不到 1 度，非常经济实惠。与传统的电炉、煤气炉相比，在同等电源电压、同等重量的加热食物条件下，能源消耗以微波炉最低。

（4）保持食物原有的营养成分。采用微波炉加热食品，食品中的营养成分损失少、能最大限度地保留食物中的维生素。如卷心菜中维生素 C 在微波炉中烹调后的损耗率仅为 4.8%，而采用传统方式烹调后的损耗率为 19%；用微波炉烹饪的蹄膀肉，人体所必需的 8 种氨基酸成分保持程度为加热前的 98.6%。

（5）安全卫生，不污染环境。利用微波炉进行烹调，无明火、无油烟、不污染环境、安全卫生，排除了厨房里的油烟给用户带来的烦恼，可保持厨房的清洁卫生。

（6）消毒灭菌。微波可以渗透细菌内部，将它们杀死。人们可以利用微波炉对毛巾、衣物、钞票、票证等进行消毒，尤其是对纸质制品，它更是无法取代的消毒设备。

2. 微波炉的结构

微波炉的种类、型号繁多，其功能也不尽相同，但其基本结构大致相同。微波炉的外形及基本结构如图 12-3 所示。

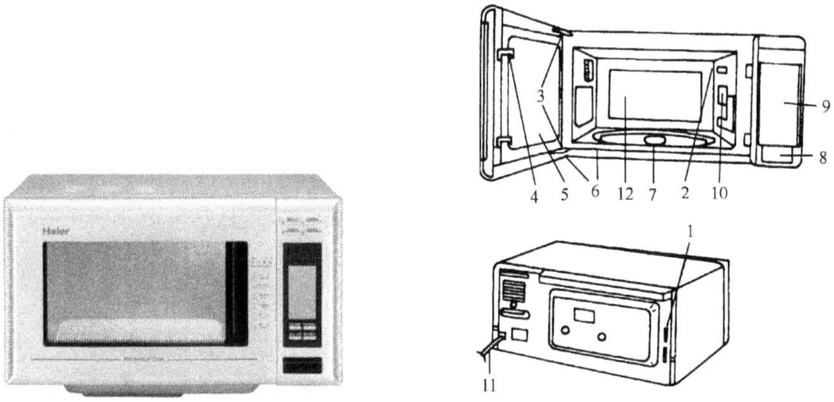

1—通风口；2—照明灯；3—门铰；4—门锁；5—观察窗；6—炉门附垫及密封装置；7—连接器；8—开门按钮；9—控制板；10—波导管罩；11—电源引线；12—炉腔

图 12-3　微波炉的外形及基本结构

微波炉的内部结构如图 12-4 所示。微波炉内部结构主要由电源、磁控管、波导、炉腔、旋转工作台、炉门、控制系统等部分组成。

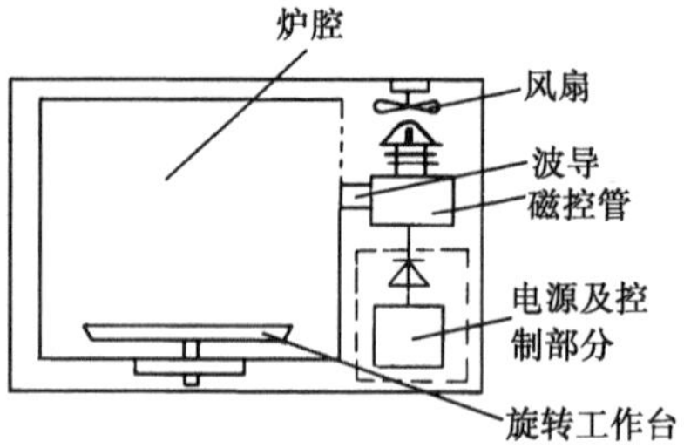

图 12-4　微波炉的内部结构

（1）电源。微波炉的电源，是为保证微波炉各部分正常工作的电力能源，即给磁控管提供阳极电源、灯丝电源、冷却电源，并给控制系统提供电源。

（2）磁控管。磁控管是微波炉的核心部件，微波炉采用的是连续波磁控管。在磁控管的阳极和阴极之间加下几千伏高压后可连续输出微波功率。磁控管工作一般不需要预热，允许同时施加灯丝电压和阳极电压。由于它装有滤波电路，能有效地防止磁控管高频噪声对广播、电视的干扰。

（3）波导。磁控管产生的微波能量通过波导传输到炉腔以加热食品。根据微波炉工作的频率，家用微波炉均选用国家标准型号 BJ—26 矩行波导，其波导内尺寸为 86.36 毫米×43.18 毫米，壁厚 2 毫米。

（4）炉腔。微波炉的炉腔是一个长方体空腔，它是微波炉放置被加热食品的地方。炉腔是由非磁性金属材料制成的（如钢板、不锈钢等）。为了防止钢板腐蚀，钢板表面喷涂了一层涂料。

（5）炉门。微波炉的炉门是被加热食品的进出口，也是微波炉炉腔的重要组成部分。产品设计时对其要求很高，既要求从炉门外可观察到炉腔内食品加热的过程，又不能让微波泄漏出来，同时还要保证有足够的机械强度。

（6）控制系统。微波炉的控制系统主要是控制微波炉的火力和加热时间。

3．微波炉的工作原理

微波炉的工作过程是：接通电源后，微波炉中的磁控管工作，输出微波能量，并经过矩形波导传输，由微波炉炉腔侧壁的波导口在炉腔内激起复杂的微波电磁场分布，当把食物置于该微波电磁场中时，其极性分子在微波的作用下，以每秒几十亿次的速度来回振荡摆动、摩擦产生高热，这样就达到了加热食物的目的。食物被放在旋转工作台的转盘上，使食物以缓慢的速度绕炉腔中心轴旋转，这样才能使食物均匀加热。

微波加热是在微波电磁场的作用下，使得食品中的分子反复摆动而发热的，因此，能使食品内部和外表同时加热，加热过程基本与热传导无关。虽然如此，普通微波炉却很难烹制表面为金黄色和焦香的烧烤食物。烧烤型微波炉则可以弥补这一缺陷。烧烤型微波炉的基本结构与工作原理和普通型相同，不同之处是其顶部安装了石英电热管和反射板，并给用户提供烧烤用的高低烧烤架和功能选择开关。

4. 微波炉的种类

（1）按工作频率分类。为了避免对雷达、微波通信的干扰，便于组织微波器件标准化生产，国际上广泛使用的微波炉工作频率为 915 兆赫兹。商用大型微波炉的工作频率为 915 兆赫兹，家用微波炉的工作频率为 2 450 兆赫兹。

（2）按功能分类可分为单一微波加热型和多功能组合型两大类，也称为普通型和复合型。普通型是指微波炉仅具有微波加热一种功能；复合型是指微波炉除具有微波加热功能外，还有烘烤、蒸汽等传统方式的加热功能。

（3）按结构分类可分为箱柜式和轻便式两大类。箱柜式容量大，微波功率也大，一般是商用微波炉所采用的结构。轻便式微波炉容量小，微波功率一般在 1 000 瓦以下，既可放在灶台上，也可嵌入橱柜或壁柜中。家用微波炉多为轻便式。

（4）按控制方式分类可分为机械控制式和微电脑控制式两类。机械控制式微波炉定时器、功率选择开关由机械装置控制。微电脑控制式微波炉则由单片微处理器进行控制，它能预定程序完成加热、烘烤、解冻和保温等各种操作。同时还能将工作状态显示在操作面板上方的显示屏上，使用起来更为方便。

（5）按功率大小分类可分为大功率（1 500 瓦以下）、中功率（1 000～1 500 瓦）、小功率（1 000 瓦以下）三种。国内常见的微波炉有 600 瓦、700 瓦、1 000 瓦、1 500 瓦等几种。

5. 微波炉的选购

（1）形式、容量的选择。微波炉的种类很多，有不同的功能、不同的控制方式，不同的输出功率，炉腔容量也有 17 升、18 升、20 升、23 升、24 升、26 升、28 升等规格。选购时，既要考虑家庭的经济能力和人口多少，也要考虑家庭电路和电表的负荷能力。就现阶段普通家庭人口的生活水平而言，3～4 口人的家庭选择容积为 19～23 升，输出功率为 750～800 瓦的普通型机械控制式微波炉较为适宜。经济条件允许的话，也可选购电脑型微波炉，操作方便而且美观。

（2）外观质量检查。仔细观察微波炉的外观形状、外壳和炉腔内壁，应均无裂痕、变形等缺陷，喷涂层应均匀、平整、光滑；炉门是否变形、门锁是否损坏，炉门的开、关应灵活自如；各个操作部件如定时器旋钮、功率控制器旋钮等是否操作自如；炉门、玻璃转盘是否完整无损；对照说明书，检查所带附件是否齐全。

（3）内在质量检查。微波炉的内在质量检查，是检查微波炉的安全性能和运行情况，一般按以下步骤进行。

① 炉门检查。炉门是阻挡微波泄漏的重要屏障，必须严格检查。检查时可将炉门开关多次，应无卡滞现象，按动开门按钮后，炉门应自动弹开一定角度（约 15～30 度）。拉开式炉门拉开时应稍用力才能拉开的感觉；关门时稍用力才能把门关上。炉门关好后，门与门框之间有一定的缝隙，是正常的，但缝隙不能大于 2 毫米。

② 微波泄漏检查。微波泄漏的检查必须通过仪器来测定，一般情况下购买微波炉的现场是不可能进行检查的。国际和国内均有规定，当微波炉正常工作时，其微波泄漏应小于 5 毫瓦/平方厘米。目前，在市场上出售的品牌微波炉的微波泄漏均小于此项指标，完全符合国家规定。

③ 通电检查。将微波炉接通电源，炉腔内放入两杯凉水，关好炉门，将功率调节器设置在高火位置，定时 1～2 分钟，微波炉开启加热，此时，从观察窗观察转盘转动是否均匀，有无走走停停的现象，工作时声音不应太大，更不应有“吱吱”的异响。到了设置的时间，铃声一响，微波炉应自动停止工作，这时，打开炉门试着摸摸水杯，水是否热，两杯水温度是否相同，这样可以检查微波炉加热的程度。然后将功率调节器设置在中火、低火挡位上，各工作 1～2 分钟，工作均应正常。

若是烧烤型微波炉，将控制按钮调到烧烤挡，启动微波炉，约过 5 分钟后，应在炉腔上看到电热元件发出的红光。若是电脑控制式微波炉，接通电源，按动控制按钮，显示窗上应有清晰迅速、明确的反应。

6. 微波炉的使用注意事项

在微波炉中所使用的烹调器皿必须是非金属材料制成的，应符合以下几个条件：微波透射性能好；耐热性能好；加热中无有害物质析出等，如玻璃器皿、不带金银饰边的陶瓷器皿、耐热塑料器皿等。绝对不可以使用金属制的器皿，如铝盆、不锈钢锅、搪瓷盆等。

选择好烹调器皿后，使用中还应注意以下事项。

（1）仔细阅读使用说明书，熟悉操作面板上各开关式控制键的功能、使用方法，掌握烹调操作的基本技巧。

（2）微波炉应放在牢固的平台上使用，其顶部及左、右、后部应占用 10 厘米以上的空间，以保证通风良好。

（3）使用微波炉前应检查炉门安全锁是否完好无损，若有损坏绝不能使用微波炉。

（4）炉内没有食物，不可启动使用，以免空载运行损坏磁控管。

（5）使用微波炉时，切记必须关上炉门后，再设置时间使其工作，以防止微波泄漏。

（6）食物在加热过程中，通气口要畅通。罐头、瓶子或密封袋装的食物放入微波炉前，罐头、瓶盖应打开，密封袋应剪口；生蛋及有硬质外壳的食物也应开个缝再入炉，这样可避免容器或食物炸裂。

（7）微波炉工作时，不要把脸贴近炉门玻璃观察窗观看炉内情况，以防微波损伤眼睛。从炉内取出食物时，勿用手，因器皿温度较高会烫手。

（8）食物不可加热过度，以防食物起火。万一发现炉内起火，不可打开炉门，应立即切断电源，堵住通气口让火自行熄灭。

（9）应经常清洁微波炉内腔，可使用温和洗洁液清理炉门，不可使用具有腐蚀性的清洁剂，以免损坏炉门。

（10）在烹调过程中，若出现异味、冒烟、电弧火花以及转盘不转等，应立即切断电源，排除故障后再使用。

12.2.4 取暖器具

家用取暖器具是通过电热元件使电能转换为热能，供人们取暖的器具。常见的有储能式电热取暖器、浴霸、充油式电暖器、暖风器、电热毯等。现介绍几种主要的家用取暖器具。

1．充油式电暖器

1）充油式电暖器的特点

充油式电暖器又称为电热油汀，是以对流形式工作的一种十分安全的电热取暖器具。它无外露的电热元件，散热面积大，因此在使用过程中，其表面温度始终较低，不会造成烫伤事故。它不会产生有害气体，无任何噪声，特别适合于人体有可能直接触碰到的场所的取暖，如卧室、浴室、办公室等处。如装上配套的烘衣架，在潮湿多雨时节，还可兼做干衣之用。

充油式电暖器按照其散热片数量不同一般有 7 片、9 片、10 片、11 片、13 片等几种。

2）充油式电暖器的结构

充油式电暖器主要由以下几部分组成，其外形结构如图 12-5 所示。

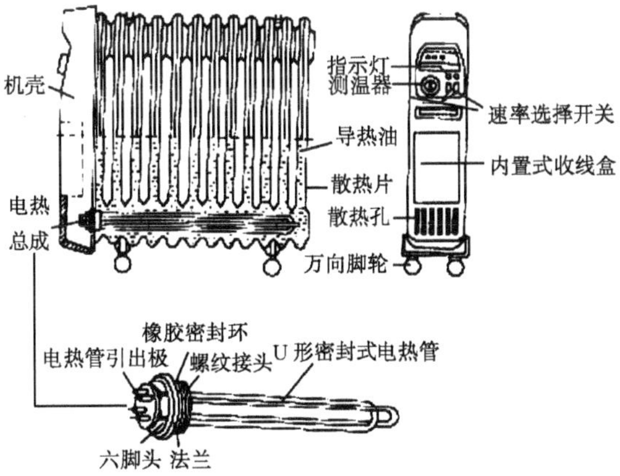

图 12-5　充油式电暖器的外形结构示意图

（1）电热总成。它由两根 U 形密封式电热管和紧固件、密封件等组成。密封件为耐油橡胶密封环。

（2）散热片。它由 7～13 片单片叠合、密封连接构成。其形状近似暖气散热片。各片中空，上下两端各留有一凸台，相邻凸台密封连接，从而在电暖器顶部和底部各形成一水平的圆柱形空腔。下空腔插入 U 形密封式电热管。注入导热油后，将上下腔口拧紧密封。导热油具有良好的导热性和流动性，而且不易挥发。上下两腔通过散热片中空管而互相贯通。当接通电源后，电热管发热，加热周围的导热油，从而使热油上升，冷油下沉补充，导热油就沿散热片内管道形成了对流。通过对流，导热油将热量均匀传递给了散热片。散热片有较大的散热面积，它将热量迅速传递给了室内空气，形成室内空气对流，使房间均匀升温。

（3）调温器。为双金属片缓动型，串联于干路中，温度可调，能使充油式电暖器温度保持在设定温度附近。

（4）机壳。其用来安装开关、指示灯和调温器。机壳下部设有内置式收线盒，在电暖器停用时，可将电源线卷起放入。

3）充油式电暖器使用注意事项

（1）应在额定电压下使用，接地须可靠。须选用额定电流在 10 安以上的保险丝。室内布线应选用截面积在 1.5 平方毫米以上的铜芯线或护套线。

（2）使用时要保持直立状态，不能倾斜或放倒使用。

（3）不可将水泼入机内，以防因漏电而发生触电事故。

（4）使用时应距离家具等易燃物品 30 厘米以上。湿衣裤不可直接搭盖在机身上烘烤。若需烘烤衣服，应装置专用的烘烤衣架。

2. 浴霸

浴霸用于浴室取暖和照明，是一种新型多功能取暖器具。它一般安装在浴室顶部，即开即热，具有快热、省电、安全、使用简便、不占地面等优点。

1）浴霸的种类

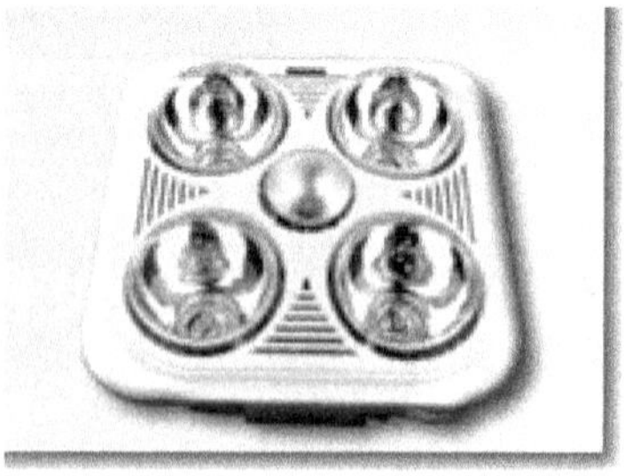

图 12-6　排气型浴霸面板示意图

（1）标准型，又称二合一型，即具有取暖和照明两种功能。它是利用红外灯泡把电能转化为近、中红外光，通过直接辐射人体来取暖。

（2）排气型，又称三合一型。它是在标准型浴霸基础上再增加吸、排气功能，以净化室内空气。排气型浴霸面板示意图如图 12-6 所示。

（3）热风型。热风型浴霸在标准型基础上增设了一台暖风机。暖风机由一台低噪声小型交流风扇和一块装在风扇前的蜂窝状 PTC 发热元件构成。这样，除了红外灯泡直接向下的红外辐射外，还增加了热空气对流供暖的功能，从而使人体上下受热均匀。

2）浴霸的主要结构

底座采用薄铁板冲压而成，是浴霸的主体，用来固定灯座和面板。

面板采用塑料注塑成型，开有通气槽和灯泡安装孔。

红外灯泡是浴霸的核心元件。浴霸共安装有 4 只 220 伏、275 瓦硬质玻璃红外线灯泡。与普通灯泡相比，这种灯泡热效应强，具有极好的热稳定性，遇水不爆裂。

白炽灯泡采用 220 伏、40～60 瓦的乳白色灯泡，用于普通照明。

盒式开关为扁方盒型，内装按钮式开关，不易进水。通常装于浴室侧墙，用来分别控制红外灯和白炽灯及排气扇。

3）使用注意事项

（1）浴霸应安装在吊顶上。将其水平放置并用木螺丝固定。浴霸应离地 2.1～2.3 米，其顶部应离天花板 10 厘米以上。浴霸不宜着地使用或侧装于墙上。

（2）应有可靠接地措施。

（3）电表容量须在 5 安培以上。

（4）盒式开关应装于侧面墙上避水及水蒸气处。

（5）拆装及揩抹浴霸时，务必先切断电源，待灯泡冷却后再进行。

（6）红外灯泡损坏更换时，必须采用硬质红外灯泡，不能采用普通红外灯泡顶替。

3. 暖风器

暖风器又称热风器、风扇加热器，是一种强制对流的空间加热器。它采用送风机从机后吸入冷空气，强迫它们向前流经电热元件，并推动加热后的热空气从前部缓缓输出，以达到取暖目的。暖风器具有较强的方向性，使用方便，安全可靠。

1）暖风器的结构

暖风器主要由以下几部分构成。

（1）送风机。送风机是暖风器的核心部件，常装在电热元件的后面。它主要由风叶和电动机两部分构成。根据风叶结构的不同，送风机可分为轴流式和离心式两类。电动机大多采用交流 220 伏、单相罩极式，其额定功率在 25～40 瓦之间。罩极式电动机具有结构简单、成本低、噪声小、堵转不易烧毁等特点。

（2）电热元件。暖风器按使用的电热元件不同可分为裸露电热丝型、电热管型、PTC 型和带状电热膜型四类。

（3）外壳。它多用 ABS 工程塑料注塑成型，分前后壳。后壳留有进风口，前壳开有送风口。前后都装有防护栅，防止人或易燃物直接接触电热元件。防护栅为金属制或塑料网格结构，具有防护及装饰双重作用。

（4）安全装置。暖风器装有控温器、倾倒保护开关、超温保险器等安全保护装置。

2）使用注意事项

（1）要在密封性能好的房间内使用。

（2）使用时必须确保进排气口通畅；进、排气口不能覆盖异物，如湿衣服等；暖风器不得紧贴墙壁或其他物品放置。进风口装有滤网的机型，应定期清洁滤网。

（3）开机时应先闭合电源开关、风扇开关，然后再接通电热元件；开关机时应先断开电热器电路，然后再断开电源开关、电扇开关。

（4）由于暖风器功率较大，因此，使用前应考虑家中电度表、电源插座和电线的承受能力。

（5）使用期间，如感觉热风烫人，或闻有异臭味、焦味等，应迅速关机检查原因。待排除故障后才能继续使用。

12.3　电风扇

12.3.1　电风扇的分类

1．按电风扇外部形状和主要结构分类

按电风扇外部形状和主要结构，电风扇主要有台扇、台地扇、落地扇、壁扇、顶扇、吊扇、箱形风扇（又称转页扇或鸿运扇）、排气扇等。

2．按电风扇的功能分类

按电风扇的功能不同，其可分为普通型和豪华型。

（1）普通型。普通型电风扇一般有定时、定向摇头、调节速度等功能。

（2）豪华型。豪华型电风扇在具有普通型功能的基础上，又增添了微风、模拟自然风、

电脑定时、睡眠定时等功能。

3. 按电动机的类型分类

按电动机的类型来分，电风扇可分为单相罩极式、单相电容式、三相感应式、直流和交直流串激整流子式四种。

（1）单相罩极式风扇。此类电风扇使用的电动机是罩极式感应电动机。罩极式感应电动机结构简单、造价低，但转矩小、效率低，且过载能力较小，仅适用于安装在 250 毫米以下的小型电风扇中。

（2）单相电容式风扇。此类电风扇所使用的电动机是单相电容运转感应电动机。该电动机的启动能力小、转矩大，且功率因数高，过载能力强，使用起来省电。适用于安装在 300 毫米以上大型风扇中。

（3）三相感应式风扇。此类风扇使用的是三相感应式电动机，400 毫米以上的大型排气扇均采用这种电动机。

（4）直流和交直流串激整流子式风扇。采用的是直流和交直流串激整流子式电动机。这种风扇大多使用在车辆和船舶上。

另外，还可按使用电源的不同分为交流式、直流式及交直流两用式。家庭中多用交流式，交通工具中多用直流式或交直流两用式。

12.3.2 电风扇的典型结构

台扇、壁扇、台地扇、落地扇在结构上有许多相同之外，它们都有驱动电动机、风叶、支撑结构和控制部分，所不同的只是底座形式，可以说，壁扇、台地扇和落地扇是台扇的派生形式。吊扇则是由吊杆、风叶、驱动电动机和上下罩组成，有的带调速器和定时器。转页扇区别于其他电风扇除外形不同外，主要是设置了转页盘，通过转页盘的低速运转，产生锥形旋动气流，给人自然风的感觉。几种主要电风扇的结构及外形如图 12-7 所示。普通电风扇基本构造示意图如图 12-8 所示。

图 12-7 几种主要电风扇的结构及外形示意图

普通电风扇各部分的基本构造与作用如下。

1. 风叶

风叶是直接推动空气流动的元件。风叶性能的优劣，决定着风扇的风量、效率、功耗、噪声等指标的优劣。其一般由 3～5 片外形美观的叶片组成。

2. 扇头

扇头是电扇扇风与摇头的动力装置。它是由一台微型电动机、外壳及摇头传动装置构成。电动机的转速一般都在 1 500 转/分以下，风叶直接固定在电动机轴上。

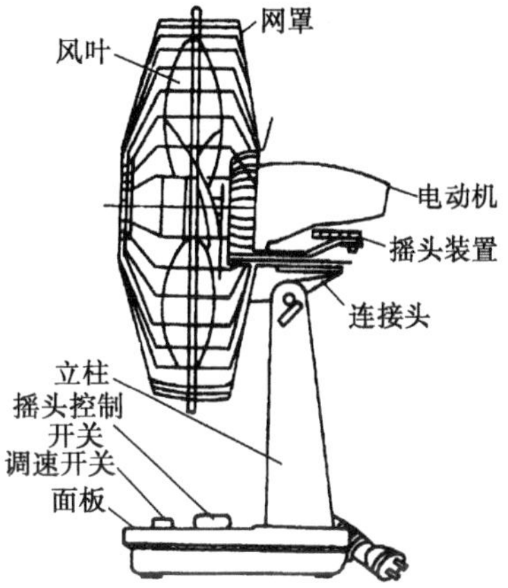

图 12-8　普通电风扇基本构造示意图

3. 防护罩

它主要起装饰及对人体保护作用。一般是用钢丝焊成各种形状，表面再镀铬而成的。

4. 支撑结构

它主要是由立柱、底台及控制盒等组成。一般台式风扇的控制盒安装在底台中，只有落地式台扇在扇头的下部。

5. 操纵控制部分

它包括风扇的开关、速度控制、定时控制、摇头控制及摇头角度控制等机构。一般将这些控制机构统装在一个盘面上，以方便操纵。

12.3.3　电风扇的规格、型号及质量指标

1. 电风扇的规格

电风扇的规格以风叶的直径表示。台扇有 200 毫米、300 毫米、350 毫米、400 毫米等规格；落地扇有 300 毫米、350 毫米、400 毫米、500 毫米、600 毫米等规格；吊扇有 900 毫米、1 050 毫米、1 200 毫米、1 400 毫米、1 500 毫米、1 800 毫米等规格。

2. 电风扇的型号

关于电风扇的型号编制方法，目前尚未制定统一的国家标准，当前常用的电风扇编号方法是用英文和阿拉伯数字表示。第一个英文字母表示电风扇类（用“F”表示），第二个英文字母表示电动机的形式，由于绝大多数都采用电容式电动机，一般都把第二个字母省去。第三个英文字母表示电风扇的类别（“C”表示吊扇，“D”表示顶扇，“S”或“L”表示落地扇，“T”表示墙扇，“Y”表示转页扇）。字母后的第一位阿拉伯数字表示制造厂的设计序号，最后的阿拉伯数字表示电风扇的规格，即扇叶直径。

例如，FS5—40 型，“F”是电风扇代号，“S”是指落地扇，“5”表示制造厂第五代设计产品，“40”表示规格为 400 毫米。

3. 电风扇的质量要求

（1）输出风量。它是在额定电源电压下以最高转速挡位运转时，在专用的风量试验室内距离电扇三倍风叶直径的距离处，通过测量单位面积的圆环中的风速，换算而得出输出风量。对应300毫米、350毫米、400毫米的台扇，其风量分别为38立方米/分、51立方米/分、65立方米/分。

（2）使用值。其是指电扇在额定电压额定功率的条件下，以最高转速运转时产生的风量除以输入功率值。单位是立方米/分·瓦。使用值越大说明该电扇越省电、效率高，可以消耗较小的功率而获得较大的风量。对应300毫米、350毫米、400毫米的台扇，其使用值分别为0.9立方米/分·瓦、1.1立方米/分·瓦、1.1立方米/分·瓦。

（3）调速比。它是指在额定电压和额定频率下，稳定运行1小时后，所测得最低挡转速与最高挡转速之比。调速比越小，调整范围越大，使用起来越方便，可以获得各种不同场合所需要的微风。各类电扇的调速比均不应大于70%。

（4）噪声。电风扇噪声测试方法是在半消声室中开动电扇摇头机构，四周1米处选四个点，在最高挡运转时测量各点最大声压级，再计算出声功率级对应300毫米、350毫米、400毫米的台扇、壁扇、台地扇、落地扇的噪声分别不大于63分贝、65分贝、67分贝。

（5）摇头角度。电扇摇头机构应能使风向自动地和连续地变动，同时应平稳而无阻滞和振颤的现象。250毫米及其以下的电风扇应不小于60度；300毫米及其以下的电风扇应不小于80度。

（6）最高速挡摇头次数。每分钟摇头次数不少于4次。

（7）仰俯角。台扇、台地扇的仰角不小于20度，其俯角不小于15度；壁扇机头角度调节范围不小于40度；落地扇的俯角不小于15度。

（8）线速度。台扇、壁扇、台地扇、落地扇的线速度不大于2 150米/分。

（9）泄漏电流。电流不得大于0.3毫安。

（10）绝缘电阻。热态下和潮态下绝缘电阻值不小于2兆欧姆。

（11）电气强度。应经受1分钟的电气强度试验，试验电压为50赫兹交流，冷态下试验电压值为1 500伏。

（12）温升。对E级绝缘电动机绕组及调速器线圈的温升不得高于75摄氏度。

12.3.4 电风扇的选购与使用

1. 电风扇的选购

购买电风扇时，首先要根据安放地点、居室面积，以及与家庭陈设统一和谐等因素，来选择适宜的尺寸、档次、式样、颜色。然后从以下几方面考虑电风扇的质量。

（1）网罩和扇叶是否有明显变形。在装配好的电风扇网罩上，用一枝笔指向一个扇叶最高点，缓缓移动扇叶，其他几个扇叶相对应点与笔尖之间距离应十分相近，再转动扇叶，应该轻快灵活，可以在任一位置停下。

（2）控制机构（包括调速开关、定时旋钮、摇头开关、照明灯开关等）应该操作灵活、接触可靠。对调速挡，不准许有两挡同时接通或一挡按不下去的现象。按下停止键，各速度挡键应正常复位。

（3）活动部分（电风扇扇头俯、仰各角度）运转灵活，锁紧牢靠。调整到最大俯角或摇头到最终位置，网罩均不得与风扇支柱相碰。风扇运转时，稳定性要好，不能倾倒。摇头角度不应低于 60～80 度，在最高转速挡，每分钟摇头不少于 4 次。

（4）启动性能。启动性能优劣是电风扇一项重要的质量指标。检验时，应在慢速挡，在电源额定电压 85%时，即用调压器将 220 伏电压降至 187 伏时启动电风扇，电风扇应该能从静止启动，并且正常运转，一台电风扇从启动到正常运转所需的时间越短，风扇电动机的启动性能越好。

（5）运转及调速性能检查。通电后将摇头开关往复转动数次，检查其是否失灵或装配过紧，在这一过程中，风扇机械传动部分不应该有异常噪声。电风扇在高、中、低速运转时，电动机和扇叶都应平稳、振动小、噪声较低。风扇摇头、停摆应敏捷，无间歇、停滞和抖动现象。各挡转速差别应明显，送风角度越大越好。在电风扇停转时，转轴轴向间隙不超过 0.5 毫米，间隙过大，运转时会引起轴向窜动并有撞击声。

（6）漏电检查。电扇通电后，手触碰会有强烈麻电感，用试电笔测试，试电笔也会发光显示，可判定外壳漏电，不可选用。

（7）电风扇连续运转 2 小时后，如果机头外壳表面烫手，说明温度过高，不能选用。正常情况下，机头外壳表面温度在 50℃以下，不会有十分烫手的感觉。

2．电风扇的使用与维护

电风扇在使用时应注意以下几点。

（1）电风扇在使用前，应首先核对供电电压，对于有接地线的电风扇，应按规定接好地线。

（2）电风扇在长时间运行时，应注意电动机温升不可太高。一般电动机铁壳表面温度不应高于 75℃，即不能有烫手的感觉。

（3）每年储藏前，做一次比较彻底的清洁工作，在转轴外露部分和镀铬网罩表面，涂上一层机油，在扇头加油孔内注入少许轻油（或缝纫机油），用干净布包好，放在干燥通风处。切勿放在床底易回潮的水泥地面上，更要避免叠压、碰撞。

12.4　洗衣机

12.4.1　洗衣机的类型

1．按自动化程度分类

（1）普通型洗衣机。洗净、漂洗、脱水各功能的操作需用手工转换。这类洗衣机结构简单、价格便宜、使用方便、占地少、易搬动，装有定时器，可根据衣物的脏污程度选定洗净时间，预定时间终了可以自动停机。

（2）半自动洗衣机。洗净、漂洗、脱水各功能中，任意两个功能的转换不用手工操作而能自动进行，一般由洗衣和脱水两个功能组成。在洗衣桶中可以按预定时间完成洗净和漂洗程度，但不能自动脱水，需人工将衣物从洗衣桶中取出，放入离心脱水桶中进行脱水。有的可以连续完成洗净与漂洗程序，而没有脱水机构，需人工取出拧干。

（3）全自动型洗衣机。洗净、漂洗、脱水各功能转换均不用手工操作而能自动进行。衣物放入洗衣桶后能自动完成洗净、漂洗和脱水全部程序，当衣物甩干后，蜂鸣器发出声音。

此类型洗衣机分为电动程控器控制和微电脑控制两种。其中微电脑控制现已发展为先进的模糊控制全自动洗衣机，它应用先进的模糊控制理论，实现了洗衣机智能化，使洗衣机能自动选择洗涤时间、水位、水流，自动识别衣物种类、衣量、脏污程度等，不但节水节电、省时省力，而且方便用户，目前城市中销量较大。但其结构复杂、维修难度大、价格昂贵。

2. 按洗涤方式和结构特点分类

（1）波轮式洗衣机。它由日本发明，在亚洲国家使用较多。在洗衣桶底部中心线或略微偏心处装有波轮，当电动机经传动机构带动波轮旋转时，便产生强烈的涡旋，带动衣物在水中翻搅、撞击、摩擦，产生很强的洗涤作用。

其特点是结构简单、体积小、洗净度高、耗电较少，但对衣服磨损较大，洗涤均匀性不佳。目前我国生产的洗衣机大多数是此类洗衣机。

（2）滚筒式洗衣机，又称为欧洲式，欧洲国家大都使用此类洗衣机。在一水平放置的洗涤桶中，套装一稍小的圆桶（滚筒），它可绕水平轴旋转，滚筒壁上有许多小孔，洗涤液可自动进出，当滚筒旋转时，这些凸缘将衣物带动升高，至一定高度时，衣物便自动落入水中，凭借这种摔击、翻搅将衣物洗净。

其特点是衣物磨损小、噪声低、洗涤容量大、衣物不绞结，能洗涤各种衣物，但结构复杂、体积较大、耗电量较大。目前我国已有部分厂家生产全自动滚筒式洗衣机。

（3）搅拌式洗衣机，又称为美国式洗衣机，南、北美洲国家使用较多。该机洗衣桶为立式圆桶，其中心处有一立轴，轴上装有 3～4 片搅拌翼。电动机旋转带动搅拌翼做 120～180 度的反正回转运动。翼片带动衣物在洗涤液中不断强烈搅拌，达到洗净目的。

其特点是洗净率高、衣物磨损率小、洗涤均匀性较好，但机体大而重、结构复杂、制造困难、噪声较大。

波轮式、滚筒式、搅拌式三种洗衣机的各项性能比较如表 12-2 所示。

表 12-2　三种洗衣机的各项性能比较

项　目	波轮式	滚筒式	搅拌式
洗净度（30 度）	高	低	中
洗净均匀率	低	高	中
洗涤时间长短	短	长	中
缠绕大小	大	小	中
损衣大小	大	小	中
耗水量	多	少	中
耗电量	小	大	中
脱水率	高	中	中
噪声	小	大	大

几种主要的洗衣机外形图如图 12-9 所示。

全自动型洗衣机　　双缸洗衣机　　滚筒式洗衣机

图 12-9　几种主要的洗衣机外形示意图

12.4.2　洗衣机的结构

以波轮式双缸洗衣机为例来说明洗衣机的结构。波轮式双缸洗衣机主要由箱体系统、传动系统、控制系统和脱水制动系统四大部分组成。

箱体系统主要包括外壳、洗涤桶、上托（塑料框架）等；传动系统由电动机、轴承组、皮带盘及波轮等组成；控制系统由定时器、选择开关、给排水控制等组成；脱水制动系统由脱水桶、刹车钢丝及刹车盘等组成。

现将波轮式洗衣机的主要部件介绍如下。

1．外壳

洗衣机箱体外壳采用 0.5～0.8 毫米薄钢板经冲制、折弯焊接成型，内外两面都涂有防锈漆，外层一般采用静电喷漆，使洗衣机美观耐用，并加强绝缘性能。目前，也有一些洗衣机外壳为塑料制成，既可减轻重量、降低成本，又能增强绝缘性和耐蚀性。

2．洗涤桶

洗涤桶又称内桶，是盛洗涤液和被洗衣服的容器，是用来完成洗净和漂洗的主要部件之一，常用材料有钢板、搪瓷、铝合金、塑料、不锈钢等。不同材料制成的洗衣桶各有其特点。如塑料洗衣桶重量较轻、耐腐蚀性好、绝缘性好、成型加工容易、成本低；不锈钢洗衣桶表面平整光洁、强度高、耐腐蚀，但价格较贵，且加工性能不好；铝合金洗衣桶强度高，表面平整光洁、耐腐蚀性较好，但价格较贵；搪瓷洗衣桶容易生产、价格便宜、表面光滑平整、耐腐蚀性好，但重量大、受冲击容易损伤瓷面，现已被淘汰。

洗衣桶内安装有波轮并设有给排水孔、溢水孔。洗衣桶的截面呈方形、圆形和六角形等多种形状。目前国内生产的洗衣机，一般采用具有较大过渡圆角的矩形内桶。

3．波轮

波轮又称波水盘，由工程塑料注射成型。波轮的外表有几条凸起的缘，多被做成对称形。波轮在传动系统的驱动下旋转，使桶内的水产生旋涡状的水流运动。原先的波轮式洗衣机，波轮转 30 秒，停歇 4 秒，再反向转 30 秒；波轮的速度为每分钟 400 转左右，这种洗衣机，洗净度高，但织物磨损率也高，并且洗涤后衣物缠绕在一起，不易分开，因此造成洗涤不均匀，影响洗涤效果。为了提高洗涤均匀性，减少衣物的缠绕。目前市场上所售的大都是大波轮新水流洗衣机，在原波轮式洗衣机的基础上进行了改进，首先对波轮的形状进行了改进；波轮的转速由每分钟 400 转降为每分钟 180～200 转；波轮的直径由 180 毫米扩大到 300 毫米或更大；波轮的高度随洗涤综合因素而定，大多数较原先波轮要高；波轮的转停时间也改为不大于 5 秒，一般为 2～3 秒，停歇时间不大于 2 秒，形成频繁转停的水流，从而减少了衣服的缠绕，提高了洗涤的均匀性。

4．电动机

洗衣机的电动机多采用单相两级或四级的电容启动可递式电动机。该种电动机定子上嵌有主绕组和副绕组，主、副绕组的匝数和线径都相同，这种电动机的特点是启动转矩大，启动电流较小，功率因数较高，过载能力较强，容易实现正、反转。

5．定时器

洗衣机的定时器是一种自动控制开关，它有两种作用：一种是控制洗衣机脱水、洗涤或漂洗的总工作时间；另一种是控制洗衣机电动机的旋转方向，使电动机按照预定的循环程序进行正、反转，达到洗涤或漂洗的目的。按定时器的结构可分为机械定时器和电子定时器两大类。机械定时器也称发条定时器，它利用发条为动力源，通过齿轮传动，带动凸轮控制触点的接通与断开。机械定时器结构简单、维修方便，广泛用于普通洗衣机。电子定时器优点较多，可以实现程序控制，但造价较高，适用于全自动高档洗衣机。按定时器的使用功能，可分为脱水定时器、强洗定时器、弱洗定时器等类型。

12.4.3 洗衣机的型号及主要质量指标

1．洗衣机的型号表示方法

根据国家标准（GB 4288—84）规定，国产洗衣机的型号由下列方式组成。

□ □ □ □ — □ □

第一个字母为洗衣机代号，以汉语拼音字母“X”表示，脱水机代号以汉语拼音字母“T”表示。

第二个字母为自动化程度代号，以汉语拼音字母表示，“P”表示普通洗衣机，“B”表示半自动洗衣机，“Q”表示全自动洗衣机。

第三个字母为洗涤方式代号，以汉语拼音字母表示，“B”表示波轮式洗衣机，“G”表示滚筒式洗衣机，“J”表示搅拌式洗衣机。

第四个为用两位数表示的规格代号，它代表一次洗涤干燥衣物的重量，3 千克用“30”表示，3.5 千克用“35”表示，依此类推。

第五部分为用数字表示的工厂设计序号，用阿拉伯数字顺序表示。

最后的字母为结构形式代号，单桶洗衣机不标注字母；双桶洗衣机以“S”表示。

例如，XPB 30—2S 表示普通双桶波轮式洗衣机，洗衣容量为 2 千克，是厂家第二次设计的产品。XQG 50—1 表示全自动滚筒式洗衣机，容量为 5 千克是厂家第一次设计的产品。

2. 洗衣机的规格

洗衣机的规格用额定洗衣容量表示。额定洗衣容量是指能保证洗衣机正常工作的洗涤干衣服的最大重量。目前市场上出售的洗衣机常有如下规格：2.0 千克、3.0 千克、3.5 千克、4.0 千克、5.0 千克等。

3. 洗衣机的主要质量指标

（1）洗净性能。波轮式洗衣机的洗净比不应小于 0.8。洗净比是指某一型号的洗衣机，在额定洗涤状态下的洗净度与标准参比洗衣机洗净度的比值。

（2）对织物的磨损率。波轮式洗衣机的磨损率应不大于 0.2%。

（3）漂洗性能。洗衣机的漂洗比应大于 1。该项指标是表示洗衣机在额定状态下，漂清衣物上所含洗涤剂的能力。为了测试方便，国家标准规定用氯化钠（NaCl）来代替洗衣粉进行测定。漂洗比的计算公式为：

漂洗比＝（$A-B$）/（$A-C$）K

式中，A——原液的电导率；

B——漂洗后液体的电导率；

C——自来水的电导率；

K——漂洗系数，取 0.9。

（4）脱水性能。洗衣机脱水装置的脱水率，普通型和半自动型波轮洗衣机应大于 50%；全自动洗衣机应大于 45%。

（5）噪声。洗衣机洗涤、脱水时的声功率级噪声均应不大于 75 分贝。

12.4.4　洗衣机的新功能及发展趋势

1. 洗衣机的新功能

目前，在新技术的支持下，洗衣机的功能不断扩展，以适应不同需求的消费者。就全自动洗衣机来说，其新功能主要有以下几种。

（1）电子配水功能。电子配水由新型进口阀直接与洗涤剂盒的不同水槽相连，通过电子程控器直接控制进水阀开启工作，完成不同程序过程的进水以及洗涤剂、添加剂的溶解配制和投放，省略了喷嘴、传动装置等部件，也简化了结构。同时也解决了洗涤剂配制时的“串水”问题。

（2）自动平衡功能。该功能针对脱水时，衣物负载分布不均匀引起整机振动或噪声增加而设置的。常见的自动平衡控制方式有机械式和电子式两种。机械式是在机器的内部设置瞬停开关来检测其振动量，一旦振动量过大，开关动作，洗衣机停止脱水或自动降低转速运行一段时间后，将衣服负载抖松散、均匀，再继续脱水运行。电子控制式由电脑设定脱水程序并随时检测，脱水时先低速旋转，一旦不平衡则转而“点动”或继续减速，以期将衣服负载分布均匀，经平衡测试正常后，转为高速正常脱水。

（3）臭氧洗净功能。它是在洗涤时有条件地注入臭氧，形成一定浓度的臭氧水，有效杀灭各种细菌和病毒。目前用于洗衣机上的臭氧发生器，大都采用高频陶瓷片作为臭氧发生元件。

（4）磁化水功能。它是通过在洗衣机进水管路中加设一永磁性水质磁水器来实现的，水在经过磁水器磁场时，在磁场力作用下，水的活性得到激发，溶解能力和渗透能力大增，从而改善了洗涤性能。

（5）多种保护功能。新型全自动洗衣机增设了防干烧保护、门锁保护、进排水保护、加热保护等功能。

（6）断电记忆功能。洗衣机在洗衣过程中，出现停电情况，在不改变程序设置的情况下，不管多长时间后来电，洗衣机均将自动执行停电前的工作程序。

（7）自检功能及故障快速检测显示功能。新型电脑式全自动洗衣机的自我检测功能，在无水源的情况下，用户只需接通电源，再按下加强程序键和电源键，洗衣机就能自动进行检测，这非常方便用户选购时的检测。

当洗衣机因某种原因出现自动保护时，数码显示电路受微处理器内智能检测电路的控制自动显示出故障代码，以示洗衣机出现了哪一种保护，维修人员根据相应的代码，去检查相应的部位，便可迅速排除故障。

（8）“一按通”功能。智能型全自动洗衣机的微电脑自动检测衣物料质、体积和重量，控制洗涤周期，配合数段微电脑强弱水流。只需一按电钮，就会开始洗涤，直至完成。

2. 洗衣机的发展趋势

近年来，洗衣机无论在质量、技术、功能，还是在外观上面，都有长足的进步和发展。以后洗衣机的发展，有如下几个趋势。

（1）高度自动化。从最初的单桶洗衣机、双桶洗衣机到套桶洗衣机、全自动洗衣机，再到人工智能全模糊控制洗衣机。总之，每一次技术的进步都极大地推动了洗衣机自动化程度的提高。

（2）节能和健康化。现在的消费者在节能方面对家电提出了更高的要求，对于健康型洗衣机更是人们趋之若鹜的首选，如荣事达集团在中国首家将抗菌技术应用于洗衣机领域后，在中国掀起一股“抗菌”家电热潮，人们对健康家电的关注由此可窥一斑。

（3）大容量和微型化。大容量洗衣机，满足了人们洗大件衣物的需求。同时，微型化洗衣机也备受青睐，如市场上出现的1.5千克，2.5千克不等的海尔小神童洗衣机，可以满足少量衣物即时洗的需要。

（4）组合化。如荣事达集团最近推出的子母分洗式洗衣机，正好迎合了这部分消费者的需求，它的大桶容量为5.5千克，小桶容量为2.5千克两桶并列，缩小了较大一部分空间，而且具有人工智能模糊控制功能。满足了不同衣物分开洗、大量衣物同时洗、小件衣物即时洗的需求，开创了健康洗涤新概念，深受消费者的喜爱，组合化的另一个体现就是把洗涤、漂洗、脱水和烘干功能集于一身。

12.4.5　洗衣机的选购和使用

1. 洗衣机的选购

选购洗衣机，首先面临的就是结构形式的选择。滚筒式、波轮式和搅拌式洗衣机在性能上各有优缺点，现比较如下。

（1）洗净度。搅拌式洗衣机洗净度大于 0.75，且洗净均匀性好；波轮式洗衣机洗净度大于 0.70；滚筒式洗衣机洗净度也大于 0.70。

（2）磨损率。滚筒式洗衣机磨损率小，为 0.10%以下；波轮式洗衣机磨损率在 0.15%以下；搅拌式洗衣机也在 0.15%以下。

（3）用水量。滚筒式洗衣机用水量最小，约为 70 升。搅拌式与波轮式洗衣机用水量大于 70 升。

（4）耗电量。搅拌式与波轮式洗衣机耗电量较小，滚筒式洗衣机耗电量较大。

（5）价格。全自动波轮式洗衣机的市场价在 1 000～2 000 元；全自动搅拌式洗衣机的市场价在 2 000 元以上；全自动滚筒式洗衣机的市场价在 3 000 元左右。

买哪一种洗衣机都要看自己的生活习惯和家庭条件。首先确定常洗涤的衣物和洗衣机的价位，如毛料、丝绸衣物较多，建议选购滚筒式洗衣机；如以洗涤棉布衣服为主，则建议选择搅拌式和滚筒式洗衣机。选择洗衣机时应注意，家庭的用电容量是否够大，用自来水是否方便，如家中有热水水源，则不必选用带电加热元件的洗衣机。

在挑选以上三种洗衣机时，还要了解洗衣机的噪声和无故障运行时间。一般来说，噪声越低、无故障运行时间越长，洗衣机的质量就越好。因此，消费者应让经销商提供洗衣机的噪声值和无故障运行时间，以此来判别洗衣机质量的好坏。

在挑选时应注意以下几个方面：桶形设计应合理，一般来说，洗涤桶的横截面积形状以带大圆角的长方形最佳，带大圆角的正方形次之，桶壁应光滑、无毛刺，壁厚应均匀；波轮表面光滑，与洗衣桶凹槽的圆周间隙均匀，且不应大于 1.5 毫米，以免塞夹衣物，用手转动灵活、无杂音；定时器旋钮及按钮灵活可靠；通电运转时振动小，无杂音，噪声应不超过 75 分贝，即一般听起来不觉得烦躁。

2. 使用注意事项

（1）进水管要连接牢固，接头处不得漏水。排水管要摆放好，防止脚踏上去使排水管破裂。

（2）需要用温水洗涤时，应先放冷水于洗衣机桶内，再加热水，或将冷、热水调好再倒入桶内。不得把热水直接倒入桶内，以防桶变形。高档洗衣机上有电热装置，可根据衣物的类型及脏污程度，选择合适的水温，但一般水温以 40℃～60℃为好。

（3）洗衣物前，应清理衣物口袋内的硬物、杂物，有金属拉链或金属纽扣的衣物，应将拉链拉上，或扣上钮扣，并翻转或里朝外，以免损坏洗衣机桶壁或损坏衣物，毛物应装在网袋内后再放入桶内洗涤，以防缠绕波轮或互相缠绕。

（4）衣物应按颜色深浅分类后分别洗涤，以防浅颜色的衣物被“染色”。牢度不同的衣物最好也分开洗涤，以免疏松的衣物受损。

（5）使用漂白剂应与水充分稀释后，从漂白剂注入口慢慢倒入洗衣机桶内。未经稀释的漂白剂不可直接倒入桶内。漂白洗涤完毕，应立即排水，并用清水将桶冲干净，以防腐蚀洗衣机桶内壁。

（6）衣物放入脱水桶时，衣物在桶内一定要放置均匀、紧实，不可偏向，衣物上一定要加安全压板。脱水过程中洗衣机若发出巨大的振动声，说明衣物未放好，应立即停机，把衣物重新放好后再脱水。脱水过程不要打开脱水桶盖，脱水结束后，应等桶停转后，再打开盖子取衣物，这样既安全，又可避免脱水刹车机构经常使用而失灵。

（7）全自动洗衣机使用脱水程序时，要先排完水再脱水，否则残余的水会使脱水桶转动阻力增大，电动机可能因超负荷运行而烧毁。

（8）洗衣机使用过程中，严禁用手或他物碰触转动部分，以防人受伤或洗衣机有关零部件受损。

（9）严禁用挥发性溶剂（香蕉水、汽油等）洗涤衣物，也不能洗涤或脱水带有挥发性溶剂与易燃物质的衣物，否则会引起燃烧，甚至爆炸。

（10）在洗涤过程中，若停电，应及时切断电源，待通电后，再重新操作洗衣机进行洗涤。

（11）洗涤过程中，若发现漏水、漏电、异响或其他不正常现象，不可勉强使用，应立即停机检查，自己解决不了的应请维修部人员处理。

3．洗衣机的维护保养

洗衣机的日常维护保养应注意以下几点。

（1）洗衣机不用时，应将其放置于干燥、通风的地方，以免受潮生锈和降低电器元件的绝缘强度。

（2）放置地点应远离火源，应无腐蚀性气体、强酸、强碱的侵蚀。

（3）洗衣桶在无水状态下，不要通电开机运行，以免磨损密封圈。

（4）洗衣机长期不用时，不要用塑料袋套装，以免影响通风和干燥。

（5）长期放置的洗衣机，应定期（2～3 个月）开机（短时间通电），以驱散潮气，防止受潮和生锈。

12.5　电冰箱

12.5.1　家用电冰箱的分类

1．按制冷方式分类

按制冷方式不同，电冰箱可分为电动机压缩式、吸收式、电磁振荡式电冰箱。

（1）电动机压缩式电冰箱。其全称为全封闭电动机驱动蒸汽压缩式电冰箱。它具有制冷效率高、省电、冷冻速度快、制冷量大、使用寿命长等特点。目前国内外生产的电冰箱绝大多数为此类电冰箱。

（2）吸收式电冰箱。它又称连续吸收扩散式电冰箱。这种冰箱除了可以用电能制冷外，还可以用煤油、煤气、液化气、汽油等为能源。其具有结构简单、成本低、无噪声等优点，但制冷速度慢、效率低，适用于无电地区使用。

（3）电磁振荡式电冰箱。它又称为电磁振荡压缩式电冰箱。这种电冰箱加工容易、成本低，但耗电量大，仅适合于生产 50 升左右的小型电冰箱。

此外，还有半导体式电冰箱等。

2．按电冰箱内冷气传递方式分类

按电冰箱内冷气传递方式分类，有直冷式和间冷式电冰箱两种。

（1）直冷式电冰箱，又称有霜电冰箱。冰箱箱体内部冷却食品的过程是借助于传导和自然对流的方式进行的。它的冷冻室和冷藏室分别装有蒸发器，这些蒸发器与所储存的食品之间的热交换都是利用热传导和空气自然对流的方式进行的。一般在直冷式电冰箱中冷冻室的除霜方式是手动的，而其他储藏室的除霜方式是自动进行的。冷冻室在每使用 3～4 个月要除霜一次。这种形式的电冰箱是我国目前电冰箱生产和销售的主流。它具有耗电省、噪声小、维修方便、冻结速度快、寿命长、储存食品的干耗现象较间冷式的小等优点。直冷式电冰箱冷气传递方式及外形如图 12-10 所示。

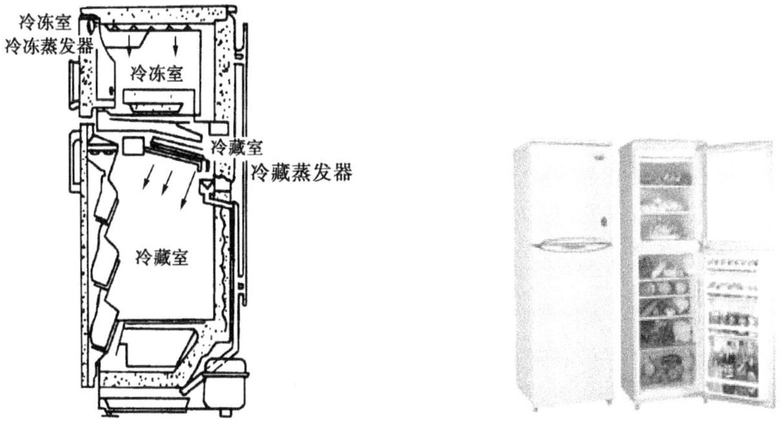

图 12-10 直冷式电冰箱冷气传递方式及外形示意图

（2）间冷式电冰箱，又称为风冷式电冰箱、无霜式电冰箱或空气强制循环冷却式电冰箱。这种冰箱箱体内部冷却食品的过程是借助于强制对流的方式进行的。

间冷式电冰箱各个食品储藏室一般是共用一个蒸发器，而各储藏室的温度是借助于调节风门控制的。在蒸发器的一侧装有一个小电动机带动的轴流风扇，空气在这个风扇的作用下，强制通过蒸发器，使空气强制循环。它具有储藏室内的温度分布比较均匀、不结霜、冷却速度快的优点；但这种电冰箱的结构较直冷式电冰箱复杂，耗电量也较大、噪声较大、存储食品的干耗也较大。

3．按电冰箱的形状结构分类

按电冰箱的形状结构可分为双门式电冰箱和三门、四门、多门电冰箱。

（1）双门式电冰箱。它具有两个储藏室，其中一个为冷冻室。两个储藏室内的温度不同。这种冰箱不会产生两储藏室储存食品的串味现象。目前国内大多数冰箱为这种形式。

（2）三门、四门、多门电冰箱。三门、四门电冰箱在双门式电冰箱的基础上多了功能转换室或果菜室，功能转换室可转换为保鲜室、冷藏室或冷冻室，使电冰箱具有多个食品冷冻和冷藏室，而且各室之间是独立控制温度的。这种冰箱容积一般较大，使用很方便，外观豪华。

4．按电冰箱使用时的气候环境温度分类

按电冰箱使用时的气候环境温度分类有亚温带型、温带型、亚热带型和热带型。

（1）亚温带型（SN）。气候环境温度为 10℃～32℃。

（2）温带型（N）。气候环境温度为 16℃～32℃。

（3）亚热带型（ST）。气候环境温度为 18℃～38℃。

（4）热带型（T）。气候环境温度为 18℃～43℃。

此外，电冰箱按功能还可以分为冷藏电冰箱、冷冻电冰箱和冷藏冷冻电冰箱三类。冷藏电冰箱箱内温度为 2℃～10℃，用于冷藏食品、饮料等。冷冻电冰箱箱内温度低于－18℃，用于长时间储存食品。冷藏冷冻电冰箱兼有以上两种冰箱的功能。

12.5.2　电冰箱的结构

以压缩式电冰箱为例，电冰箱主要结构由制冷系统、控制系统、箱体和附件等部分组成。

1．制冷系统

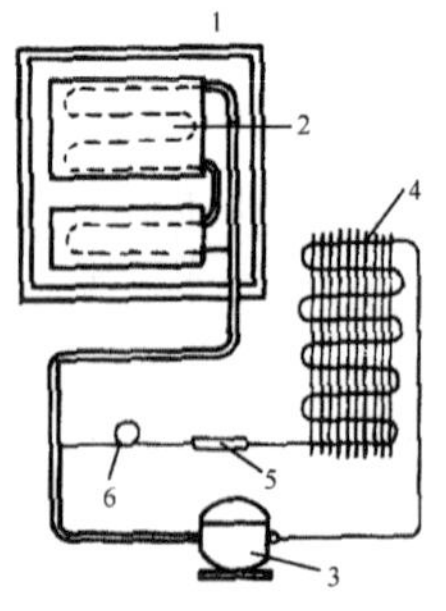

1—绝热箱体；2—蒸发器；3—压缩机；4—冷凝器；5—干燥过滤器；6—毛细管

图 12-11　压缩式电冰箱制冷循环示意图

制冷系统由压缩机、冷凝器、过滤器、毛细管、蒸发器组成。如图 12-11 所示为压缩式电冰箱制冷循环示意图。

在密闭的制冷系统内装有制冷剂，它是在电冰箱制冷系统中完成制冷循环的工作介质。电冰箱的制冷系统借助于制冷剂的状态变化，达到制冷的目的。压缩式电冰箱的制冷原理是：当液态制冷剂流入蒸发器，在蒸发器内蒸发汽化时，吸收了箱体内空气和食物的大量热量，使箱内温度迅速下降，而制冷剂变成了低温低压气体，被压缩机吸入后，压缩为高温高压气体。该气体进入冷凝器，将大量的热量散发到箱体外的空间后凝结成高压常温液体，经干燥过滤器滤除污物和水分，再经毛细管节流降压成为低压液态制冷剂，并再一次进入蒸发器，如此循环，实现连续制冷。

2．控制系统

电冰箱控制系统按控制装置的功能不同，可分为温度控制装置、电动机启动与保护装置、照明装置及除霜控制装置等几部分。

3．箱体

电冰箱箱体的外层是钢板，表面喷涂丙烯酸漆或环氧树脂涂料。内层也称内胆，它是由 ABS 塑料压铸成型，不易腐蚀，且无毒、卫生。内外层之间填充聚氨酯隔热材料，箱门的四周加装磁条密封。

4．附件

为方便使用，各种电冰箱一般都配置一些附件，主要有果蔬盒、搁物架、制冰盒、除霜铲、饮料盒、蛋托、瓶架、化霜接水盒等。

12.5.3　电冰箱的规格、星级及型号

1．电冰箱的规格

电冰箱的规格是按容积来划分的，单位是升（L），如 185 升、220 升等。

2．电冰箱的星级

在国家标准中，明确规定了电冰箱冷冻室的温度级别，即星级，如表 12-3 所示。

表 12-3　电冰箱的星级

星　　级	冷冻室温度	符　　号	冷冻食品保存期参考
一星级	不高于－6℃	*	一周
二星级	不高于－12℃	**	一个月
三星级	不高于－18℃	***	三个月
四星级	不高于－18℃	****	六个月

电冰箱国家标准中没有规定四星级冰箱冷冻室温度为－24℃，标有四星级标志的电冰箱，第一颗大星号是速冻能力的标志，也是四星级电冰箱特有的功能。显然，电冰箱冷冻室的温度越低，它具有的冷冻能力就越大，冷冻食品的速度就越快，保存食品的时间就越长。

3．电冰箱型号含义

国产电冰箱型号的组成及含义表示如下。

□　□—□　□　□

第一个字母为家用电冰箱代号，用“B”表示。

第二个字母为用途分类代号，用汉语拼音字母表示，“C”表示冷藏箱，“CD”表示冷藏冷冻箱，“D”表示冷冻箱。

第三部分是用数字表示的规格代号，即冰箱的有效容积单位为“升”。

第四部分是用字母表示的冰箱的冷气传递方式代号，直冷式冰箱不表示，无霜型冰箱用汉语拼音字母“W”表示。

最后的字母表示改进设计序号，用英文字母顺序表示。

例如，BD—180 表示 180 升家用直冷式冷冻箱；BCD—220WA 表示第一次改进设计的 220 升无霜式家用冷藏冷冻箱。

12.5.4　电冰箱的质量要求

1. 储藏温度

按冰箱星级标志和气候类型分别做出规定。对于亚温带型和温带型、亚热带型和热带型冰箱，冷藏室温度分别为 0℃～10℃，0℃～12℃，冷冻储藏室（三星级）和冷冻室的温度不高于－18℃。

2. 制冷速度

按冰箱星级和容量分别规定，当冷藏室温度由 32℃降至 5℃～7℃，冷冻室由 32℃降至－18℃时，需要的时间，对冷藏箱 250 升以下，不超过 2 小时，对冷藏冷冻箱不超过 3 小时。

3. 冷冻能力

按冰箱结构和冷冻室容积做了规定。按规定条件测试，测得的冷藏冷冻箱的冷冻能力不应小于铭牌额定值的 85%。冷冻能力最低值为 4.5 千克 / 100 升（冷冻室），45 升以下的不得少于 2 千克。

4. 制冷剂年泄漏量

电冰箱任何部位制冷剂年泄露量不大于 0.5 克。

5. 负载温度回升速度

按规定条件测试，冷藏冷冻箱负载温度回升时间不应小于 300 分钟。

6. 制冰能力

在规定的条件下，冰盒中的水应在 2 小时内全部结成实冰。

7. 耗电量

按规定条件测定时，实测值不应大于铭牌标明的 15%。

8. 噪声

噪声的声功率级要求 250 升以下的冰箱不应大于 52 分贝，250 升以上的冰箱不应大于 55 分贝。

9. 泄露电流

工作温度下的泄露电流不应大于 1.5 毫安（对于 I 类电器）。

10. 启动性能

按照气候类型所规定的环境温度时，冰箱在 0.85 倍额定电压下（187 伏）能启动 3 次。

11. 绝缘电阻

冷态绝缘电阻应不少于 2 兆欧姆。

12. 电器强度

电冰箱应能承受 1 分钟冷态电气强度试验。实验电压应为基本正弦波、频率为 50 赫兹，其试验电压值为 1 250 伏。

12.5.5　电冰箱的选购与使用

1. 电冰箱的选购

购买电冰箱时一般根据各自的经济状况、生活习惯、居住环境、人口多少及电冰箱的发展趋势来确定品种、规格、品牌，然后可以按下面内容来进行检查挑选。

（1）外观。看有无脱漆、碰伤、划痕现象。一台合格的电冰箱应该表面光亮，箱内平整，手把和各部件装配牢固，星级标志清晰，箱体后部的冷凝器、过滤器、毛细管路没有碰坏、压扁。管路接头无虚焊、油污等现象。特别注意压缩机固定螺丝，不应松动。

（2）用手指轻扣冰箱体，听听是否有空洞的声音，如果有大面积凹瘪现象或空洞声，表明冰箱内胆隔热材料灌注发泡不良。

（3）将冰箱门打开，箱门磁性门封拉力应大于 1 千克力。观察门封四周平面是否平直，特别注意门的四角焊接是否平整，有无裂口、翘角、焊焦现象。关闭冰箱门时，当箱门开口距箱体 3～5 毫米时，箱门应能自动收合紧闭。箱门关闭后，可用 0.08 毫米厚纸片仔细检查吸附是否严密，冰箱门内衬是否与箱内附件相碰撞。要特别注意检查门封条下边两个拐脚处和下横边，可以用手仔细触摸，无间隙最好。

（4）打开冰箱门检查内衬是否有裂缝、裂口和较大面积凹凸不平。检查绝热层发泡情况，正常的发泡层与内衬结合很紧，手压有紧实感，不应有空软的感觉。

（5）将温度控制旋钮置于中间位置，关门通电开机运行 15～20 分钟，用手摸蒸发器表面，应该感觉冻手、黏手，甚至可以看到蒸发器上有一层均匀薄霜。冷凝器应温度均匀，没有明显温差的是优质品。

（6）冰箱 250 升以下噪声应在 52 分贝以下，250 升以上则不应大于 55 分贝，可用声压计检测。检验时离冰箱 1 米以外，应听不到明显的噪声，用手触摸冰箱顶部，只能感觉轻微振动。冰箱噪声超过 52 分贝，压缩机启动时振动大，压缩机关闭时还伴有“乒、乓”异声者，是不合格品。

（7）当冰箱门打开时，箱内照明灯应发光；当箱门距箱口平面1～3厘米左右时，箱内照明灯应自动熄灭，否则照明工作不正常。

（8）检查冰箱附件和随机文件是否齐全。随机文件包括使用说明书、检验合格证、产品保修单和装箱单。

（9）检查冰箱外包装，看看有无安全认证标志、厂名、厂址和冰箱主要指标。

2. 使用注意事项

正确地使用和维护电冰箱可延长使用寿命，减小耗电量，且有利于食品的冷藏保鲜。故使用前应仔细阅读使用说明书，还应注意以下几点。

（1）冰箱应放在通风良好、干燥、远离热源、避免阳光直晒的地方。背部冷凝器与墙壁的距离应在10厘米以上，以保证良好的散热。放置的地面应平整坚实，冰箱不得晃动。

（2）搬运电冰箱时，应从底部抬，轻搬轻放；搬运过程中不能使冰箱倒置或倾斜角度过大；避免受强烈的振动；堆码不得超过两层。

（3）要配备专用的电源插座。

（4）冰箱内存放的食物不应放的过紧、过满，放入的食品之间要有一定的空隙，以利于冷气循环。

（5）正确使用温度控制器。温度控制器上的数字表示控制温度高低的程度，数字小表示控制的温度高，数字大表示控制的温度低。

（6）冰箱箱体内外应经常保持清洁，要定期清洗。

（7）定期除霜。霜层会降低蒸发器表面的热交换能力而影响制冷效果，因此，当箱内霜层达到一定厚度时，应立即进行除霜工作。

（8）电冰箱长期使用是有益无害的，不应频繁地、间断地使用，应连续使用以延长电冰箱的使用寿命。

【案例12.1】 变频冰箱成为未来发展的趋势

很多消费者以前只听说过变频空调，还不知道一种被称为“变频冰箱”的冰箱将成为未来发展的趋势。变频冰箱目前的客户群并不算大，购买该种冰箱的大多是对这一行比较懂的消费者。因为变频冰箱的噪声低，比一般冰箱节能30%，因而其前途比较被看好。价位在4 000～7 000元的变频冰箱，虽然价属高档之列，但被认为未来前途广阔。

从德国人制造出世界第一台家用冰箱开始，几乎每一次产业变革推动者都是技术：从有氟到无氟，从单温到多温，从机械到温控，从定频到普通变频再到矢量变频。正是这些技术，推动冰箱进入大众家庭，进而使冰箱正在进行从一个家庭必备品到实用、时尚品的过渡。海信矢量变频冰箱正是由于采用了目前世界冰箱业顶级的矢量变频技术，实现了节能七成、保鲜3倍、静音50%、延寿2倍的全能效果，也正由于屡屡借助世界领先的变频技术，海信冰箱在诞生仅仅4年中，共推出41项冰箱专利技术和新品获得国际领先鉴定，国际先进水平以上鉴定评价比例超过85%，在几乎完全饱和的市场，进入了中国市场前四强。

(资料来源：中国制造业门户网站　家电频道)

思考分析：根据以上案例和查阅关于变频冰箱的资料,试分析比较变频冰箱与其他类型的冰箱的性能特点。

12.6　空调器

12.6.1　空调器的分类

1．按结构分类

（1）整体式空调器。整体式空调器又称为窗式空调器，根据长宽比例不同又可分为卧式和竖式两种。

（2）分体式空调器。分体式空调器由室内机和室外机两部分组成。根据室内机安装方式不同又可分为壁挂式、落地式、柜式、吊顶式、嵌入式等。

几种常见的空调器类型如图 12-12 所示。

落地式空调

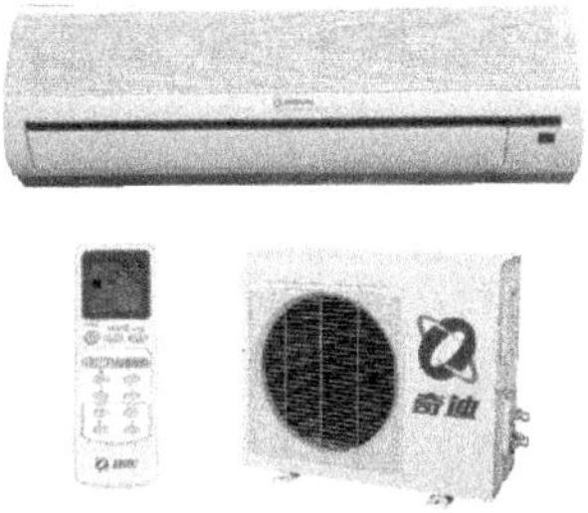

分体式空调

窗式空调

嵌入式空调

柜式空调

图 12-12　几种常见的空调器类型

2．按功能分类

按功能来分空调器可分为单冷式空调器和冷热式空调器两种。

（1）单冷式空调器。单冷式空调器又称冷风型空调器，是只具备制冷功能而不具备制热功能的家用空调器。带电脑控制的遥控式单冷型空调器还具备除湿和通风功能。单冷型空调器是房间空调器的基本类型，其结构简单、功能单一、操作简便、运行可靠、价格便宜。

（2）冷热式空调器。冷热式空调器具有制冷制热除湿功能，夏季可用来降温，冬季可用来升温。冷热式空调器有下列几种类型。

① 热泵型空调器，也称冷暖两用空调器，是在普通型空调器的制冷系统中增设电磁换向阀，使蒸发器与冷凝器工作换向，这样，室内的蒸发器变为冷凝器，向室内供热；同时在控制系统和保护措施上也相应增加了一些零件，因此，热泵型空调器的结构相对复杂，操作也较复杂，但其功能较为齐全，普遍制成分体式。热泵型空调器适用的环境温度一般为 5℃～43℃，带有除霜装置的可适用于－7℃～43℃。其最大优点是在制热运行时制热效率高；最大缺点是在制热运行时，当室外环境温度低于－7 摄氏度时，一般不能制热运行。所以，这种空调器较适合于温带地区使用。

② 电热型空调器。它是在单冷型空调器的基础上增加了电热元件来实现制热的房间空调器。它在制冷运行时与单冷型空调器完全相同，制热时压缩机停止工作，电热元件通电发热，由风扇将热量送往室内。电加热器的材料一般为电阻丝和 PTC 陶瓷发热元件。它们制成电热管和 PTC 发热器。所以，电热型空调器的使用不受地区限制，只要环境温度低于 43℃都可以使用。尤其是在寒冷地区，温度在 0℃以下仍然可以供热，这是电热型空调器的最大优点。其最大缺点是耗电量大、安全性差，尤其是使用电热管时，当风扇出现故障通风不畅时，还会引起火灾。因此，在使用时需特别注意。

③ 热泵辅助电热型空调器。它是在热泵型空调器的基础上，增加了起辅助作用的电加热器，从而使热效果更佳。辅助电加热器可以弥补寒冷季节热泵制热量的不足，一般在 5℃以上时仅开动热泵制热，在 5℃以下时启动辅助电加热器，此时不仅弥补热泵制热效果下降，还可以在化霜工作时补充制热量，这就大大减轻了由于化霜运行而引起的不舒适感，所以，它是空调器中最能实现舒适环境的一种类型。由于它功能最齐全，因此结构更为复杂，控制方式更为先进，一般均采用电脑控制型。

3．按照空气处理方式分类

按照空气处理方式来分，空调器可分为集中式空调、半集中式空调、局部式空调。

（1）集中式（中央）空调。空气处理设备集中在中央空调室里，处理过的空气通过风管送至各房间的空调系统。它适用于面积大、房间集中、各房间热湿负荷比较接近的场所选用，如宾馆、办公楼、船舶、工厂等。系统维修管理方便，设备的消声隔振比较容易解决。

（2）半集中式空调。它是既有中央空调又有处理空气的末端装置的空调系统。这种系统比较复杂，可以达到较高的调节精度。适用于对空气精度有较高要求的车间和实验室等。

（3）局部式空调。每个房间都有各自的设备处理空气的空调。空调器可直接装在房间里或装在邻近房间里，就地处理空气。它适用于面积小、房间分散、热湿负荷相差大的场合，如办公室、机房、家庭等。其设备可以是单台独立式空调相组，如窗式、分体式空调器等。也可以是由管道集中给冷热水的风机盘管式空调器组成的系统，各房间按需要调节本室的温度。

4．按操作方式分类

按操作方式来分，空调器可分为普通式、线控式与遥控式三种。普通式空调器用直接操作面板上的各旋钮或开关，实现对空调器的控制。线控式与遥控式都是用遥控器对空调器进行控制，但线控式的遥控器用导线与空调器连接；而遥控式则通过遥控器上发射的红外线对空调器进行控制。分体式空调器都为遥控式，一些新型窗式空调器也采用了遥控式。

5. 其他分类方式

按室内机数量分类，可分为“一拖二”、“一拖三”空调器，即一台室外机分别带二台、三台室内机。按固定方式分类，可分为固定安装式和可移动式两大类。按适用的气候环境分类，可分为“T1 型”、“T2 型”、“T3 型”，我国一般采用“T1 型”空调器。按防触电保护方式分类，可分为 0 Ⅰ类、Ⅰ类和Ⅱ类。我国一般采用Ⅰ类空调器。

12.6.2　空调器的结构和工作原理

1. 家用空调器的基本结构

空调器虽然品种繁多，形式各异，但其基本结构是一样的，都由制冷系统、通风系统、电器控制系统和箱体系统四部分组成。

制冷系统是每种空调器最基本的系统，它是实现空调器制冷或制热功能的主要部分。通风系统是实现热交换的部分，它把制冷系统所产生的冷量送到室内去，并把冷凝器中的热量送到室外去。电气控制系统是空调器的操作系统，有机械式控制和电子式控制两种方式，有了它才能使空调器按照人们的意愿去工作。箱体系统是空调器的支撑基架，各种零部件都安装在它的上面。四个系统按照各自的功能组成一个整体，就成了一台完整的空调器。

2. 空调器的工作原理

制冷是空调器最基本的功能，因此制冷原理也就是空调器最基本的原理。空调器是利用制冷剂液化放热、汽化吸热的相变循环达到制冷目的的。

空调器的相变循环也称为蒸汽压缩制冷循环，是在制冷系统的四个主要零件压缩机、冷凝器、毛细管及蒸发器之间进行的。其循环过程如图 12-13 所示。

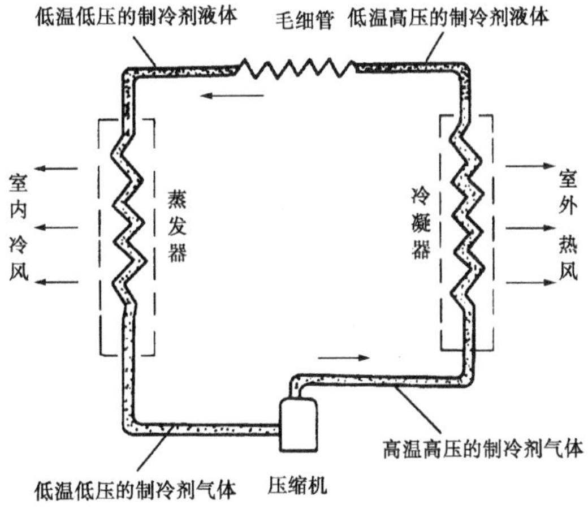

图 12-13　空调器制冷压缩循环过程示意图

（1）压缩过程。从蒸发器出来的低温低压的制冷剂气体，进入压缩机后被压缩成高温高压的制冷剂气体。

（2）冷凝过程。从压缩机出来的高温高压的制冷剂气体，进入冷凝器后，经冷却风扇的热交换作用，降低了温度，并凝结成液态制冷剂，即低温高压的制冷剂液体。

（3）节流过程。从冷凝器出来的低温高压的制冷剂液体，流经毛细管后，流量减小，压力大大下降。

（4）蒸发过程。从毛细管出来的低温低压的制冷剂液体，进入蒸发器后，经室内风扇的热交换作用，吸收了热量，从而由液态蒸发成气态。

由于压缩机做功，使制冷剂不断地在液态——气态间转变，从而不断地把室内的热量转移到室外去，而使室内温度降下来。

如果有办法使压缩机出来的制冷剂气体先到蒸发器放热，再流经毛细管后到室外冷凝器去吸热，让蒸发器变成冷凝器，而让冷凝器变为蒸发器，此时制冷剂是从室外吸收热量再向室内放出热量，从而使室内温度升高，这就是热泵空调器制热的原理。

空调器中能使制冷剂改变流向的部件称四通换向阀。当它通电时，使管路改变走向，从而使制冷剂从压缩机出来后不去冷凝器而先去蒸发器，此时蒸发器却起到了冷凝器的作用，而冷凝器起到了蒸发器的作用，它们互相交换了“角色”。

12.6.3　空调器的规格及型号

1．空调器的规格

空调器的规格是按制冷量或制热量划分的。制冷量是指空调器在制冷运行时，单位时间内从房间内或某个区域内吸收并转移到其他区域的热量。国家标准规定，计量单位是“瓦”或“千瓦”，符号为“W”或“kW”。

有时也用“千卡/小时”来表示，符号为“kcal/h”。二者换算关系如下：

1W＝0.859 85 kcal/h　　　1 kcal/h＝1.163 W

目前，市场上部分厂家或消费者也有采用“匹”来表示空调器规格的，称为“一匹机”、“二匹机”等。匹是以前所使用的一种功率单位，它和“瓦”的关系是1匹≈735瓦。

2．空调器的型号

根据国家标准GB/T 7725—1996《房间空调器》的规定，空调器的型号含义表示如下

□□□□—□□□/□

第一位表示产品代号，用拼音字母表示。家用空调器用“K”表示，是“空”字的第一个拼音字母。

第二位表示气候类型代号。气候类型代号有三种，即T1型、T2型、T3型，它们分别代表所使用的不同环境温度。气候类型是T1型时，此代号可以省略。

第三位表示结构形式代号，用拼音字母表示。整体式代号为“C”，分体式代号为“F”。

第四位表示功能代号，用拼音字母表示。冷风型（单冷型）其代号省略，热泵型代号为“R”，电热型代号为“D”。

第五位是规格代号，用阿拉伯数字表示。它标明了该空调器的额定制冷量，其值为制冷量百位数或百位以上的数。

第六位是整体式结构分类代号或分体式室内机组结构分类代号，用拼音字母表示。整体式结构分类为：穿墙式代号为“C”，移动式代号为“Y”。分体式室内机组结构分类为：吊顶式代号为“D”，挂壁式代号为“G”，落地式代号为“L”，天井式代号为“T”，嵌入式代号为“Q”。

第七位是室外机组结构代号，用拼音字母表示。室外机组代号为“W”。

第八位及其以后的号码是工厂的设计序号和特殊功能代号，有的企业也称为货号，往往用一个拼音字母加三位阿拉伯数字表示。如“Y”代表遥控式，“M”代表面板控制式，“Q”代表强电控制，“F”代表模糊控制，“P”代表变频控制等；三位阿拉伯数字可表示设计的年号和序号及功能类型等。

空调器的型号是非常重要的，因为型号的各个字母和数字已经简明扼要地勾画出了空调器的性能特点等参数。例如：

KC—25/Y443，表示冷风型窗式房间空调器，T1 气候类型，额定制冷量 2 500 瓦，遥控式，1994 年设计序号为“43”。

KFR—35GW/Y614，表示热泵型分体挂壁式房间空调器，额定制冷量为 3 500 瓦，T1 气候类型；遥控式，1996 年设计序号为“14”。

12.6.4　空调器的质量要求

空调器的性能和安全要求应符合国家标准 GB 7725—1996《房间空气调节器》及 GB 4706 32—1996《家用和类似用途电器的安全、热泵、空调器和除湿机的特殊要求》，主要技术要求如下。

1．制冷剂泄漏

制冷系统各部分不应有制冷剂泄漏。

2．制冷量

制冷量实测值不应小于额定制冷量的 95%。热泵制热量不应小于额定制热量的 95%。制冷（热）量是指空调器在进行制冷（热）运转时，单位时间内从密闭空间中除去（增加）的热量，制冷量的法定计量单位为瓦。

3．制冷消耗功率

制冷消耗功率不应大于额定制冷消耗功率的 110%。热泵消耗功率不应大于额定制热消耗功率的 110%。对电热型空调器，电热装置额定消耗功率小于或等于 100 瓦的，允许误差为±10%；100 瓦以上的允许误差为－10%～＋5%。

4．能效比

能效比指空调器制冷运转时，每小时消耗 1 焦的电能所产生的冷量数，即空调器的制冷量与制冷功率之比，又称为性能系数。它是衡量空调器耗能性能的一个重要参数，效能比高的空调器产生同等制冷量所消耗的电能较少。

5. 噪声

空调器运转时产生的噪声主要由内部的蒸发机和外部的冷凝机所产生。国家规定制冷量在 2 000 瓦以下的空调器室内机噪声不应大于 45 分贝，室外机不大于 55 分贝；2 500～4 500 瓦的分体式空调器室内机噪声不大于 48 分贝，室外机不大于 48 分贝。

6. 泄漏电流

属Ⅰ类电器的空调器其泄漏电流不超过 1.5 毫安；属Ⅱ类电器的空调器则不超过 0.25 毫安。

7. 绝缘电阻

绝缘电阻的阻值不低于 2 兆欧姆。接地端子在空调器上的接地触点与和它连接在一起的其他部件电阻值应不大于 0.1 欧姆。

8. 电气强度

施加 1 200～3 750 伏电压，试验期间不应发生闪烁和击穿现象。

9. 电源线

分体式空调器室外机电源线必须采用橡胶电缆线，不准使用塑料包覆的电源线。

12.6.5 空调器的选购、使用和简易维护方法

1. 空调器选购

1）空调器外观质量检查

（1）箱体。面板应平整光洁、角边平直、表面无裂痕、毛刺、变形等，装饰层无脱落、碰刮现象。

（2）喷塑件表面、电镀件表面、塑料件表面应无明显的气泡、划痕、露底、皱纹等现象，且应平整光滑色泽均匀。

（3）热交换器盘管与肋片排列整齐、间隙均匀，无凹陷、倒片、变形等现象。

（4）开关、按键、旋钮等应操作自如，进风栅、出风栅应灵活无阻，显示装置应完整无损。

（5）说明书、合格证、保修单等资料齐全；铭牌固定在明显部位，标志清晰。

2）试机

空调器安装结束后可进行通电试机。通电之前，应先检查一下安装情况，然后再检查电源情况，空调器的接线情况。试机检查的主要内容是：通电后，压缩机、风扇电动机能否迅速进入正常运行状态；制冷或制热的效果；压缩机振动情况；室内机面框振动情况；风叶有否碰擦、噪声情况；各项功能是否能正常操作转换；室内机排水是否顺畅等。

2. 空调器的使用与维护

1）使用注意事项

（1）空调器的开机、停机应通过机上的主控开关或遥控器上的电源开关进行，不能用插、拔空调器电源线插头的方法来开停空调器，否则可能影响空调器的正常工作，且不安全。

（2）如果较长时间不用空调器，可将电源线插头拔出。带有遥控器的空调器，应将遥控器中的电池取出，以防电池内的电解液渗漏而腐蚀遥控器。

（3）不能随意堵住空调器的进出风口，不要把湿衣服挂在空调器的出风口上，否则会严重影响空调器的正常工作。

（4）空调器制冷时温度不宜调得过低，制热时温度不宜调得过高，以防由于室内外温差过大，使人感到不舒服。

（5）空调器在使用过程中，最好相隔一段时间后，停机，打开门窗，让室内的空气彻底更换一下，同时搞一下室内卫生，以保持空气清洁。

（6）线控器、遥控器应妥善保管，并注意防止着水、阳光直射，以防遥控器失灵。

（7）电热型或热泵辅助电热型空调器制热后，不要立即停机，应让送风操作几分钟，使机内的余热散尽，电热元件冷后再关机。

（8）空调房间严禁存放易挥发的可燃物品，如汽油、香蕉水等，否则易引起燃烧或爆炸。

2）空调器的清洁与保养

空调器在清洁保养之前一定要切断电源，以保证安全。

（1）外壳清洁。空调器的外壳、操作面板应定期用干净的软布进行揩擦。若外壳较脏，可用肥皂水或中性洗涤剂擦拭，然后再用清水擦净。线控器或遥控器也应定期用软布擦拭干净。

（2）滤网清洁。空调器每工作 100 小时，或空调器上滤网指示灯亮，则应取下滤网，用吸尘器吸除积尘，或用软毛刷刷除积尘，然后放到清水中清洗，洗后在阴凉处晾干。不可用火烘干或在太阳下晒干，否则会变形难以装复。

（3）空调器使用 3 年应对其内部进行一次清洁。在灰尘较多情况下的空调器，此期限可相应缩短。

（4）清洁并检查分体式空调器室内外机组间的连接管，其隔热保温材料若有破裂、脱落或被老鼠咬坏，应及时修补或更换。管接头处可用洗涤剂或肥皂水检查有否气泡冒出，若有，则说明制冷剂有泄露，应请维修人员处理。

（5）检查导线绝缘是否良好，芯线有无碰壳。接线端子、接插件是否接触良好，插头、插座是否松动，接地线是否良好，如不正常应及时处理。

12.7 电视机

12.7.1 电视机的种类

1. 按图像色彩分类

按图像色彩来分，电视机可分为黑白电视机和彩色电视机两种。黑白电视机只能显示黑白图像。彩色电视机能显示五光十色、绚丽多彩的景物，给人以逼真生动之感。

2. 按电视机屏幕对角线的长度分类

常见的电视机屏幕对角线长度有 51 厘米、60 厘米、66 厘米、69 厘米、74 厘米、95 厘米、109 厘米等。

3. 按电视机内部电子器件分类

按电视机内部电子器件不同，电视机可分为晶体管电视机和集成电路电视机。晶体管电视机已不再生产，为集成电路电视机所取代。集成电路电视机具有性能好、机内接点少、抗干扰能力强、操作方便和使用寿命长等特点。

4. 按电视机功能分类

按电视机功能来分，电视机可分为单功能电视机和多功能电视机。单功能电视机只能接收电视台播放的节目。目前市场上大多数为此类电视机。多功能电视机指除了能接收电视台播放的节目外，还具有其他功能。如双画面电视机，又称画中画电视机，可在一个屏幕上同时收看两个电视节目，两个画面一大一小。另外还有多制式、双伴音、数字显示等功能的电视机。

5. 按显像管的结构不同分类

按显像管的结构不同分类，电视机可分为三枪三束管式、单枪三束管式、自会聚管式、平面直角管式、液晶显示式等。

（1）三枪三束显像管又称荫罩管，它实质上是将三只显像管合一，三只电子枪呈品字形排列，共同装在管颈里边。三只电子枪分别是红、绿、蓝视频信号，它的主要缺点是：会聚困难，有关的电路复杂且调整麻烦，荧光屏边缘聚集性能不好。

（2）单枪三束彩色显像管是在三枪三束荫罩管的基础上研制出来的，是在一个电子枪内发射三条电子束的彩色显像管，单枪三束电视机结构简单、聚集性能、亮度、清晰度等性能均有所提高。

（3）自会聚彩色显像管吸收了三枪三束管和单枪三束管的长处，舍弃了两者的不足，并且不断改进，其特点是聚集性能好，清晰度高自动会聚，不需要会聚电路，使彩色电视机的电路进一步简化。目前，我国生产的彩色电视机和进口的大部分电视机都采用自会聚管。

（4）平面直角管式又称为全方形彩色显像管。平面直角彩色显像管保留了自会聚管的优点，使得显像管的聚集性能、清晰度、亮度、色纯度和防爆性能都有了明显的提高。

（5）液晶显示式电视机与一般电视机的最大不同点是：一般电视机显示屏是用电子管，而液晶电视显示屏采用液晶屏。它具有许多独特的性能：机体薄而轻，屏幕可以做得很大，但厚度仅几十毫米，像一张壁画一样挂在墙上；耗电量小；没有几何失真和三基色边缘会聚不好等问题。

12.7.2　新型电视机简介

1. 生态电视机

韩国三星公司已成功地开发出一种可将普通电视机所发出的电磁波转换成模拟太阳光红外线的 62 厘米（25 英寸）的电视机，该机能使室内鲜花保鲜天数比普通情况下增加 1/2，并且，红外线中波长最长的远红外线对人体内细胞组织的活动十分有益。

2. 具有投影功能的彩色电视机

日本卡西欧公司推出了既具有电视功能，又具有投影功能的彩色电视机，型号为 FV-600，屏幕尺寸 25 厘米（10 英寸），内置一对扬声器，有视频、音频输入插座，可以连接录像机、影碟机。当其充当投影机时，它投影的画面最大可达 150 厘米（60 英寸），可投射在专门银幕或墙壁上，起到了家庭影院的作用。

3. “绿色”电视机

“绿色”电视机即具有环保意识的电视机。该机所用的材料是轻型钢板、铝制件、木材及塑料，机上塑料可以重新熔化、回收再利用，且性能不变，整机各个部件均可自行拆卸、拼装、更换，以保持最新的技术水平。该机还有一个重要特点就是耗电量很小，并且几乎没有 X 射线。

4. 太阳能电视机

采用 30 节太阳能电池，阴天和夜间照样供电。另外还有一种太阳能彩色电视机，配有高效率的硅电池，它体积很小，能装在小箱里，为外出野营和休假的人提供了方便。

5. 多功能彩色电视机

这种电视机可以用来看电视或录像带节目，可在导航系统中来确定自己在地球上的位置，还可以用做 CD 放音机。

6. 高清晰度电视机

大屏幕高清晰度彩色电视机，是一种精密显像、无闪烁的保健电视机，采用先进的视频芯片生产。这种芯片能将原来电视机的隔行扫描变为逐行扫描，帧频由传统的 25 帧提高到60帧，与电脑显示相同，从根本上解决了传统电视机存在的画面闪烁和清晰度差的问题。这种芯片能将清晰度低的普通电视图像输入转换为标准清晰度的数字图像输出，从而使普通电视机也能接近高清晰度电视的显示水平。

7．拉幕式彩色电视机

拉幕式开关电视机，开机时，精彩好戏从屏幕中间徐徐拉开，关机时，如戏台落幕，从两侧向中间合拢关闭，让电视的开关机具有舞台的艺术性，避免了一般电视开关机时强烈亮点对屏幕荧光层的刺激，从而延长了显像管的使用寿命（彩管寿命延长近1倍），更避免了强光对眼睛的刺激，保护视力。

8．数字式彩色电视机

随着大规模集成电路技术的发展和电脑技术的推广应用，数字技术迅速进入电视领域，形成数字电视技术。数字电视是指从电视节目制作，电视台的发射传送，电视机的接收都是以数字形式进行处理，电视信号以数字二进制码形式出现，消除了模拟信号容易被干扰和传输损耗的问题，使图像更清晰稳定。

数字式彩色电视机是今后彩电发展的总趋势。它将电视台播发的模拟彩色电视信号先变换为电信号，经过数字信号处理后，再恢复成模拟信号，输往彩色显像管和扬声器显示图像和放音。

数字式彩色电视机具有以下特点。

（1）功能多。数字式彩色电视机使用数字存储器，可以实现电视画面静止显示、慢动作、图像电子放大、多画面电视或其他画面插入等多种功能。另外，还具有接收和转换不同制式电视节目的功能。

（2）图像质量高。数字式彩色电视机由于使用数字滤波器和数字存储、延迟技术，不但提高了亮度信号和色度信号的分离性能，还消除了重影以及高亮度闪烁等问题，减少了噪声和干扰等对电视图像的影响，从而提高了电视图像的质量，使图像更加清晰和稳定。

（3）具有电脑接口功能的数字式彩色电视机能很方便地连接电脑，使数字式彩色电视机既可作为接收电视节目的接收机，又可成为家用信息终端。

（4）成本低、可靠性高。数字式彩色电视机的整机结构主要由7个超大规模集成电路组成，所用外接元件只有模拟式彩色电视机的1/17左右，生产简单，成本低，可靠性提高。同时，数字式彩色电视机在生产过程中，可用电脑控制代替人工调试进行自动调整与校验，降低成本，提高了可靠性。

9．液晶显示技术和液晶彩电

随着技术的发展和人们要求的不断提高，对于原来传统的阴极射线管（CRT）彩电的体积大、重量大和功耗大的缺点越来越不满意。特别是在便携式、小型化和低功耗的应用中，人们期望着体积小、重量轻和功耗小的平板彩电的出现。在这种需求的推动下，液晶平板彩电（LCD）首先应运而生。由于液晶彩电（LCD）具有轻薄短小、低耗电量、无辐射，平面直角显示以及影像稳定不闪烁等多方面的优势，在近年来价格不断下跌的吸引下，占领了相当大的市场，逐渐取代CRT主流地位。

液晶彩电（Liquid Crystal Display，LCD）的显像原理，是将液晶置于两片导电玻璃之间，靠两个电极间电场的驱动引起液晶分子扭曲向列的电场效应，以控制光源透射或遮蔽功能，在电源关开之间产生明暗而将影像显示出来，若加上彩色滤光片，则可显示彩色影像。

液晶于 1888 年由奥地利植物学者 Reinitzer 发现，是一种介于固体与液体之间，具有规则性分子排列的有机化合物，一般最常用的液晶形式为向列（Nematic）液晶，分子形状为细长棒形，长宽约 1～10 纳米，在不同电流电场作用下，液晶分子会做规则旋转 90 度排列，产生透光度的差别，如此在电源 ON/OFF 下产生明暗的区别，依此原理控制每个像素，便可构成所需图像。

液晶显示原理：在两片玻璃基板上装有配向膜，所以液晶会沿着沟槽配向，由于玻璃基板配向膜沟槽偏离 90 度，所以液晶分子成为扭转型，当玻璃基板没有加入电场时，光线透过偏光板跟着液晶做 90 度扭转，通过下方偏光板，液晶面板显示白色；当玻璃基板加入电场时，液晶分子产生配列变化，光线通过液晶分子空隙维持原方向，被下方偏光板遮蔽，光线被吸收无法透出，液晶面板显示黑色。液晶彩电便是根据此电压有无，使面板达到显示效果。

10. 等离子体彩电

等离子体彩电又称电浆彩电，是继 CRT（阴极射线管）、LCD（液晶彩电）后的最新一代彩电，其特点是厚度极薄，分辨率极佳。可以当家中的壁挂电视使用，占用极少的空间，代表了未来彩电的发展趋势。

等离子体显示技术的基本原理：显示屏上排列有上千个密封的小低压气体室（一般都是氙气和氖气的混合物），电流激发气体，使其发出肉眼看不见的紫外光，这种紫外光碰击后面玻璃上的红、绿、蓝三色荧光体，它们再发出我们在彩电上所看到的可见光。

换句话说，利用惰性气体（Ne、He、Xe 等）放电时所产生的紫外光来激发彩色荧光粉发光，然后将这种光转换成人眼可见的光。等离子彩电采用等离子管作为发光元器件，大量的等离子管排列在一起构成屏幕，每个等离子对应的每个小室内都充有氖氙气体。在等离子管电极间加上高压后，封在两层玻璃之间的等离子管小室中的气体会产生紫外光，并激发平板显示屏上的红、绿、蓝三原色荧光粉，使其发出可见光。每个等离子管作为一个像素，由这些像素的明暗和颜色变化组合使之产生各种灰度和彩色的图像，与显像管发光很相似。从工作原理上讲，等离子体技术同其他显示方式相比存在明显的差别，在结构和组成方面领先一步。其工作原理类似普通日光灯和电视彩色图像，由各个独立的荧光粉发光组合而成，因此图像鲜艳、明亮、干净而清晰。

另外，等离子体显示设备最突出的特点是可做到超薄，可轻易做到 40 英寸以上的完全平面大屏幕，而厚度不到 100 毫米（实际上这也是它的一个弱点：即不能做得较小。目前成品最小只有 42 英寸，只能面向大屏幕需求的用户和家庭影院等方面）。依据电流工作方式的不同，等离子体彩电可以分为直流型和交流型两种。等离子体彩电具有体积小、重量轻、无 X 射线辐射的特点，由于各个发光单元的结构完全相同，因此不会出现 CRT 显像管常见的图像几何畸变现象。

等离子体彩电屏幕亮度非常均匀，没有亮区和暗区，不会出现像显像管的亮度——屏幕中心比四周亮度要高一些，而且，等离子体彩电不会受磁场的影响，具有更好的环境适应能力。等离子体彩电屏幕也不存在聚焦的问题，因此，完全消除了 CRT 显像管某些区域聚焦不良或使用时间过长开始散焦的毛病；不会产生 CRT 显像管的色彩漂移现象，而表面平直也使大屏幕边角处的失真和色纯度变化得到彻底改善。同时，其高亮度、大视角、全彩色和高对比度，意味着等离子体彩电图像更加清晰，色彩更加鲜艳，感受更加舒适，效果更加理想，令传统显示设备自愧不如。与 LCD 液晶彩电相比，等离子体彩电有亮度高、色彩还原性好、灰度丰富、对快速变化的画面响应速度快等优点。由于屏幕亮度很高，因此可以在明亮的环境下使用。

另外，等离子体彩电视野开阔，视角宽广（高达 160 度），能提供格外亮丽、均匀平滑的画面和前所未有的更大观赏角度。当然，由于等离子体彩电特殊的结构也带来一些弱点，比如由于等离子体显示是平面设计，其显示屏上的玻璃极薄，所以它的表面不能承受太大或太小的大气压力，更不能承受意外的重压。等离子体彩电的每一个像素都是独立地自行发光，相比彩电使用的电子枪而言，耗电量自然大增。一般等离子体彩电的耗电量高于 300 瓦，是不折不扣的耗电大户。由于发热量大，所以等离子体彩电背板上装有多组风扇用于散热。

12.7.3　电视机的选购

电视机的类型、型号的选择，应根据所在地区广播电视的制式、家庭居住和经济条件及家中已有视频电器的情况等因素来综合考虑。一般来说，名牌产品设计合理，生产过程中各道工序把关较严，所以质量也就有保证。

鉴别电视机的质量，依据国家标准 GB/T 10239—1994《彩色电视广播接收机总技术条件》，直观检验，可归纳为三大步骤。

1．外观检查

在不通电情况下检查电视机包装、电视机外观和安全防护。

（1）电视机包装。其包装应防尘、防潮、防震，标志应明显。标志包括产品名称、型号、商标名称及注册商标图案、生产厂名称、产地等，进口电视机应有制造国别、产地、商标牌号。

（2）电视机外观。不准有划伤、裂缝、机壳铭牌商标清晰，有生产厂名、型号、各功能控制键开关、旋钮与壳体间隙适当，位置端正，工作状态良好，各零部件无松动，天线拉杆拉出与水平倾斜 20 度角不应跌落，显像管与机壳间无缝隙，屏幕表面无划伤、气泡，不允许局部发黑，有黄斑或颜色不一致。

（3）安全防护。在电视机接通电源后，其外部控制元件和天线端子都不应带电，机壳通风孔要能够防止外来异物进入内部，通风孔槽长度不超过 20 毫米，宽度不超过 4 毫米。电源线要采用双重绝缘，在引线孔处固定牢固。

2．通电检查

通电检查分为不接收电视信号和接收电视信号两步检查。

（1）不接收电视信号检查。将电源接通，将电视机调至没有电视信号任一频道。

光栅检查。开机 5 秒钟，应出现光栅。光栅应该满幅，不能出现阴阳面、散焦、垂直白条、黑白点、打火、网纹干扰、开关干扰，不应出现帧缩和卷边。对比度调小时，噪声点应变淡。关机时，光栅应迅速消失，不应有亮点遗留，开机 20 秒钟并关机后尚有亮点为重缺陷。

白平衡检查。将色饱和度调节到中间位置，将亮度从最暗调至最亮，光栅应始终保持黑白，不应有颜色变化，在最暗位置，光栅应暗下来。

（2）接收电视信号检查。用测试图测试和调整电视图像，评价电视机性能。

调整天线和调谐器 ，置于某一电视台频道上，利用电视台播放节目前发送的国家标准电视广播测试图（如图 12-14 所示），使电视屏幕上从左至右依次呈现出白、黄、青、绿、紫、红、蓝、黑颜色的彩条。如果是黑白电视机，接收的测试图呈现不同灰度等级。将对比度、亮度、饱和度调至适中位置，测试图各部分具体意义和调整方法如下。

① 图案整体的方格背景和电子圆。用来辨别图像是否在屏幕的正中、是否失真，其中电子圆应是正圆，方格的左右和上下大小要基本一致，不要有明显的梯形失真和扭曲现象。垂直白线不应有镶边和重影，灰色的背景不应有彩色出现。

② 橘红色肤色带。它用来适当调整饱和度，使它与皮肤的颜色尽量接近即可。

③ 清晰度组线。用来检验图像的水平清晰度，从左至右依次为 140 线、220 线、300 线、380 线、500 线（不同的测试图有所不同）。在 300 线和 380 线上出现紫色花纹是正常现象。

④ 灰度级。适当调整对比度使从左至右的六个灰度级层次分明，且六个灰度块不应有任何色彩。

⑤ 正中间的白十字线。这是屏幕的正中心，白十字线上不能有颜色出现。

⑥ 彩条。八个彩条的顺序依次为白、黄、青、绿、紫、红、蓝、黑，用来检查图像色彩。调节色饱和度，颜色深浅应有变化，并含有人的自然肤色。

⑦ 黑白长方块。该长方块的黑白交界处应较为清晰，不要有镶边和拖尾的现象。

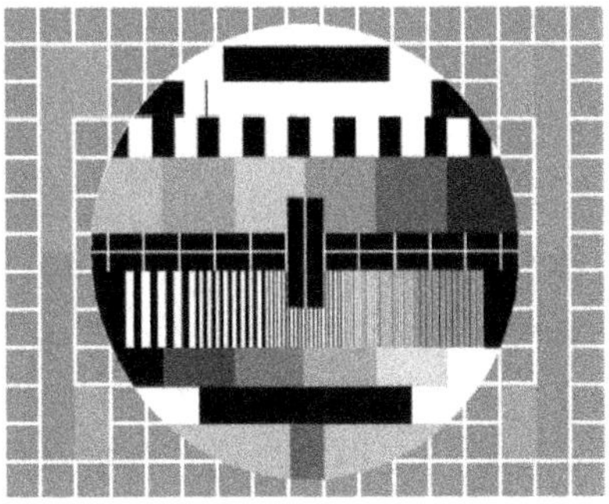

图 12-14　国家标准电视广播测试图

3．检查伴音质量和图像稳定性

通过以上步骤对电视机图像质量有初步认识以后，还要检查伴音质量和图像稳定性。

检查伴音质量时，调解音量声音有明显变化，不应伴有“咔啦”声，音量调到最大时，声音应洪亮悦耳，无失真和交流声，屏幕上的图像不应该随伴音大小而产生干扰，音量调到最小时应该无声。

检查图像稳定性时，除打开日光灯，或附近通过汽车时，屏幕上出现杂波干扰以外，图像不应出现扭斜和翻滚。调节行频，图像只发生左右移动，不应扭斜；调节帧频，在一定范围内，图像不应翻滚。

最后，可以用手轻拍电视机壳前、后、左、右，图像和伴音均不应出现变化，否则内部有接触不良情况。

要注意，在电视机检查和使用的整个过程中，绝不允许电视机内有打火声，以及烧焦或绝缘材料过热出现的异常气味。

12.7.4 电视机的使用和保养

为了减少电视机的故障，延长其使用寿命，应当正确地使用电视机，注意电视机的日常维护保养工作。使用前应仔细阅读使用说明书，熟悉电视机的各功能并掌握其操作方法。除此以外，还应了解下列使用注意事项。

1. 电视机的使用

电视机应放置在通风、少灰尘，并且阳光、灯光不能直接照射到荧光屏的地方；要避开潮湿或酸碱气体的腐蚀；避免小东西落入电视机内；电视机外壳或屏幕有灰尘，可用潮湿软布擦抹，不可用任何化学清洁剂；擦拭时要断开电源，以免触电；不要随意打开电视机后盖。

在电视机的正前面，要留有1～3米空间便于选择合适的观看距离。此外，还要有适当的环境亮度，可在电视机的侧前方开一盏带灯罩的低瓦数灯。

每台电视机都有许多旋钮、开关或遥控器，只有清楚了解这些旋钮、开关的功能、原理，才能用好电视机。

2. 电视机的维护

（1）注意防潮。电视机应放在通风、干燥的地方，多雨季节，最好每隔数日便开机一次，利用通电加热来驱散机内的潮气。

（2）注意防尘。电视机使用时，应注意保持清洁。使用完毕应加盖防尘布罩，其表面灰尘较厚时，会使电视机散热性、绝缘性变差。

（3）注意搬运安全。电视机一般不宜经常搬运，需搬动时应轻搬轻放，运输途中，包装应加防震措施。

（4）其他注意事项。注意防热，防雷电；使用时不要开得太亮，以延长显像管的寿命，一次调节好，平时不要经常调节；观看电视时，发现不正常现象，应立即关机；不要频繁开关电视机。

【案例 12.2】　智能家电

如今，顾客对家电产品的期望值越来越高，这促使家电制造厂商全力开发新型的、智能化的家电产品来满足顾客需求，以求获得更大的市场份额；而智能控制技术、信息技术的飞速发展也为家电自动化和智能化提供了可能。所以，智能化是家电产品发展的必然趋势，这种趋势如今已经初见端倪。

传统家用电器有空调、电冰箱、吸尘器、电饭煲、洗衣机等，新型家用电器有电磁炉、消毒碗柜、蒸炖煲等。无论新型家用电器还是传统家用电器，其整体技术都在不断提高。家用电器的进步，关键在于采用了先进控制技术，从而使家用电器从一种机械式的用具变成一种具有智能的设备，智能家用电器体现了家用电器最新技术面貌。

智能家电产品分为两类：一是采用电子、机械等方面的先进技术和设备；二是模拟家庭中熟练操作者的经验进行模糊推理和模糊控制。随着智能控制技术的发展，各种智能家电产品不断出现，例如，把电脑和数控技术相结合，开发出的数控冰箱、具有模糊逻辑思维功能的电饭煲、变频式空调、全自动洗衣机等。

智能家用电器的智能程度不同，同一类产品的智能程度也有很大差别，一般可分成单项智能和多项智能。单项智能家电只有一种模拟人类智能的功能，例如，模糊电饭煲中，检测饭量并进行对应控制是一种模拟人的智能的过程。在电饭煲中，检测饭量不可能用重量传感器，这是环境过热所不允许的。采用饭量多则吸热时间长这种人的思维过程就可以实现饭量的检测，并且根据饭量的不同采取不同的控制过程。这种电饭煲是一种具有单项智能的电饭煲，它采用模糊推理进行饭量的检测，同时用模糊控制推理进行整个过程的控制。多项智能家电在多项智能的家用电器中，有多种模拟人类智能的功能。例如，多功能模糊电饭煲就有多种模拟人类智能的功能。

智能家用电器目前所采用的智能控制技术主要是模糊控制。少数高档次的家用电器也用到神经网络技术（也叫神经网络模糊控制技术），模糊控制技术目前是智能家用电器使用最广泛的智能控制技术。原因在于这种技术和人的思维有一致性，理解较为方便且不需要高深的数学知识表达，可以用单片机进行构造。

未来智能家电主要将朝三个方向发展：多种智能化；自适应进化；网络化。多种智能化是家用电器尽可能在其特有的工作功能中模拟多种人的智能思维或智能活动的功能。自适应进化是家用电器根据自身状态和外界环境自动优化工作方式和过程的能力，这种能力使得家用电器在其生命周期中都能处于最有效率、最节省能源和最好品质状态。网络化是建立家用电器社会的一种形式，网络化的家用电器可以由用户实现远程控制，在家用电器之间也可以实现互操作。

（资料来源：最佳东方网站）

思考分析：根据市场调查，试分析智能家电的现状和发展趋势。

本 章 小 结

家用电器是指在家庭或公共场所使用的以电为能源的各类器具，这类商品已成为人民生活重要的组成部分。家用电器的产销量，是衡量一个国家的科技发展水平和生产力发展水平以及人民生活水平的重要标志。家用电器的普及，从衣、食、住、行等各个方面给人们带来了极大的方便。

随着微电脑技术、数字信号处理技术、激光技术、精密伺服技术等高新技术在家用电器上的应用，使得家用电器商品的性能越来越优，功能越来越强，自动化程度越来越高。本章着重介绍几种常用的家用电器，要求掌握各种家用电器的分类、基本结构、主要性能特点、质量要求等基本知识，同时掌握选购、调试、使用及维护方法等基本技能。

关 键 术 语

家用电器 空调器具 制冷器具 清洁器具 熨烫器具 取暖器具 保健器具整容器具 照明器具 家用电子器具 防触电保护 电磁兼容 调温型电熨斗 蒸汽型电熨斗 电饭锅 微波炉 充油式电暖器 浴霸 全自动型洗衣机 波轮式洗衣机 滚筒式洗衣机 搅拌式洗衣机 洗衣机型号 直冷式电冰箱 间冷式电冰箱 电冰箱星级 电冰箱型号 变频冰箱 分体式空调器 冷热式空调器 空调器的规格 空调器的型号 液晶彩电 等离子体彩电 智能家电

实 训 项 目

掌握本章介绍的主要家电品种的正确使用方法。

复习思考题

1. 电熨斗有哪几类？各有何特点？
2. 怎样正确使用、维护电熨斗？
3. 电饭锅是如何分类的？
4. 如何挑选和正确使用电饭锅？
5. 微波炉具有哪些优点和功能？
6. 简述微波炉的构成和工作原理。
7. 微波烹调器皿的选择应注意什么？
8. 微波炉使用中应注意哪些事项？
9. 常用的取暖器有哪几种？各有何特点？
10. 取暖器使用时应注意哪些事项？
11. 电风扇按外部形状和主要结构分为哪几类？它们有什么特点？
12. 普通电风扇由哪几部分构成？
13. 电风扇的规格和型号是如何表示的？
14. 选购电风扇主要应检查哪些项目？
15. 洗衣机按功能分有哪几类？各有何特点？
16. 洗衣机按结构分为哪几类？性能特点各是什么？
17. 洗衣机的型号是如何表示的？
18. 如何正确使用和维护洗衣机？

19. 电冰箱按制冷方式不同分为哪几种类型？
20. 简述电冰箱的结构和制冷工作原理。
21. 什么是直冷式电冰箱？什么是间冷式电冰箱？
22. 电冰箱的星级符号和型号的含义是什么？
23. 电冰箱在使用时应注意哪些事项？
24. 空调器是如何分类的？
25. 简述热泵型空调器的工作原理。
26. 空调器的规格、型号是如何表示的？
27. 如何挑选和正确使用空调器？
28. 电视机是如何分类的？
29. 如何选购一台高质量的电视机？
30. 简述市场上新型电视机的功能。

参考文献

[1] 万融．商品学概论．北京：中国人民大学出版社，2006
[2] 刘安莉，高懿．新编商品学概论．北京：对外经济贸易大学出版社，2002
[3] 汪永太．商品学．北京：电子工业出版社，2007
[4] 刘北林，白世贞．商品学．北京：物资出版社，2006
[5] 徐沁．商品学．北京．人民交通出版社，2007
[6] 邓耕生，邓向荣．商品学理论与实务．天津：天津大学出版社，1996
[7] 张烨．现代商品学概论．北京：科学出版社，2007
[8] 胡晓辉等．新编商品学概论．北京：中国环境科学出版社，2002
[9] 王文广等．塑料材料的选用．北京：化学工业出版社，2007
[10] 虞咏天．化妆品鉴赏宝典．上海：上海科学技术出版社，2004
[11] 高锦章．消费者化学． 北京：化学工业出版社，2002
[12] 王敏．玻璃器皿．上海：上海科技教育出版社，2006
[13] 白雪涛．日用化学品与健康． 北京：化学工业出版社，2006
[14] 张弦．纺织品与市场开发．北京：化学工业出版社，2005
[15] 霍红等．纺织品检验学．北京：中国物资出版社，2006
[16] 邢声远．服装面料选用与维护保养．北京：化学工业出版社，2007
[17] 吴劲梅．玩具安全检测技术．北京：化学工业出版社，2007
[18] 管正学．保健食品开发生产技术问答．北京：中国轻工业出版社，2000
[19] 殷丽君．转基因食品．北京：化学出版社，2002
[20] 无疆，王跃生，刘晶．家用电器选购使用维护易读通．北京：人民邮电出版社，2004
[21] 张智清．商品学基础．北京：电子工业出版社，2005
[22] 相关网站。